21世纪金融系列

Calculating and Modeling in Risk Management

风险管理计算与分析

软件实现

王周伟 编著

机械工业出版社
CHINA MACHINE PRESS

图书在版编目（CIP）数据

风险管理计算与分析：软件实现 / 王周伟编著 . —北京：机械工业出版社，2016.4（2024.7 重印）

（21 世纪金融系列）

ISBN 978-7-111-53280-4

I. 风… II. 王… III. 金融风险防范 – 系统建模 – 高等学校 – 教材 IV. F830.2

中国版本图书馆 CIP 数据核字（2016）第 058241 号

本书系统地讲解了风险管理计算与建模原理，并安排了大量的实例，翔实地介绍了风险管理计算与分析的软件实现，帮助学生熟练掌握风险管理的原理，提高风险管理计算与分析的技能。本书可以作为大学经济管理类本科生或研究生的风险管理、金融工程等课程的计算与分析训练教材，也可以作为应用统计类专业硕士的专业教材。

出版发行：机械工业出版社（北京市西城区百万庄大街22号　邮政编码：100037）

责任编辑：牛汉原　　　　　　　　　　　　　　责任校对：殷　虹

印　　刷：固安县铭成印刷有限公司　　　　　　版　　次：2024年7月第1版第3次印刷

开　　本：185mm×260mm　1/16　　　　　　　印　　张：19.25

书　　号：ISBN 978-7-111-53280-4　　　　　　定　　价：39.00元

客服电话：（010）88361066　68326294

版权所有·侵权必究
封底无防伪标均为盗版

本书荣获"上海市第四期金融保险本科教育高地建设项目"资助。

王周伟等编写的《风险管理》教材先后获得了国家"十二五"普通高等教育本科规划教材称号、上海市优秀教材荣誉称号。本书为该教材的配套计算软件实现指导书。

前　言

　　应用创新型人才培养的核心在于促进学生的知识、能力、素质协调发展，而建立与理论教学的有机结合，以技能提升为核心，多层次、全方位的实验教学体系是应用创新型人才培养中最为重要的手段。组织编写大学经济管理类专业实验指导教材系列，旨在满足经济管理类应用创新型人才培养的实验教学需要，该系列由茆训诚教授策划。本书是该系列中的一本。风险管理涉及许多计算与分析，推演过程比较复杂，手工计算工作量很大。根据原理，借助软件实现这些计算与分析，是我们风险管理的应用创新型人才培养与工作实践中非常重要的内容。本书侧重于介绍风险管理中的计算方法与分析原理及其软件实现。目的在于帮助学生熟练掌握风险管理原理，提高风险管理计算与分析技能。

　　全书系统地讲解了风险管理计算与分析原理，并安排了大量的实例，翔实地介绍了风险管理计算与分析的软件实现。本书第1~4章主要介绍风险管理计算与分析的一般原理，包括金融资产收益波动率的计算、损失分布的拟合与模拟估计、损失估计、风险管理决策与内部控制评价；第5~8章具体地介绍了各种金融风险的计算方法与分析原理及其软件实现，包括信用风险管理、市场风险管理、操作风险管理、流动性风险管理等；第9章从自上而下的全面风险管理视角介绍企业资本预算的基本原理与管理方法。

　　本书选择编写的实验项目基本涵盖了风险管理计算与分析的主要知识点，实验方案设计注重合理配置基本型实验、模拟实训型实验、理论验证型实验、综合设计型实验、研究创新型实验等各种实验比重。软件实现步骤详尽，图文并茂，突出实用，既适合用于风险管理理论教学配套的实验教学，也适合用于单独开设的风险管理计算与分析教学，培养学生实践创新能力。各章所给的范例力求不仅具有代表性、广泛性，而且非常具有实用性。它们紧密结合风险管理的实践需要，对风险管理实践工作具有较强的指导意义，许多范例结合企业实际情况略加修改即可投入使用。所以，本书可以作为大学经济管理类本科学生或研究生的风险管理、金融工程等课程的实验教学教材，可以作为应用统计类专业硕士的专业实验教材，也可以作为金融工程与风险管理实践者、公司金融管理人士的参考书。其中范例的数据、软件可以到 http://fb.shnu.edu.cn/Default.aspx?tabid=13755 下载。

　　编者多年从事风险管理教学科研实践，但为编好本书，在收集资料、拟定框架、编写内容时，依然参阅了一些文献资料，在此向这些作者深表谢意。

　　本书编写时间仓促，难免会有疏漏和不当之处，还望广大读者批评指正。

编者
2015 年 12 月 5 日

目 录

前 言

第1章 金融资产收益波动率的计算 ············· 1
1.1 静态波动率的计算 ············· 1
1.2 动态波动率的计算 ············· 3
1.3 隐含波动率的计算 ············· 11

第2章 损失分布的拟合与模拟估计 ············· 16
2.1 损失分布拟合的 Excel 图形判断与 K-S 检验 ············· 16
2.2 损失分布拟合的 Excel 卡方检验 ············· 22
2.3 损失分布拟合的 SPSS 卡方检验与 K-S 检验 ············· 25
2.4 损失分布的随机模拟 ············· 39
2.5 损失分布的贝叶斯估计 ············· 44

第3章 损失估计 ············· 47
3.1 损失次数频率的二项分布估计 ············· 47
3.2 损失金额频率的正态估计 ············· 48
3.3 总损失频率的分析计算 ············· 50

第4章 风险管理决策与内部控制评价 ············· 52
4.1 期望损益准则决策 ············· 52
4.2 商业银行内部控制评价 ············· 55

第 5 章 信用风险管理 ·········· 84

- 5.1 个人信用综合评分与授信决策模型 ·········· 84
- 5.2 企业财务综合评价模型 ·········· 101
- 5.3 违约回归分析模型 ·········· 113
- 5.4 KMV 模型 ·········· 127
- 5.5 信用风险损失计算 ·········· 139
- 5.6 应收账款信用政策决策模型 ·········· 141
- 5.7 Credits Metrics 模型：损失分布法 ·········· 147
- 5.8 Credits Metrics 模型：蒙特卡罗模拟法 ·········· 154
- 5.9 Credit Risk + 模型 ·········· 159

第 6 章 市场风险管理 ·········· 162

- 6.1 久期与凸度的计算及应用 ·········· 162
- 6.2 资产负债组合的久期分析与免疫管理 ·········· 168
- 6.3 风险价值计算的方差 – 协方差法 ·········· 170
- 6.4 风险价值计算的历史模拟法 ·········· 177
- 6.5 股票 β 系数的计算 ·········· 180
- 6.6 期货套期保值 ·········· 184
- 6.7 期权价格敏感性指标计算及其保值组合构建 ·········· 190
- 6.8 期权价值影响因素的敏感性分析 ·········· 209
- 6.9 投资组合保险 ·········· 212
- 6.10 基于扩展 M-V 模型的最优投资组合构建 ·········· 217
- 6.11 基于单因素模型的最优投资组合简化求解 ·········· 232

第 7 章 操作风险管理 ·········· 240

- 7.1 操作风险价值估计的损失分布法 ·········· 240
- 7.2 操作风险经济资本计算的标准法 ·········· 243

第 8 章 流动性风险管理 ·········· 245

- 8.1 现金需求的销售百分比法预测 ·········· 245
- 8.2 现金需求的资金特性分析法预测 ·········· 247
- 8.3 现金预算 ·········· 250
- 8.4 企业资金链断裂的流动性短缺风险度量与综合评价 ·········· 261
- 8.5 资产的市场流动性度量与综合评价 ·········· 268
- 8.6 流动性风险监管指标计算 ·········· 274

第9章 资本预算 ······ 282
9.1 监管资本的标准法计算 ······ 282
9.2 监管资本的内部评级法计算 ······ 291
9.3 银行风险监管指标的计算 ······ 295

参考文献 ······ 297

第1章 金融资产收益波动率的计算

1.1 静态波动率的计算

1.1.1 目的

通过本次 Excel 实验,掌握利用历史数据计算金融资产的日对数收益率及其预期收益率、静态的方差、标准差、离散系数的方法。

1.1.2 基本原理

金融资产的日对数收益率采用单期对数收益率计算公式

$$r_t = \ln(1 + R_t) = \ln\left(\frac{P_t}{P_{t-1}}\right) \tag{1-1}$$

金融资产日对数收益率的预期收益率计算公式为

$$E(r_t) = \frac{1}{T}\sum_{t=1}^{T} r_t \tag{1-2}$$

金融资产日对数收益率的方差计算公式为

$$\sigma^2(r_t) = E(r_t - E(r_t))^2 = \frac{1}{T}\sum_{t=1}^{T}[r_t - E(r_t)]^2 \tag{1-3}$$

金融资产日对数收益率的标准差计算公式为

$$\sigma(r_t) = \sqrt{\sigma^2(r_t)} \tag{1-4}$$

标准分数等于某个数据与其平均数的离差除以标准差之后的值,反映的是该数据与平均数相比较相差多少个标准差,以测度每个数值在该组数据中的相对位置,并可以用它判断一组数据是否有异常点。其计算公式为

$$z_t = \frac{r_t - E(r_t)}{\sigma(r_t)} \tag{1-5}$$

方差、标准差都能反映风险收益分散程度的绝对水平。平均水平或计量单位不同的不同组别的风险数据值,是不能用方差、标准差直接比较其离散程度的。这时

就需要使用离散系数。离散系数也称为变异系数，它是一组风险数据的标准差 σ 与其相应的预期值 $E(r)$ 之比，其计算公式为

$$V = \frac{\sigma(r_t)}{E(r_t)} \tag{1-6}$$

离散系数是测度风险数据离散程度的相对统计量，其作用主要是用于比较不同样本风险数据的离散程度。离散系数大，说明相对风险较大；反之，相对风险较小。

1.1.3 数据与内容

（1）下载收集一只股票在一年内的日收盘价数据。

（2）计算该股票的日对数收益率。

（3）利用描述统计指标的定义公式，计算该股票的预期收益率、静态的方差、标准差、离散系数、标准化分数。

1.1.4 操作步骤与结果

（1）下载收集浦发银行（股票代码为600000）股票在一年内的日收盘价数据，如 Excel 文件"1 波动率的计算"所示。

（2）计算每只股票的日对数收益率。在表"静态波动率计算"中的 C4 中输入公式"＝LN（B4/B3）"，下拉单元格，复制填充公式至 C5:C220，即得浦发银行（600000）的日对数收益率。

（3）利用描述统计指标的定义公式，计算该股票的预期收益率、静态的方差、标准差、离散系数、标准化分数。

1）在表"静态波动率计算"中的 G4 中输入公式"＝AVERAGE（C4:C220）"，计算浦发银行的年预期收益率；

2）在 G5 中输入公式"＝VAR（C4:C220）"，计算浦发银行的静态年方差；

3）在 G6 中输入公式"＝STDEV（C4:C220）"或者"＝G5^0.5"，计算浦发银行的静态年标准差；

4）在 G7 中输入公式"＝G6/G4"，计算浦发银行的离散系数；

5）选中 D4:D220，输入公式"＝（C6－＄G＄4）/＄G＄6"，按"Ctrl+Shift+Enter"组合键确认输入，计算标准化分数。

静态波动率计算结果如图 1-1 所示。

	A	B	C	D	E	F	G
1	原始数据					静态波动率计算表	
2	日期	600000	日对数收益率	标准化分数			
3	2007-01-04	21.46					
4	2007-01-05	20.83	-0.0298	-0.9375		预期收益率=	0.0041
5	2007-01-08	21.25	0.0200	0.4368		方差=	0.0013
6	2007-01-09	22.79	0.0700	1.8178		标准差=	0.0362
7	2007-01-10	23.63	0.0362	0.8851		离散系数=	27.6188
35	2007-02-27	21.85	-0.1046	-3.0043			
36	2007-02-28	22.32	0.0213	0.4732			
37	2007-03-01	21.87	-0.0204	-0.6771			
38	2007-03-02	21.95	0.0037	-0.0137			
39	2007-03-05	21.65	-0.0138	-0.4947			

图 1-1　静态波动率计算

1.2 动态波动率的计算

1.2.1 目的

通过本次实验,掌握动态波动率计算的移动平均法、指数平滑法。

1.2.2 基本原理

历史波动率的动态计算方法主要有序时简单平均法、移动平均法与 GARCH 类模型。对于时期总量指标(如收益率)而言,主要采用简单序时移动平均法与一般加权移动平均法。根据权重定义的不同,一般加权移动平均法又有普通加权移动平均法与指数加权移动平均法。

1. 简单加权移动平均法

简单加权移动平均(simple moving average,SMA)法是用过去 m 天收益率的样本方差估计当前的波动率,即

$$\sigma_t^2 = \frac{1}{m-1}\sum_{i=1}^{m}(r_{t-i} - E_{t-1}^m(r_t))^2 = \frac{1}{m-1}\sum_{i=1}^{m}\left(r_{t-i} - \frac{1}{m}\sum_{j=1}^{m}r_{t-j}\right)^2 \quad (1\text{-}7)$$

式中,$E_{t-1}^m(r_t)$ 表示 $t-1$ 时刻的前 m 项收益率的移动平均值,$t-1 > m$。

2. 一般加权移动平均法

一般加权移动平均法是按照不同时期的收益率信息价值大小赋予不同的权重,再利用加权平均法原理计算过去 m 天的收益率样本方差,作为下一期(即预测期)波动率的估计值。计算公式为

$$\sigma_t^2 = \sum_{i=1}^{m}w_i\left(r_{t-i} - \frac{1}{m}\sum_{j=1}^{m}r_{t-j}\right)^2 \quad (1\text{-}8)$$

式中,w_i 是第 $t-i$ 天的收益率权重,所有权重之和等于 1。一般地,离预测期越近,权重越大。

3. 指数加权移动平均法

指数加权移动平均法(exponentially weighted moving average,EWMA)即指数平滑法。其基本原理就是按照观测时间距离当前时刻从远到近,给历史数据(如收益率、利差等)以小于 1 的衰减因子指数赋予由小到大的不同权重,再进行加权平均计算预期收益率与波动率的时间序列。一次指数平滑法是根据前期的实测数和预测数,以加权因子为权数,进行加权平均,来预测未来时间趋势的方法。

$$E_t(\sigma_{t+1}^2) = \alpha\sigma_t^2 + (1-\alpha)E_{t-1}(\sigma_t^2) \quad (1\text{-}9)$$

式中,α 是大于 0 且小于 1 的平滑系数,$E_t(\sigma_{t+1}^2)$ 表示第 t 时刻预测 $t+1$ 时刻的波动率。

规划求解的原理就是要求解一个最优的平滑系数,使得指数平滑预测的平均总

误差最小。用模型表示就是

$$\min_{\alpha}(\sigma_E^2) = \min_{\alpha}\left\{\frac{1}{T}\sum_{t=1}^{T}(\sigma_t^2 - E(E_{t-1}(\sigma_t^2)))^2\right\}$$

$$\text{s. t.}\begin{cases} E_0(\sigma_1^2) = \sigma_1^2 \\ E_t(\sigma_{t+1}^2) = \alpha\sigma_t^2 + (1-\alpha)E_{t-1}(\sigma_t^2) \\ 0 < \alpha < 1 \end{cases} \quad (1\text{-}10)$$

1.2.3 数据与内容

本次实验数据采用实验 1.1 中浦发银行的日对数收益率数据,实验计算内容如下:

(1) 在做动态分析之前,先绘制时间序列散点图,以直观把握变化趋势;

(2) 利用添加趋势线法,在初步确定的三个周期(项数)中,初步确定合理的移动平均周期;

(3) 利用数据分析工具"移动平均",计算单只股票收益率的 10 日、20 日、30 日简单移动平均时间序列,再选择标准偏差平均值最小的日期数,对单只股票计算方差的简单移动时间序列、标准差的简单移动时间序列、离散系数的简单移动时间序列;

(4) 利用一般加权移动平均法原理,选择标准偏差平均值最小的日期数,对单只股票计算方差的一般加权移动平均时间序列、标准差的一般加权移动平均时间序列、离散系数的一般加权移动平均时间序列;

(5) 利用"规划求解"工具,以时间序列的实际值和预测值之间的最小误差为准则,确定最优阻尼系数。然后利用数据分析中的"指数平滑"工具,对单只股票收益率计算其方差、标准差、离散系数的指数平滑时间序列。

1.2.4 操作步骤与结果

1. 绘制时间序列散点图,观察大致发展趋势

(1) 单击点中日对数收益率数据区域,选择"插入"命令,在"图表"命令框中选择"带平滑线的散点图";单击右键,选择"选择数据源"命令,选中删除"收集数据 600000",如图 1-2 所示,单击确定。

(2) 利用"布局"功能模块编辑图表,如图表大小及坐标轴,得到日对数收益率的时间序列散点图,如图 1-3 所示。

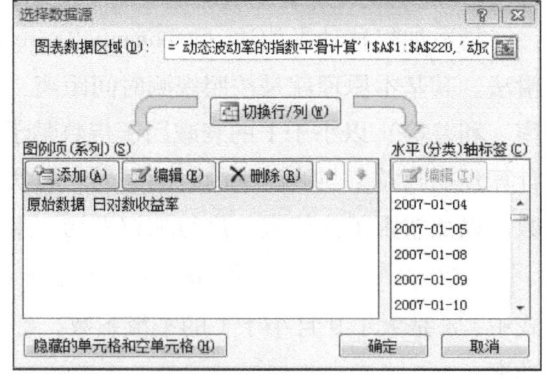

图 1-2 选择数据源

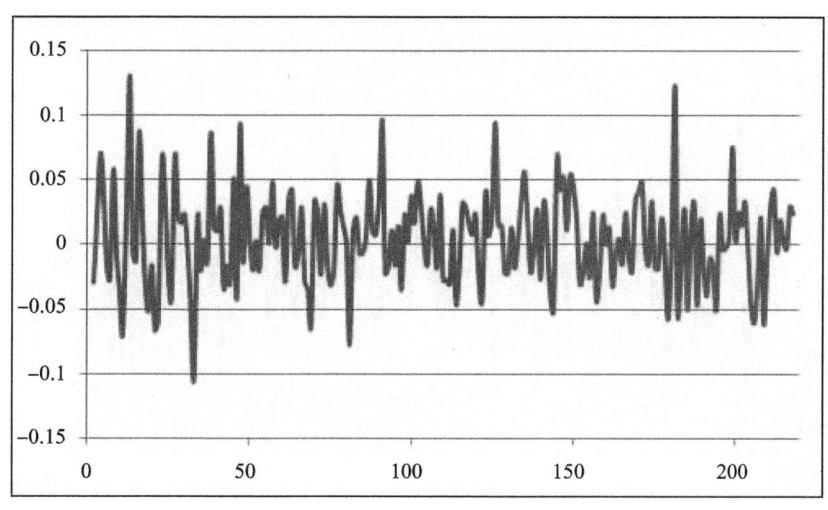

图 1-3 日对数收益率的时间序列散点图

2. 添加趋势线，确定最优移动平均项数

（1）单击选中图 1-3 中的散点，右击选中"添加趋势线"，即弹出"设置趋势线格式"对话框，选择"趋势预测/回归分析类型"下的"移动平均"，在周期设置按钮框中设置数值为"5"，即移动平均的步长选择为 5 天；在趋势线名称中单击"自定义"，在其后的文本框中输入"5 日移动平均"，如图 1-4 所示，单击"关闭"按钮，加有 5 日移动平均线的日对数收益率时间序列散点图，如图 1-5 所示。

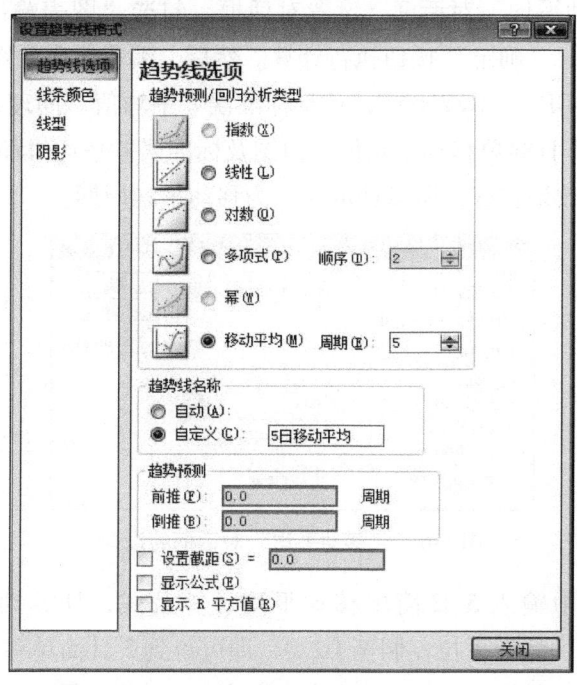

图 1-4 设置趋势线格式

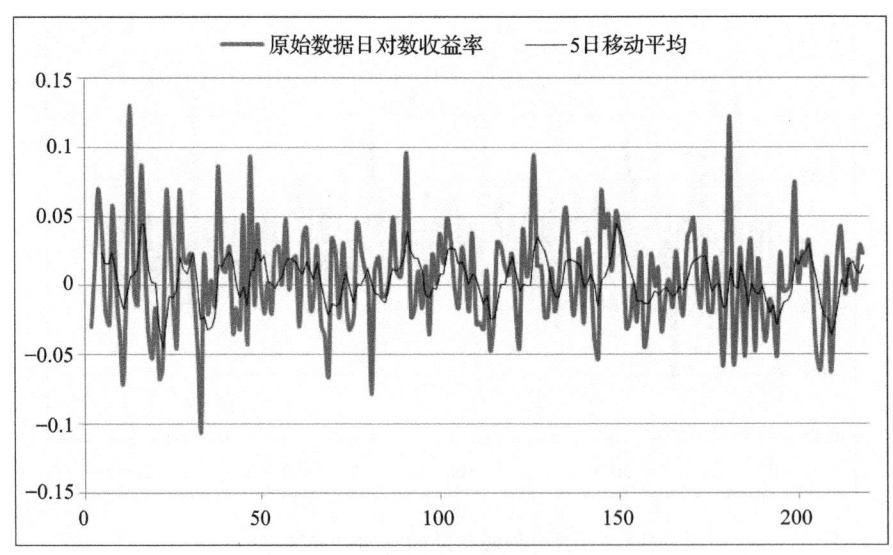

图 1-5　加有 5 日移动平均线的日对数收益率时间序列散点图

（2）同理，可以得到 10 日、15 日移动平均线的日对数收益率时间序列散点图，比较趋势可以看出，5 日移动平均线能够较好地反映出中长期发展趋势。所以，确定 5 日为移动平均计算波动率的合理项数。

3. 简单移动平均计算动态波动率

选中目标输出区域 E4：F220，选择"数据/数据分析"命令，选择"移动平均"，即打开"移动平均"对话框，设置对话框，勾选"图表输出""标准误差"，如图 1-6 所示。单击"确定"按钮执行计算。然后，编辑输出的图表，在单元格 F3 中输入"=AVERAGE(F12:F220)"，计算标准误差平均值。同理，可以计算日对数收益率的 10 日、15 日简单移动平均值。由图及标准误差平均值都可以看出，5 日简单移动平均的预测效果较好，所以选取 5 日为移动平均周期。

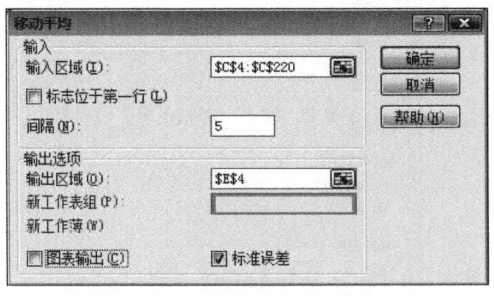

图 1-6　"移动平均"对话框的设置

在单元格 D9 中输入 5 日简单移动平均计算公式，计算动态波动率的公式"=VAR(C4：C8)"，然后下拉复制至 D220，即可得到 5 日简单移动平均计算的动态波动率序列。同理，可得 10 日、15 日动态波动率。结果如图 1-7～图 1-10 所示。

	A	B	C	D	E	F	G	H	I	J
1	原始数据				简单移动平均的波动率计算					
2	日期	600000	日对数收益率	简单移动平均的波动率	5日移动平均值	标准误差	10日移动平均值	标准误差	15日移动平均值	标准误差
3	2007-01-04	21.46			平均标准误差	0.0305	平均标准误差	0.0334	平均标准误差	0.0329
19	2007-01-29	27.19	0.0227	0.0039	0.0440	0.0604	0.0185	#N/A	0.0178	#N/A
20	2007-01-30	26.33	-0.0321	0.0039	0.0116	0.0319	0.0095	#N/A	0.0143	#N/A
21	2007-01-31	24.99	-0.0522	0.0022	0.0023	0.0397	0.0050	#N/A	0.0061	#N/A
22	2007-02-01	24.59	-0.0161	0.0030	0.0018	0.0388	0.0069	0.0544	0.0027	#N/A
23	2007-02-02	23	-0.0668	0.0030	-0.0289	0.0377	0.0073	0.0550	-0.0006	#N/A
24	2007-02-05	21.7	-0.0582	0.0012	-0.0451	0.0369	-0.0006	0.0577	-0.0027	#N/A
25	2007-02-06	23.17	0.0655	0.0004	-0.0256	0.0514	-0.0070	0.0505	-0.0022	#N/A
26	2007-02-07	24	0.0352	0.0030	-0.0081	0.0492	-0.0029	0.0517	0.0006	#N/A
27	2007-02-08	23.52	-0.0202	0.0033	-0.0089	0.0488	-0.0036	0.0517	0.0017	#N/A
28	2007-02-09	22.54	-0.0426	0.0034	-0.0040	0.0489	-0.0165	0.0469	0.0035	#N/A
29	2007-02-12	24.14	0.0686	0.0028	0.0213	0.0530	-0.0119	0.0534	0.0067	#N/A
30	2007-02-13	24.63	0.0201	0.0025	0.0122	0.0340	-0.0067	0.0524	-0.0006	#N/A
31	2007-02-14	25.04	0.0165	0.0020	0.0085	0.0282	0.0002	0.0495	0.0009	#N/A
32	2007-02-15	25.62	0.0229	0.0018	0.0171	0.0278	0.0041	0.0493	0.0033	0.0461
33	2007-02-16	25.49	-0.0051	0.0010	0.0246	0.0256	0.0103	0.0436	-0.0028	0.0422
34	2007-02-26	24.26	-0.0495	0.0007	0.0010	0.0268	0.0112	0.0440	-0.0076	0.0435

图 1-7 波动率的简单移动平均计算

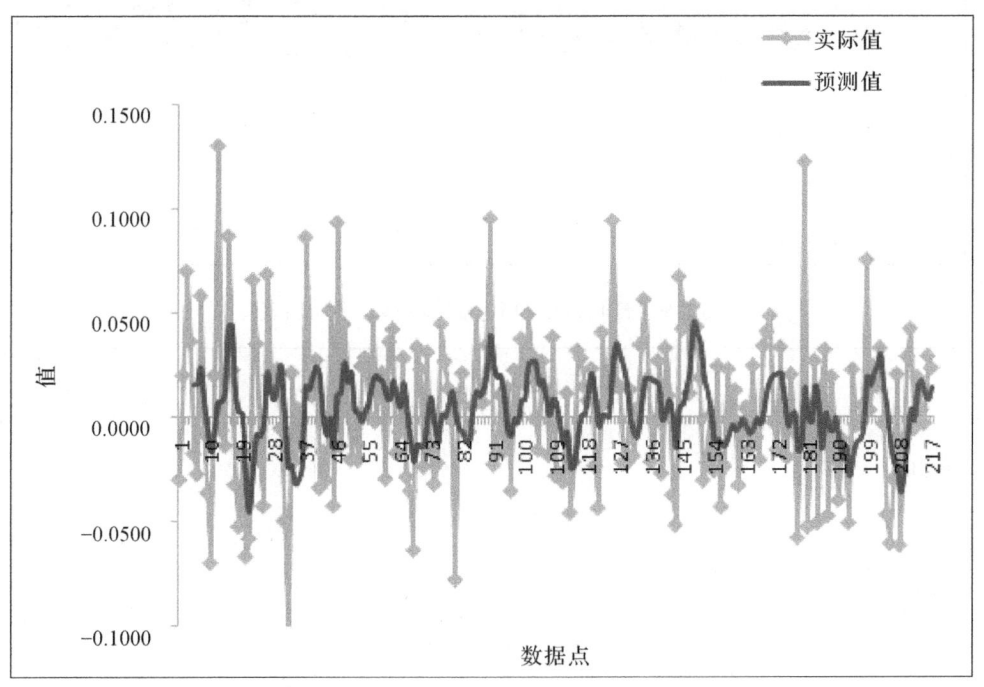

图 1-8 日收益率的 5 日简单移动平均图表

4. 一般加权移动平均计算

设定预测期的前第 5 日、前第 4 日、前第 3 日、前第 2 日、前第 1 日的权重分别为 0.1、0.1、0.2、0.3、0.3，并输入到 K4:K8，在 H9 单元格中输入动态波动率的一般加权移动平均计算公式："=\$K\$4*(C4-E8)^2+\$K\$5*(C5-E8)^2+\$K\$6*(C6-E8)^2+\$K\$7*(C7-E8)^2+\$K\$8*(C8-E8)^2"，然后下拉复制至 L220，即得到一般加权移动平均计算的动态波动率序列，如图 1-11 所示。

5. 利用【规划求解】工具，确定最优阻尼系数，利用指数平滑法计算动态波动率

（1）首先在单元格 D4 给定一个平滑系数 0.7，阻尼系数等于"=1-D4"；在单元格 D4 输入"=AVERAGE(C4:C220)"，求出日对数收益率的平均值。

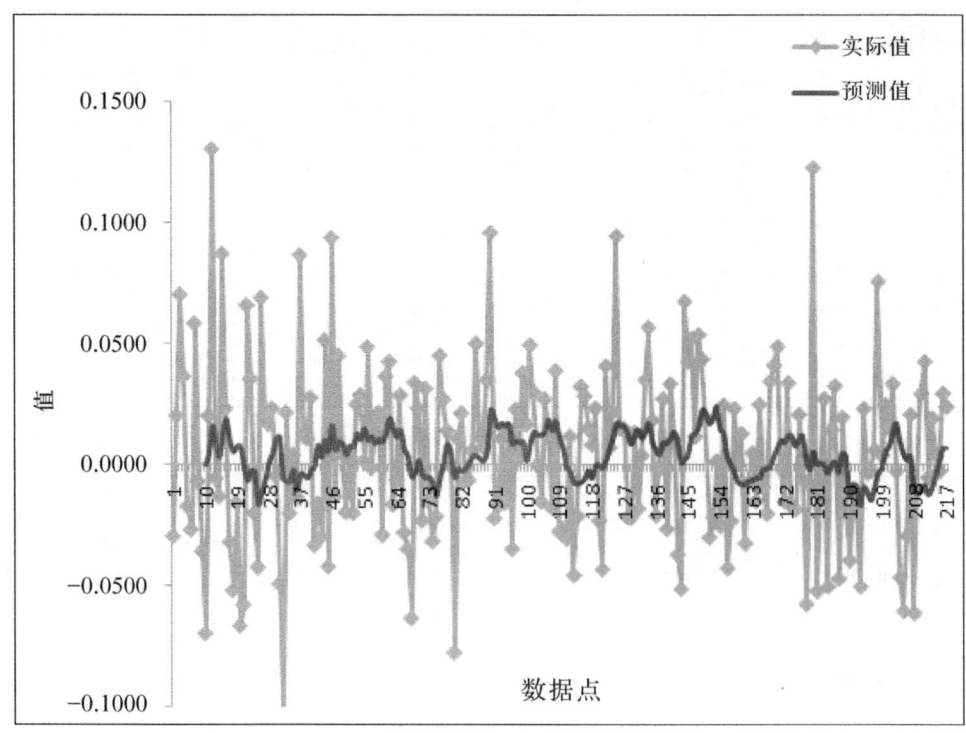

图 1-9　日收益率的 10 日简单移动平均图表

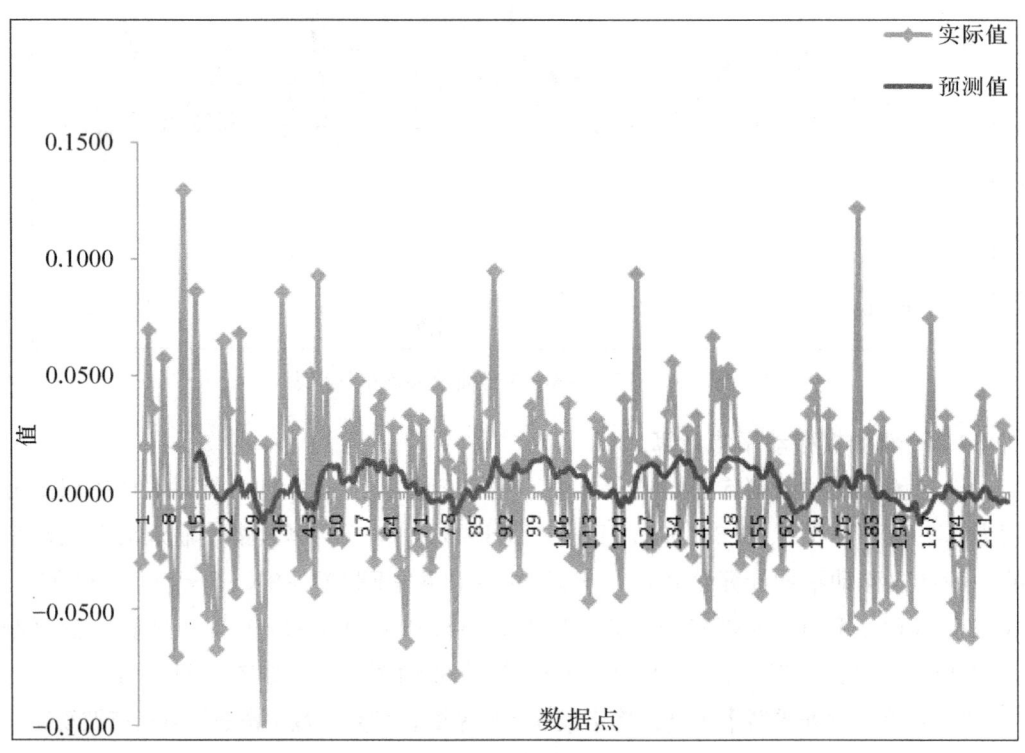

图 1-10　日收益率的 15 日简单移动平均图表

	A	B	C	K	L
1	原始数据			一般加权移动平均波动率	
2	日期	600000	日对数收益率	权重	一般加权移动平均波动率
3	2007-01-04	21.46			
4	2007-01-05	20.83	-0.0298	0.1	
5	2007-01-08	21.25	0.0200	0.1	
6	2007-01-09	22.79	0.0700	0.2	
7	2007-01-10	23.63	0.0362	0.3	
8	2007-01-11	23.22	-0.0175	0.3	
9	2007-01-12	22.6	-0.0271		0.0013
10	2007-01-15	23.95	0.0580		0.0013
11	2007-01-16	23.78	-0.0071		0.0017
12	2007-01-17	22.94	-0.0360		0.0012
13	2007-01-18	21.39	-0.0700		0.0011
14	2007-01-19	21.82	0.0199		0.0016
15	2007-01-23	24.85	0.1300		0.0020
16	2007-01-24	24.7	-0.0061		0.0060
17	2007-01-25	24.37	-0.0135		0.0054

图 1-11　一般加权移动平均法计算的动态波动率序列

（2）采用指数平滑法计算预测值。对应的第一期预测值采用原值代替，在 E4 单元格输入"＝C4"，对应第二期的预测值，单击单元格 E5，输入指数平滑计算公式"＝C4＊$D$4＋J4＊$D$6"，然后下拉复制至 E220，即得到初始的指数平滑计算的动态波动率预测序列。

（3）求出总方差。根据误差公式，单击单元格 F4，输入预测方差计算公式"＝(E4－$D$9)^2"，然后下拉复制至 F220，再在单元格 G4 中输入"＝SUM(F4:F220)"，求出总预测误差。

（4）选择"数据/规划求解"命令，随即弹出"规划求解参数"对话框，设置规划求解参数（如目标单元格、可变单元格），利用"添加"按钮，添加约束条件，如图 1-12 所示。

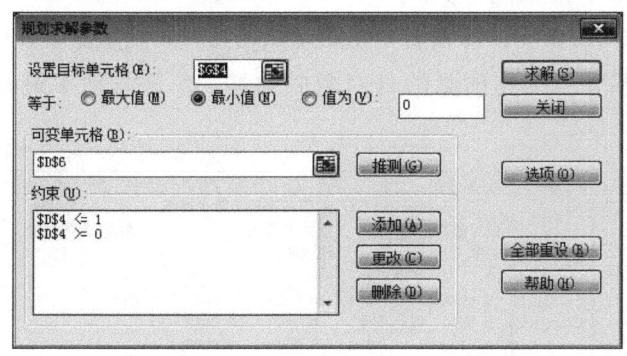

图 1-12　"规划求解参数"设置

设置完成后单击"求解"按钮。随即弹出"规划求解结果"对话框，显示找到一解满足所有约束条件，则可以单击"报告"下的"运算结果报告"，直接选中"保存规划求解结果"单选按钮，如图 1-13 所示。

（5）然后单击"确定"按钮，输出求解出的最优阻尼系数运算结果报告如图 1-14 所示。

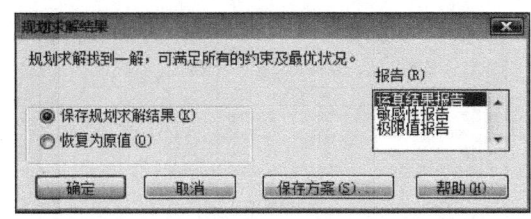

图 1-13 "规划求解结果"对话框

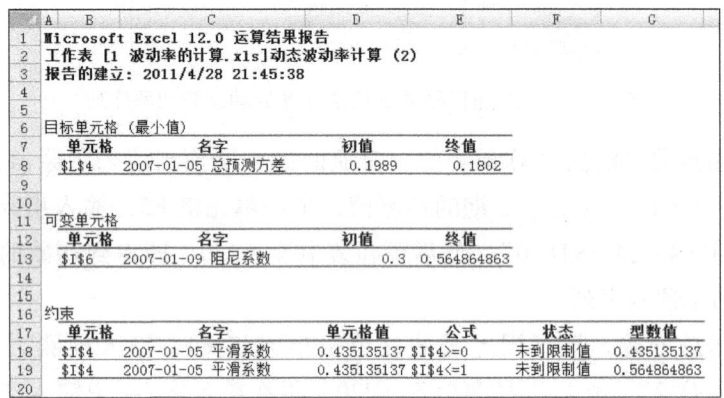

图 1-14 使用"规划求解"求解出的最优阻尼系数运算结果报告

（6）利用 5 日简单移动平均的波动率序列，及最优阻尼系数的指数平滑预测波动率时间序列。在单元格 I8 中输入"=VAR（E4:E8）"，在单元格 I9 中输入最优阻尼系数的指数平滑预测计算式"=H8*$D$4+I8*$D$6"，然后下拉复制到单元格区域 I10:I220 中，即得日对数收益率的指数平滑波动率序列。使用"规划求解""指数平滑"工具预测的日对数收益率、5 日波动率最终结果如图 1-15 所示。

	A	B	C	D	E	F	G	H	I
1	原始数据			日对数收益率的指数平滑法				5日波动率的移动计算	5日波动率的指数平滑预测
2	日期	600000	日对数收益率	参数值	指数平滑法预测	预测方差	总预测方差		
3	2007-01-04	21.46		平滑系数					
4	2007-01-05	20.83	-0.0298	0.4	-0.0298	0.0012	0.0765		
5	2007-01-08	21.25	0.0200	阻尼系数	-0.0298	0.0012			
6	2007-01-09	22.79	0.0700	0.6	-0.0081	0.0002			
7	2007-01-10	23.63	0.0362		0.0258	0.0005			
8	2007-01-11	23.22	-0.0175	平均收益率	0.0303	0.0007		0.0009	0.0009
9	2007-01-12	22.6	-0.0271	0.0041	0.0095	0.0000		0.0006	0.0009
10	2007-01-15	23.95	0.0580		-0.0064	0.0001		0.0003	0.0008
11	2007-01-16	23.78	-0.0071		0.0216	0.0003		0.0002	0.0006
12	2007-01-17	22.94	-0.0360		0.0091	0.0000		0.0002	0.0004
13	2007-01-18	21.39	-0.0700		-0.0105	0.0002		0.0002	0.0003
14	2007-01-19	21.82	0.0199		-0.0364	0.0016		0.0005	0.0003
15	2007-01-23	24.85	0.1300		-0.0119	0.0003		0.0005	0.0004
16	2007-01-24	24.7	-0.0061		0.0499	0.0021		0.0010	0.0004

图 1-15 使用"规划求解""指数平滑"工具预测的最终结果

1.3 隐含波动率的计算

1.3.1 目的

利用布莱克-斯科尔斯（Black-Scholes）期权定价模型的 Excel 计算模板，计算隐含波动率。

1.3.2 基本原理

隐含价格波动率是根据观察的期权市场价格，通过布莱克-斯科尔斯期权定价模型计算出隐含波动率。布莱克-斯科尔斯模型和其他众多模型一样，是建立在一系列的条件假设的基础之上的。其假设条件如下：

(1) 对卖空不存在障碍和限制；
(2) 不支付股票红利；
(3) 交易成本与税收为零；
(4) 期权是欧式的；
(5) 短期利率已知而且固定；
(6) 股票价格在连续时间内随机变化；
(7) 股票价格呈对数正态分布；
(8) 期权合约期内股票回报率方差为常数。

在上述的假设条件下，看涨期权的基本布莱克-斯科尔斯定价模型表述如下

$$C_0 = S \cdot N(d_1) - X \cdot e^{-rt} \cdot N(d_2)$$

$$d_1 = \frac{\ln(S/X) + (r + 0.5\sigma^2)t}{\sigma\sqrt{t}}$$

$$d_2 = d_1 - \sigma\sqrt{t}$$

式中，C_0 为看涨期权的价值；S 为标的资产（股票）的当前价格；X 为期权的执行价格；t 为距期权到期日的时间，以年为单位；r 为期权合约期内的年无风险利率；σ^2 为以连续复利计算的标的资产（股票）年收益对数的方差。$N(d_1)$、$N(d_2)$ 为在正态分布下，随机变量小于 d_1 和 d_2 时的累计概率。

看跌期权的基本布莱克-斯科尔斯定价模型为

$$P_0 = -S \cdot N(-d_1) + X \cdot e^{-rt} \cdot N(-d_2)$$

式中，P_0 为看跌期权的价值。

利用布莱克-斯科尔斯期权定价模型确定期权价值的步骤如下：

(1) 计算 d_1 和 d_2；
(2) 计算 $N(d_1)$、$N(d_2)$ 或 $N(-d_1)$、$N(-d_2)$；
(3) 计算看涨期权或看跌期权的价值。

布莱克-斯科尔斯期权定价模型中有六个变量，即标的资产（股票）的当前价格、期权的执行价格、距期权到期日的时间、期权期间的年无风险利率和标的资产（股票）年收益率的标准差与期权价值。它们彼此相互关联，只要知道其中的任意五个变量，剩余的一个变量就可以计算出来。在已知期权价值的情况下，要计算其他几个变量中的某个变量，可以利用单变量求解工具或规划求解工具。

在利用单变量求解工具或规划求解工具时，要将期权价值所在的单元格作为目标单元格，将需要计算的变量所在的单元格作为可变单元格。

1.3.3 数据与内容

已知目前的股票价格为 40 元，年收益率的标准差为 35%，年无风险利率为 8%，期权的执行价格为 35 元，还有 6 个月到期，要求：

（1）建立看涨期权、看跌期权的价值计算模板；

（2）假设股票价格为 20 元，年无风险利率不变，期权的执行价格为 25 元，期权的剩余到期时间（年）不变，期权的目标价值为 4，利用该模板，计算该期权的隐含变动率。

1.3.4　Excel 操作步骤与结果

（1）打开 Excel 文件"1 波动率的计算"中的"隐含波动率的计算"工作表，建立看涨期权、看跌期权的价值计算模板。

1）添加"开发工具"选项，打开"插入"下拉菜单，把光标指到"表单控件"，选择"窗体"，单击"组合框"窗体控件，在单元格 B8 位置上插入一个《组合框》控件。单击右键，出现下拉菜单后选择"设置控件格式"，在"控件"对话框中进行设置。此控件的数据源区域为"\$F\$3:\$F\$4"，单元格链接为"\$B\$8"。在单元格 F3 和 F4 中分别输入"看涨期权"和"看跌期权"。

2）选中需要命名的目标单元格，利用"公式"下拉菜单中的"定义名称"，选择"定义名称"，进行命名。将单元格 B3 命名为"S"，将单元格 B4 命名为"CI"，将单元格 B5 命名为"rf"，将单元格 B6 命名为"X"，单元格 B7 命名为"T"。

3）在单元格 B11 中输入公式"＝(LN(S/X)＋(rf＋CI^2/2)∗T)/(CI∗SQRT(T))"，计算 d_1。

4）在单元格 B12 中输入公式"＝(LN(S/X)＋(rf－CI^2/2)∗T)/(CI∗SQRT(T))"，计算 d_2。

5）在单元格 D11 中输入公式"＝IF(\$B\$8＝1,NORMSDIST(B11),NORMSDIST(－B11))"，计算 $N(d_1)$ 或 $N(-d_1)$，并将其复制到单元格 D12，计算 $N(d_2)$ 或 $N(-d_2)$。

6）在单元格 D3 中输入公式："= IF（B8 = 1,"看涨期权","看跌期权"）"。

7）在单元格 D4 中输入公式："= IF(B8 = 1,S * D1 - X * EXP(- rf * T) * D12, - S * D11 + X * EXP(- rf * T) * D12"，计算期权的价值。

这样，可以选择期权种类的基本布莱克 - 斯科尔斯期权定价模型就建立起来了。只要在有关的单元格内输入已知数据，并选择期权种类，即可立即计算期权的价值，如图 1-16 所示。

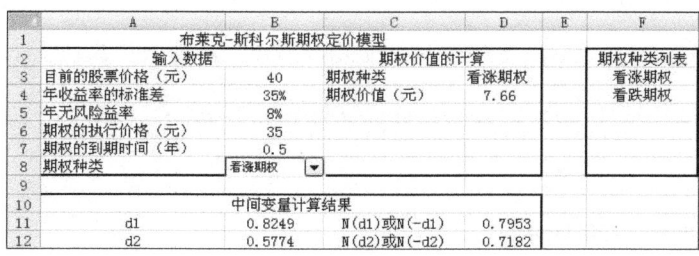

图 1-16 计算期权的价值

(2) 计算隐含波动率

1）利用建立的可以选择期权种类的基本布莱克 - 斯科尔斯期权定价模型，输入已知数据后，单击"数据/数据工具/假设分析"菜单中的"单变量求解"命令，打开"单变量求解"对话框，在"目标单元格"栏中输入"$D$4"，在"目标值"栏中输入"4"，在"可变单元格"栏中输入"$B$4"，如图 1-17 所示。

2）然后单击"确定"按钮，即输出求解结果，单击"确定"可立即求出该期权的隐含波动率为 85%，如图 1-18、图 1-19 所示。

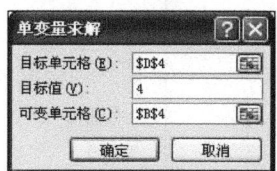   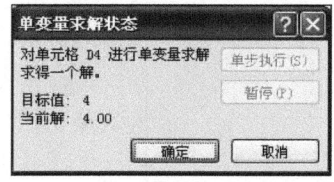

图 1-17 "单变量求解"对话框设置   图 1-18 "单变量求解状态"对话框

图 1-19 布莱克 - 斯科尔斯期权定价模型——隐含波动率计算

也可以利用"规划求解"工具计算。

1.3.5 Matlab 操作步骤与结果

(1) 已知 $S=40$, $X=35$, $\delta=35\%$, $r=8\%$, $t=0.5$, 计算看涨期权的价值 C。

Matlab 软件的看涨期权价值 C 的计算程序编写如下:

```
function c=bs(s,x,t,r,sigma,type)
d1 =(log(s/x)+(r+0.5*sigma^2)*t)/(sigma*sqrt(t));
d2 = d1 - sigma*sqrt(t);
if type==1
c = s*normcdf(d1)-x*exp(-1*r*t)*normcdf(d2);
if type==0
    c=-s*normcdf(-d1)+x*exp(-1*r*t)*normcdf(-d2);
end
end
```

结果显示如图 1-20 所示。

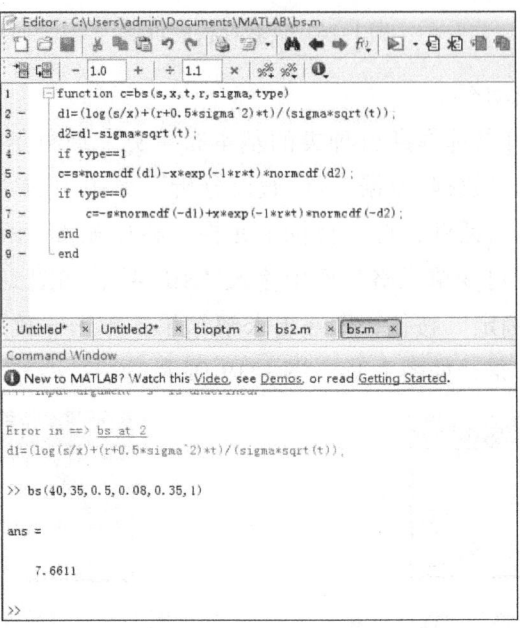

图 1-20 看涨期权期权价值 C 的计算

由结果可知, 看涨期权的期权价值 C 为 7.661 1 元。

(2) 已知 $S=20$, $X=25$, 看涨期权价值 $C=4$, $r=10\%$, $t=0.6$, 求隐含波动率 δ。

Matlab 软件的隐含波动率计算程序编写:

```
function sigma=bs(s,x,t,r,c,type)
d1 = (log(s/x) + (r+0.5*sigma^2)*t)/(sigma*sqrt(t));
d2 = d1 - sigma*sqrt(t);
if type==1
    c = s*normcdf(d1)-x*exp(-1*r*t)*normcdf(d2);
```

```
if type == 0
    c=-s*normcdf(-d1)+x*exp(-1*r*t)*normcdf(-d2);
end
end
```

结果显示如图 1-21 所示。

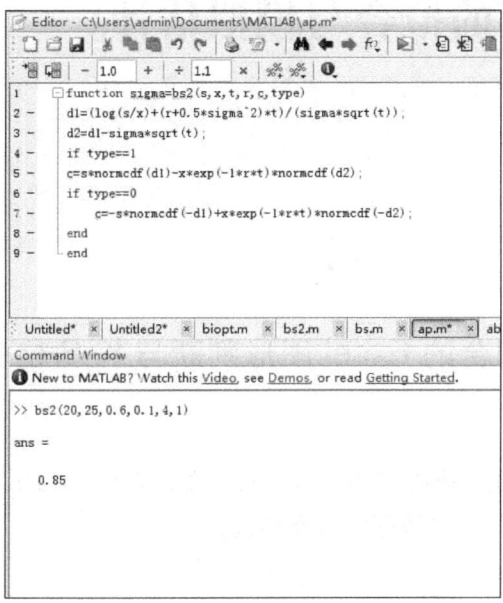

图 1-21　看涨期权隐含波动率的计算

在看涨期权条件下，可得该期权的隐含波动率 δ 为 85%。

第2章 损失分布的拟合与模拟估计

2.1 损失分布拟合的 Excel 图形判断与 K-S 检验

2.1.1 目的

通过本次实验操作，练习利用 Excel 进行随机抽样，利用 P-P 图法、Q-Q 图法或 K-S 检验法，判断与检验数据的分布情况。

2.1.2 基本原理

一般数据分布的拟合检验主要有统计计算检验法与图形法。统计计算检验法有矩估计法、卡方拟合检验法、非参数单变量检验的 K-S 检验法（也可称为单样本 K-S 检验法）。图形法主要是利用直方图法、箱线图法、P-P 图法、Q-Q 图法进行判断。

1. 矩估计法

矩估计法应用三阶矩、四阶矩的原理，求出偏度系数和峰度系数，以正态分布为基准判断数据分布情况。当样本量大于 200 时检验功效较高。

(1) 偏度系数。计算公式分别为

$$SK = \frac{n}{(n-1)(n-2)} \sum \left(\frac{x-\bar{x}}{s}\right)^3 \tag{2-1}$$

偏态系数等于 0 为对称分布；大于 0 为右偏分布；小于 0 为左偏分布；偏态系数大于 1 或小于 -1，为高度偏态分布；偏态系数在 0.5~1 或 -1~-0.5，为中等偏态分布；偏态系数越接近 0，偏斜程度就越低。

(2) 峰度系数。计算公式为

$$K = \frac{n(n+1)\sum(x_i - \bar{x})^4 - 3[\sum(x_i - \bar{x})^2]^2(n-1)}{(n-1)(n-2)(n-3)s^4} \tag{2-2}$$

峰态系数等于 0，扁平峰度适中；峰态系数小于 0 为扁平分布；峰态系数大于 0 为尖峰分布。

2. 单样本 K-S 检验法

单样本 K-S 检验法是以两位前苏联数学家 Kolmogorov 和 Smirnov 命名的，是一种拟合优度的非参数检验方法。单样本 K-S 检验法是利用样本数据推断总体是否服从某一理论分布的方法，适用于探索连续型随机变量的分布形态。

单样本 K-S 检验法可以将一个变量的实际频数分布与正态分布（Normal）、均匀分布（Uniform）、泊松分布（Poisson）、指数（Exponential）分布进行比较。其原假设 H_0 为样本来自的总体与指定的理论分布无显著差异。

单样本 K-S 检验法（Kolmogorov-Smirnov 检验法）是用来检验抽取样本所依赖的总体是否服从某一理论分布。其方法是将某一变量的累积分布函数与特定的理论分布进行比较。设总体的累积分布函数为 $F(x)$，已知的理论分布函数为 $F_0(x)$，则检验的原假设和备择假设为

$$H_0: F(x) = F_0(x); \quad H_1: F(x) \neq F_0(x)$$

原假设所表达的意思是：抽取样本所依赖的总体与指定的理论分布无显著差异。

设各样本观测值在理论分布中出现的累积概率为 $F(x)$，各样本观测值的实际累积概率为 $S(x)$，实际累积概率与理论累积概率的差值为 $D(x)$。差值序列中的最大绝对差值为

$$D = \max(|S(x_i) - F(x_i)|)$$

由于实际累积概率为离散值，D 通常修正为

$$D = \max(|S(x_i) - F(x_i)|, |S(x_{i-1}) - F(x_i)|) \tag{2-3}$$

这里差值序列中的最大绝对差值就是 K-S 检验的统计量。

在小样本情况下，统计量服从 K-S 分布；在大样本情况下，则可以正态分布近似，检验统计量为

$$z = \sqrt{n} D \tag{2-4}$$

判断：如果检验统计量的概率小于给定的显著水平，则拒绝原假设，表明抽样所依赖的总体与指定的理论分布有显著差异。

3. 直方图法

在直角坐标中，用横轴表示数据分组上限、下限，纵轴表示频数或频率，各组组限与相应的频数或频率就形成了一个矩形，即直方图。将频率分布直方图中各相邻矩形的上底边中点顺次连接起来就得到一条折线，这条折线成为本组数据的频率折线图。直方图下的总面积等于 1。做出分组数据的频数分布表，画出直方图，以钟形判断可以选择是否绘制该组数据的正态曲线（with norma curve），这样，我们可以直观地观察该组数据是否大致符合正态分布。

4. P-P 图法

P-P 图法是以待检验变量数据分布的累计频率为纵坐标，以需检验的理论分布累计频率为横坐标对比，作散点图。从理论上，这些点在一条 45 度直线上，则

说明某一个取值点上它们之间的累计概率都相等，待检验变量分布就符合该理论分布，但实际上有一定的随机性，所以，定量地用相离多少去推断分布是很困难的。

可供选择的理论分布有贝塔（也可称为 beta）分布、卡方分布、指数分布、伽马分布、半正态分布、Laplace 分布、逻辑分布、对数正态分布、正态分布、帕雷托分布、学生 t 分布、威布尔分布、均匀分布等。根据不同的分布选择，可以根据需要设定自由度和其他参数，以获得转换数值的概率图。转换方法选项包括自然对数、标准分数，差分，以及季节性的差分。

5. Q-Q 图法

Q-Q 图法以待检验变量分布分位数为纵坐标，以需检验的理论分布分位数为横坐标对比，作散点图。与 P-P 图法相似，如果这些点在一条直线上，则待检验变量分布符合该理论分布，但同样存在着和 P-P 图法类似的难以定量判断的问题。

2.1.3 数据及内容

1. 数据

利用 Excel 中的"随机数发生器"产生 100 个服从正态分布 $N(5,10^2)$ 的随机数；然后，在这 100 个正态分布随机数总体中，利用"周期抽样"工具以 5 为间隔随机抽取的数据作为实验数据。

2. 内容

（1）在这正态分布随机数总体中，分两次可重复地随机抽取 100 个数据，构成 $n=2$ 的随机样本，并计算出每个样本的均值；

（2）利用"描述统计"分析工具，计算样本均值的描述统计指标；

（3）分别利用众数、中位数、平均值之间的相对大小、分布指标，判断数据分布情况；

（4）绘制数据的直方图（含频率折线图、正态分布概率折线图），判断数据分布情况；

（5）画出样本均值的正态概率图，判断样本均值是否服从正态分布。

（6）计算所有样本均值的平均数和标准差，并与总体均值和标准差比较，得到的结论是什么？

（7）利用 K-S 检验法，检验样本均值是否服从正态分布。

2.1.4 操作步骤及结果

1. 生成正态分布随机数

利用"数据/数据分析"命令，打开数据分析工具框，单击选中"随机数发生器"对话框，设置对话框如图 2-1 所示。单击"确定"按钮，即生成正态分布随机数。

2. 先周期抽样、后两次随机抽样

利用"数据/数据分析"命令，打开数据分析工具框，单击选中"抽样"对话框，设置对话框如图 2-2 所示，进行周期抽样。再利用该"抽样"工具，分别设置对话框如图 2-3、图 2-4 所示，两次重复随机抽取 100 个样本数据，结果如图 2-6 所示。

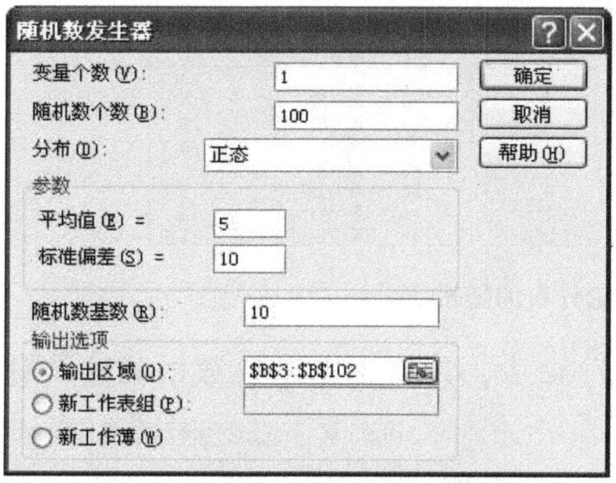

图 2-1　"随机数发生器"对话框设置

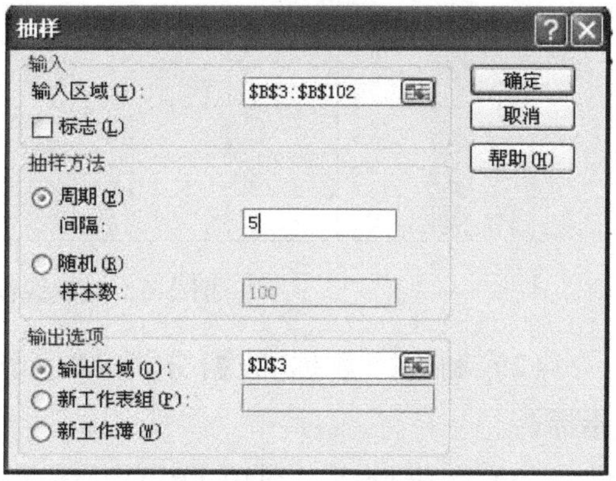

图 2-2　周期抽样

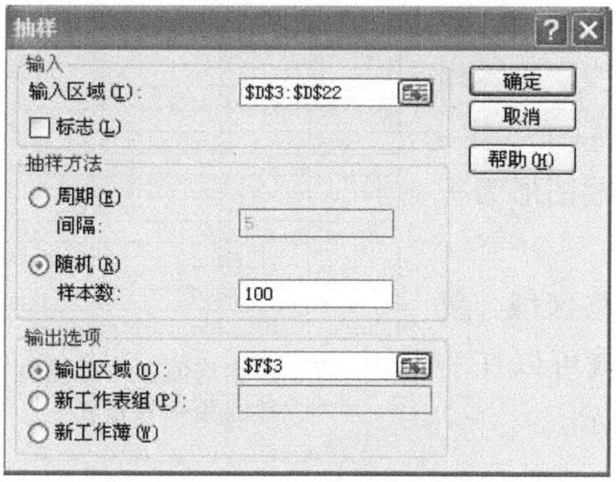

图 2-3　随机抽样

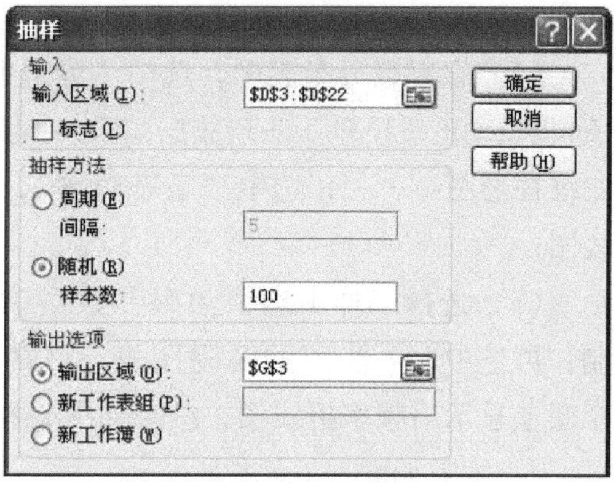

图 2-4　随机抽样

然后，计算每一组抽样样本数据的样本均值，并利用"数据/数据分析"命令，打开数据分析工具选择框，单击选择"描述统计"工具，计算样本均值的描述统计指标，结果如图 2-6 所示。

3. 绘制直方图（含频率折线图、正态分布概率折线图）

（1）利用随机数发生器工具，以样本均值的平均值、标准偏差为正态分布的平均值、标准差，设置对话框如图 2-5

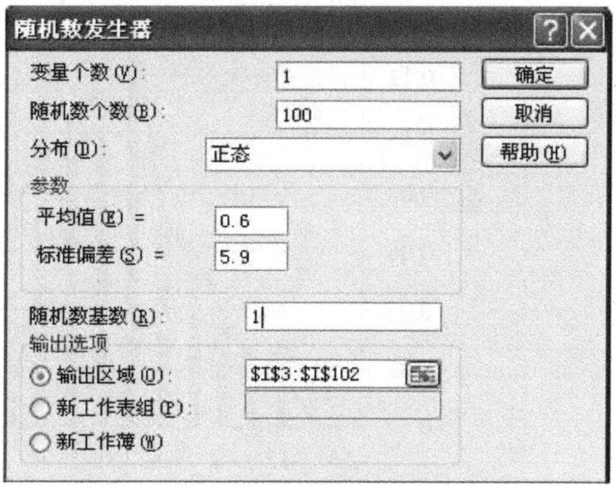

图 2-5　"随机数发生器"对话框

所示，生成 100 个服从理论正态分布的随机数，结果如图 2-6 所示。

	A	B	C	D	E	F	G	H
1	2、产生正态分布随机数				实验数据			
2	正态分布随周期抽样		随机抽样1	随机抽样2	样本均值	基准正态随机数	样本均值描述统计	
3	-23.5	2.9	2.7	-3.2	-0.3	-17.2		
4	5.4	-10.7	-5.9	2.9	-1.5	1.5		
5	-7.8	2.4	-5.9	2.9	-1.5	-4.5	平均	0.6
6	2.9	8.2	10.7	-7.4	1.6	5.8	标准误差	0.6
7	2.9	-15.6	-15.6	9.1	-3.3	1.9	中位数	0.5
8	6.5	-3.2	5.6	8.2	6.9	0.3	众数	5.9
9	-3.2	19.5	-7.4	-5.9	-6.6	-1.7	标准差	5.9
10	-8.3	12.8	-7.4	-7.4	-2.3	8.0	方差	35.2
11	1.4	10.7	10.7	8.2	9.5	6.1	峰度	-0.4
12	-10.7	2.7	-7.4	21.1	6.9	4.5	偏度	-0.1
13	-6.1	2.9	6.3	-5.8	0.3	-4.9	区域	26.9
14	16.3	21.1	10.7	-7.4	1.6	6.9	最小值	-13.2
15	13.1	-5.8	-5.9	-5.9	-5.9	3.9	最大值	13.7
16	-10.7	-7.4	19.5	-10.7	4.4	0.8	求和	60.7
17	2.4	-1.9	9.1	-15.6	-3.3	-2.4	观测数	99.0
18	12.6	-5.9	2.7	2.9	2.8	-12.2	最大(1)	13.7
19	3.9	9.1	9.1	8.2	8.7	-7.3	最小(1)	-13.2
20	3.1	-3.8	-3.2	-3.2	-3.2	-1.4	置信度(95.0%)	1.2

图 2-6 生成假设理论分布的随机数

（2）利用"数据/数据分析/描述统计"命令，计算正态随机数的描述统计指标；

（3）数据分组，利用 FREQUENCY 函数，以数组方式计算样本均值、正态随机数的频率分布表，结果如图 2-7 所示；

（4）在频数分布表中，选中"分组上限""样本均值频率""正态频率"三列数据，插入→图表→柱形图→二维柱形图→……；选中"正态频率"，更改图形为折线图；

（5）选择"样本均值频率"数据单元格区域，复制；再选中上一步图的贴附图表，粘贴，就可以在一个图上显示出频率折线图，结果如图 2-8 所示。

分组下限	分组上限	样本均值频率	正态频率
	-16	0	0.01
-16	-14	0	0.01
-14	-12	0.02	0.03
-12	-10	0.02	0.01
-10	-8	0.04	0.03
-8	-6	0.06	0.04
-6	-4	0.07	0.1
-4	-2	0.14	0.08
-2	0	0.12	0.13
0	2	0.1	0.16
2	4	0.13	0.12
4	6	0.13	0.12
6	8	0.07	0.07
8	10	0.06	0.03
10	12	0.01	0.02
12	14	0.03	0
14	16	0	0.02
16	18	0	0.01
18	20	0	0
20	22	0	0.01
	合计	1	1

图 2-7 样本均值、正态随机数的频率分布表

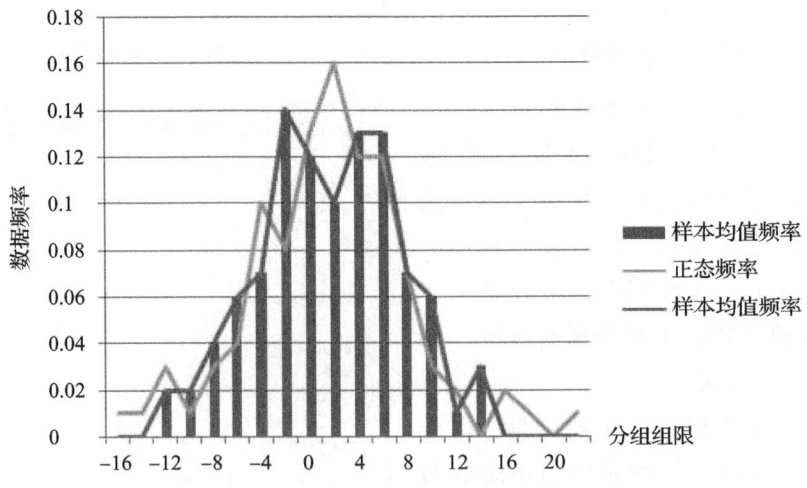

图 2-8 样本均值、正态随机数的频率分布图

从图2-8可以看出，样本均值频率折线图与正态频率折线图轮廓基本一致。

4. 绘制正态概率分位数—分位数图

对样本均值数据排序，计算标准正态分位数；绘制出（排序后样本均值，标准正态分位数）图形，再单击鼠标左键选中散点，添加趋势线"$y = x$"，即得正态概率分位数—分位数图，如图2-9所示。

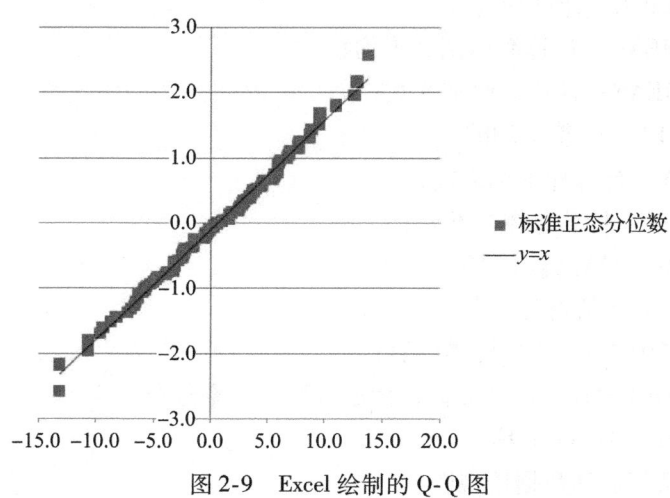

图2-9　Excel绘制的Q-Q图

5. 单样本K-S检验法

（1）计算累积概率的差值，利用求绝对值函数ABS()，计算绝对差值1、2；

（2）利用最大值函数Max确定K-S检验统计量D，再利用公式"= N4 * D25^0.5"，计算正态检验统计量Z；

（3）利用正态分布函数，计算检验统计量Z对应的概率；

（4）与显著水平对应的分位数对比，利用条件判断函数"= IF(N5 < $N$8, "接受原假设","拒绝原假设")"，判断检验结果。最终结果如图2-10所示。

	A	B	C	D	E	F	G	H	I	J	K	L	M	N
1														
2	数据分组													
3					计算概率密度		1、计算累计频率							
4	分组下限	分组上限	样本均值频数	正态频数	样本均值频率	正态频率	样本均值	正态	差值	绝对差值1	绝对差值2		D=	0.15
5		-16	0	1	0	0.01	0	0.01	-0.01	0.01			Z=	1.5
6	-16	-14	0	1	0	0.01	0.02	-0.02	0.02	0.0				
7	-14	-12	2	3	0.02	0.03	0.02	0.05	-0.03	0.03	0.1		显著水平=	0.05
8	-12	-10	2	1	0.02	0.01	0.04	0.06	-0.02	0.02	0.0		临界值=	1.64
9	-10	-8	4	3	0.04	0.03	0.08	0.09	-0.01	0.01	0.1			
10	-8	-6	6	4	0.06	0.04	0.14	0.13	0.01	0.01	0.1			
11	-6	-4	7	10	0.07	0.1	0.21	0.23	-0.02	0.02	0.1			
12	-4	-2	14	8	0.14	0.08	0.35	0.31	0.04	0.04	0.1			
13	-2	0	12	13	0.12	0.13	0.47	0.44	0.03	0.03	0.1		结果：	
14	0	2	10	16	0.1	0.16	0.57	0.6	-0.03	0.03	0.1		拒绝原假设	
15	2	4	13	12	0.13	0.12	0.7	0.72	-0.02	0.02	0.2			
16	4	6	13	12	0.13	0.12	0.83	0.84	-0.01	0.01	0.1			
17	6	8	7	7	0.07	0.07	0.9	0.91	-0.01	0.01	0.1			
18	8	10	6	3	0.06	0.03	0.96	0.94	0.02	0.02	0.0			
19	10	12	1	2	0.01	0.02	0.97	0.96	0.01	0.01	0.0			
20	12	14	3	0	0.03	0	1	0.96	0.04	0.04	0.1			
21	14	16	0	2	0	0.02	1	0.98	0.02	0.02	0.0			
22	16	18	0	1	0	0.01	1	0.99	0.01	0.01	0.0			
23	18	20	0	0	0	0	1	0.99	0.01	0.01	0.0			
24	20	22	0	1	0	0.01	1	1	0	0	0.0			
25		合计	100	100										

图2-10　K-S检验结果

附录 2A　Excel 中的描述统计函数

1. 描述统计函数

（1）MODE：计算众数；
（2）MEDIAN：计算中位数；
（3）QUARTILE：计算四分位数；
（4）AVERAGE：计算平均数；
（5）HARMEAN：计算简单调和平均数；
（6）GEOMEAN：计算几何平均数；
（7）AVEDEV：计算平均差；
（8）STDEV：计算样本标准差；
（9）STDEVP：计算总体标准差；
（10）SKEW：计算偏态系数；
（11）KURT：计算峰态系数；
（12）TRIMMEAN：计算切尾均值；
（13）FREQUENCY：计算频数，生成频数、频率分布表。

2. 描述统计的 Excel 工具

（1）数据透视表和数据透视图；
（2）数据分析工具中的描述统计、直方图。

附录 2B　Excel 中的概率分布计算函数

（1）BINOMDIST：计算二项分布的概率；
（2）POISSON：计算泊松分布的概率；
（3）HYPGEOMDIST：计算超几何分布的概率；
（4）NORMDIST：计算正态分布的概率；
（5）NORMINV：计算正态分布的区间点（临界值）；
（6）NORMSDIST：计算标准正态分布的概率；
（7）NORMSINV：计算标准正态分布的区间点（分位数）；
（8）CHIDIST：计算卡方分布的右尾概率；
（9）CHIINV：计算给定卡方分布的右尾概率的临界值；
（10）FDIST：计算 F 分布的右尾概率；
（11）FINV：计算给定 F 右尾概率的临界；
（12）TDIST：计算给定 t 值的分布概率；
（13）TINV：计算给定概率的 t 值。

2.2　损失分布拟合的 Excel 卡方检验

2.2.1　目的

通过本次实验，练习掌握损失数据的整理、损失分布拟合的卡方检验法。

2.2.2 基本原理

卡方检验法即卡方拟合优度检验法，通过由各组段的实际频数和理论频数的差异，求出卡方统计量值，并和卡方临界值比较判断，得出检验结论，但与 Kolmogorov-Smirnov 法类似，犯第二类错误的概率比较大，即灵敏度较差。

卡方拟合优度检验法主要是利用具有独立性和代表性的样本数据信息，估计损失分布参数，从而获得概率分布。其基本过程为：

1. 对数据进行预处理或统计分组整理，计算出数据的概括性度量指标（如众数、中位数、平均数、标准差等），画出频率分布直方图及累积概率曲线，分析损失分布的大体轮廓及特征；

2. 从已知的理论概率分布中选择一种可以合理近似的概率分布类型，比如选择正态分布、伽马分布、韦伯分布等；

3. 运用矩估计法或最大似然法估计分布参数，确定概率分布函数；

4. 对分布拟合程度及参数进行卡方（χ^2）拟合优度检验。

设组数为 n，组内数据个数为 O_i，根据所选择的概率分布计算每一组的理论个数为 E_i，则有卡方检验统计量

$$\chi^2 = \sum_{i=1}^{n} \frac{(O_i - E_i)^2}{E_i} \sim \chi^2(n-r-1) \tag{2-5}$$

即近似服从自由度为 $(n-r-1)$ 的卡方分布，其中 r 为所选择的概率分布中参数的个数。

拟合优度卡方（χ^2）检验步骤如下：

1. 提出假设：H_0 为服从选择的分布；H_1 为并非所选择的分布；
2. 计算总样本数即总次数、样本平均值和方差；
3. 合并分组，统计组内数据，即实际发生次数 O_i；
4. 计算所选择概率的理论概率或概率密度；
5. 用组间概率乘以组距，计算所选择分布的理论次数 E_i；
6. 利用 Excel 函数 CHIINV()，计算拟合优度卡方（χ^2）检验统计量的临界值 $\chi^2(1-\alpha, n-r-1) = \text{CHIINV}(\alpha, n-r-1)$，并计算卡方检验统计量 $\chi_0^2 = \sum_{i=1}^{n} \frac{(O_i - E_i)^2}{E_i}$；
7. 比较卡方检验统计量与检验临界值的大小，判断：如果 $\chi_0^2 < \chi^2(1-\alpha, n-r-1)$，则接受原假设；相反则拒绝。

2.2.3 数据与内容

某公司生产经营某种产品。据统计，过去所发生的 100 次次品损失情况，平均损失额为 240 元，将个体损失金额分为六档，各档损失的取值范围与次数如表 2-1 所示。

表 2-1 个体损失金额的取值范围与次数

取值范围	0～100	101～200	201～300	301～400	401～500	>500
损失次数 O_i	20	30	45	35	15	5

要求：卡方拟合优度检验法判断能否用指数分布模拟个体损失金额的分布？

2.2.4 操作步骤及结果

1. 新建一张表格，命名为“分布拟合卡方检验——例 3.1”，把收集的个体理赔额的数值范围与次数输入在单元格 A3:C8 区域，在单元格 C9 输入“=SUM(C3:C8)”，合计实际次数 O_i，如图 2-11 所示。

2. 在单元格 D13 输入公式“=1/D12”，由点估计法计算出指数分布的特征值 lamda。

3. 制作卡方检验统计量值分步计算表。其中，在单元格 F3 输入“=EXPONDIST(E3，$D$13，TRUE)”，并下拉复制至 F4:F8；在单元格 F9 输入“1”，为理论累计概率和；在单元格 G2 中输入“区间理论概率”，在单元格 G4 中输入“=F4－F3”，并下拉复制至 G5:G9；在单元格 H2 中输入“理论次数 Ei”，H4 中输入“=G4 * (E4－E3)”，并下拉复制至 H5:H9；在单元格 I4 中输入“=C3－H4”，并下拉复制至 I9；在单元格 J2 中输入“$(\mathrm{Oi}-\mathrm{Ei})^2$”，J4 输入“=I4 * I4”并下拉复制至 J9。在单元格 K2 中输入“$(\mathrm{Oi}-\mathrm{Ei})^2/\mathrm{Ei}$”，K4 输入“=J4/H4”并下拉复制至 K9；在单元格 K10 中输入“=SUM(K4:K9)”，得出卡方统计量值，如图 2-12 所示。

	A	B	C
1			
2	数值范围	分组上限	实际次数 O_i
3	0～100	100	20
4	101～200	200	30
5	201～300	300	45
6	301～400	400	35
7	401～500	500	15
8	>500		5
9	合计		150

图 2-11 个体理赔额的分组统计

	E	F	G	H	I	J	K
1							
2	上限	理论概率	区间理论概率	理论次数Ei	Oi-Ei	(Oi-Ei) ²	(Oi-Ei) 2/Ei
3	0	0					
4	100	0.3408	0.3408	34	-14	198	5.8
5	200	0.5654	0.2246	22	8	57	2.5
6	300	0.7135	0.1481	15	30	911	61.5
7	400	0.8111	0.0976	10	25	637	65.2
8	500	0.8755	0.0644	6	9	73	11.4
9	无穷大	1	0.1245	12	-7	56	4.5
10						卡方统计量值	150.98

图 2-12 卡方统计量值计算

4. 在单元格 D14 输入置信水平“0.95”，在单元格 D15 输入“=1－D14”，计算显著性水平，在单元格 D16 输入“6”，D17 输入“1”，D18 输入“=D16－D17－1”，单元格 D19 输入“=CHIINV(D15，D18)”，D20 输入“=K10”。

5. 在单元格 D21 输入“=IF(D20<D19，“服从选择的分布”，“不服从选择的分布”)”。

6. 确认以上输入后，即得计算判断结果，如图 2-13 所示。

	B	C	D
12	已知数据	平均损失金额	240
13		lamda	0.00417
14		置信度	0.95
15		1-置信度	0.05
16		n	6
17		r	1
18		n-r-1	4
19		检验临界值	9.49
20		卡方统计量值	150.98
21	卡方检验统计量值		不服从选择
22	检验判断结果		的分布

图 2-13 分布拟合卡方检验实验结果

7. 以组别上限为横坐标，以实际次数、理论次数为纵坐标，绘制两个系列的散点图，如图 2-14 所示。由

图 2-14 可以看出，选择的理论分布与实际分布差别较大。

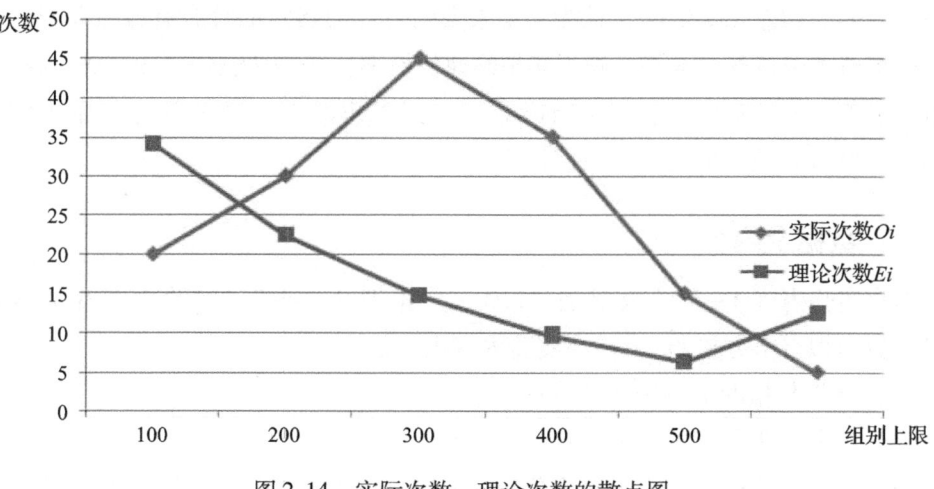

图 2-14　实际次数、理论次数的散点图

2.3　损失分布拟合的 SPSS 卡方检验与 K-S 检验

2.3.1　目的

通过本次 SPSS 实验练习，掌握确定数据分布是常用的直观判断与检验方法，学会数据分布计算检验结果的描述与分析判断。练习掌握 SPSS 软件中的 K-S 检验方法。

2.3.2　基本原理

一般数据分布的拟合检验主要有统计计算检验法与图形法。统计计算检验法有矩估计法、卡方拟合检验法、单样本 K-S 检验法。图形法主要是直方图法、箱线图法、P-P 图法、Q-Q 图法。

SPSS 中的 K-S 检验提供的理论分布有正态分布、Poisson 分布、均匀分布、指数分布等。单样本 K-S 检验法可以将一个变量的实际频数分布与正态分布（Normal）、均匀分布（Uniform）、泊松分布（Poisson）、指数（Exponential）分布进行比较。其原假设 H_0 为样本来自的总体与指定的理论分布无显著差异。

SPSS 实现 K-S 检验的过程如下：

（1）根据样本数据和先验知识构造出理论分布，查分布表得到相应的理论累计概率分布函数 $F_0(X)$；

（2）利用样本数据计算个样样本数据点的累计概率，得到经验累计概率分布函数 $S_0(X)$；

（3）计算 $F_0(X)$ 和 $S_0(X)$ 在相应的变量值点 x 上的差 $D(x)$，得到差值序列 D。单样本 K-S 检验法主要是对差值序列进行研究。

SPSS 在统计中将计算 K-S 的 Z 统计量，并依据 K-S 分布表（小样本）或正态分布表（大样本）给出对应的相伴概率值。如果相伴概率小于或等于用户的显著性水平 a，则应拒绝原假设 H_0，认为样本来自的总体与指定的分布有显著差异；如果相伴概率值大于显著性水平，则不能拒绝原假设 H_0，认为样本来自的总体与指定的分布无显著差异。Kolmogorov-Smirnov 法，通过求出的统计量 Z 值与 Z 临界值表进行比较，得出 P 值，但检验结果偏保守。

2.3.3 数据及内容

本次实验内容 1–5 的数据是"2.2 分布拟合.sav"，实验内容 6 的数据为"2.2 分布拟合卡方检验.sav"。实验内容主要是：

（1）损失数据的描述统计计算；
（2）绘制损失数据的直方图；
（3）选择三种较为合适的理论分布，绘制损失数据的 P-P 图，确定最优拟合的分布；
（4）选择三种较为合适的理论分布，绘制损失数据的 Q-Q 图，确定拟合程度最好的分布；
（5）利用单样本的 K-S 检验，确定损失数据拟合程度最好的分布；
（6）利用分布拟合卡方检验，确定分组损失数据拟合程度最好的分布。

2.3.4 操作步骤及结果

1. 建立、打开数据表

（1）通过直接输入、外部导入或者复制粘贴，并设定变量书写，建立保存"2.2 分布拟合.sav"数据表。
（2）选择"File"→"Open"→"Data"命令，打开"2.2 分布拟合.sav"数据表。

2. 计算数据描述统计指标

（1）单击选择"Analyze"→"Descriptive Statistics"→"Descriptive…"命令，弹出"Descriptive"（描述统计分析）对话框，在左侧变量框中选择损失变量"L"，单击" "按钮，选入右侧的变量框，如图 2-15 所示。

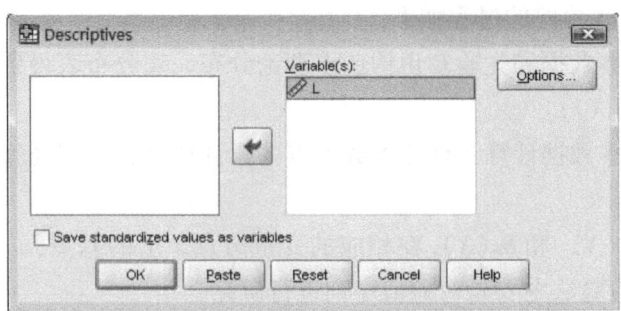

图 2-15 "Descriptives"（描述统计分析）对话框

（2）单击"Options…"按钮，打开"Descriptive：Options"（描述统计分析：选项）对话框，选中需要计算的描述统计指标，如图 2-16 所示。

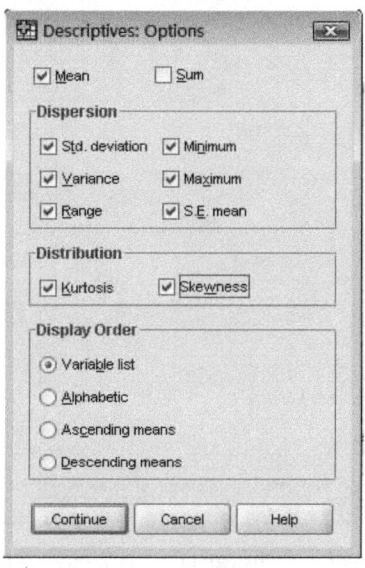

图 2-16　"Descriptive：Options"（描述统计分析：选项）对话框

（3）单击"Continue（继续）"按钮，回到"Descriptive"（描述统计分析）对话框，单击"OK"按钮，进入计算分析，计算结果如表 2-2 所示。

表 2-2　Descriptive Statistics

	N	Range	Minimum	Maximum	Mean		Std. Deviation	Variance	Skewness		Kurtosis	
	Statistic	Statistic	Statistic	Statistic	Statistic	Std. Error	Statistic	Statistic	Statistic	Std. Error	Statistic	Std. Error
L	233	265	29	294	149.63	4.731	72.218	5.215E3	0.120	0.159	-1.277	0.318
Valid N(listwise)	233											

在实验 1~6 中，损失的平均值为 149.63，方差为 5 215，标准差为 72.2。它们的偏度系数为 0.120，峰度系数为 -1.277，它们的标准误差分别为 0.159、0.318。偏度系数为正并接近于 0，说明略为有点右偏，但偏斜程度较低；峰度系数为负，且绝对值大于 1，说明其为高度扁平分布，尾部较厚。因此，可以选用正态分布、对数正态分布、学生 t 分布拟合损失数据。

3. 绘制直方图

（1）打开主对话框。选择"Graphs"→"Lgeacy Dialogs"→"Histogram"命令，打开"Histogram"（直方图）对话框。

（2）选择 X 轴变量。在该对话框中选择变量"L"移动到"Variable"（变量）文本框，并选中"Display normal curve"（显示正态分布曲线）复选框，如图 2-17 所示。

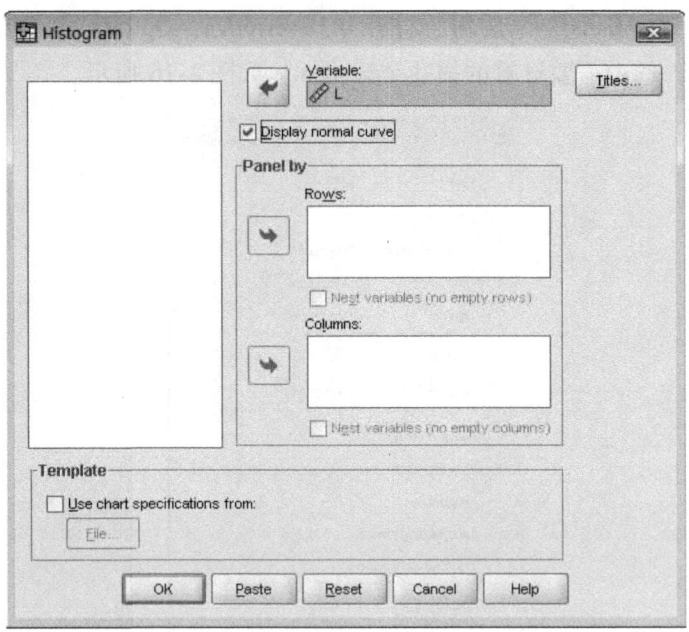

图 2-17 "Histogram"（直方图）对话框

（3）选择图形标题。在主对话框中单击"Titles"（标题）按钮，打开"Titles"子对话框，输入直方图的标题和脚注，单击"Continue"按钮，返回到主对话框。本例中，在"Title"选项组的"Line"文本框中输入"股票投资日损失数据"。

（4）执行图形绘制操作。单击"OK"按钮，执行绘制直方图的操作。图形结果如图 2-18 所示。

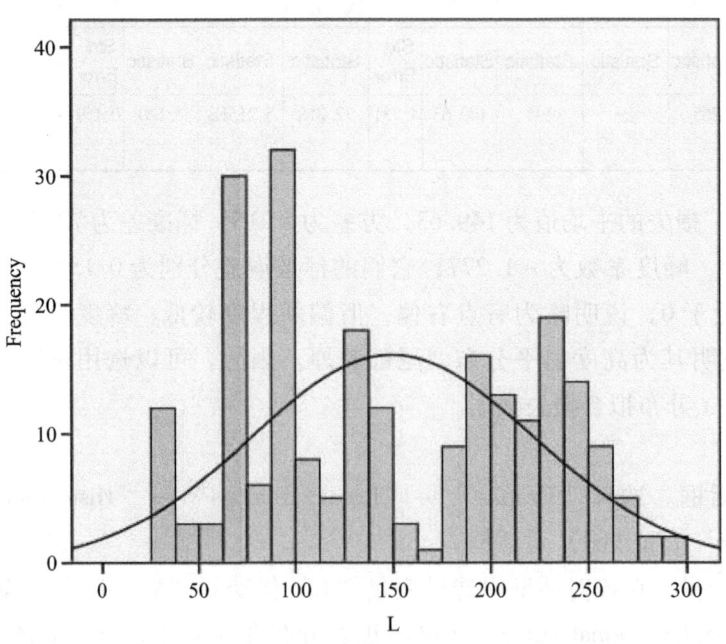

图 2-18 股票投资日损失数据直方图

从股票投资日损失数据直方图中可以看出,股票投资日损失数据呈现出中间高、两边低的形状,近似正态分布。

4. 绘制 P-P 图

(1)选择"Analyze"→"Descriptive Statistics"→"P-P Plots…"命令,选择数据变量 L,把它输入分析变量框,分别选择待检验的理论分布:Normal、logNormal、Student's t;其中正态分布 P-P 图设置如图 2-19 所示。

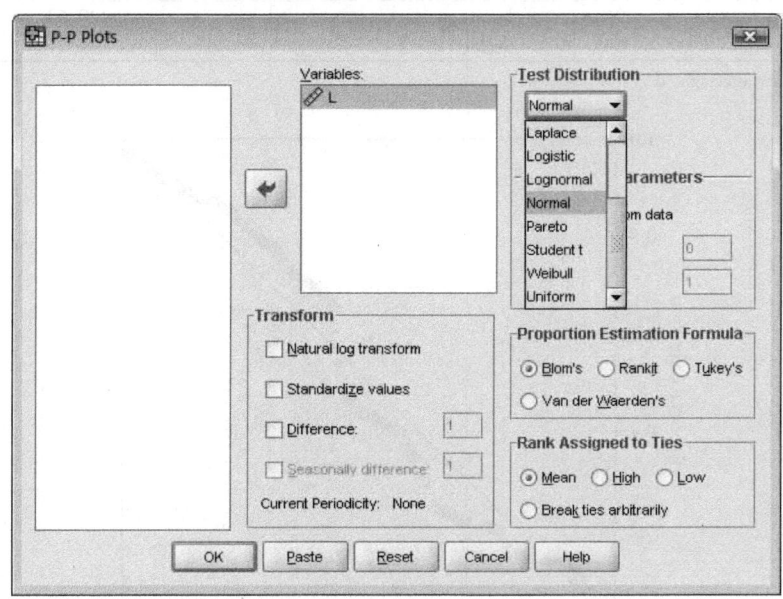

图 2-19　正态分布 P-P 图设置

(2)执行 P-P 图绘制操作。单击"OK"按钮,分别执行绘制正态分布、对数转换正态 P-P 图的操作。股票投资日损失数据的正态分布 P-P 图图形结果如表 2-3、表 2-4、表 2-5、图 2-20 所示。

表 2-3　Model Description

Model Name		MOD_1
Series or Sequence	1	L
Transformation		None
Non-Seasonal Differencing		0
Seasonal Differencing		0
Length of Seasonal Period		No periodicity
Standardization		Not applied
Distribution	Type	Normal
	Location	estimated
	Scale	estimated
Fractional Rank Estimation Method		Blom's
Rank Assigned to Ties		Mean rank of tied values

Applying the model specifications from MOD_1.

表 2-4 Case Processing Summary

		L
Series or Sequence Length		233
Number of Missing Values in the Plot	User-Missing	0
	System-Missing	0

The cases are unweighted.

表 2-5 Estimated Distribution Parameters

		L
Normal Distribution	Location	149.63
	Scale	72.218

The cases are unweighted.

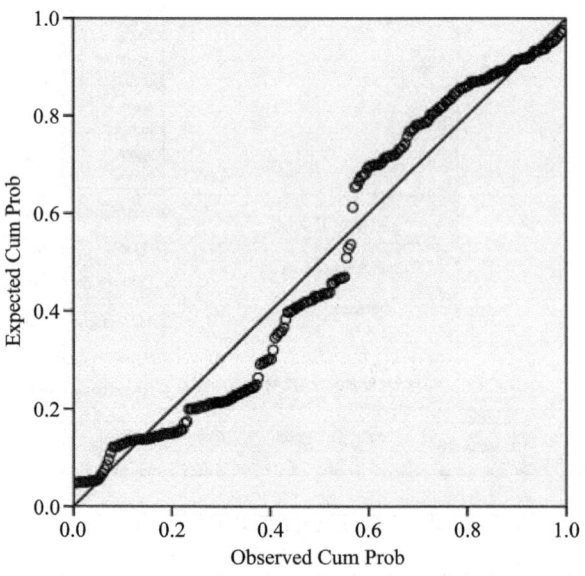

图 2-20 股票投资日损失数据的正态分布 P-P 图

股票投资日损失数据的对数正态分布 P-P 图图形结果如表 2-6、表 2-7、表 2-8、图 2-21 所示。

表 2-6 Model Description

Model Name		MOD_5	
Series or Sequence	1	L	
Transformation		Natural logarithm	
Non-Seasonal Differencing			0
Seasonal Differencing			0
Length of Seasonal Period		No periodicity	
Standardization		Not applied	
Distribution	Type	Lognormal	
	Scale	estimated	
	Shape	estimated	
Fractional Rank Estimation Method		Blom's	
Rank Assigned to Ties		Mean rank of tied values	

Applying the model specifications from MOD_5.

表2-7 Case Processing Summary

		L
Series or Sequence Length		233
Number of Missing Values in the Plot	Negative or Zero Before Log Transform	0
	User-Missing	0
	System-Missing	0

The cases are unweighted.

表2-8 Estimated Distribution Parameters

		L
Lognormal Distribution	Scale	4.826
	Shape	0.126

The cases are unweighted.

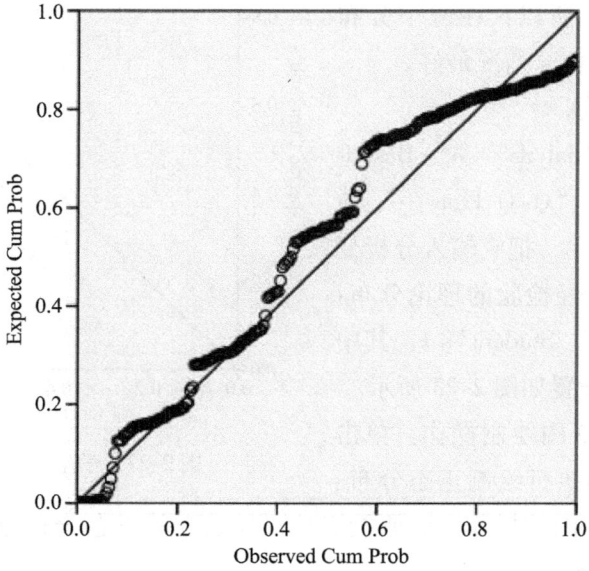

图2-21 对数正态分布P-P图（对数转换后正态分布的P-P图）

Transforms: natural log.

股票投资日损失数据的学生t分布P-P图图形结果如表2-9、表2-10、表2-11、图2-22所示。

表2-9 Model Description

Model Name		MOD_2	
Series or Sequence	1	L	
Transformation		None	
Non-Seasonal Differencing			0
Seasonal Differencing			0
Length of Seasonal Period		No periodicity	
Standardization		Not applied	
Distribution	Type	Student's t	
	df		1.000
Fractional Rank Estimation Method		Blom's	
Rank Assigned to Ties		Mean rank of tied values	

表 2-10 Case Processing Summary

		L
Series or Sequence Length		233
Number of Missing Values in the Plot	User-Missing	0
	System-Missing	0

表 2-11 Estimated Distribution Parameters

		L
Student's t Distribution	df^a	1

从图 2-20、图 2-21、图 2-22 可以看出，对数正态分布 P-P 图中的数据点离直线比较近，所以，在三个分布中，对数正态分布拟合情况最好。

5. 绘制 Q-Q 图

（1）选择 "Analyze" → "Descriptive Statistics" → "Q-Q Plots…" 命令，选择数据变量 L，把它输入分析变量框，分别选择待经检验的理论分布：Normal、LogNormal、Student's t；其中正态分布 Q-Q 图设置如图 2-23 所示。

（2）执行 Q-Q 图绘制操作。单击 "OK" 按钮，分别执行绘制正态分布、对数转换正态 P-P 图的操作。股票投资日损失数据的正态分布 Q-Q 图图形结果如表 2-12、图 2-24 所示。

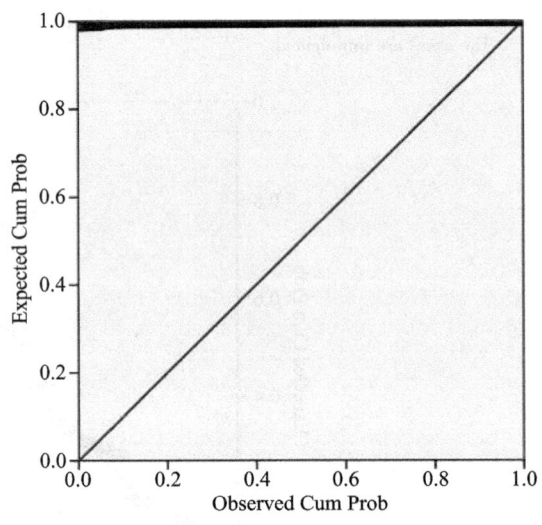

图 2-22 学生 t 分布的 P-P 图

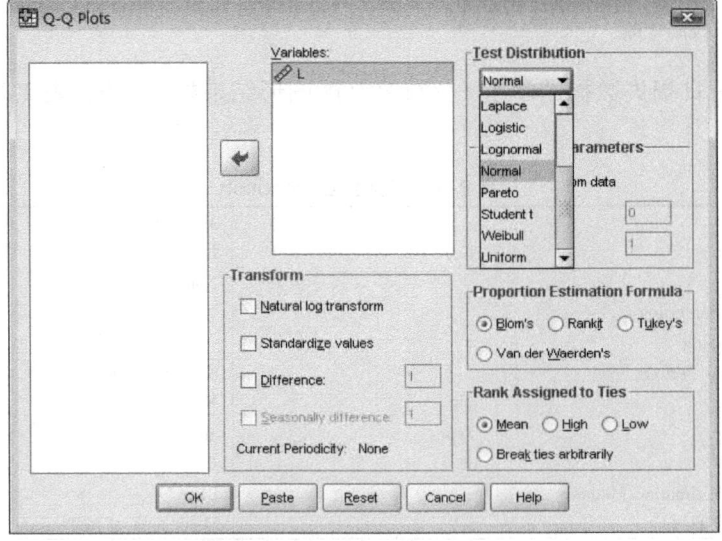

图 2-23 绘制图的对话框

表2-12　Estimated Distribution Parameters

		L
Normal Distribution	Location	149.63
	Scale	72.218

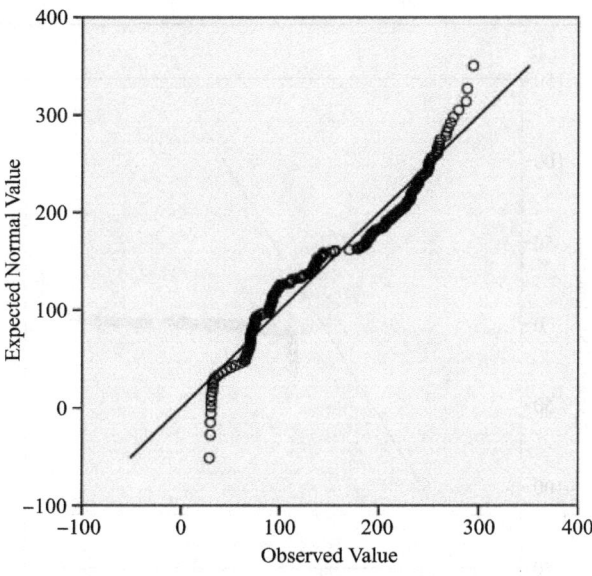

图 2-24　股票投资日损失数据的正态分布 Q-Q 图

股票投资日损失数据的对数正态分布 Q-Q 图图形结果如表 2-13、图 2-25 所示。

表2-13　Estimated Distribution Parameters

		L
Lognormal Distribution	Scale	129.451
	Shape	0.580

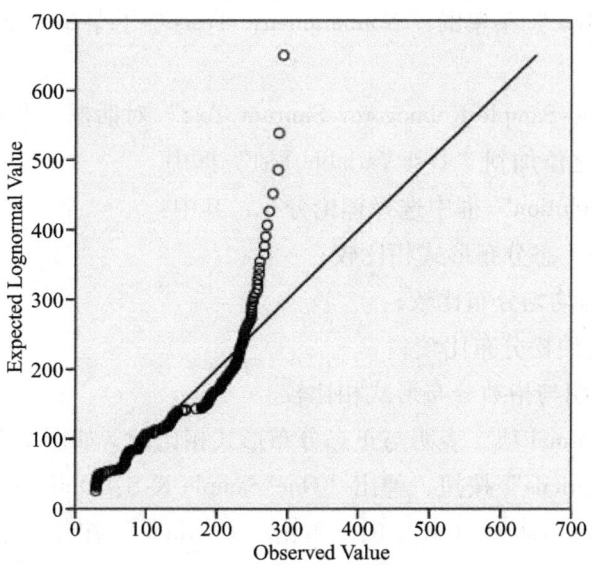

图 2-25　对数正态分布 Q-Q 图（对数转换后正态分布的 Q-Q 图）

股票投资日损失数据的学生 t 分布 Q-Q 图图形结果如表 2-14、图 2-26 所示。

表 2-14　Estimated Distribution Parameters

		L
Student's t Distribution	df[a]	1

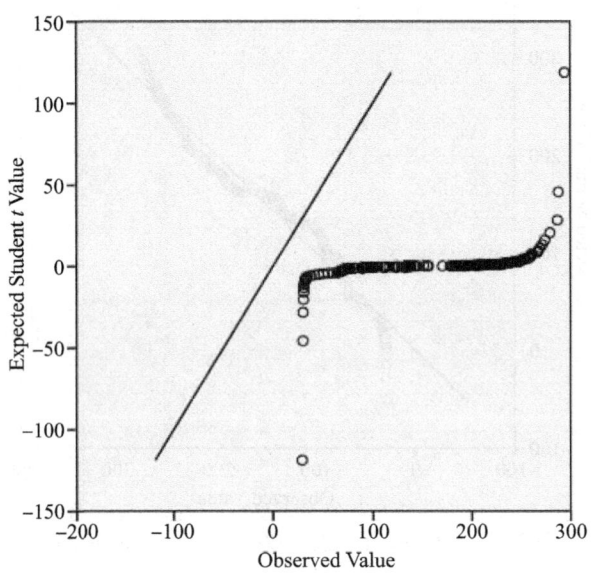

图 2-26　学生 t 分布的 Q-Q 图

从图 2-24、图 2-25、图 2-26 可以看出，对数正态分布 Q-Q 图中的大多数数据点离直线比较近，所以，在三个分布中，对数正态分布拟合情况最好。

6. 单变量非参数检验的 K-S 检验法

（1）在"Analyze"菜单的"Nonparametric Tests"子菜单中选择"1-Sample K-S"命令。

在弹出的"One-Sample Kolmogorov-Smirnov Test"对话框，左侧的变量列表中选择"L"变量，使之添加到"Test Variable List"框中。

在"Test Distribution"框中选择理论分布，其中：

Normal 表明与正态分布形式相比较；

Uniform 表明与均匀分布比较；

Poisson 表明与泊松分布比较；

Exponential 表明与指数分布形式相比较。

本例中选择 Normal 项，表明与正态分布形式相比较，如图 2-27 所示。

（2）单击"Options"按扭，弹出"One-Sample K-S：Options"对话框，本例中选择"Exclude cases test-by-test"项，单击"Continue"按钮，返回"One-Sample Kolmogorov-Smirnov Test"对话框，如图 2-28 所示。

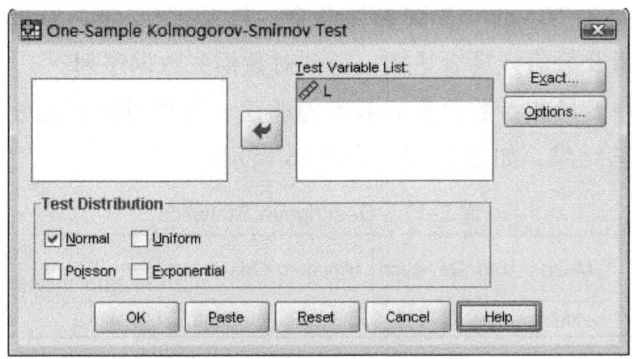

图 2-27 "One-Sample Kolmogorov-Smirnov Test" 对话框

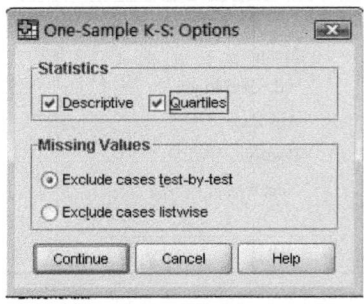

图 2-28 "One-Sample K-S: Options" 对话框

(3) 单击图 2-27 所示对话框中 "OK" 按钮，SPSS 自动进行检验，结果如表 2-15、表 2-16 所示。

表 2-15 Descriptive Statistics

	N	Mean	Std. Deviation	Minimum	Maximum	Percentiles		
						25th	50th(Median)	75th
L	233	149.63	72.218	29	294	89.05	137.15	215.66

表 2-16 One-Sample Kolmogorov-Smirnov Test

		L
N		233
NormalParameters[a]	Mean	149.63
	Std. Deviation	72.218
Most Extreme Differences	Absolute	0.125
	Positive	0.125
	Negative	−0.097
Kolmogorov-Smirnov Z		1.901
Asymp. Sig. (2-tailed)		0.001

a. Test distribution is Normal.

检验结果表明，相伴概率等于 0.001，小于显著性水平 0.05，则应拒绝原假设 H_0，认为样本来自的总体分布与指定的正态分布在显著性水平 0.05 上有显著差异。

(4) 检验对数正态分布。对损失取对数，计算对数损失。在数据编辑窗口中，选择"transform"→"Cmpute Vriable"命令,打开"Cmpute Vriable"对话框,输入新计算目标变量及数值计算表达式,得到对数损失数据序列。

同理,操作单变量非参数检验的 K-S 检验法,可得对数正态分布的单变量非参数检验的 K-S 检验结果,如表 2-17、表 2-18 所示。

表 2-17　Descriptive Statistics

	N	Mean	Std. Deviation	Minimum	Maximum	Percentiles		
						25th	50th(Median)	75th
对数损失	233	4.8633	0.57983	3.36	5.68	4.4892	4.9211	5.3737

表 2-18　One-Sample Kolmogorov-Smirnov Test

		对数损失
N		233
NormalParameters[a]	Mean	4.8633
	Std. Deviation	0.57983
Most Extreme Differences	Absolute	0.139
	Positive	0.081
	Negative	-0.139
Kolmogorov-Smirnov Z		2.129
Asymp. Sig. (2-tailed)		0.000

a. Test distribution is Normal.

检验结果表明,相伴概率等于 0.000,小于显著性水平 0.05,则应拒绝原假设 H_0,认为样本来自的总体分布与指定的正态分布在显著性水平 0.05 上有显著差异。

7. 分组损失数据的泊松分布卡方检验

(1) 建立数据文件。命名为"2.2　分布拟合卡方检验.sav",定义变量"损失""频数"。

(2) 选择权变量。选择"Data"→"weight cases"命令,选择"weight cases by"选项后,将变量"频数"移动至"Frequency Varicales"变量列表框,单击"ok"按钮。

(3) 求期望频数。由于总体泊松分布的参数值未知,需先估计所需的参数值。利用加权平均法计算可得样本平均值为 19.5,按照点估计原理及泊松分布特征值计算公式,该值可以作为泊松分布参数的无偏估计值。

计算对应损失的理论频数,可以利用 SPSS 的函数转换功能以及泊松分布函数求解,计算公式为:=(CDF.POISSON(损失,19.5)-CDF.POISSON(损失-2,19.5))*350。

打开主对话框。在数据编辑窗口中,选择"transform"→"Compute Variable"命令,打开"Compute Variable"对话框,输入新计算目标变量,数值计算表达式,如图 2-29 所示。

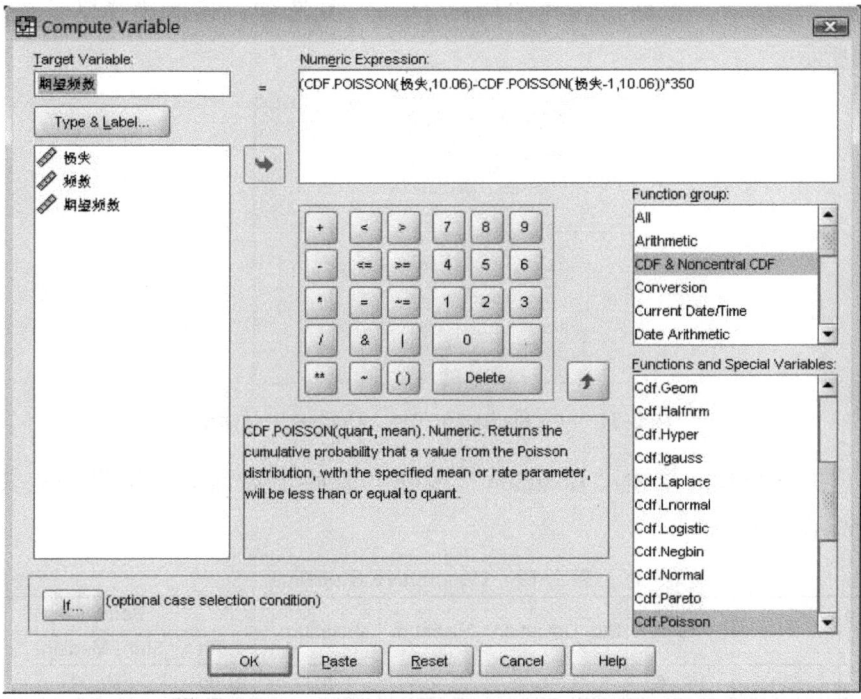

图 2-29 "Compute Variable"对话框

经计算，得到理论期望频数。

（4）卡方检验。选择"Analyze"→"nonparametric tests"→"Chi-square"命令，在"Expected Values"中选择"Values"，用于指定分组的期望概率值，在其后的文本框中输入上面计算得到的期望频数值，如图 2-30 所示。

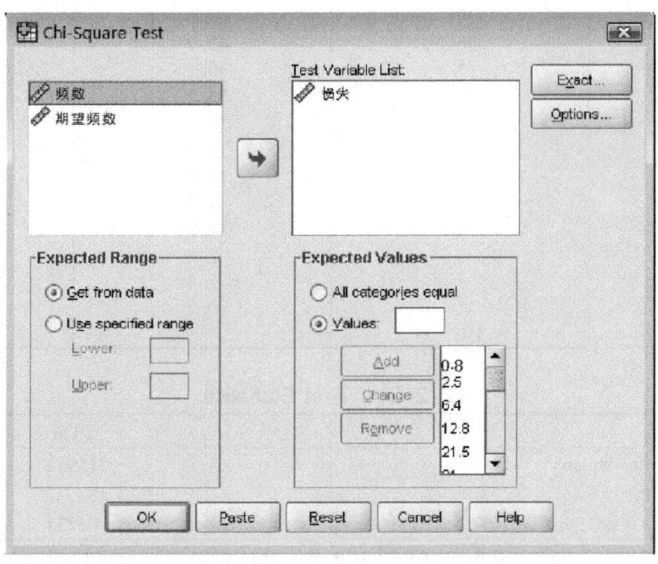

图 2-30 "Chi-Square Test"对话框

单击"Options"按钮,选择"Descriptive"复选项。其他选择默认选项,如图 2-31 所示。

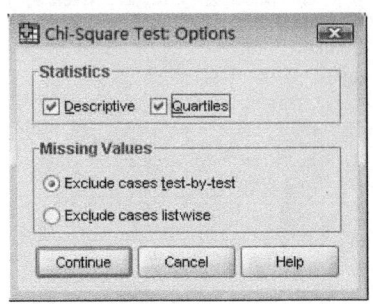

图 2-31 "Chi-Square Test:Options"对话框

(5) 执行操作。单击"Continue"按钮,返回主对话框。结果如表 2-19 ~ 表 2-21 所示。

表 2-19 Descriptive Statistics

	N	Mean	Std. Deviation	Minimum	Maximum	Percentiles		
						25th	50th(Median)	75th
损失	350	10.06	3.332	2	20	8.00	10.00	12.00

表 2-20 损失的实际频数与理论预期频数

损失	Observed N	Expected N	Residual
2	2	0.8	1.2
3	6	2.5	3.5
4	8	6.4	1.6
5	15	12.8	2.2
6	20	21.5	-1.5
7	27	31.1	-4.1
8	31	39.0	-8.0
9	39	43.6	-4.6
10	56	43.9	12.1
11	31	40.1	-9.1
12	39	33.7	5.3
13	22	26.1	-4.1
14	24	18.7	5.3
15	10	12.5	-2.5
16	7	7.9	-0.9
17	6	4.7	1.3
18	5	2.6	2.4
19	1	1.4	-0.4
20	1	0.7	0.3
Total	350		

表 2-21 Test Statistics

	损失
Chi-Square	21.952[a]
df	18
Asymp. Sig.	0.234

a. 6 cells (31.6%) have expected frequencies less than 5. The minimum expected cell frequency is 0.7.

卡方统计量等于 21.952,其相伴概率等于 0.234,大于 0.05 的显著水平,所以接受原假设，在 0.05 的显著水平上可以认为该损失数据服从泊松分布。

2.3.5 结果分析

从矩估计结果看，损失分布略为有点右偏，但偏斜程度较低；而且高度扁平分布，尾部较厚。从股票投资日损失数据直方图中可以看出，成年女性身高的直方图呈现出中间高、两边低的形状，只能是近似正态分布。对数正态分布 P-P 图、Q-Q 图的结果表明，在三个分布中，对数正态分布拟合情况最好。但是单变量非参数检验的 K-S 检验结果表明，样本来自的总体分布与指定的正态分布、对数正态分布在显著性水平 0.05 上还是有显著差异。所以，也只能用对数正态分布作近似估计，但要注意模型偏差。

分组损失数据的卡方检验结果表明，在 0.05 的显著水平上可以认为该损失数据服从泊松分布。

2.4 损失分布的随机模拟

2.4.1 目的

通过本次实验，练习掌握损失分布的随机模拟方法。

2.4.2 基本原理

随机模拟方法就是利用概率模型描述实际过程并进行模拟，在模拟结果的基础上对损失分布进行估算。

1. 随机模拟的基本步骤

随机问题的蒙特卡罗模拟的步骤：

（1）建立恰当模型。针对实际问题建立一个简单且便于实现的概率统计模型，使所求的解恰好是所建模型的概率分布或其某个数字特征，比如，是某个事件的概率，或者是该模型的期望值；

（2）设计实验方法。对模型中的随机变量确定抽样方法，建立电子表格模型，特别注意输出结果的显示格式；

（3）按照其概率分布生成每个概率变量的随机结果，并将这些结果运用于适当的公式；

（4）将步骤（3）重复足够多的次数，以生成随机数的分布；

（5）计算主要描述统计量，并收集频数分布或直方图的输出数据进行分析；

（6）对模拟结果加以分析，给出所求解的估计及其精度（方差）的估计；

（7）必要时，还应改进模型以提高估计精度和模拟计算的效率。

2. 随机数的产生

（1）Excel 随机数发生器。Excel 工具菜单中的数据分析工具提供了随机数发生器，它可以产生服从均匀分布、正态分布、伯努利分布、二项式分布、泊松分布、模式分布、离散分布的随机数。

（2）特殊分布的随机数产生。在上述分布随机数的基础上，就可以对服从各种概率分布的随机变量进行模拟，进而仿真模拟各种复杂的实际系统。这可表示为：已有来自均匀分布总体的随机数 u，对随机变量 $X \sim F(x)$，试求来自总体 X 的子样 x。

常见的方法有四种：反函数法、取舍法、Box-Muller 方法和极方法，它们可分别用于产生各种分布的随机数。这里主要介绍反函数法。

反函数法：若 X 的分布函数 $F(x)$ 有反函数存在，记作 $F^{-1}(x)$。令

$$x \sim F^{-1}(u) \tag{2-6}$$

则 x 为所要求的随机数。

要证明 x 为所要求的随机数，只要证明所构造的随机变量 $F^{-1}(u)$ 具有分布函数 $F(x)$ 即可，事实上，$X = F^{-1}(u)$ 的分布函数为

$$\begin{aligned} P(X \leq x) &= P(F^{-1}(u) \leq x) \\ &= P(F(F^{-1}(u))) \leq F(x) \\ &= P(u \leq F(x)) \\ &= F(x) \end{aligned}$$

（3）连续型随机变量的模拟。

1）用反函数法给出指数分布的随机数。

指数分布的分布函数为

$$F(x) = 1 - e^{-\lambda x}, \quad x > 0, \quad \lambda > 0$$

其反函数为

$$F^{-1}(u) = -\frac{1}{\lambda}\ln(1 - u)$$

因此，要生成均值为 $\frac{1}{\lambda}$ 的指数分布的随机数 x，采用以下两个步骤：

A. 生成 [0, 1] 区间均匀分布的随机数 u；

B. 令 $x = F^{-1}(u) = -\frac{1}{\lambda}\ln(1 - u)$。

应该注意，若 u 在 [0, 1] 上均匀分布，则 $1 - u$ 也在 [0, 1] 上均匀分布，因而在 B 中也可以考虑令 $x = -\frac{1}{\lambda}\ln u$。

2）用反函数法给出韦伯分布的随机数。

韦伯分布的分布函数为

$$F(x) = 1 - e^{-cx^{\gamma}}, \quad x > 0, \quad c > 0, \quad \gamma > 0$$

设已有 [0, 1] 上均匀分布的随机数 u，则

$$x = \left(-\frac{\ln(1 - u)}{c}\right)^{1/\gamma}$$

即为韦伯分布的随机数。

3）用反函数法生成对数正态分布 $Log\ N(u, \sigma^2)$ 的随机数。

要生成对数正态分布的随机数，可以先生成标准正态分布的随机数，然后经过参数变换生成相关正态分布的随机数，再对结果进行指数变换就可得到要求的对数正态分布随机数。

4）生成伽马分布（参数为 n（正整数），$\gamma > 0$）的随机数。

根据伽马随机变量与指数随机变量的关系得到生成伽马随机数的一种特殊方法。我们知道，n 个独立的参数均为 γ 的指数分布随机变量之和服从 Gamma(n, γ) 分布，即若 X_i 服从参数为 γ 的指数分布，$1 \leqslant i \leqslant n$，则 $\sum_{i=1}^{\alpha} X_i$ 服从 Gamma(n, γ)。因此，为了生成 Gamma(n, γ) 的随机数，首先生成 n 个均值为 $\frac{1}{\gamma}$ 的指数分布随机数

$$x_i = -\frac{1}{\gamma}\ln(1 - u_i), \quad u_i = 1, 2, \cdots, n$$

这里 u_i 为 $[0, 1]$ 上均匀分布随机数，然后将这 n 个随机数相加得到 Gamma(n, γ) 的一个随机数，即

$$\gamma = \sum_{i=1}^{n} x_i = -\frac{1}{\gamma}\sum_{i=1}^{n} \ln(1 - u_i)$$

5）生成 $\chi^2(n)$ 分布的随机数。

这里的基本原理是：若 $X_1, X_2, \cdots, X_n$ 是 n 个独立分布的标准正态分布随机变量，则 $\sum_{i=1}^{n} X_i^2$ 服从自由度为 n 的 $\chi^2(n)$ 分布。因此，要生成 $\chi^2(n)$ 分布的随机数，首先要生成 n 个标准正态分布随机数，然后将这 n 个随机数的平方求和，即为所求的 $\chi^2(n)$ 随机数。

2.4.3 实验数据及内容

要求生成以下五种随机数：

（1）指数分布 exp(2) 的 100 个随机数；

（2）韦伯分布 Weibull(5, 3) 的 100 个随机数；

（3）$\mu = 5.0$，$\sigma^2 = 4.0$ 的对数正态分布 $Log\ N(5, 4)$ 的 100 个随机数；

（4）Gamma(5, 4) 的 100 个随机数；

（5）自由度为 5 的 $\chi^2(5)$ 分布的 100 个随机数。

2.4.4 操作步骤与结果

1. 指数分布 exp(2) 的随机数的计算生成

（1）生成均匀分布随机数。选择"数据—数据分析"命令，单击选择"随机数

发生器",即弹出"随机数发生器"对话框。

在"随机数发生器"对话框的"变量个数"框,指定输出表中数值列的个数。如果没有输入数字,Microsoft Excel 将在指定的输出区域中填充所有的列。在"随机数个数"框输入要查看的数据点个数。每一个数据点出现在输出表的一行中。如果没有输入数字,Microsoft Excel 将在指定的输出区域中填充所有的行。在"分布"框中单击用于创建随机数的分布方法。"随机数发生器"可以直接产生七种分布的对话框(包括均匀分布、正态分布、伯努利分布、二项式分布、泊松分布、模式分布、离散分布)。"参数"框输入用于表选定分布的数值。"随机数基数"框输入用来构造随机数的可选数值。可在以后重新使用该数值来生成相同的随机数。"输出区域"框输入对输出表左上角单元格的引用。如果输出表将覆盖已有的数据,Microsoft Excel 会自动确定输出区域的大小并显示一则消息。

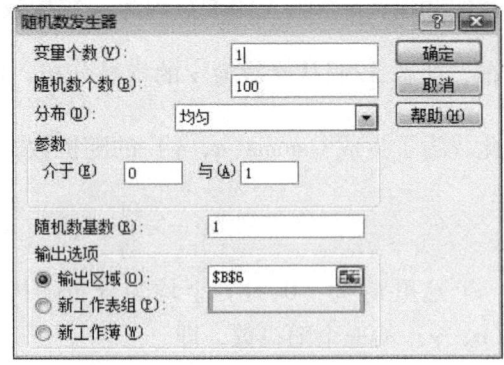

图 2-32 "随机数发生器"对话框

这里对话框的设置如图 2-32 所示。单击确定就在 B5:A104 生产 100 个在 [0,1] 区间上服从均匀分布的随机数。

(2)计算指数分布的随机数。在 C6 中输入计算公式" = -(LN(1 - B6))/$C$2"。往下复制至单元格区域 B7:B105,就得到指数分布 exp(2) 的 100 个随机数,如图 2-33 所示。

	A	B	C	D	E	F	G
1		1、生成指数分布exp(2)的100个随机数			2、生成韦伯分布Weibull(5,3)的100个随机数		
2		指数分布的参数lamda=	2		韦伯分布的参数c=	5	
3					韦伯分布的参数Gamma=	3	
4							
5	个数	生产均匀分布的随机数	计算指数分布的随机数		计算韦伯分布的随机数		
6	1	0.0013	0.0006		0.0630		
7	2	0.5636	0.4146		0.5494		
8	3	0.1933	0.1074		0.3502		
9	4	0.8087	0.8271		0.6916		
10	5	0.5850	0.4397		0.5603		
11	6	0.4799	0.3268		0.5075		
12	7	0.3503	0.2156		0.4418		
13	8	0.8960	1.1315		0.7678		
14	9	0.8228	0.8654		0.7021		
15	10	0.7466	0.6864		0.6499		

图 2-33 指数分布的随机数

2. 韦伯分布 Weibull(5,3) 随机数的计算生成

计算韦伯分布的随机数。在 E6 中输入计算公式" = (-(LN(1 - B6))/$F$2)^(1/$F$3)"。往下复制至单元格区域 E7:E105,就得到韦伯分布 Weibull(5,3) 的 100 个随机数,如图 2-33 所示。

3. 对数正态分布 Log N(5,4) 随机数的计算生成

(1)生成正态分布随机数。选择"数据—数据分析"命令,单击选择"随机数发生器",即跳出"随机数发生器"对话框,设置如图 2-34 所示,单击"确定"。

（2）计算对数正态分布的随机数。在单元格 C6 中输入"= EXP(B6)"，依次下拉至单元格 C7:C105，得到对数正态分布随机数，如图 2-35 所示。

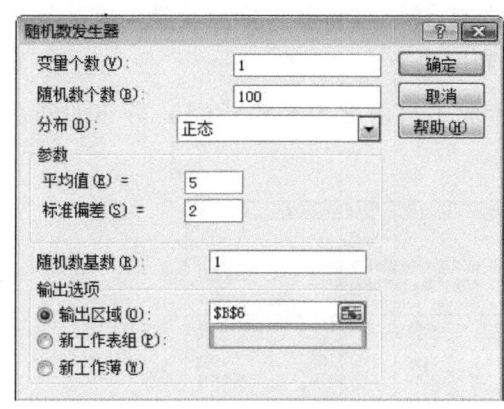

	A	B	C
1		1、生成对数正态分布LogN(5，4)的100个随机数	
2		对数正态分布的平均值=	5
3		对数正态分布的方差=	4
4			
5	个数	生产正态分布的随机数	计算对数正态分布的随机数
6	1	-1.0460	0.3513
7	2	5.3201	204.4106
8	3	3.2684	26.2701
9	4	6.7465	851.1003
10	5	5.4294	228.0237
11	6	4.8991	134.1630
12	7	4.2309	68.7813
13	8	7.5178	1840.4294
14	9	6.8525	946.2304
15	10	6.3277	559.8602

图 2-34 "随机数发生器"对话框　　　图 2-35 生成对数正态分布的随机数

4. Gamma(5，4) 分布随机数的计算生成

（1）生成均匀分布随机数。单击"数据—数据分析"命令，单击选择"随机数发生器"，即跳出"随机数发生器"对话框。对话框设置生成一个在 [0，1] 区间上服从均匀分布随机变量的 100 个随机数。单击"确定"，就在 B10:B109 生产 100 个均匀分布的随机数。同理，在单元格区域 D10:F109，分别以 2、3、4、5 为随机数基数生成其他四个系列的均匀分布随机数。

（2）计算指数分布的随机数。在单元格 C5 中输入计算公式"= 1/C2"，计算指数分布的参数值，在单元格 G10 中输入"= -(LN(1 - B10))/$C$5"，计算指数分布的随机数。往右再往下拉动复制至单元格区域 G10:K109，就得到五个系列的指数分布随机数。

（3）计算 Gamma(5，4) 分布的随机数。在单元格区域 L10:L109，对五个系列的指数分布随机数求和，计算得到 Gamma(5，4) 的随机数。结果如图 2-36 所示。

	A	B	C	D	E	F	G	H	I	J	K	L
1	已知:	Gamma分布的n=		5								
2		Gamma分布的Gamma参数=		4								
3												
4		1、生成指数分布exp（2）的100个随机数										
5		指数分布的参数lamda=		0.25								
6												
7			生产均匀分布的随机数2	生产均匀分布的随机数3	生产均匀分布的随机数4	生产均匀分布的随机数5	计算指数分布的随机数1	计算指数分布的随机数2	计算指数分布的随机数3	计算指数分布的随机数4	计算指数分布的随机数5	求和得到Gamma分布随机数
8	个数	生产均匀分布的随机数1										
9	基数	1	2	3	4	5						
10	1	0.0013	0.0014	0.0015	0.0016	0.0016	0.0050	0.0055	0.0059	0.0062	0.0066	0.0292
11	2	0.5636	0.8916	0.2196	0.5477	0.8757	3.3166	8.8888	0.9919	3.1732	8.3392	24.7097
12	3	0.1933	0.7385	0.2836	0.8289	0.3740	0.8592	5.3651	1.3343	7.0609	1.8736	16.4932
13	4	0.8087	0.5431	0.2774	0.0118	0.7461	6.6165	3.1330	1.2998	0.0474	5.4840	16.5807
14	5	0.5850	0.8998	0.2146	0.5293	0.8441	3.5180	9.2207	0.9661	3.0145	7.4352	24.1365
15	6	0.4799	0.5997	0.7195	0.8394	0.9592	2.6147	3.6621	5.0852	7.3149	12.7960	31.4729
16	7	0.3503	0.4453	0.5402	0.6352	0.7302	1.7249	2.3571	3.1082	4.0341	5.2405	16.4648
17	8	0.8960	0.8066	0.7173	0.6279	0.5386	9.0520	6.5727	5.0531	3.9549	3.0941	27.7269
18	9	0.8228	0.3267	0.8306	0.3345	0.8384	6.9228	1.5823	7.1025	1.6288	7.2906	24.5270

图 2-36 Gamma(5，4) 分布的随机数

5. 自由度为 5 的 $\chi^2(5)$ 分布随机数的计算生成

（1）生成五个系列的标准正态分布随机数。单击"数据—数据分析"命令，单击选择"随机数发生器"，即跳出"随机数发生器"对话框。分别设置生成基数不同、五个系列每个系列 100 个的标准正态分布随机数。

（2）对五个系列按行求平方和，计算生成了自由度为 5 的 $\chi^2(5)$ 分布的随机数。结果如图 2-37 所示。

	A	B	C	D	E	F	G
1		自由度为5的卡方分布随机数					
2	个数	标准正态分布随机数1	标准正态分布随机数2	标准正态分布随机数3	标准正态分布随机数4	标准正态分布随机数5	卡方分布随机数
4	基数	1	2	3	4	5	求平方和计算
5	1	-3.0230	-2.9948	-2.9750	-2.9564	-2.9388	44.3344
6	2	0.1601	1.2352	-0.7735	0.1197	1.1536	3.4949
7	3	-0.8658	0.6387	-0.5721	0.9496	-0.3213	2.4898
8	4	0.8733	0.1082	-0.5905	-2.2642	0.6624	6.6884
9	5	0.2147	1.2805	-0.7906	0.0736	1.0116	3.3396
10	6	-0.0505	0.2525	0.5815	0.9919	1.7414	4.4209
11	7	-0.3845	-0.1376	0.1010	0.3458	0.6135	0.6729
12	8	1.2589	0.8656	0.5748	0.3264	0.0970	2.7803
13	9	0.9262	-0.4490	0.9566	-0.4276	0.9879	3.1335
14	10	0.6638	0.1484	-0.3283	-0.9013	2.6627	8.4728

图 2-37 自由度为 5 的 $\chi^2(5)$ 分布的随机数

2.5 损失分布的贝叶斯估计

2.5.1 目的

掌握损失分布的贝叶斯估计方法。

2.5.2 基本原理

贝叶斯估计方法就是利用先验概率分布与新的补充信息，根据概率计算中的贝叶斯公式估计后验概率，修正原来的估计，得到后验概率分布。

对离散随机变量，设某种状态 θ_j 的先验概率为 $p(\theta_j)$，通过调查获得的补充信息为 e_k。θ_j 给定时，e_k 的条件概率（似然度）为 $p(e_k|\theta_j)$，则在给定信息 e_k 的条件下，θ_j 的条件概率即后验概率 $p(\theta_j|e_k)$ 可用贝叶斯公式计算

$$p(\theta_j|e_k) = \frac{p(\theta_j)p(e_k|\theta_j)}{\sum_{j=1}^{n} p(\theta_j)p(e_k|\theta_j)} \tag{2-7}$$

下面再以连续随机变量为例说明贝叶斯估计的步骤。

第一步，选择随机参数 θ 的先验分布。根据相关理论知识或者主观判断，设参数的先验分布函数和先验密度函数分别为 $F(\theta)$，$f(\theta)$。

第二步，建立样本的似然函数。

$$f(x/\vartheta) = L(x_1, L, x_n, \vartheta) = \prod_{i=1}^{n} f(x_i/\vartheta) \quad i = 1, 2, 3, \cdots, n$$

第三步，计算参数 θ 的后验分布。

$$f(\vartheta/x) = \frac{f(x/\vartheta)f(\vartheta)}{\int_{\Theta} f(x/\vartheta)f(\vartheta)\mathrm{d}\vartheta} \quad \theta \in \Theta$$

第四步，选择误差函数并估计参数，任何统计估计方法都会有估计误差。最好的估计应该是估计误差最小，所以根据所选择的误差函数和参数的后验分布，求使误差函数取最小值的参数估计值，即得到参数的贝叶斯估计。表 2-22 列出了三种常用的误差函数及其对待估参数的贝叶斯估计。

表 2-22　三种常用的误差函数及其对待估参数的贝叶斯估计

	误差函数	贝叶斯估计
误差二次平方函数	$(\hat{\theta}-\theta)^2$	后验分布的均值
误差绝对值函数	$|\hat{\theta}-\theta|$	后验分布的中位数
0~1 误差函数	$I(\hat{\theta}\neq\theta)$	后验分布的众数

2.5.3　实验数据及内容

假设某地区在 3~6 月份的强风暴天气可以用一个泊松分布来描述，其中，泊松分布的参数 λ 表示强风暴天气的强度，即每周强风暴的次数。根据邻近地区的历史资料，λ 的先验分布为表 2-23 所示。

表 2-23　λ 的先验分布

λ	0.3	0.5	0.7	0.9	1
概率	0.1	0.2	0.3	0.2	0.2

现对此地区进行了 15 周的观察，共发生了 13 次强风暴，求 λ 的后验分布。
泊松分布 $P(\lambda)$，$\lambda > 0$（均值）的概率分布函数为

$$P\{X = x\} = \frac{\lambda^x}{x!}\mathrm{e}^{-\lambda}, \quad x = 0,1,2,\cdots$$

均值、方差、矩母函数分别为

$$E(X) = \mathrm{VaR}(X) = \lambda,$$
$$E(\mathrm{e}^{tX}) = \mathrm{e}^{\lambda(\mathrm{e}^t-1)}, \quad -\infty < t < +\infty$$

2.5.4　操作步骤与结果

（1）发生了 13 次强风暴，观察了 15 周。计算 $E(X) = 15\lambda$、概率、似然函数 $P(k/\lambda)$、$P(k/\lambda)P(\lambda)$、后验概率 $P(\lambda/k)$；

（2）在单元格 A9:A13 中输入"13"；

（3）在单元格 B9:B13 中依次输入"=C5、=D5、=E5、=F5"；

（4）在单元格 C9 中输入"=15*B9"，依次下拉复制至单元格 C10:C13；在单元格 D9:D13 中依次输入"=C6、=D6、=E6、=F6"；

(5) 在单元格 E9 中输入" =POISSON(A9,C9,FALSE)",下拉复制至单元格 E10:E13;在单元格 F9 中输入" =E9*D9",下拉复制至 F10:F13;在单元格 F14 中输入" =SUM(F9:F13)";

(6) 在单元格 G9 中输入" =E9*D9/$F$14",下拉复制至 G10:G13;

(7) 在单元格 G15 中输入" =AVERAGE(G9:G13)",得到后验分布的均值,即泊松分布参数的后验估计值。

实验结果如图 2-38 所示。

	A	B	C	D	E	F	G
7		后验分布计算表					
8	k	λ =E(X)=	15λ	概率	似然函数P(k|λ)	P(k|λ)P(λ)	后验概率P(λ|k)
9	13	0.3	4.5	0.1	0.0006	0.0001	0.001
10	13	0.5	7.5	0.2	0.0211	0.0042	0.060
11	13	0.7	10.5	0.3	0.0834	0.0250	0.356
12	13	0.9	13.5	0.2	0.1089	0.0218	0.310
13	13	1	15	0.2	0.0956	0.0191	0.272
14	合计			1		0.0702	
15						后验均值	0.182

图 2-38 损失分布的贝叶斯估计

第3章 损 失 估 计

3.1 损失次数频率的二项分布估计

3.1.1 目的

掌握利用二项分布估计损失次数的频率。

3.1.2 基本原理

当每个风险单位在一定时期内最多发生一次风险事故时，可以运用二项分布来估算损失频率。当风险单位数 n 很大而每次实验中事故发生概率又较小时，可以采用泊松分布。每个风险单位在一定时期内可能发生多次风险事故，通常都可以应用泊松分布或泊松过程来描述。

对于资产总数为 n 的保单组合而言，若每个资产在给定的时间内发生损失的概率都是 p，则整个资产组合在给定的时间内发生损失的总次数 N 将服从参数为 (n, p) 的二项分布。即

$$P\{N = k\} = C_n^k p^k (1-p)^{n-k}, \quad k = 0,1,2,\cdots,n, \quad 0 < p < 1 \tag{3-1}$$

而且有

$$E(N) = np \tag{3-2}$$

$$\text{VaR}(N) = np(1-p) \tag{3-3}$$

3.1.3 数据及内容

某公司有六栋厂房。根据火灾损失的历史资料可知，其中任何一栋在一年内发生火灾的概率都是 0.08，且相互独立。一栋厂房在一年内发生两次火灾的可能性极小，可以忽略不计。试计算一下：

（1）不发生火灾的概率；

（2）两栋以上厂房发生火灾的概率；

(3) 火灾发生次数的平均值和标准差。

由已知条件可知：

1) 风险单位总数 $n=6$，且每栋厂房发生火灾的概率均为 $p=0.08$；

2) 这六栋厂房互相独立发生火灾时不会互相影响；

3) 一栋厂房在一年内发生两次火灾的可能性极小，可以认为其概率等于0。

厂房发生火灾的栋数就是贝努利实验，可以用二项分布来描述，其概率分布为

$$P\{X=x\} = C_6^x 0.08^x(1-0.08)^{6-x} \quad (x=0,1,2,\cdots,6)$$

3.1.4 操作步骤及结果

（1）在单元格区域 A9:B16 中，列出火灾损失次数频率表的表头。

（2）在单元格 B10 中输入计算公式"= BINOMDIST(A10, $B$6, $B$7, FALSE)"，然后，往下拉复制至单元格区域 B11:B16，计算出不同火灾损失次数的频率。

（3）在单元格 B18 中，输入"= B10"，计算出不发生火灾的概率；在单元格 B19 中，输入"= SUM(B13:B16)"，计算出两栋以上厂房发生火灾的概率；在单元格 B20 中输入"= B6 * B7"，计算出火灾发生次数的平均值；在单元格 B21 中输入"= SQRT(B6 * B7 * (1 - B7))"，计算出火灾发生次数的标准差。

计算结果如图 3-1 所示。

	A	B
1	六栋建筑物火灾次数估计	
2		
3	已知条件	
4	二项分布计算损失频率	
5	已知数据:	
6	n=	6
7	p=	0.08
8	计算火灾次数概率分布:	
9	发生火灾栋数	发生损失概率
10	0	0.6063550
11	1	0.3163591
12	2	0.0687737
13	3	0.0079738
14	4	0.0005200
15	5	0.0000181
16	6	0.0000003
17	计算结果:	
18	1、P (X=0)	0.6063550
19	2、P (X大于2) =	0.0085119
20	3、平均值=np	0.4800000
21	标准差=SQRT (np (1-p))	0.6645299

图 3-1 损失次数的二项分布估计

3.2 损失金额频率的正态估计

3.2.1 目的

掌握作为连续随机变量的损失金额频率的估计方法。

3.2.2 基本原理

每次风险事故所致的损失金额是连续随机变量。我们经常用连续随机变量的概率分布（如正态分布、贝塔分布、学生 t 分布等）作为每次事故所致损失金额的概率分布。对于分组损失数据而言，平均值与标准差的计算公式为

$$E(X) = \frac{\sum_{i=1}^{m} x_i f_i}{\sum_{i=1}^{m} f_i} \tag{3-4}$$

$$\sigma = \sqrt{\frac{\sum f_i x_i^2}{\sum f_i} - \left(\frac{\sum f_i x_i}{\sum f_i}\right)^2} \tag{3-5}$$

式中，x_i 是组中值，f_i 是频数。

3.2.3 数据及内容

一个地区的小麦每次遭受旱灾而导致的损失金额频数统计如表 3-1 所示。

表 3-1 旱灾损失金额频数统计

损失金额（百元）	5～15	15～25	25～35	35～45	45～55	55～65	65～75
频数	4	14	28	35	20	7	2

假设该损失金额服从正态分布，要求计算：

（1）每次旱灾所致损失金额小于 500 元的概率是多少？

（2）每次旱灾所致损失金额在 4 500 元和 6 000 元之间的概率是多少？

（3）每次旱灾所致损失金额大于 7 500 元的概率是多少？

3.2.4 操作步骤及结果

（1）列表计算损失分布的期望值、标准差。根据定义，输入相应的公式计算组中值及其平方、组中值与频率的乘积、组中值与频率平方的乘积，表式如图 3-2 所示。然后在单元格 C13 中输入“ = J11/J8”，计算得到期望值；在单元格 C14 中输入“ = (J12/J8 – (J11/J8)^2)^0.5”，计算得到标准差。

	A	B	C	D	E	F	G	H	I	J
1		每次洪灾损失金额分布的正态估计								
2		已知数据：								
3		损失金额（百元）	5～15	15～25	25～35	35～45	45～55	55～65	65～75	
4		频数f_i	4	14	28	35	20	7	2	
5										
6		计算表：								
7		损失金额	5～15	15～25	25～35	35～45	45～55	55～65	65～75	合计
8		频数f_i	4	14	28	35	20	7	2	110
9		组中值x_i	10	20	30	40	50	60	70	280
10		组中值x_i的平方	100	400	900	1600	2500	3600	4900	14000
11		f_i*x_i	40	280	840	1400	1000	420	140	4120
12		f_i*（x_i）^{2}	400	5600	25200	56000	50000	25200	9800	172200
13		损失金额的预期值E（X）=	37.45							
14		损失金额的标准差sigma（X）=	12.75							

图 3-2 列表计算损失分布的期望值、标准差

（2）计算概率分布表。在单元格 C18 中输入“ = NORMDIST(B18，$C$13，$C$14，TRUE)”，单击确定，然后，往下拉动复制单元格区域 C19:C117，就可以得到损失金额由 100 元到 10 000 元的概率分布情况，如图 3-3 所示。

	A	B	C
16		计算累计概率分布表：	累积正态概
17		X（百元）	率F（X）
18		1	0.0021
19		2	0.0027
20		3	0.0034
21		4	0.0044
22		5	0.0055
23		6	0.0068
24		7	0.0085
25		8	0.0104
26		9	0.0128
27		10	0.0157

图 3-3 计算概率分布表

（3）计算要求的结果。可以利用概率定义与分布表计算，也可以利用概率计算函数直接计算。前者计算为，在单元格 H17、H18、H19 中，分别输入“ = C22”“ = C77 – C62”“ = 1 – C92”；后者计算为，在单元格 I17、I18、I19 中，分别输入“ = NORMDIST(5，C13，C14，TRUE)”“ = NORMDIST(60，C13，C14，TRUE) – NORMDIST(45，C13，C14，

TRUE)""=1 – NORMDIST(75，C13，C14，TRUE)";单击"确定"按钮即得三个要求计算的概率,如图3-4所示。

	D	E	F	G	H	I
16		要求计算的结果:			用分布表计算	用公式计算
17		小于500元的概率=			0.0055	0.0055
18		在4500元和6000元之间的概率=			0.2385	0.2385
19		大于7500元的概率=			0.0016	0.0016
20						
21						

图 3-4　计算要求的结果

3.3　总损失频率的分析计算

3.3.1　目的

掌握分析计算单一资产或资产组合的多次风险总损失的方法。

3.3.2　基本原理

利用损失次数变量的分布和每次损失额变量的分布就可以计算聚合总损失。一定时期总损失金额分布是指在已知该时期内损失次数概率分布和每次损失金额概率分布的基础上计算的累积总损失金额及其(联合)分布概率。

3.3.3　数据及内容

已知某一保险公司收集的小轿车车辆事故每年损失次数和每次损失金额的频率分布如表3-2所示。

表 3-2　该小轿车车辆事故每年损失次数和每次损失金额的频率分布

损失次数频率分布		每次损失金额的频率分布	
损失次数	概率	损失金额	概率
0	0.5	2 000	0.7
1	0.3	5 000	0.3
2	0.2		

要求计算年总损失金额的概率分布。

解:根据题中材料可知,损失次数有三种可能:0次、1次、2次,可得分析计算表3-3。

表 3-3　年总损失金额的概率分布计算表

损失次数	损失次数的概率	总损失金额组合	联合概率
0	0.5	0	0.5
1	0.3	2 000	0.3 × 0.7 = 0.24
		5 000	0.3 × 0.3 = 0.06
2	0.2	4 000(= 2 000 + 2 000)	0.2 × 0.7 × 0.7 = 0.128
		7 000(= 2 000 + 5 000)	0.2 × 0.7 × 0.3 = 0.042
		7 000(= 5 000 + 2 000)	0.2 × 0.3 × 0.7 = 0.042
		10 000(= 5 000 + 5 000)	0.2 × 0.3 × 0.3 = 0.018

3.3.4 操作步骤及结果

（1）列出损失次数及其概率，分析填入"每次损失情况"中的每次损失金额，然后根据每次损失金额，填入对应的"损失次数概率""第一次损失幅度概率""第二次损失幅度概率"；

（2）在单元格 I12 输入"＝F12＊G12"，再下拉复制至单元格 I13:I19，利用概率乘法原理，计算联合概率；

（3）在 J 列汇总计算损失金额，并在 K 列按损失金额汇总计算出联合概率，即得总损失金额的概率分布，结果如图 3-5 所示。

	A	B	C	D	E	F	G	H	I	J	K
1	一定时期总损失概率估计										
2											
3	已知数据										
4	损失次数分布		每次损失金额分布								
5	损失次数	概率	损失金额	概率							
6	0	0.5	2000	0.7							
7	1	0.3	5000	0.3							
8	2	0.2									
9											
10	分析计算表：					发生的概率					
11	损失次数	概率	每次损失情况		总损失金额	损失次数概率	第一次损失幅度概率	第二次损失幅度概率	联合概率	总损失金额	P
12	0	0.5	0		0	0.5	—	—	0.500	0	0.500
13	1	0.3	2000		2000	0.3	0.7	—	0.210	2000	0.210
14			5000		5000	0.3	0.3	—	0.090	5000	0.090
15	2	0.2	2000	2000	4000	0.2	0.7	0.7	0.098	4000	0.098
16			2000	5000	7000	0.2	0.7	0.3	0.042	7000	0.084
17			5000	2000	7000	0.2	0.3	0.7	0.042		
18			5000	5000	10000	0.2	0.3	0.3	0.018	10000	0.018

图 3-5　总损失金额的概率分布

第4章 风险管理决策与内部控制评价

4.1 期望损益准则决策

4.1.1 目的

通过本次实验，学会运用期望损益准则对风险管理措施进行决策。

4.1.2 基本原理

期望损失准则一般适用于纯粹风险，它以不同方案的期望损失作为择优的标准，选择期望损失最小的方案为最优方案。

期望收益准则一般适用于投机风险，因为投机风险有获利、盈亏平衡、亏损三种可能结果，亏损可以看作是负收益，所以，它通常以不同方案的期望收益作为择优的标准，选择期望收益最大的方案为最优方案。

4.1.3 数据与内容

公司的某栋建筑物面临火灾风险，在不考虑有关税赋及时间因素的情况下，有自动灭火装置和没有自动灭火装置情形下的损失及概率[一]，如表4-1所示。

表4-1 火灾损失金额及概率

损失金额（元）		损失发生概率	
直接损失	间接损失	没有自动灭火装置	有自动灭火装置
0	0	0.75	0.75
1 000	0	0.20	0.20
10 000	0	0.04	0.04
50 000	2 000	0.007	0.009
100 000	4 000	0.002	0.001
200 000	8 000	0.001	0.000

注：间接损失是指剩余直接损失发生时所带来的间接损失。当直接损失为150 000元时，间接损失为6 000元。

[一] 刘新立. 风险管理 [M]. 北京：北京大学出版社，2006.

公司有六个风险管理方案可以选择,可供选择的方案及相关费用如表 4-2 所示。

表 4-2 可供选择的方案及相关费用

序号	方案	费用
1	完全自留风险,不安装自动灭火装置	0
2	完全自留风险,安装自动灭火装置	自动灭火装置的年维护费用和折旧费共计 500 元
3	购买保额为 50 000 元的保险	保费 1 500 元
4	在方案 3 的基础上安装自动灭火装置	灭火装置的年维护费用和折旧费共计 500 元;保费 1 350 元
5	购买带有 1 000 元(绝对)免赔额、保额 200 000 元的保险	保费 1 650 元
6	购买保额 200 000 元的保险	保费 2 000 元

要求分析计算每个方案的期望损失,并利用期望损失准则确定公司的最优风险管理方案[⊖]。

4.1.4 操作步骤与结果

1. 计算方案 1 的期望损失

(1) 在 Excel 文件"4 风险管理决策"中的工作表"期望损失准则决策",建立计算表,如图 4-1 所示。

	A	B	C	D	E	F	G	H
10								
11				方案1的期望损失评估				
12				损失金额计算			损失发生概率	
13	状态	直接损失	间接损失	维护折旧费	保险费	合计		状态期望损失
14	1	0	0	0	0	0	0.75	0
15	2	1000	0	0	0	1000	0.2	200
16	3	10000	0	0	0	10000	0.04	400
17	4	50000	2000	0	0	52000	0.007	364
18	5	100000	4000	0	0	104000	0.002	208
19	6	200000	8000	0	0	208000	0.001	208
20							方案1期望损失	1380

图 4-1 计算方案 1 的期望损失

(2) 方案 1 完全自留风险,不安装自动灭火装置,所以折旧费、保险费为 0,损失金额合计等于四项之和,在单元格 F14 中输入公式"=SUM(B14:E14)",往下复制至 F19,合计损失金额。

(3) 方案 1 没有安装自动灭火装置,每个状态的概率等于没有自动灭火装置下损失发生的概率,对应填入 G14:G19。

(4) 在单元格 H14 中输入公式"=F14*G14",往下复制至 H19,计算"状态期望损失"。

(5) 在单元格 H20 中输入公式"=SUM(H14:H19)",计算得到方案 1 的期望损失。

2. 根据每个方案的实施内容,分析填入折旧费、保险费、损失概率,可以计算

⊖ 改编自:刘新立. 风险管理[M]. 北京:北京大学出版社,2006.

得到其他方案的期望损失，如图 4-2～图 4-6 所示。

	A	B	C	D	E	F	G	H
22								
23			方案2的期望损失评估					
24			损失金额计算				损失发生	
25	状态	直接损失	间接损失	维护折旧费	保险费	合计	概率	状态期望损失
26	1	0	0	500	0	500	0.75	375
27	2	1000	0	500	0	1500	0.2	300
28	3	10000	0	500	0	10500	0.04	420
29	4	50000	2000	500	0	52500	0.009	472.5
30	5	100000	4000	500	0	104500	0.001	104.5
31	6	200000	8000	500	0	208500	0	0
32							方案2期望损失	1672

图 4-2　方案 2 的期望损失计算

	A	B	C	D	E	F	G	H
34								
35			方案3的期望损失评估					
36			损失金额计算				损失发生	
37	状态	直接损失	间接损失	维护折旧费	保险费	合计	概率	状态期望损失
38	1	0	0		1500	1500	0.75	1125
39	2	0	0		1500	1500	0.2	300
40	3	0	0		1500	1500	0.04	60
41	4	0	0		1500	1500	0.007	10.5
42	5	50000	2000		1500	53500	0.002	107
43	6	150000	6000		1500	157500	0.001	157.5
44							方案3期望损失	1760

图 4-3　方案 3 的期望损失计算

	A	B	C	D	E	F	G	H
48								
49			方案4的期望损失评估					
50			损失金额计算				损失发生	
	状态	直接损失	间接损失	维护折旧费	保险费	合计	概率	状态期望损失
51	1	0	0	500	1350	1850	0.75	1387.5
52	2	0	0	500	1350	1850	0.2	370
53	3	0	0	500	1350	1850	0.04	74
54	4	0	0	500	1350	1850	0.009	16.65
55	5	50000	2000	500	1350	53850	0.001	53.85
56	6	150000	6000	500	1350	157850	0	0
57							方案4期望损失	1902

图 4-4　方案 4 的期望损失计算

	A	B	C	D	E	F	G	H
61								
62			方案5的期望损失评估					
63			损失金额计算				损失发生	
	状态	直接损失	间接损失	维护折旧费	保险费	合计	概率	状态期望损失
64	1	0	0	0	1650	1650	0.75	1237.5
65	2	1000	0	0	1650	2650	0.2	530
66	3	1000	0	0	1650	2650	0.04	106
67	4	1000	0	0	1650	2650	0.007	18.55
68	5	1000	0	0	1650	2650	0.002	5.3
69	6	1000	0	0	1650	2650	0.001	2.65
70							方案5期望损失	1900

图 4-5　方案 5 的期望损失计算

	A	B	C	D	E	F	G	H
73								
74			方案6的期望损失评估					
75			损失金额计算				损失发生	
76	状态	直接损失	间接损失	维护折旧费	保险费	合计	概率	状态期望损失
77	1	0	0	0	2000	2000	0.75	1500
78	2	0	0	0	2000	2000	0.2	400
79	3	0	0	0	2000	2000	0.04	80
80	4	0	0	0	2000	2000	0.007	14
81	5	0	0	0	2000	2000	0.002	4
82	6	0	0	0	2000	2000	0.001	2
83							方案6期望损失	2000

图 4-6　方案 6 的期望损失计算

3. 建立期望损失准则决策表，如图 4-7 所示，在单元格 H8 中输入公式" = MIN(H2:H7)"，计算期望损失金融最小值，再选取单元格区域 H2:H8，利用选择"开始"→"格式"→"条件格式"命令，如图 4-7 所示，设置最小值方案的条件格式显示形式，如图 4-8 所示。

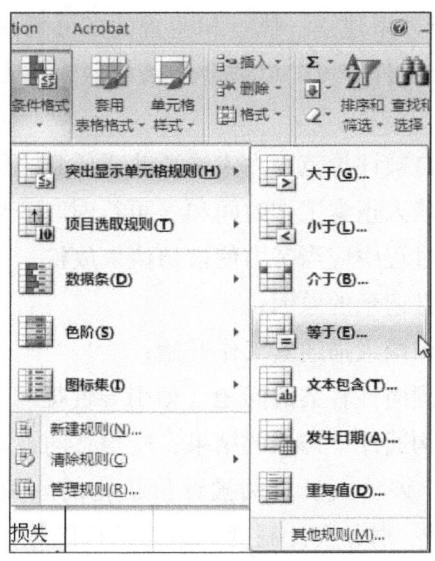

图 4-7　条件格式

4. 在单元格 J8 中输入公式" = MIN(J2:J7)"，计算考虑忧虑成本之后的主观总成本最小值，设置主观总成本最小值单元格条件显示格式，即得结果，如图 4-9 所示。

方案	期望损失金额	忧虑成本	主观总成本
1	1380	800	2180
2	1672	600	2272
3	1760	500	2260
4	1902	350	2252
5	1900	80	1980
6	2000	0	2000
最小值	1380		1980

图 4-8　单元格条件格式设置　　图 4-9　期望损失准则决策结果

4.2　商业银行内部控制评价

4.2.1　目的

掌握商业银行内部控制及其综合评价的方法。

4.2.2　原理

1. 内部控制评价的常用方法和技术

（1）询问法。为掌握评价对象的控制环境、控制程序等方面的状况，可以对商业银行的内部控制状况进行询问了解，具体包括调查问卷和现场访谈等。

1）调查问卷。调查问卷是设计一套问卷，同时对问卷不能解释清楚的部分在附注中用文字加以说明。对问卷中的各个问题，评价人员可以根据需要，灵活采用多种方法如询问、观察、抽样验证等做出回答。

2）现场访谈。现场访谈是指评价人员到现场向内部控制体系的有关各方了解被评价商业银行内部控制体系建立、执行和监督的实际情况。现场访谈是收集信息的一个重要手段，应当在条件许可并以适合于被访谈人的方式下进行，但评价人员应当考虑：

◆ 访谈人员应当来自被评价范围内实施活动或任务的适当的层次和职能；
◆ 访谈应当在被访谈人正常工作时间和（可行时）正常工作地点进行；
◆ 在访谈前和访谈过程中应当努力使被访谈人放松；
◆ 应当解释访谈和做记录的原因；
◆ 访谈可通过请被访谈人描述其工作开始；
◆ 应当避免提出有倾向性答案的问题（即引导性提问）；
◆ 应当与被访谈人沟通评审访谈的结果；应当感谢被访谈人的参与和合作。

（2）书面文档检查。评价人员查阅被评价机构的政策和规章制度，如行为守则、业务政策、业务程序、财务会计制度、组织结构图等，审查执行内部控制体系生成的文件，如账本、报表、凭证、记录、合同、报告等，检查其是否存在控制痕迹，以判断内部控制措施是否得到有效执行。

（3）观察。评价人员在被评价单位的工作现场，或观看操作过程录像，观察有关人员的实际工作情况，以确定其规定的内部控制措施是否得到严格执行，该方法适用于那些不留书面痕迹的内部控制体系，以及测试执行控制的到位程度。

（4）流程图法。利用符号和图形来表示被评价机构组织结构，职责分工，权限，经营业务的性质及种类，各种业务处理规程、各种会计记录等内部控制状况的示意图。该方法可以使评价人员清晰地看出被评价机构内部控制体系如何运行，包括业务的风险控制点和控制措施，有助于发现各内部控制体系的缺失和审计重点。

（5）抽样方法。通过抽取一定有代表性的样本进行调查和测试，根据样本来推断总体状况的一种评价方法。

（6）穿行测试法。评价人员在每一类交易循环中选择一笔或若干笔业务，从头到尾检查其实际处理过程，以验证所描述的内部控制的客观性和真实性。

（7）证据检查法。评价人员抽查一定数量的凭证、账簿、报表、借据、协议合同等有关资料，以验证各项控制措施在实际操作中是否被真正运用。

（8）压力测试法。测试被评价机构关键业务处理程序和控制措施能够承受的压力程度与在承受相应压力时所发挥的作用。

（9）分析性复核。通过对被评价机构内部控制体系中的重要情况和趋势的分析，分析研究结果被评价机构内部控制体系的异常变动和差异所影响。分析性复核主要包括比较分析、因素分析和趋势分析。

比较分析就是针对同一内部控制内容和指标，在不同的时间和空间进行对比，来说明实际情况与参照系的差异。

因素分析是分析影响内部控制体系变化的若干因素，分析研究内部控制的变动原因，从中发现被评价机构内部控制体系的异常变动和差异。

趋势分析就是对连续若干期内部控制体系情况进行比较与分析，如此可以了解内部控制体系变动的幅度和趋势。

2. 内部控制评价计分方法表

（1）内部控制过程评价分值表，如表4-3-1所示。

表4-3-1 内部控制过程评价分值表

评价内容 \ 评价对象	标准分值	业务活动				管理活动			支持保障				备注
		授信业务	资金业务	存款和柜台业务	主要中间业务	…	计划财务	会计管理	…	计算机系统	产品开发	安全保卫	…
标准分值													
1. 内部控制环境	100												
（1）公司治理　三会一层责任	10												
高级管理层责任	10												
（2）组织结构	20												
（3）内部控制政策	20												
（4）内部控制目标	20												
（5）企业文化	10												
（6）人力资源	10												
2. 风险识别与评估	100												
（1）风险识别与评估	50												
（2）法律法规、监管要求和其他要求	20												
（3）内部控制措施策划	30												
3. 内部控制措施	100												
（1）运行控制	60												
（2）计算机系统环境下的控制	20												
（3）应急准备和响应	20												
4. 监督评价与纠正	100												
（1）内部控制绩效监测	30												
（2）事故、险情、违规和纠正预防措施	20												
（3）内部控制体系评价	20												
（4）管理评审	20												
（5）持续改进	10												
5. 信息交流与沟通	100												
（1）形成文件要求	25												
（2）文件控制	25												
（3）记录控制	25												
（4）信息交流与反馈	25												

(2) 结果评价指标及分值表,如表 4-3-2 所示。

表 4-3-2 结果评价指标及分值表

评价指标	控制比例	实际情况（A 银行）	标准分值 法人	标准分值 分支机构	实际得分	备注
1. 资本利润率	≥13%	8%	50	—	30	
2. 资产利润率	≥0.6%	0.4%	50	50	30	
3. 收入成本比	≤35%	50%	50	50	20	
4. 大额风险集中度指标	—	—	50			
(1) 单一客户授信余额比例	≤10%	2 家	20	—	16	
(2) 十大客户授信余额比例	≤30%	35%	10	—	7.5	
(3) 集团客户授信余额比例	≤15%	1 家	20	—	18	
5. 关联方交易指标	—	—	50			
(1) 单个关联方授信余额比例	≤10%	1 家	20	—	18	
(2) 单个关联法人或其他组织所在集团客户的授信余额比例	≤15%	1 家	20	—	18	
(3) 全部关联方授信余额比例	≤50%	20%	10	—	10	
6. 资产质量指标	—	—	50	50		
(1) 新发生不良贷款率	≤0.1%	0.2%	20	20	15	
(2) 不良贷款衡量指标	—	—	30	30		
1) 不良贷款率	≤3%	10%	15	15	8	
2) 不良贷款额降低率	≥10%	12%	15	15	15	
7. 不良贷款拨备覆盖率	≥80%	70%	50	50	40	
8. 资本充足指标	—	—	50			
(1) 资本充足率	≥8%	5%	25	—	10	
(2) 核心资本充足率	≥4%	2%	25	—	5	
9. 流动性指标	—	—	50	20		
(1) 准备金比例	≥10%	12%	20	20	20	
(2) 存贷比	≤75%	70%	10	—	10	
(3) 中长期贷款比例指标	≤120%	90%	10	—	10	
(4) 资产流动性指标	≥25%	40%	10	—	10	
10. 案件损失指标	—	—	50	50		
(1) 案件损失率	≤0.1‰	1‰	25	25	0	
(2) 发案率	≤1%	1.5%	25	25	15	
合计	—	—	500	270	325.5	

分支机构总分计算方法如下所示。

方案一：分支机构总分 = 分支机构实际得分 × 500/270；

方案二：将分支机构资产利润率得分放大为 100 分，资产质量指标得分放大为 200 分，流动性指标得分放大为 50 分。

说明：

(1) 资本利润率。该指标最高得分 50 分，大于等于 13% 得满分，每减少 1 个百分点减少 4 分。假定 A 银行资本利润率为 8%，则该项指标得 30 分。

(2) 资产利润率。该指标最高得分 50 分，大于等于 0.6% 得满分，每减少 0.1 个百分点减少 10 分。假定 A 银行资产利润率为 0.4%，则该项指标得 30 分。

(3) 收入成本比。该指标最高得分 50 分，小于等于 35% 得满分，每增加 1 个百分点减少 2 分。假定 A 银行收入成本比为 50%，则该项指标得 20 分。

(4) 大额风险集中度指标。

1) 单一客户授信余额比例。该指标最高得分 20 分，未超控制比例客户该项指标得满分，每增加一个超控制比例客户减少 2 分。假定 A 银行有两家客户的授信余额分别超出该银行资本净额的 10%，则该项指标得 16 分。

2) 十大客户授信余额比例。该指标最高得分 10 分，小于等于 30% 得满分，每超过 1 个百分点减少 0.5 分。假定 A 银行最大十家客户的授信余额占该银行资本净额的 35%，则该项指标得 7.5 分。

3) 集团客户授信余额比例。该指标最高得分 20 分，未超控制比例客户该项指标得满分，每增加一个超控制比例客户减少 2 分。假定 A 银行有一家集团客户的授信余额超出该银行资本净额的 15%，则该项指标得 18 分。

(5) 关联方交易指标。

1) 单个关联方授信余额比例。该指标最高得分 20 分，无超控制比例关联方该项指标得满分，每增加一个关联方减少 2 分。假定 A 银行对某一家关联方的授信余额超出该银行资本净额的 10%，则该项指标得 18 分。

2) 单个关联法人或其他组织所在集团客户的授信余额比例。该指标最高得分 20 分，无超控制比例关联客户该项指标得满分，每增加一个超控制比例关联方减少 2 分。假定 A 银行有一家关联法人所在集团的授信余额超出该银行资本净额的 15%，则该项指标得 18 分。

3) 全部关联方授信余额比例。该指标最高得分 10 分，小于等于 50% 得满分，每超过 1 个百分点减 2 分。假定 A 银行全部关联方授信余额占该银行资本净额的 20%，则该项指标得 10 分。

(6) 资产质量指标。

1) 新发生不良贷款率。

$$新发生不良贷款率 = \frac{评价期新发生不良贷款额}{评价期新发生贷款额}$$

该指标最高得分 20 分，新发生不良贷款率小于等于 0.1% 得满分，每增加 0.1 个百分点扣 5 分。假定 A 银行评价期内新发生不良贷款率为 0.2%，则该项指标得 15 分。

2) 不良贷款衡量指标。

- ◆ 不良贷款率。该指标最高得分 15 分，不良贷款率低于等于 3% 得满分，每高 1 个百分点减 1 分。假定 A 银行不良贷款率为 10%，则该项指标得 8 分。

◆ 不良贷款额降低率。该指标最高得分 15 分，不良贷款率低于 3%（含）的商业银行得满分，评价期内不良贷款额降低 10% 以上得满分，每少降低 1 个百分点减 1 分。假定 A 银行评价期内不良贷款额降低了 12%，则该项指标得 15 分。

(7) 不良贷款拨备覆盖率。

$$不良贷款拨备覆盖率 = \frac{一般准备 + 专项准备 + 特种准备}{次级类贷款 + 可疑类贷款 + 损失类贷款}$$

该指标最高得分 50 分，拨备覆盖率高于 80% 得满分，每少 1 个百分点减 1 分。假定 A 银行不良贷款拨备覆盖率为 70%，则该项指标得 40 分。

(8) 资本充足指标。

1) 资本充足率。该指标最高得分 25 分，充足率高于等于 8% 得满分，每少 1 个百分点减 5 分。假定 A 银行资本充足率为 5%，则该项指标得 10 分。

2) 核心资本充足率。该指标最高得分 25 分，充足率高于等于 4% 得满分，每少 1 个百分点减 10 分。假定 A 银行核心资本充足率为 2%，则该项指标得 5 分。

(9) 流动性指标。

1) 准备金比例。该指标最高得分 20 分，高于等于 10% 得满分，每减少 1 个百分点减 5 分。假定 A 银行准备金比例为 12%，则该项指标得 20 分。

2) 存贷比。该指标最高得分 10 分，存贷比控制在 75% 以内得满分，每超出 1 个百分点减 2 分。假定 A 银行存贷比为 70%，则该项指标得 10 分。

3) 中长期贷款比例指标。该指标最高得分 10 分，小于等于 120% 得满分，每超出 10 个百分点减 1 分。假定 A 银行中长期贷款比例为 90%，则该项指标得 10 分。

4) 资产流动性指标。

$$资产流动性比例 = \frac{流动资产余额}{流动负债余额}$$

该指标最高得分 10 分，大于等于 25% 得满分，每少 1 个百分点减 1 分。假定 A 银行资产流动性指标为 40%，则该项指标得 10 分。

(10) 案件损失指标。

1) 案件损失率是指评价期内商业银行违法、违纪案件损失金额与总资产额之比，即该指标最高得分 25 分，小于等于 0.1‰ 得满分，每增加 0.01‰ 减 2 分。假定 A 银行案件损失率为 1‰，则该项指标得零分。

2) 发案率是指发案个数除以分支机构数。发案个数指评价机构监察（保卫）部门管理的所有内部案件（不论金额大小），分支机构数按被评价机构辖属支行级以上机构统计。该指标最高得分 25 分，小于等于 1% 得满分，每增加 0.1 个百分点减 2 分。假定 A 银行发案率为 1.5%，则该项指标得 15 分。

3. 过程和结果汇总分值表和计分方法

评价内容 \ 评价对象	标准分值		实际得分	业务活动					管理活动			支持保障活动			
	法人	分支机构		授信业务	资金业务	存款和柜台业务	主要中间业务	…	计划财务	会计管理	…	计算机系统	产品开发	安全保卫	…
总分值				总分 = 过程评价得分×70% + 结果评价得分×30%											
1. 过程评价（70%权重）	500	500		100	100	100	100	100	100	100	100	100	100	100	100
（1）内部控制环境	100	100													
（2）风险识别与评估	100	100													
（3）内部控制措施	100	100													
（4）监督评价与纠正	100	100													
（5）信息交流与沟通	100	100													
实际得分	500														
2. 结果评价（30%权重）	500	270													
（1）资本利润率	50														
（2）资产利润率	50	50													
（3）收入成本比	50	50													
（4）大额风险集中度指标	50														
（5）关联方交易指标	50														
（6）资产质量指标	50	50													
（7）不良贷款拨备覆盖率	50	50													
（8）资本充足指标	50														
（9）流动性指标	50	20													
（10）案件损失指标	50	50													

4. 内部控制评价步骤和计分方法说明

（1）确定要评价的具体对象，包括各类业务活动、管理活动和支持保障活动。

（2）根据授信业务活动的特点，根据内部控制体系五大过程的要求，结合四个层次，形成系统的评价问题，其中对不适用的过程要素标注"不适用"。在评价过程中，对不同评价问题可采用不同的评价方法，如询问、查阅书面材料、抽样、穿行测试等。

（3）确定每项评价问题的计分标准。

（4）根据现场评价情况，得到符合、违规、险情、事故四种评价结果，确定各评价内容的实际得分，计入附表。

（5）确定具体评价对象的得分。由于存在不适用的项目，应将上边计算获得的分值转化成标准分。对于授信业务的全部评分也应转化为标准分，假定五大过程要素在转化为标准分后的实际总分为 300 分，适用项目实际得到的总分为 395 分，则最后得分为 300/395×100% = 76 分。

（6）确定过程评价得分。完成对各具体对象的评价后，综合各具体对象所涉及的评价结果，对内部控制体系做出综合评价。综合评价的得分可以依据各具体对象评价的加总后调整，将所有适用的内部控制政策实际得分加总，最后除以适用对象在这个要素上的总分，即可得出这个要素的标准分值。例如，对授信业务的"内部控制政策"进行综合评分，假定有 10 项评价问题，10 项评价问题设定总分 200 分，实际得分 160 分，则授信业务内控政策的总得分为 160/10 = 16 分。

5. 过程评价问题要点

（1）内部控制环境。

1）商业银行公司治理。

◆ 是否建立以股东大会、董事会、监事会、高级管理层等为主体的公司治理组织架构？是否实行了决策权与经营权的分离？

◆ 董事会是否设立了风险管理委员会、人事和薪酬委员会、审计委员会、关联交易控制委员会和其他专门委员会？

◆ 监事会是否设立了提名委员会、审计委员会和其他专门委员会？

◆ 董事会是否定期或不定期召开股东大会年会和临时会议，向全体股东汇报？股东大会是否实行律师见证制度？董事会是否制定内容完备的股东大会议事规则并由股东大会审议通过，包括通知、文件准备、召开方式、表决形式、会议记录及其签署、关联股东的回避制度等？

◆ 董事会是否建立了议事规则和决策程序？董事会是否定期（每季一次）或不定期召开例会和临时会议？是否制定内容完备的议事规则，包括通知、文件准备、召开方式、表决形式、会议记录及其签署、董事会的授权规则等？

◆ 监事会是否建立了议事规则和决策程序？是否定期（每季一次）或不定期召开例会和临时会议？是否制定内容完备的议事规则，包括通知、文件准备、召开方式、表决形式、会议记录及其签署等？

◆ 是否建立了独立董事和外部监事制度并设立了两名（含）以上独立董事和两名（含）以上外部监事？

◆ 董事会审计委员会负责人是否由独立董事担任？是否要求银行报送内部审计报告并进行审核？独立董事是否对董事会讨论的有关商业银行内部控制事项发表客观、公正的独立意见？是否对董事会决议中违反法律、法规或商业银行章程的条款提出反对意见？

◆ 监事会审计委员会负责人是否由外部监事担任？外部监事是否根据监事会决议组织开展商业银行内部控制相关审计工作？是否及时向外部监管部门报告监督检查中发现的问题？

◆ 能否确保商业银行根据内部审计、外部审计和外部监管部门改进内部控制的意见和建议实施有效的整改？

2）董事会、监事会和高级管理层责任。

◆ 董事会是否审批了商业银行整体经营战略和重大政策并定期检查、评价执行情况？
- 董事会是否设定了商业银行可接受的风险程度，并审批管理层所制定的风险防范措施及额度设置？是否确保商业银行充分了解资本充足、风险集中度、关联交易、不良资产管控和处置的有关规定，并指导和监督具体政策、办法的产生和实施？
- 董事会是否及时审查银行内部审计机构和外部监管部门对银行内部控制的评价报告，并督促管理层落实整改措施？
- 监事会是否通过适当的方式对银行内部控制进行监督？
- 监事会是否确保商业银行充分了解资本充足、风险集中度、关联交易、不良资产管控和处置的有关规定，并指导和监督具体政策、办法的产生和实施？
- 监事会是否组织对银行内部控制的相关检查？是否对董事会及董事、管理层及高级管理人员履行内部控制的职责情况进行检查？
- 监事会是否在发现董事、董事长及高级管理人员有损害商业银行利益的行为时要求其纠正？
- 管理人员是否明确其在内控体系方面的职责？在各项业务和管理活动中是否制定了明确的内部控制政策？
- 定期评审内部控制状况的充分性和有效性？是否及时审查外部监管部门、内部和外部审计部门对内部控制体系的评价报告？是否及时听取了审计部门和外部监管部门有关内部控制体系缺失的建议与意见，并部署采取纠正整改措施？
- 高级管理层是否建立了认定、计量、监督并控制风险的程序，并制定了风险防范措施及额度设置？在中长期发展战略规划中，是否考虑了各种可能的风险？是否定期检查银行经营战略与风险控制的适宜程度？
- 董事会、高级管理层是否能及时了解银行的业务风险和操作业绩？银行内部的信息流动是否通畅（包括信息上报、信息下达及机构内部信息的横向流动）？内部控制政策相关每一项信息是否传达到每一位相关人员？
- 高级管理层是否建立了授权和责任明确、报告关系清晰的组织结构？是否采取措施引导管理人员和全体员工参与到内部控制活动中，以保证内部控制的各项职责得到有效履行？

3）内控政策。
- 是否已建立文件化的政策（包括人力资源政策、财务管理政策、信贷总量和信贷结构政策、流动性风险和市场风险政策、信息交流政策，等等）？
- 政策的内容是否①为制定和评审目标提供框架；②与商业银行的宗旨和发展战略相一致；③符合适用法律法规和监管要求；④指导员工实施风险控制；⑤体现持续改进内控体系。

- ◆ 政策是否已为员工所理解？
- ◆ 政策是否可以并已向相关方公开，同时寻求互利合作？
- ◆ 各级各类政策是否定期评审，需要时更新？

4）内部控制目标。
- ◆ 商业银行已建立了哪些内部控制目标？是否形成文件？
- ◆ 各个目标是否可测量并分解为指标？是否已展开到相关职能和层次？通过哪些方式传达到相关员工？
- ◆ 内控体系的目标是否能确保与法律法规、监管要求和商业银行内部规章相一致并使之满足？能否确保商业银行的发展战略和经营目标的全面实施与实现，确保风险控制的有效性，确保业务记录、财务信息和其他相关信息的及时、真实和完整？
- ◆ 在建立和评审内控目标时，是否还考虑了可供选择的技术方案、财务、运作和经营要求、风险相关方的观点等？
- ◆ 内控目标是否符合内控政策？如何体现对持续改进的承诺？

5）组织结构。
- ◆ 商业银行的组织结构状况如何？它包括部门分工合理性、职责明确程度和报告关系清晰程度。
- ◆ 是否考虑职责分离、相互监督制约？
- ◆ 涉及资产、负债、财务和重要人事变动的事项如何决定？
- ◆ 是否建立关键岗位轮换和强制休假制度？
- ◆ 是否建立统一授权体系？
- ◆ 是否设立了全行系统垂直管理、具有充分独立性的内部审计部门？
- ◆ 内部审计部门是否配备了具有相应资质和能力的审计人员？
- ◆ 是否建立了内部审计风险评级体系？每年是否根据审计风险评级结果确定审计频率，以及对机构和业务的审计覆盖率？
- ◆ 内部审计部门是否有权获得商业银行的所有经营信息和管理信息？
- ◆ 内部审计报告是否及时报董事会或董事会审计委员会？
- ◆ 董事会及高级管理层是否采取有效措施保证审计报告中指出的内部控制的缺失得到及时纠正整改？
- ◆ 总行内部审计负责人的聘任和解聘是否经董事会或监事会同意？

6）企业文化。
- ◆ 商业银行是否培育了健康的企业文化？现有企业文化怎样为内部控制提供适宜的环境？
- ◆ 如何创立和完善企业文化的环境使全行员工树立预期要求的企业价值观、企业精神及经营理念？

- ◆ 是否把企业核心价值观、内部控制原则、风险知识、风险意识、风险控制、风险防范，以及出现险情或损失的对策等作为对员工的教育内容？
- ◆ 是否制定了员工行为准则或类似规范，并传达到员工？
- ◆ 员工是否熟悉银行关于职业道德的规范并确知职业道德标准和违例行为界限及后果？
- ◆ 员工是否明白其职权范围违规违纪行为的表现形式？
- ◆ 是否建立针对员工违规行为的补救和处罚应急机制？
- ◆ 管理层对员工违规的行为是否进行严厉的批评和处理？
- ◆ 管理人员道德水平是否保持高尚，是否以身作则？

7）人力资源。
- ◆ 是否确定与风险和内控有关的人员所必要的能力要求（含满足法律法规要求及监管机构对人员资质要求）？
- ◆ 是否建立及健全激励约束机制、员工绩效考评体系，是否充分体现风险管理和内控体系要求？
- ◆ 是否对高管人员及影响风险和内控人员等重要岗位的招聘、聘用、培训、考核、调整、出国、离岗和离行进行控制？
- ◆ 是否明确了员工招聘、培训、考核、奖励、处罚、晋升等方面合理的政策和程序，并得到有效执行？
- ◆ 是否搜集了员工工作业绩、工作效率及胜任程序等相关信息？
- ◆ 是否采取适当的措施来降低更换雇员或雇员缺席所带来的负面影响（交叉培训、工作轮换等）？
- ◆ 是否确保员工得到了充分的非技术性能力的培训（包括人际关系、口头表达和文字表达能力、客户服务等）？
- ◆ 是否确保每个员工明确所在行及其所在部门的工作目标？

（2）风险识别与评估。

1）风险识别与评估。
- ◆ 是否识别和确定了常规和非常规的业务和管理活动？并识别这些活动上的风险？
- ◆ 对新识别的风险是否已考虑到其产生根源、路径及对商业银行的影响范围？是否已考虑并识别了本部门的运作过程和活动中因运用计算机系统而带来的风险？
- ◆ 本部门已识别并确定的主要风险有哪些？是否有风险点的清单？是否确定风险点的风险级别及风险可接受程度？
- ◆ 是否对风险的后果及发生的可能性等进行了评估？评估的结果是否形成文件？文件中所包含的信息是否充分，包括可作为建立内控体系中各项决策的基础，并为改进内控绩效提供衡量的基准？
◆ 是否对可接受风险进行定期监测，以确保其持续性？对不可接受的风险是否制定了相应的控制方案？
◆ 当内外部环境和条件发生变化时，是否对风险进行再识别和再评估，并及时更新风险评估文件及传达到相关人员？再识别和再评估的结果能否确保新的风险及以前未加控制的风险得到识别和控制？
◆ 在设立新的分支机构或开办新的业务时，是否事先制定有关的政策、制度和程序，是否对潜在的风险进行计量和评估，并提出风险防范措施？
◆ 能否及时发现由于员工的思想道德及业务素质问题所产生的风险，并重视对员工的法制教育和职业道德教育？

2）法律法规、监管要求和其他要求。
◆ 是否已建立了相应的程序，以确保商业银行能及时识别和获取适用的法律法规、监管要求和其他要求，包括明确信息获取的渠道、职责等？
◆ 是否成立了专门的部门负责及时更新法律法规、监管要求和其他要求的信息，并将这些信息传达给相关员工和其他风险相关方？
◆ 是否在已制定的商业银行规章体系中充分体现应遵循的所有法律法规要求？
◆ 是否采取有效措施管理全行反洗钱工作？

3）内部控制措施策划。
◆ 是否为实现内控目标制定了内控方案？内控方案如何运用风险识别与评估结果的信息？确定了哪些控制要点和控制措施？
◆ 内控方案是否包括了各项任务的职责权限和相应的控制策略、方法、资源和时限要求，并形成了文件？
◆ 内控方案是否考虑了由方案自身带来新的风险？方案是否涉及到业务流程、管理活动等重大变化？

（3）内部控制措施。

1）运行控制。
◆ 董事会与高级管理层是否及时检查商业银行在实现内部控制目标方面的进展？高级管理层是否根据检查情况提出内部控制缺失，督促职能管理部门改进？
◆ 各级职能管理部门是否审查收到的经营管理情况和特别情况专项报表或报告？是否提出问题，要求采取纠正整改措施？
◆ 对实物控制是否实行实物限制、双重保管和定期盘存？
◆ 是否审查遵循风险限制方面的合规性，并在不合规的情况下继续跟踪检查？
◆ 是否根据若干限制条件对各项业务、管理活动进行审批与授权，明确各级管理责任？

- ◆ 是否验证各项业务、管理活动，以及所采用的风险管理模型结果，并定期核实相关情况？是否及时将发现的问题向职能管理部门报告？
- ◆ 是否实行不兼容岗位的适当分离？
- ◆ 是否针对已识别的风险和需采取的控制措施，确定其运作过程和活动？
- ◆ 对已确定的过程和活动如何实施控制？
- ◆ 对缺乏程序可能导致偏离内控政策和目标运行的情况，建立并保持了哪些程序文件？在程序中是否规定了操作方法和标准？
- ◆ 在实施和运行中按照程序规定如何实施持续记录和监督检查？
- ◆ 运用计算机系统采取了哪些内控措施？
- ◆ 对购置和使用的设施、设备、系统和服务中已识别的风险，是否建立并保持控制程序实施的有效控制，并以什么方式将有关程序和要求通报供方，使其符合控制要求？
- ◆ 为从根本上消除或降低风险，针对产品和业务、运行程序和工作组织设计及对人员适任能力要求，建立了哪些控制程序？
- ◆ 是否建立有效的核对、监控制度？对重要业务是否实行双签制度及监控授权、授信执行情况？
- ◆ 是否建立完整的会计、统计和业务档案？

2）计算机系统环境下的控制。

- ◆ 是否建立信息安全管理体系？
- ◆ 是否对计算机信息系统从立项、开发、验收、运行和维护实施全过程管理？如：项目立项时技术部门是否与业务部门进行了充分论证和良好沟通；程序开发环境是否与程序生产环境严格分离；计算机软件和网络系统从开发环境转入生产环境之前是否进行充分的压力测试？
- ◆ 对外购计算机软硬件设备是否严格审查供应商的资格和资信状况？是否明确其产品在使用期间应当承担的使用、维护和其他责任，在使用前是否严格进行安全性测试确保产品正常使用和有效维护？
- ◆ 计算机房建设是否符合国家有关标准？是否加强计算机房管理，出入按规定审批并保留记录，确保硬件及各种存储介质的安全？
- ◆ 是否建立和健全网络管理系统，有效地管理网络的安全、故障、性能、配置等，并对接入国际互联网实施有效的安全管理？
- ◆ 采取哪些措施确保计算机信息系统的安全（如更新系统、认证、加密、内容过滤、入侵监测、安全设置、防止病毒、黑客攻击、软件补丁程序等以确保计算机信息系统的安全）？有关程序和要求是否及时更新？
- ◆ 网络设备操作系统、数据库系统、应用程序是否设置必要日志，满足内外审计需要？

- 对各类数据信息、数据操作、数据备份介质的存放、转移、销毁是否有严格的管理制度？
- 计算机处理业务如何确保可复核性和可追溯性？应用程序是否为有关的审计和检查预留接口？
- 电子银行服务是否具备确保识别客户身份，安全认证等功能，保证交易安全，防范操作风险？
- 计算机操作系统的变更是否有明确的规章制度（对内和外包系统），可靠的技术手段，满足合法性、正确性、安全性、可复核性和可追溯性的系统变更控制要求，并对软件版本进行管理？
- 是否建立设备管理系统，对设备验收、入库、配发、维护、变更、损益、报废等环节进行管理？
- 是否建立远程备份？
- 是否提供对电子银行客户的培训、客户服务和相关支持工作？如何与风险控制方案相结合？
- 在制定电子银行业务的准入标准、管理办法和操作规程中如何考虑风险因素及相应措施？
- 如何控制网上银行交易的风险，确保交易安全？
- 系统安全运行中的不安全的因素是否全面分析和控制？对分中心运行如何监视？
- 对计算机系统数据的管理，是否建立接入授权程序并对接入后的操作进行安全控制？是否核对输入数据，对数据的修改进行批准并建立日志？
- 计算机系统运行过程中是否配备计算机安全管理人员，明确其职责？是否建立技术部门和业务部门的沟通渠道？
- 如何明确用户的创建、变更、删除、用户口令等控制要求？是否明确员工计算机信息系统的用户名或权限卡的使用要求？

3）应急准备和响应。

- 是否已建立并保持应急预案和程序，已识别可能发生的意外事件或紧急事件？

  应急预案是说明特定紧急情况发生时须采取的措施，应包括：
  - 识别潜在的事故（风险）和紧急情况；
  - 确定紧急情况发生时的负责人；
  - 确定紧急情况发生时各类人员的行动计划，包括发生紧急情况的区域内所有外来人员的行动计划；
  - 确定紧急情况发生时具有特定作用的人员的职责、权限和义务，如柜员、保安、保卫人员等；

- 明确与外部应急机构的接口；
- 与执法部门进行交流；
- 重要记录资料和重要设备的保护；
- 紧急情况发生时可利用的必要资料，如报警设备和联络电话号码等。

◆ 在应急计划中是否对外部机构的参与有明确的规定，是否向其提供相关信息和可能遇到的情况，以便其参与？

◆ 如何规定意外或紧急事件发生时，应采取应急响应的措施？措施是否及时、有效？

◆ 是否规定并实施对应急的设施、设备和系统定期检查和维护？是否保证充足提供？

◆ 是否并如何对应急预案定期进行演习和测试？是否按计划进行应急演练？

◆ 是否制定应急预案？意外事件发生之后是否进行评审？应急准备是否与可能发生的意外或紧急事件的性质（如损失、险情）相适应？

◆ 近年来，是否发生过意外或紧急事件（如挤兑、信息系统崩溃、火灾、地震等）？如发生过，如何按应急预案及时、有效地采取相应措施，并确保业务持续？

(4) 监督评价与纠正。

1) 内部控制绩效的监测。

◆ 是否建立了内部风险控制绩效监测程序？
◆ 绩效监测的对象有哪些？
◆ 内控绩效监测的方法有哪些？
◆ 何时进行内控绩效监测（频次）？
◆ 监测结果评价的准则是什么？
◆ 监测结果的信息如何传递和利用？
◆ 对下一级分行的经营、管理是否进行经常性检查？并及时纠正问题？
◆ 绩效考评是否包括内部风险控制的绩效？现有考评体系还需要改进吗？
◆ 如何对全行的经营、内控和风险状况的审计、监督和评价做出安排？审计的频次是怎样决定的？
◆ 如何对全行审计工作执行有关审计政策、审计准则和规章制度情况进行监管和检查？
◆ 是否对审计监督中发现的重大问题和事件的处理结果进行跟踪，以防止问题或事件的再次发生？近年来发现的重大问题和事件是否已采取有效措施？
◆ 如何确保全行的审计部门和审计人员的独立性？
◆ 高级管理人员离职时是否进行离任审计？
◆ 如何对审计效果进行评价？

- 如何对高层人员进行监督？是否有监管档案？

2）损失、险情、违规和纠正与预防措施。
- 是否已建立和保持了书面程序文件，规定损失、险情、违规发现、报告、处置、原因分析及纠正和预防措施等内容？
- 发现损失、险情、违规时，是否及时报告，甚至迅速越级报告？
- 如何处置损失、险情、违规事项？从发现到处置的时效如何？
- 针对发现的损失、险情、违规的原因，所采取的措施（纠正或预防措施）是否考虑了问题大小和风险危害程度？必要时，调查实例。
- 纠正或预防措施在付诸实施前，是否做过风险评估？
- 被批准执行的纠正或预防措施是否实施？是否有记录？这些措施的效果能防止发生或再发生损失、险情、违规？
- 发生损失、险情和重要违规事项时，是否追究相关责任者的责任？需要时，调查实例。
- 在内控评价、业务检查、审计中，对发现的问题，如何做责任认定？
- 信访、举报、投诉、控告、处分的程序和记录的管理方式如何？
- 损失或高风险险情出现时，是否作为？有何作为？

3）内部控制体系审核。
- 商业银行是否建立和维持有书面的内部控制体系审核程序？
- 是否规定了内控体系审核的准则、范围、频次、审核的方法和审核组（或人员）、受审核机构的职责和权限？
- 实施内控体系审核的审核人员是否充分考虑独立性？
- 安排审核活动前是否进行过周密策划，形成审核方案（包括日程安排）？
- 审核方案是否考虑了受审核机构风险管理的重要性、风险评估的结果、所进行活动的过程以及以前审核的结果？
- 是否按程序文件实施过审核？如果是，则重点调查：受审核机构的负责人对内控体系审核中发现的问题是否积极地参与消除违规原因，并决定所采取的措施，跟踪检查措施的执行及效果验证？
- 内控体系审核后，其审核结果报告中，是否就内部风险管理（控制）的有效性做出评价？通过审核，可否评估内部控制体系水平的等级？
- 通过内部审核是否针对发现的问题进一步完善了内控制度？

4）管理评审。
- 是否建立和保持了一份就内部风险管理体系的适宜性、充分性、有效性，进行评审的程序文件？
- 是否实施过管理评审？
- 如果进行过管理评审，则进一步调查评审输入的信息是否包括：

- 内控体系评价和监测的结果；
- 内控方案实施情况的报告（或证据）；
- 事故或险情报告；
- 重要的外部信息（如国际、国内重要金融损失或风险事件、国家方针、政策的调整等）；
- 损失、险情、不合格及其后的纠正和预防措施；
- 上一次管理评审时做出决定或措施的执行情况；
- 任何内控体系的改进（或改善）的建议或意见。

◆ 如果进行过管理评审，则评估管理评审的输出是否符合要求：
- 内部风险控制体系有效性的评价及改进决定（或措施）；
- 内控目标达成及内控方案是否要调整或变更；
- 为使内控体系得以有效运行，在人、财、物、信息等资源方面需要的调整或配置；
- 对下属行、部门或岗位监控评价的结论。

5）持续改进。

◆ 就下列信息，调查商业银行是否识别改进的机会，从而持续地自我改进内部风险控制的管理体系：
- 内控政策执行及内控目标达成的报告；
- 审计和内控体系评价的结果；
- 内控绩效监测的结果及其分析；
- 纠正和预防措施跟踪及效果验证报告；
- 管理评审输出，特别是管理者做出决定，指令内控体系改进。

◆ 请介绍持续改进的过程（如何实施改进）。

（5）信息交流与反馈。

1）交流与沟通。

◆ 商业银行对风险控制的每一过程是否规定过交流与沟通的内容及沟通方式？
◆ 风险的相关方（内外部）进行信息交流的政策是什么？
◆ 是否有程序文件规定风险管理相关信息的识别、收集、处理、交流和沟通过程？
◆ 信息传输的流程如何（输入——处理——输出）？
◆ 董事会和高级管理层能否获得内部控制状况信息？
◆ 一旦发生损失、险情时，信息能否及时报告，相关部门可否及时沟通？
◆ 是否及时向监管机构报告、披露相关信息（必要时向外界披露）？
◆ 信息沟通记录如何保存？
◆ 信息保密、安全所需的授权如何？

◆ 是否建立信息披露制度？

2）内控体系的文件化要求。

◆ 商业银行是怎样理解内控体系文件化的？
◆ 商业银行内控体系的文件类别、构成及其关系怎样？
◆ 下列与内控体系至关重要的事项是否都有文件：
   ● 用于描述内控体系核心要素和过程及相应关系的手册；
   ● 确立的内控政策及目标；
   ● 风险内控的重要部门、关键岗位的职责、权限；
   ● 风险分析分级以及不可接受风险的防范和控制措施；
   ● 风险内控方案、控制程序及作业指导文件。
◆ 是否就新机构、新业务事先建立政策、制度、程序，以防范风险？

3）文件控制。

◆ 内控体系所要求的文件有哪些类别？有几种媒体？
◆ 文件是否经批准才能实现？
◆ 需要文件指导的部门或岗位是否能得到，或查到？
◆ 文件的适宜性是否定期评审，需要时修订文件？
◆ 文件的版本如何识别和控制？
◆ 废止文件（某页或某份）采取什么措施防止误用？
◆ 外来文件（如相应法律、法规、外部监管部门的相关规定等）如何控制（识别、分发、使用、废止以及转为内部文件的情况）？

4）记录控制。

◆ 是否所有决策、业务活动、所有人员都做了记录？以何种介质保存？
◆ 是否已建立和保持了内控体系相关记录的控制程序文件？
◆ 该文件是否包括了记录的标识、生成、保管、保护、检索（查找、调用），保存期限及到期处理的方法等？
◆ 在调查现场观察记录是否清晰，是否便于工作人员查找？
◆ 会计、统计、业务档案（必要时，调查记录记载事项的溯源性）是否完整？

6. 商业银行主要业务和管理活动内部控制评价要点提示

（1）授信业务。

1）授信管理。

◆ 授信制度和政策是否符合国家法律和外部监管部门的规定？是否制定了信贷战略目标？
◆ 各级审贷委员会的组成是否符合审贷分离原则？一把手是否出任审贷委员会成员？
◆ 审贷委员会是否实行集体审议、充分发表意见、多数同意通过的原则？审贷委员会的全部意见是否记录存档？
◆ 是否设立独立的授信风险管理部门？是否设立独立的法律岗位，统一管理各类授信业务的法律事务，制定法律文本，保证每笔业务的合法性？
◆ 是否制定了内部授权转授权制度？是否实行逐级有限授权？是否实行统一的法人授权和负责人转授权制度？
◆ 授信岗位设置是否分工合理、职责明确？授信各部门、各岗位是否都建立岗位责任制？
◆ 是否制定各类授信业务品种的统一管理办法，明确规定各项业务的条件，包括选项标准、期限、利息和收费、担保、审批权限、申报资料、贷后管理、内部处理程序等具体内容？
◆ 是否建立客户准入退出机制？是否建立完善的客户信息管理系统，对客户进行分类管理，全面和集中掌握客户的资信水平、经营财务状况、偿债能力等信息？对已列入"黑名单"、逃废债等资信不良的企业和个人是否实施授信禁入？
◆ 是否对同一客户的贷款、贸易融资、票据承兑贴现、透支、保理、担保、贷款承诺、开立信用证等各类表内外授信实行一揽子管理，确定总体授信额度？
◆ 是否对同一集团客户进行总量控制和统一授信管理？是否对关联交易采取了风险控制措施？
◆ 是否建立了客户信用评级体系？如有，请表述其风险量化评估的方法。
◆ 是否建立了资产质量监测制度和报告体系以及信贷风险预警机制？
◆ 是否建立贷款风险分类制度，规范贷款质量的认定标准和程序，确保贷款质量的真实性？是否制定对重组贷款、借新还旧、展期贷款的制度规定？
◆ 是否采取有效措施加强对不良贷款的管理，是否建立不良贷款责任认定和清收的激励机制？是否对违法、违规造成的授信风险和呆账损失进行责任认定，并对有关责任人进行处理？

2）商业贷款。
◆ 是否收集了完整的借款人资料？
◆ 受理客户贷款申请时是否进行了严格的借款人资格及担保人资格审查，并对借款人是否符合贷款条件做出审查结论？
◆ 是否对借款人进行信用等级评价？
◆ 是否实地对借款单位、担保单位进行全面调查，并进行详细具体的综合分析？
◆ 是否对保证人资信状况和抵押物、质押物进行全面调查，对其合法性、有效性和充分性进行分析？

- ◆ 是否对客户进行授信量分析？
- ◆ 是否撰写客户评价报告，并经审查部门核实？
- ◆ 是否签订了规范的借款合同和贷款担保合同？
- ◆ 是否落实、办理了保证、抵押、质押等有关手续？
- ◆ 是否存在不按贷款程序发放贷款或违背客观情况的项目？
- ◆ 是否进行信贷登记？
- ◆ 贷款投向是否符合相关规定和国家产业政策？
- ◆ 贷款利率、期限和方式是否符合规定？
- ◆ 是否定期对借款人执行合同情况及经营状况跟踪调查和贷后检查？
- ◆ 对次级以下贷款每季发书面催收通知，落实专人管理催收，定期走访次级以下贷款的借款和担保单位？
- ◆ 是否按规定办理贷款销户手续？
- ◆ 是否对不良贷款进行分类、登记、考核、催收？
- ◆ 是否采取有效措施加强对不良贷款的管理，是否建立不良贷款责任认定和清收的激励机制？
- ◆ 是否有完整的贷款质量、信贷比例指标定期报表和有关的分析报告？

3）消费贷款。
- ◆ 是否收集了完整的借款人资料？
- ◆ 是否严格审查借款人资信条件，是否对风险客户发放贷款？
- ◆ 是否对贷款客户进行申请额度审查（如申请额度与抵押物、质押物额度的匹配度；贷款期限与质押物到期期限的匹配度）？
- ◆ 是否超越额度发放贷款？
- ◆ 是否严格落实抵押物、质押物的真实性以及与借款人的所属关系？
- ◆ 是否严格审查委托扣款账户的真实性？
- ◆ 个人贷款是否进行严格的贷后管理？
- ◆ 如何在借款人发生意外事故或抵押物、质押物情况发生变化时及时保全银行资产？
- ◆ 是否建立抵押物保险制度？

4）贸易融资。
- ◆ 是否在授权、转授权权限内开展业务？
- ◆ 贸易融资是否纳入统一的授信管理额度？
- ◆ 企业是否具备基本融资条件？贸易融资的有关材料是否完备？
- ◆ 办理信托收据贷款、信用证议付是否按规定提供特定材料？
- ◆ 信托收据贷款、打包放款期限确定是否合理？
- ◆ 是否审查申请信托授权贷款企业开出信用证的真实贸易背景？

- 提货担保是否在正本单据到达后及时换回提货担保函，办理提货担保是否扣收手续费？
- 远期信用证是否在收到开证行的承兑电文后才办理押汇？
- 收取的保证金是否按规定存入保证金专户？
- 垫款是否纳入不良贷款核算并及时催收？

5）承兑汇票和贴现。
- 是否在规定的权限内签发银行承兑汇票？
- 承兑申请人是否符合条件？
- 承兑汇票和贴现是否纳入统一的授信管理额度？
- 办理承兑的程序、协议和期限是否合规？
- 逾期银行承兑汇票垫款是否及时转入有关科目进行监控？
- 是否存在同一企业通过旧票换新票方式"滚动承兑"，是否有关联交易、伪造汇票、异地担保等异常情况？
- 办理贴现的票据是否符合规定？
- 办理贴现的程序、期限、利率是否符合规定？
- 是否对汇票所附合同、增值税发票、交易背景的真实性进行核对？
- 开具承兑汇票的银行是否有完备的保证金管理办法，并遵照执行？

6）其他业务。对出口押汇、福费廷、买入票据、进口押汇、海外代付等业务是否制定相应的操作规程并遵照执行？

7）资产保全。
- 个人不良贷款如何管理？有什么纠正/预防措施？
- 是否按照规定程序和权限申报、审核和核销贷款损失？
- 是否对已核销贷款继续追讨？
- 是否对抵债资产进行管理？

（2）资金业务。
- 资金业务组织结构是否体现权限等级和职责分离的原则，建立岗位之间监督制约机制？是否做到前台交易和后台结算分离、自营业务和代理业务分离，业务操作和风险监控分离？
- 是否根据资金交易的风险程度和管理能力，就交易品种、交易金额及止损额等对交易员进行授权？是否根据分支机构经营管理水平，核定各分支机构资金、业务经营权限？
- 是否完善资金、营运内部控制，严格按照授权操作？
- 是否建立资金交易风险评估和控制系统，确保资金业务各项风险指标控制在规定范围内？
- 是否建立资金交易风险和币值的内部报告制度，并进行实时监控？

- 对市场出现大幅度异常波动和可能出现最坏情况是否确定应对措施？对异常资金交易及资金变动的情况是否建立预警和处理机制？
- 对资金交易员如何实施有效管理，是否建立对资金交易中台和后台部门对前台交易的反映和监督机制？
- 是否建立资金业务风险责任制，明确规定各个部门、岗位的风险责任和相应的处罚措施？
- 如何控制资金转移定价风险？

（3）存款和柜面业务。

1）程序和政策。

- 是否制定存款与柜台业务政策并定期检讨更新？
- 是否制定存款与柜台业务程序并定期检讨更新？
- 是否及时将总行、分行的规章制度贯彻到部门各业务人员？是否结合本单位实际，制定岗位责任制度与岗位管理措施？
- 业务人员是否了解掌握本部门、本岗位的业务管理制度与操作规程？
- 是否直接或变相抬高利率吸收存款？

2）账户管理。

- 是否建立账户管理规定，明确存款账户的开立、变更和撤销条件，制订账户存入、支取和结算的操作程序？
- 开销户及变更是否遵守双人经办并经主管会计签字制度，建立开销户登记簿并及时登记，是否按规定使用账户，账户查询、冻结、划扣是否符合规定？
- 是否建立管理预留签章和存款支付凭证，新账户的启用是否经授权人批准，是否对存款账户实施有效管理的制度，并监督检查？
- 是否建立对大额存单签发、大额存款支取实行分级授权和双签制度？是否对每日营业终了账户实施有效监督管理？
- 是否对休眠账户、户主死亡的账户、存折丢失的账户、用以抵押担保贷款的账户、法院传令要求冻结的账户进行特别控制？
- 是否制定账户档案保管程序，并遵守执行？
- 是否按"了解你的客户"的原则审查客户资金来源的真实性和合法性？
- 如何管理客户账户、客户印鉴、客户签字？如何监督下级行对压数机、密押器、点钞机的使用和管理？
- 外汇账户的开立是否要件齐全，并经外管局审批；资本金账户或结算账户余额是否不超过外汇登记证核定限额；资本金账户的撤销是否有外管局的核准件，余额结汇？

3）重要空白凭证管理。

- 是否建立"印、押、证"三分管制度？对柜台业务是否建立复核制度？

- ◆ 是否建立对现金、贵金属、重要空白凭证和有价单证实行严格核算和管理的制度？
- ◆ 重要空白凭证是否按规定定期盘点？是否账实相符？
- ◆ 重要空白凭证的领取、使用是否记录完备？是否做到证印分管、证押分管；是否有跳号使用现象？
- ◆ 重要空白凭证的领取、销毁、上缴是否执行规定的程序严格登记？

4）内部往来管理。
- ◆ 是否建立和执行内部往来定期勾对制度，往来账务是否相符？
- ◆ 往来报单的签发、接收记账是否严格执行相应管理制度？
- ◆ 通存通兑是否严格按规定办理？

5）银行卡业务。
- ◆ 是否对借记卡、贷记卡建立和健全管理机制？
- ◆ 如何确保定期与贷记卡持卡人对账？如何有效防范恶意透支等风险？
- ◆ 是否建立对申请人和担保人的资信调查、发卡审批制度，并严格执行？是否建立了客户使用评价标准和方法？如何对申请人进行严格审查？是否确定客户的使用等级并按授权进行审批？
- ◆ 是否严格执行信用卡授权管理，如授权权限、授权密码、授权记录管理是否合规？
- ◆ 空白卡、成品卡、废卡管理是否严格按规定执行？
- ◆ 是否严格执行风险管理制度，透支是否实行限额管理；是否建立授权止付、债务追讨制度，如何对贷记卡持卡人的逾期还款进行监控？如何确保业务处理系统具有实时监督、超额控制和异常交易止付等功能？
- ◆ 是否每日接收黑名单并及时送达网点及商户；是否建立风险预警机制；是否及时向新透支户发送通知书？
- ◆ 信用卡挂失、止付手续是否合规？
- ◆ 实施应急措施：存款不成功时，是否将持卡人的存款收存，并开给持卡人"储蓄存款收据"；营业柜台受理大额异地存取款是否进行余额查询并核对？
- ◆ 商户管理是否规范：是否建立商户档案，是否定期培训商户？

6）现金管理。
- ◆ 是否配备了负责现金出纳业务的专职（兼职）管理人员，岗位设置是否坚持了不相容岗位分离的原则？
- ◆ 如何开展本外币反假防假的管理工作？
- ◆ 营业机构向金库请领、上解现金是否经授权人批准？
- ◆ 金库向人行（上级行）请领、上解现金是否经行长（或行长授权的部门）批准？

- ◆ 金库是否设置各种登记簿，并真实、准确、完整、及时记载？
- ◆ 发生出纳错款事故是否按制度规定及时上报，认真查找，分析性质，准确处理？
- ◆ 是否能够严格管理计算机出纳核算系统，做好系统口令和有关资料的保管、保密工作？
- ◆ 金库主钥匙使用中是否做到：登记完备、双线配备、固定替补、单纯交接、严禁交叉？是否杜绝代管、代开、代收现象？
- ◆ 金库与营业机构的库存现金是否保持在规定的限额之内？
- ◆ 金库内保管的现金、有价证券是否保持在规定的限额之内？
- ◆ 是否严格禁止非当班金库工作人员进入金库，接受本行、上级和公安部门对金库的检查，是否办理严格的手续？
- ◆ 是否坚持当日对账，核对库存现金，做到账款相符？
- ◆ 是否已识别金库设立、金库建筑及金库管理的有关风险？
- ◆ 库款的出库、入库，备用金的领用和交存，收取现金的抵付和移交整点等，是否有严密的手续？

7）对下辖机构管理。
- ◆ 经营机构和业务活动是否经过批准，符合规定？
- ◆ 是否配备专职、足额的储蓄事后监督人员？
- ◆ 事后监督自身核算是否健全、账表簿设置是否齐全？

8）操作系统。
- ◆ 是否制定了操作系统的管理制度？
- ◆ 是否对无关人员进入操作系统和操作室有专门措施？
- ◆ 操作人员反映的系统缺失或系统故障是否在系统维护中得到及时解决？
- ◆ 系统中数据的修改是否经过批准并记录于日志中，每日营业数据是否及时备份？
- ◆ 操作人员的口令是否定期更换？

（4）主要中间业务。

1）政策和程序。
- ◆ 是否制定各类中间业务政策并定期检讨更新？
- ◆ 是否制定各类中间业务程序并定期检讨更新？
- ◆ 是否及时将总行、分行的规章制度贯彻到部门各业务人员？是否结合本单位实际，制定岗位责任制度与岗位管理措施？
- ◆ 是否结合本单位实际，制定岗位责任制度与岗位管理措施？
- ◆ 业务人员是否了解掌握本部门、本岗位的业务管理制度与操作规程？

2）支付结算类。
- ◆ 本外币结算是否执行规定的收费标准？
- ◆ 是否将收入及时入账？

- ◆ 业务收费是否真实、合理?
- ◆ 是否建立健全的业务档案?

3）代理类（代客理财类）。
- ◆ 是否建立代理业务的制度?
- ◆ 是否严格执行发行和代理发行银行债、国债业务管理规定?
- ◆ 凭证式国债收款凭证的领取数量、号码与入库数量、号码是否相符?
- ◆ 购买国债交款但与对应签开的国债收据份数、金额是否相符?
- ◆ 已兑付的实物券是否按规定及时入库、上缴以及按规定核算?
- ◆ 是否超规模发行国债?
- ◆ 是否签订代理合同?
- ◆ 是否按收费标准定价?
- ◆ 减免收费是否经过批准?
- ◆ 收入是否及时入账？是否利用减免收费将收入账外处理?
- ◆ 归集的重点委托住房金融资金，如何对发放、使用进行控制?
- ◆ 同业代理行是否会伴随连带风险或出现风险转移？如何防范?
- ◆ 是否严格履行基金托管人职责，确保基金资产安全?
- ◆ 对托管客户的资信分析、风险评级和风险控制的现行方法如何?

4）担保类。
- ◆ 是否存在超授权对外办理担保业务?
- ◆ 担保条款内容是否由法规部门审定，担保文本是否经上级行备案?
- ◆ 是否建立保证业务台账，全面及时登记?
- ◆ 所有担保业务是否按规定落实保证金或其他担保措施?
- ◆ 是否按担保协议比例收取保证金?
- ◆ 担保发生垫款时，是否及时转入有关科目核算并特别管理?
- ◆ 保函有效期过后，是否收回注销或由申请人提交注销保函的公函?
- ◆ 申请办理履约保函是否提供项目批准文件、是否报外管局备案?
- ◆ 开立跟单信用证是否审核以下内容：
  - ● 贸易背景是否真实，信用证是否要求提供运输单据（对未要求提供运输单据的信用证，是否对客户的资信和贸易背景进行核查）?
  - ● 申请人是否在外管局的对外付汇名录?
  - ● 运输单据到货港是否在中国境内（不含中国香港、中国澳门、中国台湾），外管局备案的转口贸易除外?
  - ● 开证申请人正反面是否都加盖申请人公章?
- ◆ 减免保证金是否经授权审批，是否落实审批意见?
  - ● 保证金账户是否专户管理?

- 是否有挪用保证金情况，保证金账户总额是否与档案记录相符？
- 非授信企业远期信用证保证金是否低于规定？
- 非授信企业远期信用证减免保证金部分是否落实抵押或保证？

◆ 开证提供的材料是否齐全，涉及信用证增额及延长转船期和有效期的信用证修改是否提供外管局进口付汇备案表？
◆ 进口跟单信用证单到后，是否将银行面函的单据份数与所附单据进行核对，并做签收及保留快递详情单？
◆ 进口跟单信用证单到后有不符点，银行是否保留全套原始单据，并在规定的工作日内提示不符点？
◆ 进口跟单信用证单到后，是否待客户将盖章确认的付款委托书交银行后再提交正本单据？
◆ 对备用信用证的管理是否有相应的规章制度？

5）咨询类。
◆ 是否有健全的咨询、评估业务记录档案？
◆ 咨询费、评估费收入是否符合上级行规定的标准，及时入账？
◆ 减免咨询费、评估费是否经严格的审批手续？
◆ 咨询和评估业务费用支出是否合理，是否列支其他费用？
◆ 咨询和评估人员是否具备咨询资质，结果是否真实合理？

（5）国际业务。
◆ 是否建立结汇、售汇和批汇的制度？
◆ 在全行外汇业务综合管理中及国际结算、贸易融资等外汇业务产品管理中存在哪些风险点，是否有效防范？
◆ 管理外资金融机构间代理行关系和账户行关系中存在哪些风险点，是否有效控制？
◆ 通过对外资金融机构客户的资信分析、风险评级及对国家风险评价拟定客户额度授信方案中存在哪些风险点，是否有效控制？
◆ 是否按规定对全行国家外汇管理政策实施有效管理？
◆ 是否对全行外汇业务有权签字人的签字样本制作、使用中存在的潜在风险实施有效控制？
◆ 是否对海外代表处工作实施有效监控和考核？

（6）会计管理。

1）政策和程序。
◆ 是否建立会计、储蓄事后监督制度？
◆ 对营业机构是否执行重要岗位的请假、轮岗制度进行监督？
◆ 是否确定并实施本行的会计规范和管理制度，并确保会计工作独立性？

- ◆ 会计岗位设置是否贯彻"责任分离、相互制约"原则，对会计账户处理实施全过程监督做到"六相符"？
- ◆ 如何实行全行会计工作的统一管理？如何确保会计信息（包括全行系统财务会计报表）的真实、完整和合法？
- ◆ 如何检查会计规范和管理制度的执行情况？现有制度是否能有效防止发生设置账外账、乱用会计科目、编制和报送虚假会计信息等问题？
- ◆ 会计部门是否能够准确、及时地对下级机构会计工作进行管理、指导？
- ◆ 是否明确会计部门、会计人员的权限？超越权限时的授权方式是什么？
- ◆ 如何对会计主管、会计负责人实行资格管理？会计人员是否具备必要的上岗资格？
- ◆ 是否建立和实施会计差错责任人追究制度？是否与风险等级相联系？
- ◆ 如何进行会计档案管理？是否对资料的交接、整理、借阅、保管、销毁等环节做出规定，并遵照执行？
- ◆ 是否按重要岗位分离原则配备足够的会计人员？
- ◆ 重要会计岗位人员是否进行定期或不定期轮换？
- ◆ 会计人员离岗是否进行交接手续和监交程序？

2）岗位制约。
- ◆ 是否有严格的安全监控系统；各级柜员是否实施严格的分级授权？
- ◆ 是否严格执行双人经办制度：双人临柜；钱账分离；双人验印；双人对账？是否严格执行岗位分离制度：印、压（押）、证三分管；库房钥匙分管；会计岗和事后稽核岗分离；会计前台和后台业务人员分离；记账岗与实物岗分离；系统管理岗与操作员分离？

3）特别事项授权。
- ◆ 是否执行重要会计业务授权：错账冲正授权；账务调整授权；大额支付授权；自制、补制凭证授权；查询、查复业务授权；挂账及临时过渡业务核算授权；特别转存授权；班外业务授权；拒绝付款业务授权？
- ◆ 是否执行会计电算化操作授权：操作人员按照权限级别进入系统和功能模块，操作人员不能越权掌握不相容岗位口令？

4）对账制度。
- ◆ 会计部门是否组织实施对账，业务部门是否配合会计部门进行账务核对，相互之间职责明确？
- ◆ 账务核对程序是否符合规定，是否在规定时间核对账务，对账频率是否符合规定？
- ◆ 银行汇票卡与汇出汇款登记簿、汇出汇款账、银行承兑汇票底卡是否与表外银行承兑汇票账及单位定期存款证实书底卡是否与单位定期存款进行每天核对并登记备案？
- 应收、应付挂账款是否逐月对账，并在年底彻底清理并编制分户余额表，并对跨年度挂账做出逐笔说明？
- 表外科目是否在每月末与表内有关科目、实物、登记簿进行核对？
- 对"重要空白凭证""有价单证"是否定期核对？
- 外汇会计业务对账是否做到？
  - 随单核对存放国外同业账（查看报单与明细账的余额是否相符）；
  - 随单核对存放国内同业账；
  - 每天核对本币外汇买卖科目与外币结售汇科目的余额相符。
- 系统内往来业务对账：系统内往来的业务核对包括往来双方的发生额和余额的核对，发生额必须逐笔勾对，对账中的各种查询、查复要有书面记录；计算机对账和人工对账符合有关规定。

5）重要物品管理。重要物品（包括会计印章、密押器、压书机、重要单证、密码口令及有关操作手册）领取和交回是否执行严格的审批和登记？

（7）产品开发。
- 是否建立产品开发控制程序？
- 现行的产品开发过程的风险控制是如何实施的？

（8）计划与财务。
- 是否制订全行业务经营计划？
- 是否制定财务预算？
- 财务审批是否符合授权要求？
- 如何管理固定资产？
- 如何进行固定资产的采购？如何规避采购风险？

（9）安全保卫。
- 是否识别过安保业务范围（物防、人防、技防）的风险，以及所需风险控制措施？
- 涉及金库、现金押运、运钞车辆等安保人员是否委托给外部？如有，如何管理并控制风险？
- 如何控制与其他商业银行合作进行现金押运的过程？
- 如何进行全行安全检查？其后措施如何？
- 现有各项安保设施是否满足需要？

4.2.3 实验数据与内容

已知过程单项、结果单项的实际评分值见 Excel 文件"4.2 商业银行内部控制"。过程与结果评分的权重分别为 0.7、0.3。要求对该银行的内部控制进行综合评价。

4.2.4 操作步骤与结果分析

（1）在内部控制过程评分计算表中，对本列中相关的单元格求和，计算每个评价对象的不同评价内容的单项汇总得分；对本行中的实际得分单元格求和，计算过程评价单项得分。

（2）对每个评价对象的不同评价内容的单项汇总得分求和，计算得到每个评价对象的过程共五部分评价的总得分；对各评价对象的不同评价内容的五部分评价总得分再求和，得到过程总得分。

（3）在结果评价分值计算表中，对各单项下的相关单元格分别求和，得到单项法人实际得分；再对 10 项单项法人的实际得分求和，得到法人实际总得分。

（4）把各过程评分及结果评分值，通过单元格引用输入到汇总计算表中，再对各项得分求和除以 5，把总得分圆整为 100 分制分数；再对过程实际得分与结果实际得分进行加权平均，就得到该银行的内部控制综合评分值。计算过程与设置及计算结果请参见"4.2 商业银行内部控制评价"。

第5章 信用风险管理

5.1 个人信用综合评分与授信决策模型

5.1.1 目的

通过本次实验，掌握利用评分函数、模糊评价、层次分析法，建立个人信用综合评分与授信决策模型的基本原理。

5.1.2 基本原理

1. 个人信用卡信用风险评价原理

个人信用卡信用风险评价原理[1]如图5-1所示。

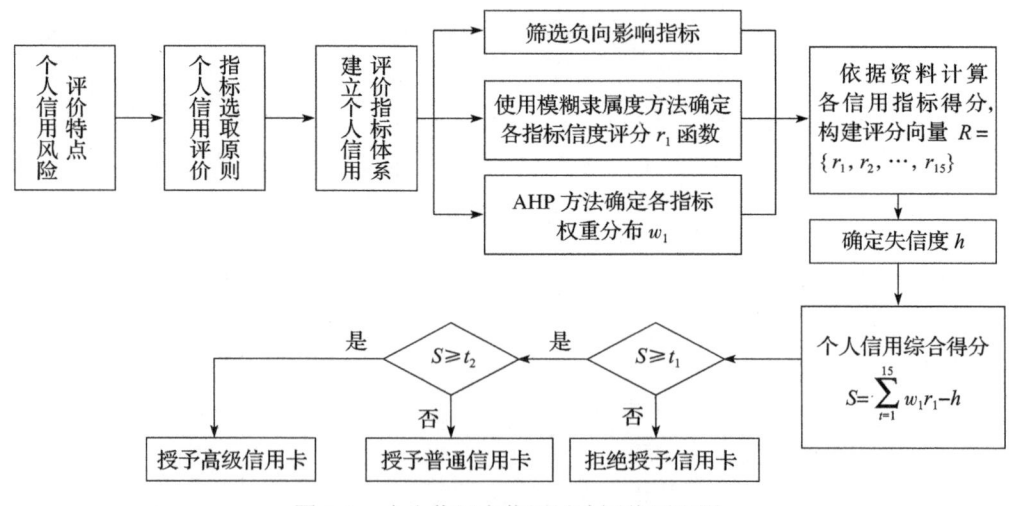

图5-1 个人信用卡信用风险评价原理图

---

[1] 迟国泰，许文，孙秀峰. 个人信用卡信用风险评价体系与模型研究［J］. 同济大学学报：自然科学版，2006（4）.

确立个人信用指标的筛选原则，并在此基础上建立个人信用卡信用评价指标体系，这是评价个人信用的基础。

在个人信用评价过程中，首先，依据申请人个人资料信息对申请人进行指标评分，构建其指标信用度向量 $\boldsymbol{R} = \{r_1, r_2, \cdots, r_{15}\}$；然后，对申请人提供的申请资料核对，确定其失信度 h；最后，将可信度向量与已确定的指标权重向量 $\boldsymbol{W} = \{w_1, w_2, \cdots, w_{15}\}$ 相乘并减去申请人的失信度 h，就获得了申请人的信用评价总分 S。

在确定授信时，将 S 与阈值 t_1，t_2 比较：$S < t_1$，申请人无法获得信用卡；$t_1 \leq S < t_2$，申请人可获普通信用卡；$S \geq t_2$，申请人可获金卡（高级信用卡）。

2. 信用风险评价指标体系的建立

在个人信用卡信用风险防范中，国外机构主要从个人的还贷能力（capacity）和财产（property）方面入手，依赖丰富的个人信用信息记录，选择全面而详细的个人信用指标进行个人信用评价。

在建立的指标体系中，国外评价机构较重视考察的是个人银行账户存在历史、信用历史、工作级别性质、账户数据监测、负债总量、负债意图、储蓄账户等内容。这种以历史积累数据建立指标的方法，存在较强的可靠性，值得借鉴。

建立信用卡信用风险评价指标体系不能忽略还贷意愿。因为还贷意愿对持卡人的行为具有较大影响。一个还贷意愿强烈的人，往往会及时偿还贷款，即使出现意外，也能做到维护自身信用，履行合约。

本实验将个人信用风险评价指标体系分为还贷能力与还贷意愿两类共15项指标，具体如图5-2所示。

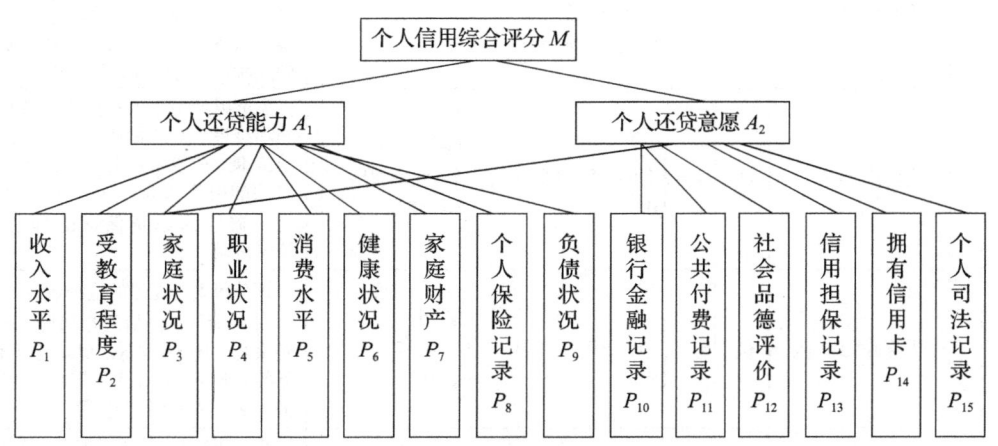

图5-2 个人信用风险评价指标体系结构图

3. 个人信用风险评价指标体系的信用度评分标准与评分函数

个人信用风险评价指标体系的各项指标其具体打分和信用度确定情况如表5-1所示。

表 5-1　个人信用风险评价指标体系的评分标准与评分函数

信用指标类型			获取方式	指标评分函数	
				指标信用度计算公式	指标评分说明
个人信用综合评分 M	个人还贷能力 A_1	收入水平 P_1	O_1	$r_1 = \begin{cases} 1 & m_1 \geq 10\,000 \\ \left[\dfrac{m_1 - 500}{10\,000 - 500}\right]^{1/2} & 500 \leq m_1 < 10\,000 \\ 0 & m_1 < 500 \end{cases}$	收入水平是反映个人还贷能力的绝对指标。m_1 是申请人近三个月的月平均收入（元）
		受教育程度 P_2	O_1	$r_2 = \begin{cases} 1 & m_2 = 10 \\ m_2/10 & 0 < m_2 < 10 \\ 0 & m_2 = 0 \end{cases}$	受教育程度可以预示申请人获取财富的能力，m_2 是指标得分（满分 10 分），博士 10 分，硕士 9 分，大学 7 分，大专 3 分，中专 3 分，高中 2 分，初中 1 分，其他 0 分
		家庭状况 P_3	O_1	$r_3 = \begin{cases} 1 & m_3 = 20 \\ m_3/20 & 0 < m_3 < 20 \\ 0 & m_3 = 0 \end{cases}$	良好的家庭状况会促使持卡人保持较强的还贷能力和还贷意愿。此项指标包括年龄、户籍与住址、家庭成员与结构等。m_3 为指标的定性评分值。具体评分标准见表注 3
		职业状况 P_4	O_1	$r_4 = \begin{cases} 1 & m_4 = 30 \\ m_4/30 & 0 < m_4 < 30 \\ 0 & m_4 = 0 \end{cases}$	包括工作年限、就职单位类型、职业、就职时间，以及最近两次的职业变动情况等。m_4 为根据情况的定性评分。具体评分标准见表下注
		消费水平 P_5	O_1	$r_5 = \begin{cases} 1 & \gamma < 0.2 \\ (1-0.2)(0.8-\gamma)/(0.8-0.2) + 0.2 & 0.2 < \gamma < 0.8 \\ 0.2 & 0.8 \leq \gamma \leq 1 \\ 0 & \gamma > 1 \end{cases}$	由月消费额（C）与收入的比值 γ（$\gamma = C/m_1$）确定信用度。它体现个人对资产的支配情况
		健康状况 P_6	O_1	$r_6 = \begin{cases} 1 & m_6 = 10 \\ m_6/10 & 0 < m_6 < 10 \\ 0 & m_6 = 0 \end{cases}$	m_6 满分 10 分，现健康无重大病史 10 分，现健康但有慢性疾病（糖尿病等）8 分，身体一直处于疾病状态 5 分，生活和工作常受到疾病困扰为 3 分，其他 0 分
		家庭财产 P_7	O_1	$r_7 = \begin{cases} 1 & m_7 \geq 50 \\ (m_7 - 5)/(50 - 5) & 5 \leq m_7 < 50 \\ 0 & m_7 < 5 \end{cases}$	家庭财产是收入的具体表现形式和结果。其总量从一个侧面反映持卡人积累财富的能力。根据提供的财产总量（m_7，单位万元）确定其还贷保证的程度，给予分数
		个人保险记录 P_8	O_1	$r_8 = \begin{cases} 1 & m_8 \geq 4 \\ (m_8 - 0)/(4 - 0) & 1 \leq m_8 \leq 3 \\ 0 & m_8 = 0 \end{cases}$	评分因素为在保的险种数目 m_8（单位：个），包括医疗保险、人寿保险、财产保险等。保险可以降低各类突发事件对持卡人造成的损失程度，保证银行资金回收
		负债状况 P_9	O_1	$r_9 = \begin{cases} 1 & \eta = 0 \\ (0.5 - \eta)/(0.5 - 0) & 0 < \eta < 0.5 \\ -3.052\left[\dfrac{\eta - 0.5}{0.8 - 0.5}\right]^3 & 0.5 \leq \eta < 0.8 \\ -3.052 & \eta \geq 0.8 \end{cases}$	双向影响指标。信用度由负债额度与个人家庭资产的比值 η 确定，其负向极限的取值详见与 "7. 个人信用卡信用风险信用风险评价模型" 中的第 4 部分其他双向影响指标的负向极限取值与此相同

（续）

信用指标类型			获取方式	指标评分函数	
				指标信用度计算公式	指标评分说明
个人信用综合评分 M	个人还贷意愿 A_2	银行金融记录 P_{10}	O_1	$r_{10} = \begin{cases} 1 & m_{10} = 10 \\ m_{10}/10 & 0 \leq m_{10} < 10 \\ -4.047 & m_{10} = -0.5 \\ -4.047 & m_{10} = -1 \end{cases}$	双向影响指标。m_{10} 满分为 10 分。有信贷记录，且守约者 10 分；有信贷记录，但存在部分滞后还贷者 8 分；无信贷记录者 5 分；有信贷记录，但存在拖延还贷、银行催讨情况的 0 分；信贷记录恶劣者，根据程度评 -0.5，-1 分
		公共付费记录 P_{11}	O_1	$r_{11} = \begin{cases} 1, & \text{付费记录很好} \\ 0.8, & \text{付费记录一般} \\ 0.5, & \text{有不良付费记录} \\ 0, & \text{经常拖欠付费} \end{cases}$	此项指标可定性评分，依据的内容是申请人日常的电信、水电付费记录和纳税记录等。这些资料很容易获得，并且可从对应收费部门获知个人违约情况
		社会品德评价 P_{12}	O_2	$r_{12} = \begin{cases} 1, & \text{品德水平优秀} \\ 0.75, & \text{品德水平良好} \\ 0.50, & \text{品德水平普通} \\ 0, & \text{品德水平较差} \end{cases}$	根据日常记录判断其个人品德水平，确定信用度。日常纪录包括有无经济纠纷、社会荣誉嘉奖、商业信誉、公益事业的贡献（如献血）和单位组织的反映等
		信用担保记录 P_{13}	O_1	$r_{13} = \begin{cases} 1.0, & \text{担保纪录完美} \\ 0.75, & \text{担保纪录一般} \\ 0.5, & \text{无担保纪录} \\ 0, & \text{担保纪录较差} \end{cases}$	以申请人为他人提供担保的记录，作为判断其信用度的依据
		拥有信用卡 P_{14}	O_1	$r_{14} = \begin{cases} 1 & m_{14} = 10 \\ m_{14}/10 & 0 < m_{14} < 10 \\ 0 & m_{14} = 0 \end{cases}$	数据可以从银行记录中获得。m_{14} 满分为 10 分。有信用卡一年以上且记录良好 10 分，不足一年记录良好 8 分，存在拖欠还贷记录 6 分，无信用卡记录 4 分，有信用卡但还贷记录较差者为 0 分
		个人司法记录 P_{15}	O_1	$r_{15} = \begin{cases} 1 & \text{无任何违法纪录} \\ (20-y)/(20-0) & n=1, 0<y\leq 20 \\ -2.001\left[\dfrac{y-0}{20-0}\right]^3 & 1<n<3, 0<y<20 \\ -2.001 & n\geq 3 \text{ 或 } y\geq 20 \end{cases}$	双向影响指标。无违法记录的人信用度为 1。根据法定入狱年数之和（y）和犯罪次数（n）综合确定其信用度

注：(1) 获取方式中，O_1 为申请人提供，银行私下调查取证；O_2 为银行自己调查获取资料。

(2) r_1 公式中出现指数为 0.5 的项，原因是考虑不同的个人收入所体现的还贷能力并非呈线性变化，而是呈曲线变化，且中高收入者对信用卡贷款的还贷能力接近。r_9 和 r_{15} 公式出现指数为 3 的情况与此类似。

(3) m_3 满分 20 分。评分方法：年龄（满分 10 分），20～30 为 6 分，31～40 为 10 分，41～50 为 8 分，51～60 为 4 分；性别（满分 2 分），男为 2 分，女为 1 分（男性的平均收入高于女性）；婚姻（满分为 2 分），已婚 2 分，未婚或离异后再婚为 1 分，离异未婚为 0 分；户籍（满分 1 分），本地 1 分，异地 0 分；住址（1 分），本地 1 分，异地 0 分；家庭成员与结构（满分 4 分），父母健在无子女 4 分，父母健在一人且无子女 3 分，父母健在且有子女 2 分，父母已逝但有子女 1 分，父母已逝且无子女 0 分（有子女者虽负担较重，但对家庭的责任会促使其道德水平提高，失信频率自然降低）。

(4) m_4 满分 30 分。工作年限（满分 5 分），每年 0.5 分，最高 5 分；就职单位类型（满分 10 分），一类行业 10 分，二类行业 8 分，三类行业 6 分，四类行业 3 分，五类行业 2 分，无工作 0 分；职业（满分为 10 分），一类职业 10 分，二类职业 8 分，三类职业 6 分，四类职业 4 分，五类职业 2 分，其他职业 1 分，无职业 0 分；发展前景（满分 5 分），根据其单位和自身的职业特点，定性评分。

针对国内个人信用风险评价中评分标准不合理问题，笔者应用模糊数学中隶属度函数的思想，建立了指标的信用度函数，从而保证了量化指标评分的连续性，例如用表 5-1 中的收入水平 P_1、消费水平 P_5、家庭财产 P_7、负债状况 P_9 和个人司法记录 P_{15} 五项指标信用度函数的表示方法。这种连续的信用度函数，为合理区分信用等级提供了保证。

在指标体系中，健康状况 P_6、家庭财产 P_7、负债状况 P_9、银行金融记录 P_{10} 四项指标的可获得性值得注意。因为这方面的数据，我国社会上还没有集中的统计资料可供参考，所以银行可以要求申请人提供。由于这些数据会起到为申请人增加信用的作用，故而申请人不会放弃提供。

另外，银行需对各项信息核对。核对结果用失信度 h 表示

$$h = \begin{cases} 1 & f \geq 5 \\ 0.04f & 0 < f < 5 \\ 0 & f = 0 \end{cases} \tag{5-1}$$

式中，f 为数据虚假的指标数，单位为项。失信度的作用有两方面，一是若当事人提供了五项或超过五项指标的虚假信息，则 $h=1$，拒绝授信；二是当 $h \neq 1$ 时，将 h 值作为负面因素，从综合信用度中减去。

3. 利用层次分析法信用指标权重向量的确定

本文应用层次分析法确定指标的权重。层次分析法，也称 AHP 构权法、AHP 决策分析法（analytic hierarchy process，简称 AHP 方法），它是一种定性与定量相结合的决策分析方法。它常常被运用于多目标、多准则、多要素、多层次的非结构化的复杂决策问题，特别是战略决策问题的研究，具有十分广泛的实用性。AHP 构权法分为单准则构权法和多准则构权法。

层次分析法是把复杂问题分解成各个组成因素，又将这些因素按支配关系分组形成递阶层次结构。通过两两比较的方式确定各个因素的相对重要性，然后综合决策者的判断，确定决策方案相对重要性的总排序。运用层次分析法进行系统分析、设计、决策时，可分为五个步骤：①分析系统中各因素之间的关系，建立系统的递阶层次结构；②对同一层次的各元素关于上一层中某一准则的重要性进行两两比较，构造两两比较的判断矩阵；③由判断矩阵计算被比较元素对该准则的相对权重，对层次单排序进行一致性检验；④计算各层元素对系统目标的合成权重，并进行排序；⑤对层次总排序进行一致性检验。

（1）建立递阶层次结构。首先把系统问题条理化、层次化，构造出一个层次分析的结构模型。在模型中，复杂问题被分解，分解后各组成部分称为元素，这些元素又按属性分成若干组，形成不同层次。同一层次的元素作为准则对下层的某些元素起支配作用，同时它又受上层元素的支配。层次可分为三类，如图 5-3 所示。

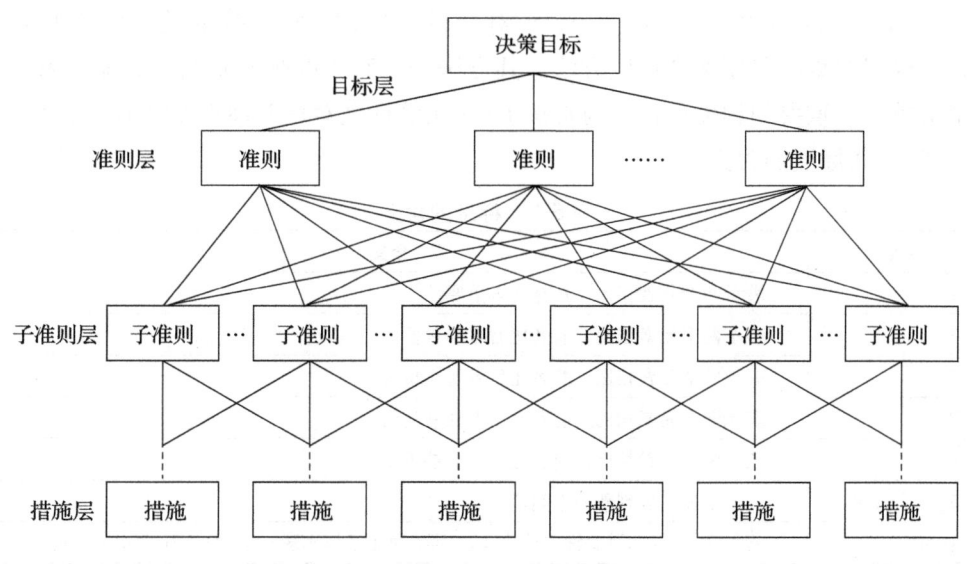

图 5-3 递阶层次结构

最高层：这一层次中只有一个元素，它是问题的预定目标或理想结果，因此也叫目标层。

中间层：这一层次包括要实现目标所涉及的中间环节中需要考虑的准则。该层可由若干层次组成，因而有准则和子准则与指标之分，这一层也叫准则层或指标层。

最底层：这一层次包括为实现目标可供选择的各种措施、决策方案等，因此也称为措施层或方案层。

上层元素对下层元素的支配关系所形成的层次结构被称为递阶层次结构。当然，上层元素可以支配下层的所有元素，但也可只支配其中部分元素。递阶层次结构中的层次数与问题的复杂程度及需要分析的详尽程度有关，可不受限制。每一层次中各元素所支配的元素一般不要超过九个，因为支配的元素过多会给两两比较判断带来困难。层次结构的好坏对于解决问题而言极为重要，当然，层次结构建立得好坏与决策者对问题的认识是否全面、深刻有很大关系。

（2）构造两两比较判断矩阵。在递阶层次结构中，设上层元素 C 为准则，所支配的下层元素为 u_1，u_2，…，u_n，它们对准则 C 的相对重要性即权重。判断矩阵表示针对上一层次中的某元素而言，评定该层次中各有关元素相对重要性程度的判断。

标度是指人们对各个评价指标（项目）重要性的等级差异进行量化的概念。确定指标重要性的量化标准常用的方法有：比例标度法和指数标度法。

这通常可分两种情况：

1）如果 u_1，u_2，…，u_n 对 C 的重要性可定量（如可以使用货币、重量等），其权重可直接确定；

2）如果问题复杂，u_1，u_2，$\cdots$，u_n 对 C 的重要性无法直接定量，而只能定性，那么，确定权重就要用两两比较方法。其方法是：对于准则 C 而言，元素 u_i 和 u_j 哪一个更重要，重要的程度如何，通常按 1~9 比例标度对重要性程度赋值，表 5-2 中列出了 1~9 标度的含义。

表 5-2 标度的含义

标度	含义
1	表示两个元素相比，具有同样重要性
3	表示两个元素相比，前者比后者稍重要
5	表示两个元素相比，前者比后者明显重要
7	表示两个元素相比，前者比后者强烈重要
9	表示两个元素相比，前者比后者极端重要
2, 4, 6, 8	表示上述相邻判断的中间值
倒数	若元素 i 与 j 的重要性之比为 a_{ij}，那么元素 j 与元素 i 重要性之比为 $a_{ji} = 1/a_{ij}$

对于准则 C 而言，n 个元素之间的相对重要性的比较得到一个两两比较判断矩阵

$$\boldsymbol{A} = (a_{ij})_{n \times n} \tag{5-2}$$

$$a_{ij} = \frac{i \text{ 指标的重要性分数}}{j \text{ 指标的重要性分数}} = \frac{w_i}{w_j} \tag{5-3}$$

式中，a_{ij} 就是元素 u_i 和 u_j 相对于 C 的重要性的比例标度而言。判断矩阵 $\boldsymbol{A}$ 具有下列性质：$a_{ij} > 0$，$a_{ji} = 1/a_{ij}$，$a_{ii} = 1$。

由判断矩阵所具有的性质可知，一个具有 n 个元素的判断矩阵只需要给出其上（或下）三角的 $n(n-1)/2$ 个元素就可以了，即只需做 $n(n-1)/2$ 个比较判断即可。

若判断矩阵 $\boldsymbol{A}$ 的所有元素满足 $a_{ij} \times a_{jk} = a_{ik}$，则称 $\boldsymbol{A}$ 为一致性矩阵。

不是所有的判断矩阵都满足一致性条件，也没有必要这样要求，只是在特殊情况下才有可能满足一致性条件。

（3）单一准则下元素相对权重的计算方法。已知 n 个元素 u_1，u_2，$\cdots$，u_n 对于准则 C 的判断矩阵为 $\boldsymbol{A}$，求 u_1，u_2，$\cdots$，u_n 对准则 C 的相对权重 w_1，w_2，$\cdots$，w_n，写成向量形式即为 $\boldsymbol{W} = (w_1, w_2, \cdots, w_n)^T$。权重计算方法如下：

1）行和归一化法。将判断矩阵 $\boldsymbol{A}$ 的 n 个行向量归一化后的算术平均值，近似作为权重向量，即

$$w_i = \frac{1}{n} \sum_{j=1}^{n} \frac{a_{ij}}{\sum_{k=1}^{n} a_{kj}} \quad i = 1, 2, \cdots, n \tag{5-4}$$

计算步骤如下：①$\boldsymbol{A}$ 的元素按行归一化；②将归一化后的各行相加；③将相加

后的向量除以 n，即得权重向量。

类似的还有列和归一化方法计算，即

$$w_i = \frac{\sum_{j=1}^{n} a_{ij}}{n \sum_{k=1}^{n} \sum_{j=1}^{n} a_{kj}} \quad i = 1, 2, \cdots, n \tag{5-5}$$

2）平方根法（即几何平均法）。将 A 的各个行向量进行几何平均，然后归一化，得到的行向量就是权重向量。其公式为

$$w_i = \frac{G_i}{\sum_{k=1}^{n} G_i} = \frac{\left(\prod_{j=1}^{n} a_{ij}\right)^{\frac{1}{n}}}{\sum_{k=1}^{n} \left(\prod_{j=1}^{n} a_{kj}\right)^{\frac{1}{n}}} \quad i = 1, 2, \cdots, n \tag{5-6}$$

计算步骤如下：①A 的元素按列相乘得一新向量；②将新向量的每个分量开 n 次方；③将所得向量归一化后即为权重向量。

3）特征根法（简记 EM）。求解判断矩阵 A 的特征根为

$$AW = \lambda_{\max} W \tag{5-7}$$

式中，$\lambda_{\max}$ 是 A 的最大特征根，W 是相应的特征向量，所得到的 W 经归一化后就可作为权重向量。

4）对数最小二乘法。用拟合方法确定权重向量 $W = (w_1, w_2, \cdots, w_n)^{\mathrm{T}}$，使残差平方和 $\sum_{1 \leq i \leq j \leq n} [\lg a_{ij} - \lg(w_i/w_j)]^2$ 为最小。

4. 单一准则下判断矩阵的一致性检验

在计算单准则下权重向量时，还必须进行一致性检验。在判断矩阵的构造中，并不要求判断具有传递性和一致性，即不要求 $a_{ij} \times a_{jk} = a_{ik}$ 严格成立，这是由客观事物的复杂性与人的认识的多样性所决定的，但要求判断矩阵满足大体上的一致性是应该的。如果出现"甲比乙极端重要，乙比丙极端重要，而丙又比甲极端重要"的判断，则显然是违反常识的，一个混乱的经不起推敲的判断矩阵有可能导致决策上的失误。上述各种计算排序权重向量（即相对权重向量）的方法，在判断矩阵过于偏离一致性时，其可靠程度也就值得怀疑了，因此，要对判断矩阵的一致性进行检验，具体步骤如下所示。

（1）计算一致性指标 $C.I.$（Consistency Index）

$$C.I. = \frac{\lambda_{\max} - n}{n - 1} \tag{5-8}$$

（2）查找相应的平均随机一致性指标 $R.I.$（Random Index）。表 5-3 给出了 1～15 阶正互反矩阵计算 1 000 次得到的平均随机一致性指标。

表 5-3　平均随机一致性指标 R. I.

矩阵阶数	1	2	3	4	5	6	7	8
R. I.	0	0	0.52	0.89	1.12	1.26	1.36	1.41
矩阵阶数	9	10	11	12	13	14	15	
R. I.	1.46	1.49	1.52	1.54	1.56	1.58	1.59	

（3）计算一致性比例 C. R.（Consistency Ratio）

$$C.R. = \frac{C.I.}{R.I.} \tag{5-9}$$

当 $C.R. < 0.1$ 时，认为判断矩阵的一致性是可以接受的；当 $C.R. \geq 0.1$ 时，应该对判断矩阵做适当修正。

为了检验一致性，需要计算矩阵最大特征根 λ_{max}，除常用的特征根方法外，还可使用公式

$$\lambda_{max} = \frac{1}{n}\sum_{i=1}^{n}\frac{(AW)_i}{w_i} = \frac{1}{n}\sum_{i=1}^{n}\frac{\sum_{j=1}^{n}a_{ij}w_j}{w_i} \tag{5-10}$$

式中，$(AW)_i$ 是矩阵 (AW) 的第 i 个元素。

$$AW = \begin{bmatrix} a_{11} & a_{12} & \cdots & a_{1n} \\ a_{21} & a_{22} & \cdots & a_{2n} \\ \vdots & \vdots & & \vdots \\ a_{n1} & a_{n2} & \cdots & a_{nn} \end{bmatrix} \begin{bmatrix} w_1 \\ w_2 \\ \vdots \\ w_n \end{bmatrix} \tag{5-11}$$

5. 计算各层元素对目标层的总排序权重

上面得到的是一组元素对其上层中某元素的权重向量，最终要得到各元素，特别是最低层中各元素对目标的排序权重，即所谓总排序权重，从而进行方案的选择。总排序权重要自上而下地将单准则下的权重进行合成，并按层次总排序判断的一致性检验。

设 $W^{(k-1)} = (w^{(k-1)}, w_2^{(k-1)}, \cdots, w_{k-1}^{(k-1)})^T$ 表示第 $k-1$ 层上 n_{k-1} 个元素相对于总目标的排序权重向量而言，用 $P_j^{(k)} = (p_{1j}^{(k)}, p_{2j}^{(k)}, \cdots, p_{n_kj}^{(k)})^T$ 表示第 k 层上 n_k 个元素对第 $k-1$ 层上第 j 个元素为准则的排序权重向量，其中不受 j 元素支配的元素权重取为零。矩阵 $P^{(k)} = (P_1^{(k)}, P_2^{(k)}, \cdots, P_{n_{k-1}}^{(k)})^T$ 是 $n_k \times n_{k-1}$ 阶矩阵，它表示第 k 层上元素对 $k-1$ 层上各元素的排序，那么第 k 层上元素对目标的总排序 $W^{(k)}$ 为

$$W^{(k)} = (w_1^{(k)}, w_2^{(k)}, \cdots, w_{n_k}^{(k)})^T = P^{(k)} W^{(k-1)} \tag{5-12}$$

或

$$w_i^{(k)} = \sum_{j=1}^{n_{k-1}} p_{ij}^{(k)} w_j^{(k-1)} \quad i = 1,2,\cdots,n \tag{5-13}$$

并且一般公式为

$$W^{(k)} = P^{(k)} P^{(k-1)} \cdots W^{(2)} \tag{5-14}$$

其中（W^2）是第二层上元素的总排序向量，也是单准则下的排序向量。

要从上到下逐层进行一致性检验，若已求得 $k-1$ 层上元素 j 为准则的一致性指标 $C.I._j^{(k)}$，平均随机一致性指标 $R.I._j^{(k)}$，一致性比例 $C.R._j^{(k)}$（其中 $j = 1, 2, \cdots, n_{k-1}$），则 k 层的综合指标

$$C.I.^{(k)} = (C.I._1^{(k)}, \cdots, C.I._{n_{k-1}}^{(k)}) W^{(k-1)} \tag{5-15}$$

$$R.I.^{(k)} = (R.I._1^{(k)}, \cdots, R.I._{n_{k-1}}^{(k)}) W^{(k-1)} \tag{5-16}$$

当 $C.R.^{(k)} < 0.1$ 时，认为递阶层次结构在 k 层水平的所有判断具有整体满意的一致性。

6. 个人信用卡信用风险评价模型

（1）信用风险评价模型的建立。设有 n 个人同时申请个人信用卡，由申请人提供的申请资料和银行自己私下获得的资料，按照表 5-1 的指标评分函数，确定他们各自的信用度向量，最后将它们汇总成客户的信用度矩阵 R

$$R_{15 \times n} = \begin{bmatrix} r_{1,1} & \cdots & r_{1,n} \\ \vdots & \vdots & \vdots \\ r_{15,1} & \cdots & r_{15,n} \end{bmatrix}_{15 \times n} \tag{5-17}$$

式中，r_{ij} 为第 j 个人的第 i 个信用指标的信用度评分。每一列代表一个申请人由 15 个指标得分构成的信用度向量 $R_{15,i} = \{r_{1i}, r_{2i}, \cdots, r_{15,i}\}^T$。

根据申请资料的真实性，确定申请人的失信度 h。结合已获得的个人信用指标综合权重分布向量 W 和失信度 $h = \{h_1, h_2, \cdots, h_n\}$，就构造出了个人信用卡信用风险评价模型

$$\begin{aligned} S &= \{s_1, s_2, \cdots, s_{15}\} \\ &= W_{1 \times 15} R_{15 \times n} - h \\ &= \{w_1, w_2, \cdots, w_{15}\} \begin{bmatrix} r_{1,1} & \cdots & r_{1,n} \\ \vdots & \vdots & \vdots \\ r_{15,1} & \cdots & r_{15,n} \end{bmatrix}_{15 \times n} - \{h_1, h_2, \cdots, h_n\} \end{aligned} \tag{5-18}$$

式中，s_i 为第 i 个人的信用卡信用风险评分。

最后，根据相关阈值来确定各申请人的信用等级，完成个人信用卡的授信，个人信用分析流程如图 5-4 所示。

（2）信用风险评价阈值的确定。

1）普通卡授信阈值 t_1 的确定。普通卡授信阈值的确定主要看持卡人未来还贷能力和还贷意愿是否基本令人满意。达到这个标准可作为是否授予个人信用卡的阈值 t_1。

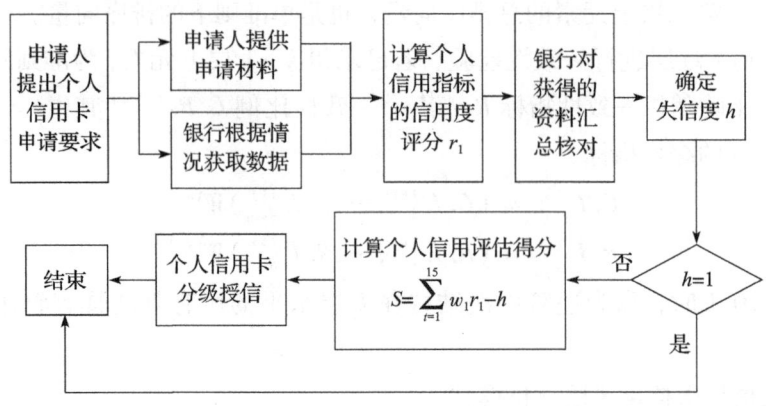

图 5-4　个人信用分析流程图

当收入水平 P_1、家庭状况 P_3、家庭财产 P_7、负债状况 P_9、银行金融记录 P_{10} 和个人司法记录 P_{15} 六项指标信用度均为 1、失信度 h 为 0 时，即使其他指标信用度为 0，也可以认为该申请人从经济实力和信用水平上具备获得信贷消费的资格，可授予信用卡。由此计算申请人的信用风险得分为

$$
\begin{aligned}
t_1 &= (w_1, w_2, \cdots, w_{15})[r_1, r_2, \cdots, r_{15}]^{\mathrm{T}} = \sum_{i=1}^{15} w_i r_i \\
&= w_1 \cdot 1 + w_2 \cdot 0 + w_3 \cdot 1 + \sum_{i=4}^{6} w_i \cdot 0 + w_7 \cdot 1 + w_8 \cdot 0 \\
&\quad + \sum_{i=9}^{10} w_i \cdot 1 + \sum_{i=11}^{14} w_i \cdot 0 + w_{15} \cdot 1
\end{aligned}
\tag{5-19}
$$

$$
\begin{aligned}
t_1 &= 0.1466 \times 1 + 0 + 0.1271 \times 1 + 0 + 0.0885 \times 1 + 0 + 0.0885 \\
&\quad \times 1 + 0.0712 \times 1 + 0 + 0.1195 \times 1 = 0.6414
\end{aligned}
$$

2）金卡授信阈值 t_2 的确定。金卡授信阈值的确定主要是看持卡人未来还贷能力和还贷意愿是否非常令人满意。达到这个标准可作为授予高级信用卡的阈值 t_2。

当持卡人基本信用要求 t_1 满足后，将能反映持卡人信用水平的次级重要指标加入考虑范畴。它们包括消费水平 P_5、个人保险记录 P_8、公共付费记录 P_{11} 和拥有信用卡 P_{14} 四项指标。在以上所提到的 10 项指标信用度均为 1，且失信度为 0 时，银行可以认为申请人已具备了较高的信用水平，可授予金卡。

$$
\begin{aligned}
t_1 &= (w_1, w_2, \cdots, w_{15})[r_1, r_2, \cdots, r_{15}]^{\mathrm{T}} = \sum_{i=1}^{15} w_i r_i \\
&= w_1 \cdot 1 + w_2 \cdot 0 + w_3 \cdot 1 + \sum_{i=4}^{6} w_i \cdot 0 + w_7 \cdot 1 \\
&\quad + w_8 \cdot 0 + \sum_{i=9}^{10} w_i \cdot 1 + \sum_{i=11}^{14} w_i \cdot 0 + w_{15} \cdot 1
\end{aligned}
\tag{5-20}
$$

$$t_2 = 0.1466 \times 1 + 0 + 0.1271 \times 1 + 0 + 0.0504 \times 1 + 0 + 0.0885 \times 1$$
$$+ 0.0290 \times 1 + 0.0885 \times 1 + 0.0712 \times 1 + 0.0712 \times 1 + 0$$
$$+ 0.0224 \times 1 + 0.1195 \times 1 = 0.8144$$

确定阈值是划分等级的关键。在已有的各类信用风险研究文献中，人们大多是先确定风险测量和评分的方法，进行信用评价，但很少给出由评分结果划分等级标准的理论根据。

在合理假设的前提下，通过信用方程的回代方式推导出有根据的阈值，清楚地说明了要以什么标准来区分信用等级。这较以往简单规定60分个人信用不足或较差、70~80分个人信用基本正常等说法更合理。

（3）个人信用卡信用等级的划分。根据以上算出来的个人信用卡信用风险模糊评价得分 S 和阈值 t_1、t_2，可以确定个人信用卡的信用等级如表5-4所示。

表5-4 个人信用卡的信用等级划分

S 的得分	$S<0.6414$	$0.6414 \leqslant S<0.8144$	$S \geqslant 0.8144$
信用等级划分	拒绝授信	授予普通信用卡	授予金卡

（4）双向影响指标极限分值。评价指标体系中出现了三项双向影响指标，它们是信用评价中的关键变量。若其中的某一项很差，则不能对当事人授信。

双向影响指标的负向得分极值可以根据授予普通信用卡的阈值 t_1 来确定。以负债状况 P_9 为例，其取负极值的意义是，即使其他指标信用度均为1，该申请人在 P_9 评分的作用下，其信用总分仍然不满足授予信用卡的条件。将指标 P_9 信用度负极值用 x_9 表示，则其表达式为

$$S = \sum_{i=1}^{8} w_i \cdot 1 + w_9 \cdot x_9 + \sum_{i=10}^{15} w_i \cdot 1 < t_1 \tag{5-21}$$

将前面已经计算得到的权重 w_i 和 t_1 代入式（5-21），即可得 $r_9<-3.05198$，保留小数点后三位，得到 $r_9=-3.052$。

其他两项双向影响指标的负向极值的计算与此相同。结果为 $r_{10}=-4.047$，$r_{15}=-2.001$。这就是表5-1中的 r_9、r_{10} 和 r_{15} 的极值分别取 -3.052、-4.047 和 -2.001的原因。

5.1.3 数据与内容

1. 个人信息

个人基本信用信息如表5-5所示。

表 5-5　个人基本信用信息

	准则层	指标层	符号	个人状况
个人信用综合评分 M	个人还款能力 A_1	近三个月平均收入水平	P_1	2 000
		受教育程度	P_2	大学
		家庭状况	P_3	40 岁，男，已婚，本地人，上有父母下有子女
		职业状况	P_4	工作八年，二类行业工作，三类职业，
		消费水平/月收入	P_5	0.4
		健康状况	P_6	受疾病困扰
		家庭财产（元）	P_7	100 000
		个人保险数量	P_8	3
		个人负债/资产	P_9	0.2
	个人还款意愿 A_2	银行金融记录	P_{10}	无信贷纪录者
		公共付费纪录	P_{11}	有不良记录
		社会品德评价	P_{12}	良好
		信用担保纪录	P_{13}	一般
		信用卡记录	P_{14}	存在拖欠
		个人司法纪录	P_{15}	一次犯罪，入狱三年

2. 判断矩阵

指标体系如图 5-2 所示，分为目标层 M、准则层 A_i、指标层 P_j。

在构造判断矩阵时，依上下层之间的隶属关系，由专家凭经验确定同层元素的相对重要性。现以 A_i 相对 M 的判断矩阵式为例说明：对图 5-2 的指标体系，经专家分析，申请人的还贷能力（A_1）比还贷意愿（A_2）略微重要，因此，M_{12} 为 2，M_{21} 为 1/2；指标自身与自身的重要性相同，因此 M_{11} 与 M_{11}，M_{22} 与 M_{22} 均为 1。

$$M = \begin{bmatrix} 1 & 2 \\ 1/2 & 1 \end{bmatrix} \quad (5\text{-}22)$$

P_j 与对应 A_i 的判断矩阵构建原理与此相同。故

$$Q_1 = \begin{bmatrix} 1 & 4 & 2 & 3 & 3 & 4 & 2 & 4 & 2 \\ 1/4 & 1 & 1/3 & 1/2 & 1/2 & 1 & 1/3 & 1 & 1/3 \\ 1/2 & 3 & 1 & 2 & 2 & 3 & 1 & 3 & 1 \\ 1/3 & 2 & 1/2 & 1 & 1 & 2 & 2 & 2 & 1/2 \\ 1/3 & 2 & 1/2 & 1 & 1 & 2 & 2 & 2 & 1/2 \\ 1/4 & 1 & 1/3 & 1/2 & 1/2 & 1 & 1/3 & 1 & 1/3 \\ 1/2 & 3 & 1 & 2 & 2 & 3 & 1 & 3 & 1 \\ 1/4 & 1 & 1/3 & 1/2 & 1/2 & 1 & 1/3 & 1 & 1/3 \\ 1/2 & 3 & 1 & 2 & 2 & 3 & 1 & 3 & 1 \end{bmatrix}_{9 \times 9} \quad (5\text{-}23)$$

$$Q_2 = \begin{bmatrix} 1 & 1/2 & 1/2 & 1 & 1 & 2 & 1/3 \\ 2 & 1 & 1 & 2 & 2 & 3 & 1/2 \\ 2 & 1 & 1 & 2 & 2 & 3 & 1/2 \\ 1 & 1/2 & 1/2 & 1 & 1 & 2 & 1/3 \\ 1 & 1/2 & 1/2 & 1 & 1 & 2 & 1/3 \\ 1/2 & 1/3 & 1/3 & 1/2 & 1/2 & 1 & 1/4 \\ 3 & 2 & 2 & 3 & 3 & 4 & 1 \end{bmatrix}_{7 \times 7} \quad (5\text{-}24)$$

式中，Q_1 为 $P_i(i=1, 2, \cdots, 9)$ 相对 A_1 的判断矩阵；Q_2 为 $P_j(j=3, 10, 11, \cdots, 15)$ 相对 A_2 的判断矩阵。

5.1.4 操作步骤与结果

1. 利用层次分析计算确定权重

首先，确定"M-A 权重"：

（1）利用比较法确定表示各评价指标之间相对重要性的判断矩阵 M-A，在单元格 C5:D6 内输入矩阵数据 $M = \begin{bmatrix} 1 & 2 \\ 1/2 & 1 \end{bmatrix}$；

（2）在单元格 E13 中输入："=GEOMEAN(C13:D13)"，得判断矩阵 A 的第一行的几何平均值 Gi，将其下拉至 E14；在单元格 E15 中输入"=SUM(E13:E14)"，得出总计的 Gi；

（3）在单元格 F13 中输入"=E13/$E$15"，得权重 Wi，将其下拉至 F14；

（4）在单元格 D19:D20 中输入"=MMULT(C5:D6, F13:F14)"，按"Ctrl" + "Shift" + "Enter"组合键，得到赋权和矩阵 AW；

（5）在单元格 D24:D25 中输入"{=D19:D20/F13:F14}"，得数组对应相除；在单元格 F24 中输入"=D19/F13"，将其下拉至单元格 F25；

（6）在单元格 E28 中输入"=AVERAGE(D24:D25)"，得到最大特征值 Lamda-Max；

（7）在单元格 D32 中输入"=COUNT(D5:D6)"，得出 n 的值；在单元格 D33 中输入"=(E28-D32)/(D32-1)"，得到一致性指标 CI 的值；

（8）在单元格 D35 中输入"=VLOOKUP(D32, G35:H50, 2)"，查询确定同价平均随机一致性指标 RI；

（9）计算一致性比率，在单元格 D37 中输入"=D33/D35"，得出 CR 的值；

（10）根据一致性比率，判断一致性，在单元格 D39 中输入"=IF(D37<0.1, "一致性较好，接受"，"一致性较差，拒绝")"，该权重通过一致性检验。

同理，可以计算得到 A_1-P 权重、A_2-P 权重。

2. 做总排序一致性检验

新建 Excel 计算表“总排序一致性检验 + 最终权重”，根据定义式，利用 SUMPRODUCT函数计算总排序的 CI、RI、CR。

（1）在单元格 C5、D5 中分别输入“=“M-A 权重”! F13”“=“M-A 权重”! F14”；

（2）在单元格 C6、D6 中分别输入“=“A1-P 权重”! D62”“=“A2-P 权重”! D53”；

（3）在单元格 C7、D7 中分别输入“=“A1-P 权重”! D65”“=“A2-P 权重”! D57”；

（4）利用 SUMPRODUCT 函数计算总排序的 CI、RI、CR，在单元格 C8 中输入“=SUMPRODUCT(C5:D5, C6:D6)”，在单元格 C9 中输入“=SUMPRODUCT(C5:D5, C7:D7)”，在单元格 C10 中输入“=C8/C9”，分别得出总排序的 CI、RI、CR；

（5）在单元格 C12 中输入“=IF(C10<0.1，“一致性较好，接受”，“一致性较差，拒绝”)”，利用 IF 条件函数，输出一致性检验结果，根据一致性比率，判断一致性，总排序一致性检验如图 5-5 所示。

	A	B	C	D	E	F	G
1							
2							
3	1.1根据定义式，利用SUMPRODUCT函数计算总排序的CI、RI、CR。						
4			A_1	A_2			
5	M	w_1	0.6667	0.3333			
6	P	CI	0.0252	0.1141			
7		RI	1.4500	1.3200			
8	M-A-P	CI	0.0548				
9		RI	1.4067				
10		CR	0.0390				
11	1.2利用IF条件函数，输出一致性检验结果，根据一致性比率，判断一致性						
12			一致性较好，接受				

图 5-5　总排序一致性检验

3. 计算最终权重

（1）选中目标单元格区域 C18:K18，输入“=C17:K17*C5”，按“Ctrl”+“Shift”+“Enter”组合键；选中目标单元格区域 C23:I23，输入“=D5*C22:I22”，按“Ctrl”+“Shift”+“Enter”组合键，确认计算；利用乘法计算对于目标层而言，各单一准则下指标的最终权重。

（2）利用 SUMIF 函数计算最终层次综合权重，在单元格 C28 中输入“=SUMIF($C$16:$K$18, C16, $C$18:$K$18)+SUMIF($C$21:$I$23, C16, $C$23:$I$23)”，再往右拉复制至单元格区域 D28:K28；然后，在单元格 C32 中输入公式“=SUMIF($C$16:$K$18, D21, $C$18:$K$18)+SUMIF($C$21:$I$23, D21, $C$23:$I$23)”，再往右拉复制至单元格区域 D32:H32，得到最终权重 **W** 向量，如图 5-6 所示。

由最终 15 个指标的权重分布看，权重较大的项是申请人的收入水平 P_1(0.146 6)、家庭状况 P_3(0.127 5)、个人司法记录 P_{15}(0.119 5)、家庭财产 P_7(0.071 2) 和负债状况 P_9(0.071 2)。

这几项指标是反映信用卡信贷风险的主要因素，例如个人收入是还贷资金的主要来源；家庭状况影响到持卡人的还贷能力和意愿；当持卡人收入不足还贷时，家庭财产将会折现赔偿债务。这都是银行判断申请人可靠性的重要依据。

	A	B	C	D	E	F	G	H	I	J	K
14	2. 最终权重计算										
15	2.1 利用乘法计算对于目标层而言，各单一准则下指标的最终权重。										
16			P_1	P_2	P_3	P_4	P_5	P_6	P_7	P_8	P_9
17	A_1-P	w_1p	0.2452	0.0489	0.1496	0.0850	0.0850	0.0553	0.1324	0.0489	0.1496
18	M-A_1-P	w_1*w_1p	0.1635	0.0326	0.0997	0.0567	0.0567	0.0369	0.0883	0.0326	0.0997
19											
20											
21			P_3	P_{10}	P_{11}	P_{12}	P_{13}	P_{14}	P_{15}		
22	A_2-P	w_2p	0.0952	0.1754	0.1754	0.0952	0.0952	0.0708	0.2927		
23	M-A_2-P	w_1*w_2p	0.0317	0.0585	0.0585	0.0317	0.0317	0.0236	0.0976		
24											
25	2.2 利用SUMIF函数计算最终层次综合权重										
26		指标层	收入水平	受教育程度	家庭状况	职业状况	消费水平	健康状况	家庭财产	个人保险记录	负债状况
27		符号	P_1	P_2	P_3	P_4	P_5	P_6	P_7	P_8	P_9
28	最终权重	W	0.1635	0.0326	0.1315	0.0567	0.0567	0.0369	0.0883	0.0326	0.0997
29											
30		指标层	银行金融记录	公共付费记录	社会品德评价	信用担保记录	拥有信用卡	个人司法记录			
31		符号	P_{10}	P_{11}	P_{12}	P_{13}	P_{14}	P_{15}			
32	最终权重	W	0.0585	0.0585	0.0317	0.0317	0.0236	0.0976			

图 5-6　最终权重的计算

权重分布中后四位依次为：拥有信用卡 P_{14}(0.022 4)、受教育程度P_2(0.029 0)、健康状况 P_6(0.029 0) 和个人保险记录 P_8(0.029 0)。这表明，它们对个人信用评分的影响相对较小，但仍然可反映申请人在信用风险方面的一些信息，它们具有存在价值。

4. 计算信用指标评分与信用度

输入评分标准，在“信用评分与决策”计算表中，根据评分标准，在单元格区域 F4:F18 中，由上往下依次输入评分函数公式，如表 5-6 所示。

表 5-6　评分函数公式输入表

单元格	评分函数公式
F4	= E4
F5	= VLOOKUP(E5，评分标准！A4:B11，2，FALSE)
F6	= 评分标准！E4 + 评分标准！E11 + 评分标准！E16 + 评分标准！E22 + 评分标准！E27
F7	= 评分标准！H4 + 评分标准！H7 + 评分标准！H16
F8	= E8
F9	= VLOOKUP(E9，评分标准！J4:K8，2，FALSE)
F10	= E10
F11	= E11
F12	= E12
F13	= VLOOKUP(E13，评分标准！P4:Q8，2，FALSE)
F14	= VLOOKUP(E14，评分标准！V4:W7，2，FALSE)
F15	= VLOOKUP(E15，评分标准！Y4:Z7，2，FALSE)
F16	= VLOOKUP(E16，评分标准！S4:T7，2)
F17	= VLOOKUP(E17，评分标准！M4:N8，2)
F18	= 评分标准！AC2

利用 VLOOKUP 函数或公式，计算授信申请人的单一信用指标评分，结果如图 5-8所示。

根据信用度计算公式，在单元格区域 G4:G18 中，由上往下依次输入信用度计算公式，如表 5-7 所示。

表 5-7 信用度计算公式输入表

单元格	信用度计算公式
G4	=IF(F4>10 000，1，IF(F4<500，0，((F4−500)/(10 000−500)))^0.5)
G5	=IF(F5=10，1，IF(F5=0，0，F5/10))
G6	=IF(F6=10，1，IF(F6=0，0，F6/10))
G7	=IF(F7=30，1，IF(F7=0，0，F7/30))
G8	=IF(F8<0.2，1，IF(F8>0.8，0，0.8*(0.8−F8)/0.6+0.2))
G9	=IF(F9=10，1，IF(F9=0，0，F9/10))
G10	=IF(F10>=500 000，1，IF(F10<50 000，0，(F10−50 000)/(500 000−50 000)))
G11	=IF(F11>=4，1，IF(F11=0，0，F11/4))
G12	=IF(F12=0，1，IF(F12<0.5，(0.5−F12)/0.5，−3.052*((F12−0.5)/0.3)^3))
G13	=IF(F13=10，1，IF(F13<0，−4.047，F13/10))
G14	=VLOOKUP(E14，评分标准！V4:W7，2)
G15	=VLOOKUP(E15，评分标准！Y4:Z7，2)
G16	=IF(F16=10，1，IF(F16=0，0，F16/10))
G17	=IF(F17=10，1，IF(F17=0，0，F17/10))
G18	=F18

利用 IF 条件函数、VLOOKUP 函数或公式，计算授信申请人的单一信用度。结果如图 5-8 所示。

5. 信用综合评价与决策

在"信用评分与决策"计算表的单元格 H4:H18 中，输入指标权重，在单元格 I4 中输入"=G4*H4"，然后往下复制粘贴至单元格区域 I5:I18，再在单元格 I19 中输入"=SUM(I4:I18)"求和即得信用综合评分，如图 5-8 所示。

在 K2:M6 输入"授信标准"信息，如图 5-7 所示。

在单元格 I20 输入条件判断函数"=IF(I19<L4，M4，IF(I19>L5，M6，M5))"，即得授信决策结果，如图 5-8 所示。

	K	L	M
2	授信标准		
3	信用综合评分	授信阈值	信用等级划分
4	<0.6414	0.6414	拒绝
5	0.6414~0.8144	0.8144	普通信用
6	>0.8144		金卡

图 5-7 授信标准

	A	B	C	D	E	F	G	H	I
2									
3		准	指标层	符号	个人状况	指标评分	信用度	指标最终权重	最终加权得分
4			收入水平	P1	2000	2000	0.40	0.1635	0.0650
5		个	受教育程度	P2	大学	7	0.70	0.0326	0.0228
6		人	家庭状况	P3		17	1.70	0.1315	0.2235
7		还款	职业状况	P4		18	0.60	0.0567	0.0340
8	个	能	消费水平	P5	0.4	0.4	0.73	0.0567	0.0416
9	人信	力	健康状况	P6	受疾病困扰	3	0.30	0.0369	0.0111
10	用	A1	家庭财产	P7	100000	100000	0.11	0.0883	0.0098
11	综合		个人保险记录	P8	3	3	0.75	0.0326	0.0245
12	评		负债状况	P9	0.2	0.2	0.60	0.0997	0.0598
13	分	个	银行金融记录	P10	无信贷记录	5	0.50	0.0585	0.0292
14		人还	公共付费记录	P11	有不良记录	4	4	0.0585	0.2339
15		款	社会品德评价	P12	良好	6	0.0317	0.1905
16		意	信用担保记录	P13	一般	8	0.8	0.0317	0.0254
17		愿	拥有信用卡	P14	存在拖欠一次犯	6	0.6	0.0236	0.0142
18		A2	个人司法记录	P15	罪，入狱三年	0.85	0.85	0.0976	0.0829
19							最后信用综合评分		1.0681
20							信用评价决策结果		金卡

图 5-8 信用综合评分与授信决策结果

5.2 企业财务综合评价模型

5.2.1 目的

通过本次实验,利用因子分析方法,掌握企业财务综合评价模型的方法。

5.2.2 基本原理

1. 因子分析的定义和数学模型

定义:因子分析就是用少数几个因子来描述许多指标或因素之间的联系,以较少的几个因子反映原始资料中大部分信息的统计学方法。

因子分析有如下特点。

(1)因子变量的数量远少于原有的指标变量的数量,对因子变量的分析能够减少分析中的计算工作量。

(2)因子变量不能对原有变量进行取舍,而是根据原始变量的信息进行重新组构,它能够反映原有变量大部分的信息。

(3)因子变量之间不存在线性相关关系,对变量的分析比较方便。

(4)因子变量具有命名解释性,即该变量是对某些原始变量信息的综合和反映。

对多变量的平面数据进行最佳综合和简化,即在保证数据信息丢失最少的原则下,对高维变量空间进行降维处理。显然,在一个低维空间解释系统,要比在一个高维空间解释系统容易得多。

数学模型:因子分析的出发点是用较少的相互独立的因子变量来代替原来变量的大部分信息,可以通过下面的数学模型来表示

$$\begin{cases} x_1 = a_{11}F_1 + a_{12}F_2 + \cdots + a_{1m}F_m + a_1\varepsilon_1 \\ x_2 = a_{21}F_1 + a_{22}F_2 + \cdots + a_{2m}F_m + a_2\varepsilon_2 \\ \vdots \\ x_p = a_{p1}F_1 + a_{p2}F_2 + \cdots + a_{pm}F_m + a_p\varepsilon_p \end{cases}$$

式中,$x_1, x_2, x_3, \cdots, x_p$ 为 p 个原有变量,是均值为零、标准差为 1 的标准化变量,$F_1, F_2, F_3, \cdots, F_m$ 为 m 个因子变量,m 小于 p,表示成矩阵形式为

$$X = AF + a\varepsilon$$

式中,F 为因子变量或公共因子,可以将它们理解为在高维空间中互相垂直的 m 个坐标轴。A 为因子载荷矩阵,a_{ij} 为因子载荷,是第 i 个原有变量在第 j 个因子变量上的负荷。如果把变量 x_i 看成是 m 维因子空间中的一个向量,则 a_{ij} 为 x_i 在坐标轴 F_j 上的投影,相当于多元回归中的标准回归系数。ε 为特殊因子,表示了原有变量不能

被因子变量所解释的部分，相当于多元回归分析中的残差部分。

因子分析中的几个概念说明如下。

（1）因子载荷。在各个因子变量不相关情况下，因子载荷 a_{ij} 就是第 i 个原有变量和第 j 个因子变量的相关系数，即 x_i 在第 j 个公共因子变量上的相对重要性。因此，a_{ij} 绝对值越大，则公共因子 F_j 和原有变量 x_i 关系越强。

（2）变量共同度。变量共同度，也称为公共方差，反映全部公共因子变量对原有变量 x_i 的总方差解释说明比例。原有变量 x_i 的共同度为因子载荷矩阵 A 中第 i 行元素的平方和，即

$$h_i^2 = \sum_{j=1}^{m} a_{ij}^2$$

原有变量 x_i 的方差可以表示成两个部分：h_i^2 和 ε_i^2。第一部分 h_i^2 反映公共因子对原有变量的方差解释比例，第二部分 ε_i^2 反映原有变量方差中无法被公共因子表示的部分。因此，第一部分 h_i^2 越接近于1（原有变量 x_i 标准化前提下，总方差为1），说明公共因子解释原有变量越多的信息。

可以通过该值，掌握该变量的信息有多少被丢失了。如果大部分变量的共同度都高于0.8，则说明提取出的公共因子已经基本反映了各原始变量80%以上的信息，仅有较少的信息丢失，因子分析效果较好。可以说，各个变量的共同度是衡量因子分析效果的一个指标。

（3）公共因子 F_j 的方差贡献。公共因子 F_j 的方差贡献定义为因子载荷矩阵 A 中第 j 列各元素的平方和，即

$$S_j = \sum_{i=1}^{p} a_{ij}^2$$

公共因子 F_j 的方差贡献反映了该因子对所有原始变量总方差的解释能力，其值越高，说明因子重要程度越高。

2. 因子分析的基本步骤

因子分析有两个核心问题：一是如何构造因子变量；二是如何对因子变量进行命名解释。因子分析有下面五个基本步骤。

（1）确定待分析的原有若干变量是否适合于因子分析。

（2）构造因子变量。

（3）因子变量的命名解释。

（4）计算因子变量的得分。

（5）计算综合评分函数与综合评分。

下面分别进行讲述。

（1）确定待分析的原有若干变量是否适合于因子分析。因子分析是从众多的原始变量中构造出少数几个具有代表意义的因子变量，这里面有一个潜在的要求，即

原有变量之间要具有比较强的相关性。如果原有变量之间不存在较强的相关关系，那么就无法从中综合出能反映某些变量共同特性的少数公共因子变量来。因此，在因子分析时，需要对原有变量做相关分析。

最简单的方法就是计算变量之间的相关系数矩阵。如果相关系数矩阵在进行统计检验中，大部分相关系数都小于0.3，并且未通过统计检验，那么这些变量就不适合于进行因子分析。

SPSS 在因子分析过程中还提供了几种检验方法来判断变量是否适合做因子分析，主要的统计检验方法有如下几种。

1）巴特利特球形检验（Bartlett Test of Sphericity）。巴特利特球形检验是以变量的相关系数矩阵为出发点的。它的原假设相关系数矩阵是一个单位阵，即相关系数矩阵对角线上的所有元素都为1，所有非对角线上的元素都为零。巴特利特球形检验的统计量是根据相关系数矩阵的行列式得到的。如果该值较大，且其对应的相伴概率值小于用户心中的显著性水平，那么应该拒绝原假设，认为相关系数不可能是单位阵，即原始变量之间存在相关性，适合于做因子分析；相反，如果该统计量比较小，且其对应的相伴概率大于显著性水平，则不能拒绝原假设，认为相关系数矩阵可能是单位阵，不宜于做因子分析。

2）反映像相关矩阵检验（Anti-image correlation matrix）。反映像相关矩阵检验以变量的偏相关系数矩阵为出发点，将偏相关系数矩阵的每个元素取反，得到反映像相关矩阵。偏相关系数是在控制了其他变量对两变量影响的条件下计算出来的相关系数，如果变量之间存在较多的重叠影响，那么偏相关系数就会较小。因此，如果反映像相关矩阵中有些元素的绝对值比较大，那么说明这些变量不适合于做因子分析。

3）KMO（Kaiser-Meyer-Olkin）检验。KMO统计量用于比较变量间简单相关和偏相关系数，计算公式如下

$$\mathrm{KMO} = \frac{\sum\sum_{i \neq j} r_{ij}^2}{\sum\sum_{i \neq j} r_{ij}^2 + \sum\sum_{i \neq j} p_{ij}^2}$$

式中，r_{ij}^2是变量i和变量j之间的简单相关系数，p_{ij}^2是变量i和变量j之间的偏相关系数。KMO 的取值范围在0和1之间。如KMO的值越接近于1，则所有变量之间的简单相关系数平方和远大于偏相关系数平方和，因此越适合于做因子分析。如果KMO越小，则越不适合于做因子分析。

Kaiser 给出了 KMO 如下的标准：

0.9 < KMO 为非常适合；

0.8 < KMO < 0.9 为适合；

0.7 < KMO < 0.8 为一般；

0.6 < KMO < 0.7 为不太适合；

KMO < 0.5 为不适合。

（2）构造因子变量。在因子分析中有多种确定因子变量的方法，如基于主成分模型的主成分分析法和基于因子分析模型的主轴因子法、极大似然法、最小二乘法等。其中基于主成分模型的主成分分析法是使用最多的因子分析方法之一。下面以该方法为对象进行分析。

主成分分析通过坐标变换手段，将原有的 p 个相关变量 x_i 做线性变化，转换为另外一组不相关的变量 y_i，可以表示为

$$\begin{cases} y_1 = u_{11}x_1 + u_{21}x_2 + \cdots + u_{p1}x_p \\ y_2 = u_{11}x_1 + u_{22}x_2 + \cdots + u_{p2}x_p \\ \vdots \\ y_p = u_{1p}x_1 + u_{2p}x_2 + \cdots + u_{pp}x_p \end{cases}$$

式中，$u_{1k}^2 + u_{2k}^2 + \cdots + u_{pk}^2 = 1$，$(k = 1, 2, 3, \cdots, p)$。

y_1，y_2，y_3，$\cdots$，y_p 为原有变量的第一、第二、第三、$\cdots$、第 p 个主成分。其中 y_1 在总方差中占的比例最大，综合原有变量的能力也最强，其余主成分在总方差中占的比例逐渐减少，也就是综合原变量的能力依次减弱。主成分分析就是选取前面几个方差最大的主成分，这样达到了因子分析较少变量个数的目的，同时又能以较少的变量反映原有变量的绝大部分信息。

主成分分析放在一个多维坐标轴中看，就是对 x_1，x_2，x_3，$\cdots$，x_p 组成的坐标系进行平移变换，使得新的坐标系原点和数据群点的重心重合，新坐标系的第一个轴与数据变化最大方向对应（占的方差最大，解释原有变量的能力也最强），新坐标的第二个轴与第一个轴正交（不相关），并且对应数据变化的第二个方向……因此称这些新轴为第一主轴 u_1、第二主轴 u_2……若经过舍弃少量信息后，原来的 p 维空间降成 m 维，仍能够十分有效地表示原数据的变化情况。生成的空间 $L(u_1, u_2, \cdots, um)$ 称为"m 维主超平面"。用原样本点在主超平面上的投影近似地表示原来的样本点。

主成分分析的步骤如下。

1）数据的标准化处理。

$$x_{ij}^* = \frac{x_{ij} - x_j}{S_j}$$

其中，$i = 1, 2, \cdots, n$，n 为样本点数；$j = 1, 2, \cdots, p$，p 为样本原变量数目。

为了方便，仍然记为

$$[x_{ij}^*]_{n \times p} = [x_{ij}]_{n \times p}$$

2）计算数据 $[x_{ij}]_{n \times p}$ 的协方差矩阵 $\boldsymbol{R}$。

3）求 $\boldsymbol{R}$ 的前 m 个特征值：$\lambda_1 \geq \lambda_2 \geq \lambda_3 \geq \cdots \geq \lambda_m$，以及对应的特征向量 u_1，u_2，

$u_3, \cdots, u_m$，它们标准正交。

4）求 m 个变量的因子载荷矩阵。

$$A = \begin{bmatrix} a_{11}, a_{12}, \cdots, a_{1m} \\ a_{21}, a_{22}, \cdots, a_{2m} \\ \vdots \quad \vdots \quad \quad \vdots \\ a_{p1}, a_{p2}, \cdots, a_{pm} \end{bmatrix} = \begin{bmatrix} u_{11}\sqrt{\lambda_1}, u_{12}\sqrt{\lambda_2}, \cdots, u_{1m}\sqrt{\lambda_m} \\ u_{21}\sqrt{\lambda_1}, u_{22}\sqrt{\lambda_2}, \cdots, u_{2m}\sqrt{\lambda_m} \\ \vdots \quad \quad \vdots \quad \quad \quad \vdots \\ u_{p1}\sqrt{\lambda_1}, u_{p2}\sqrt{\lambda_2}, \cdots, u_{pm}\sqrt{\lambda_m} \end{bmatrix}$$

确定 m 有两种方法：

◆ 根据特征值的大小确定，一般取大于 1 的特征值；
◆ 根据因子的累计方差贡献率来确定。

一个 m 维主超平面究竟在多大程度上近似代替原变量系统呢？主成分分析产生的 m 维主超平面，能使数据信息损失尽可能小。所谓数据信息，主要反映在数据方差上，方差越大，数据中所包含的信息就越多，若一个事物一成不变，则无需对其进行研究。前 m 个因子的累计方差贡献率计算方法为

$$Q = \frac{\sum_{i=1}^{m} \lambda_i}{\sum_{i=1}^{p} \lambda_i}$$

如果数据已经标准化，则

$$Q = \frac{\sum_{i=1}^{m} \lambda_i}{p}$$

一般方差的累计贡献率应在 80% 以上。

（3）因子变量的命名解释。因子变量的命名解释是因子分析的另外一个核心问题。经过主成分分析得到的 $y_1, y_2, y_3, \cdots, y_m$ 是对原变量的综合，原变量都是有物理含义的变量。对它们进行线性变换后，得到的新综合变量物理含义是什么呢？对于因子变量的解释而言，可以进一步说明影响原变量系统构成的主要因素和系统特征。

在实际分析工作中，主要是通过对载荷矩阵 A 的值进行分析，得到因子变量和原变量的关系，从而对新的因子变量进行命名。

载荷矩阵 A 中某一行中可能有多个 a_{ij} 比较大，说明某个原有变量 x_i 可能同时与几个因子有比较大的相关关系。载荷矩阵 A 中某一列中也可能有多个 a_{ij} 比较大，说明某个因子变量可能解释多个原变量的信息，但它只能解释某个变量一小部分信息，不是任何一个变量的典型代表。它会使某个因子变量的含义模糊不清。在实际分析中，希望对因子变量的含义有比较清楚的认识。

这时，可以通过因子矩阵的旋转来进行。旋转的方法有正交旋转、斜交旋转、

方差极大法，其中最常用的是方差极大法。

（4）计算因子变量的得分。因子变量确定以后，对每一样本数据，希望得到它们在不同因子上的具体数据值，这些数值就是因子变量的得分，它和原变量的得分相对应。有了因子得分，在以后的研究中，就可以针对维数少的因子得分来进行。

计算因子得分首先将因子变量表示为原有变量的线性组合，即

$$F_j = \beta_{j1}x_1 + \beta_{j2}x_2 + \cdots + \beta_{jp}x_p \qquad (j = 1, 2, \cdots, n)$$

其中，β_{ji} 为第 j 个因子中第 i 个因子变量的因子得分系数，它由因子得分的系数矩阵（component score coefficient matrix）得到。

估计因子得分的方法有回归法、巴特利特球形检验法、Anderson-Rubin 法等，具体方法也可以查阅其他书籍。

（5）计算综合评分函数与综合评分。各因子是从相应的角度对评价对象进行评价，单独使用某一个因子并不能对各评价对象做出综合评价，因此要以提取的公因子方差贡献率比重为权重，对各因子得分函数进行加权平均，得到综合评分函数。

公因子方差贡献率即"% of Variance"项。

某一提取的公因子方差贡献率比重 $w_i = \dfrac{某一提取的公因子方差贡献率}{所有提取的公因子方差贡献率之和}$

综合评分函数为

$$F = \sum_{j=1}^{n} w_j F_j$$

式中 n 为所提取的公因子个数。

5.2.3 数据与内容

收集需评价对象的多个财务比率指标为解释变量，得到实验数据，如 Excel 文件"5.2 违约回归分析模型"。

通过 SPSS 对进入模型的自变量进行因子分析，可以降低对模型的多重共线性干扰，并可以对数据进行降维处理，浓缩数据，提取关键特征信息以提高分析效率。

5.2.4 操作步骤与结果

（1）打开建立 SPSS 数据文件，复制粘贴数据；在变量窗口，定义变量 x_1，x_2，$\cdots$，x_{14}，分别表示"利息保障倍数_Intcvr""销售毛利率_Gincmrt""资产净利率_ROA""资本收益率_Capret""净资产收益率（摊薄）_ROE""权益乘数_Equmul""净资产增长率_Netassgrrt""净利润增长率_Netprfgrrt""总资产增长率_Totassgrrt""存货周转率（次）_Invtrtrrat""应收账款周转率（次）_ARTrat""总资产周转率（次）_Totassrat""每股收益（摊薄）(元/股)_EPS""Q 值_QVal"。

（2）在"Analyze"菜单的"Data Reduction"子菜单中选择"Factor"命令，弹出的"Factor Analysis"对话框中，从左侧的变量列表中选择这 14 个变量，添加到"Variables"框中，如图 5-9 所示。

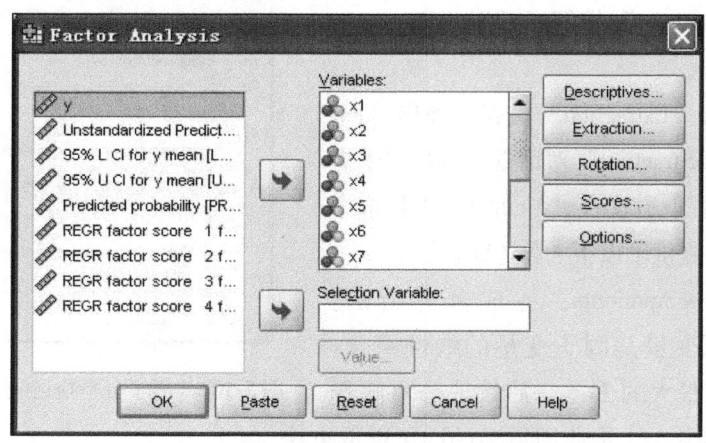

图 5-9 "Factor Analysis"对话框

（3）单击"Descriptives"按钮，弹出"Factor Analysis：Descriptives"对话框。"Statistics"框用于选择输出那些相关的统计量，选项如下。

Univariate descriptives：要求输出各变量的均数与标准差。

Initial solution：表示输出初始分析结果。输出的是因子提取前分析变量的公因子方差，是一个中间结果。对于主成分分析来说，这些值是要进行分析变量的相关或协方差矩阵的对角元素；对于因子分析模型来说，输出的是每个变量用其他变量作预测因子的载荷平方和。

"Correlation Matrix"框中提供了以下几种检验变量是否适用作因子分析的检验方法。

Coefficients：要求计算相关系数矩阵。

Significance levels：显著性水平。选择此项给出每个相关系数的单尾假设检验的水平。

Determinant：相关系数矩阵的行列式。

Inverse：相关系数矩阵的逆矩阵。

Reproduced：再生相关阵。选择此项给出因子分析后的相关阵，还给出残差，即原始相关与再生相关之间的差值。

Anti-image：反映像相关矩阵检验。反映像相关阵，包括偏相关系数的取反；反映像协方差阵，包括偏协方差的取反。一个好的因子中，除了对角线上系数较大外，其他元素应该比较小。

KMO and Bartlett's test of sphericity：KMO 检验和巴特利特球形检验。KMO 检验，检验变量间的偏相关是否很小；巴特利特球形检验，检验相关阵是否是单位阵。

在本例中，选中该对话框中所有选项，设置如图 5-10 所示。

单击"Continue"按钮，返回"Factor Analysis"对话框。

（4）单击"Extraction"按钮，弹出"Factor Analysis: Extraction"对话框，选择因子提取方法。因子提取方法在"Method"下拉框中选取，SPSS 共提供了以下七种方法。

Principal components：主成分分析法。该方法假定原变量是因子变量的线性组合。第一主成分有最大的方差，后续成分可解释的方差越来越少。这是使用最多的因子提取方法。

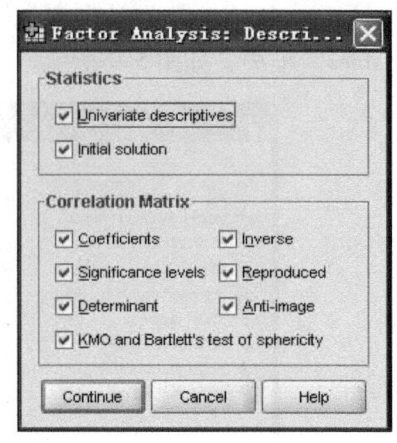

图 5-10 "因子分析描述统计"对话框

Unweighted least squares：未加权最小平方法，该方法使得观测的和再生的相关矩阵之差的平方和最小，不记对角元素。

Generalized least squares：综合最小平方法，用变量的倒数值加权，使得测的和再生的相关矩阵之差的平方和最小。

Maximum likelihood：极大似然估计法，此方法不要求多元正态分布。

Principal axis factoring：主轴因子法，使用多元相关的平方作为对公因子方差的初始估计。初始估计公因子方差时，多元相关系数的平方置于对角线上。这些因子载荷用于估计新因子方差，替换对角线上的前一次公因子方差估计。这样的迭代持续到公因子方差的变化满足提取因子的收敛判据。

Alpha factoring：α 因子法。

Image factoring：映像因子提取法，也称多元回归法。由 Guttman 提出，根据映像学原理提取公因子的方法。该方法把一个变量看作其他各个变量的多元回归。

"Analyze"框用于选择提取因子变量的依据，选项如下。

Correlation matrix：表示依据相关系数矩阵。

Covariance matrix：表示依据协方差矩阵。

"Extract"框用于指定因子个数的标准，选项如下。

Eigenvaluse over：表示该选项后面可以输入一个特征值，SPSS 将提取特征值大于该值的因子，SPSS 默认为 1。指定特征值提取因子个数是 SPSS 默认的方法。

Number of factors：表示该选项后面可以输入要提取因子的个数。SPSS 将提取指定个数的因子。理论上有多少个变量，就可以有多少个因子，因此输入的数值应该介于 0 和分析变量数之间的整数。

"Display"框用于选择输出那些与因子提取有关的信息，选项如下。

Unrotated factor solution：输出未经过旋转的因子载荷矩阵。

Scree plot：输出因子与其特征值的碎石图，按特征值大小排列，有助于确定保留多少个因子。

"Maximum Iterations for Convergence"框用于指定因子分析收敛的最大迭代次数，系统默认的最大迭代次数为 25。

本例选用"Principal components"方法，选择相关系灵敏矩阵作为提取因子变量的依据，选中"Unrotated factor solution"和"Scree plot"项，输出未经过旋转的因子载荷矩阵和因子与其特征值的碎石图；选择"Eigenvaluse over"项，在该选项后面可以输入"1"，指定提取特征值大于 1 的因子，如图 5-11 所示。

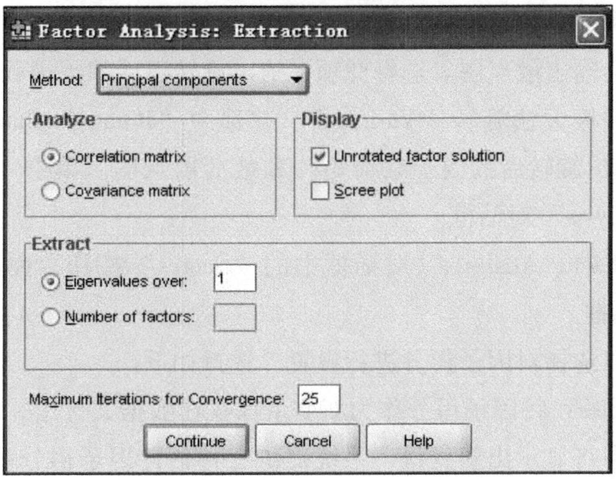

图 5-11 "Factor Analysis：Extraction"对话框

单击"Continue"按钮，返回"Factor Analysis"对话框。

（5）单击"Factor Analysis"对话框中的"Rotation"按钮，弹出"Factor Analysis：Rotation"对话框。

该对话框用于选择因子载荷矩阵的旋转方法。旋转的目的是为了简化结构，以帮助我们解释因子。SPSS 默认不进行旋转（None）。

"Method"框用于选择因子旋转方法，选项如下。

None：不作因子旋转。

Varimax：方差极大法旋转，又称正交旋转。它使得每个因子上的具有最高载荷的变量数目最小，因此可以简化对因子的解释。

Direct Oblimin：直接斜交旋转，指定该项，可以在下面的矩形框中输入 Delta 值，该值在 0～1 之间。0 值产生最高的相关系数。

Quartimax：四分最大正交旋转，对变量作旋转，该旋转方法使得每个变量中需要解释的因子数最少。

Equamax：平均正交旋转，是 Varimax 方法和 Quartimax 方法的结合，对变量和因子均做旋转。

Promax：斜交旋转方法，允许因子间相关。它比直接斜交旋转更快，因此适用于大数据的因子分析。

"Display"框用于选择输出那些与因子旋转有关的信息，选项如下。

Rotated solution：输出旋转后的因子载荷矩阵，对于正交旋转方法而言，给出的旋转以后的因子矩阵模式和因子转换矩阵；对于斜交旋转而言，显示旋转以后的因子矩阵模式、因子结构矩阵和因子间的相关矩阵。

Loading plot：输出载荷散点图。指定该项将给出两两因子为坐标的各个变量的载荷散点图。如果有两个因子，则给出各原始变量在因子1和因子2坐标系中的散点图。如果多于两个，则给出前三个因子的三维因子载荷散点图。如果只提取出了一个因子，则不会输出散点图。选择此项，给出旋转以后的因子载荷图。

本例选择方差极大法旋转"Varimax"，并选中"Rotated solution"和"Loading plot"项，表示输出旋转后的因子载荷矩阵和载荷散点图。单击"Continue"按钮，返回"Factor Analysis"对话框。

（6）单击"Factor Analysis"对话框中的"Scores"按钮，弹出"Factor Analysis：Scores"对话框。

该对话框用以选择对因子得分进行设置，选择如下。

Save as variables：将因子得分作为新变量保存在数据文件中。程序运行结束后，在数据编辑窗口中将显示出新变量。系统提供三种估计因子得分系数的方法，可在Method框中进行以下选择。

Regression：回归法。其因子得分均值为0，方差等于估计因子得分与实际因子得分之间的多元相关的平方。

Bartlett：巴特利特法。因子得分均值为0，超出变量范围的各因子平方和被最小化。

Anderson-Rubin：因子得分均值为0，标准差为1，彼此不相关。

Display factor score coefficient matrix：选择此项，将在输出窗口显示因子得分系数矩阵。

本例选择"Regression"（回归因子得分），并选中"Display factor score coefficient matrix"。单击"Continue"按钮，返回"Factor Analysis"对话框。

（7）单击"Factor Analysis"对话框中的"Options"按钮，弹出"Factor Analysis：Options"对话框。

该对话框可以指定输出其他因子分析的结果，并选择对缺失数据的处理方法。其中选项如下。

"Missing Values"框用于选择以下缺失值的处理方法。

Exclude cases listwise：去除所有含缺失值的个案后再进行分析。

Exclude cases pairwise：当分析计算涉及含有缺失值的变量，则去掉在该变量上是缺失值的个案。

Replace with mean：当分析计算涉及含有缺失值的变量时，用平均值代替该缺失值。

"Coefficient Display Format"框用于选择以下载荷系数的显示格式。

Sorted by size：载荷系数按照数值的大小排列，并构成矩阵，使得在同一因子上具有较高载荷的变量排列在一起，便于得到结论。

Suppress absolute values less than：不显示那些绝对值小于指定值的载荷系数。选中此项，需要在后面的框中输入一个 0~1 之间的数，系统默认该值为 0.1。选择该项可以突出载荷较大的变量。

本例选中"Exclude cases listwise"项。单击"Continue"按钮，返回"Factor Analysis"对话框，完成设置。单击"OK"按钮，完成计算。

计算机运行完毕后得到结果，如表 5-8 ~ 表 5-11 所示。

表 5-8 KMO and Bartlett's Test

Kaiser-Meyer-Olkin Measure of Sampling Adequacy		0.698
Bartlett's Test of Sphericity	Approx. Chi-Square	1.930E3
	df	91
	Sig.	0.000

表 5-9 Total Variance Explained

Component	Initial Eigenvalues			Extraction Sums of Squared Loadings			Rotation Sums of Squared Loadings		
	Total	% of Variance	Cumulative %	Total	% of Variance	Cumulative %	Total	% of Variance	Cumulative %
1	3.882	27.729	27.729	3.882	27.729	27.729	3.296	23.540	23.540
2	1.872	13.372	41.101	1.872	13.372	41.101	2.117	15.125	38.665
3	1.609	11.491	52.592	1.609	11.491	52.592	1.639	11.711	50.376
4	1.246	8.902	61.494	1.246	8.902	61.494	1.557	11.118	61.494
5	0.998	7.130	68.624						
6	0.963	6.879	75.504						
7	0.914	6.528	82.032						
8	0.815	5.825	87.857						
9	0.589	4.205	92.062						
10	0.532	3.803	95.865						
11	0.379	2.706	98.571						
12	0.144	1.032	99.603						
13	0.045	0.319	99.922						
14	0.011	0.078	100.000						

Extraction Method: Principal Component Analysis.

表 5-10　Component Score Coefficient Matrix

	Component				合计
	1	2	3	4	
x_1	0	0.01	0.239	-0.003	0.246
x_2	0.025	0.011	0.489	0.002	0.527
x_3	0.004	0.276	0.142	0.09	0.512
x_4	-0.031	-0.027	0.009	0.522	0.473
x_5	0.088	0.029	-0.257	-0.061	-0.201
x_6	0.312	-0.056	-0.02	-0.027	0.209
x_7	-0.174	0.429	-0.191	-0.227	-0.163
x_8	-0.022	0.128	-0.016	0.031	0.121
x_9	-0.071	0.422	-0.051	-0.128	0.172
x_{10}	0.315	-0.066	-0.03	-0.025	0.194
x_{11}	-0.006	-0.061	-0.019	0.528	0.442
x_{12}	0.041	0.161	-0.442	0.14	-0.1
x_{13}	0.045	0.265	0.112	0.112	0.534
x_{14}	0.316	-0.082	-0.048	-0.028	0.158

Extraction Method: Principal Component Analysis.
Rotation Method: Varimax with Kaiser Normalization.
Component Scores.

表 5-11　Component Score Covariance Matrix

Component	1	2	3	4
1	1.000	0.000	0.000	0.000
2	0.000	1.000	0.000	0.000
3	0.000	0.000	1.000	0.000
4	0.000	0.000	0.000	1.000

Extraction Method: Principal Component Analysis.
Rotation Method: Varimax with Kaiser Normalization.
Component Scores.

该表格输出了 KMO 检验和巴特利特球形检验的结果。KMO 检验统计量值为 0.698，大于 0.6；巴特利特球度检验的相伴概率为 0.000，小于显著性水平 0.05，两个检验都认为适合因子分析。

该表格是因子分析后因子提取和因子旋转的结果。前四个因子特征值大于 1，累计方差解释 61.49%。

该表格是因子得分矩阵，这是根据回归算法计算出来的因子得分函数的系数。由此可得因子得分函数及综合评价函数。综合评价函数如下

$$F = 0.246x_1 + 0.527x_2 + 0.512x_3 + 0.473x_4 - 0.201x_5$$
$$+ 0.209x_6 - 0.163x_7 + 0.121x_8 + 0.172x_9 + 0.194x_{10}$$
$$+ 0.442x_{11} - 0.1x_{12} + 0.534x_{13} + 0.158x_{14}$$

SPSS 将根据这四个因子得分函数，自动计算样本的四个因子得分，并保存在 SPSS 数据编辑窗口中，如图 5-12 所示。

	FAC1_1	FAC2_1	FAC3_1	FAC4_1
1	-2.10923	-0.27843	4.74520	0.78592
2	-1.45411	-0.05036	2.67113	0.44518
3	-1.10927	-0.03583	1.97958	0.27183
4	-1.05599	0.02300	1.76657	0.04805
5	-1.10014	-0.02084	-0.07010	-0.20469
6	-0.98916	-0.51064	0.45598	-0.16872
7	-0.93402	-0.17447	0.51194	0.06778
8	-0.91622	-0.46535	0.16167	0.20610
9	-1.11479	-0.39273	-1.03313	1.95422
10	-0.88408	-1.11842	-0.22967	-0.37272
11	-0.98592	0.56016	-0.13713	0.38992
12	-0.87663	-0.44832	-0.47815	0.28951

图 5-12　因子得分

该表格是因子比例旋转后的协方差矩阵。从表 5-11 中可以看出，不同因子之间的数据为 0，表明三个因子变量之间是不相关的。

5.3　违约回归分析模型[一]

5.3.1　目的

掌握违约线性概率模型、逻辑回归分析模型的建模方法。

5.3.2　基本原理

可用于处理定性因变量的统计分析方法就是特殊因变量模型，主要有：判别分析（Discriminant analysis）、Probit 分析、Logistic 回归分析和对数线性模型等。在社会科学中，应用最多的是 Logistic 回归分析，如图 5-13 所示。

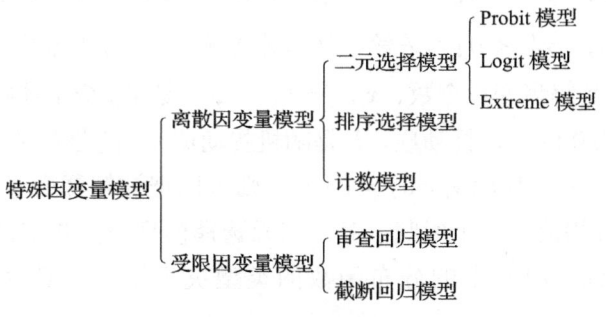

图 5-13　特殊因变量模型的分类

在实践中人们发现，无论是 Z 评分模型还是 ZETA 模型都存在着一些不足，限制了模型功效的发挥，其中最关键的就是两个模型都具有较为严格的假定条件。由于两个模型都属于多元线性判别模型，从多元统计分析的原理中我们知道，保证线

[一] 刘鑫，李竹薇. 我国上市公司信用风险管理模型的构建与实证研究 [J]. 财经问题研究，2009（12）.
高铁梅，计量经济分析方法与建模 [M]. 2 版. 北京：清华大学出版社，2009.

性判别模型有效的两个前提,一是总体服从多元正态分布,二是协方差矩阵相等,而这两点在现实经济中都很难满足。线性概率模型和 Logit 模型则可以很好地解决评分模型存在较为严格的假定条件的问题。

Meryer 和 Pifer 最早将线性概率模型运用于银行业财务困境预测,Grammatikos 和 Gloubos 与 Laitinen 及 Vranas 也都曾做过相似的研究,将该模型运用于企业财务困境的预测。

为了改进线性概率模型的预测值落在区间（0,1）之外的缺陷,后续学者便假设事件发生的概率服从某种累积概率分布,使模型产生的预测值落在 0 与 1 之间。若假设事件发生的概率服从累积 Logistic 分布,则称为 Logit 模型。Logit 模型采用一系列财务比率变量来预测公司破产或违约的概率;然后根据银行、投资者的风险偏好程度设定风险警戒线或判断准则,对交易对手的信用风险进行预测。

1. 线性概率模型

线性概率模型（Linear Probability Model）是以评判对象的信用状况为被解释变量,多个财务比率指标为解释变量,利用最小二乘法回归得出表示各解释变量与企业违约率之间相关关系的线性回归模型,然后利用模型预测企业未来的违约概率。线性概率模型的回归形式为

$$\begin{aligned} y_i &= 1 - F(-y_i^*) + u_i \\ &= 1 - F\left[-\left(\sum_{j=1}^{k}\beta_j x_{ij} + u_i^*\right)\right] + u_i \\ &= 1 - F[-(\beta_1 x_{i1} + \beta_2 x_{i2} + \cdots + \beta_k x_{ik} + u_i^*)] + u_i \quad i = 1,2,\cdots,n \end{aligned} \quad (5\text{-}25)$$

式中,被解释变量 y 是取值为 0、1 的离散型随机变量,

$$y_i = \begin{cases} 1, & y_i^* > 0 : 如果做出第一种选择（如 ST、ST^* 上市公司）\\ 0, & y_i^* < 0 : 如果做出第二种选择（如正常上市交易公司）\end{cases}$$

n 是样本容量,k 是解释变量个数,x_j,$j = 1$,$\cdots$,k 是第 j 个个体特征的取值。u_i 是相互独立且均值为 0 的随机扰动项。F 是随机扰动项 u_i^* 的分布函数。

令 $P(y_i = 1) = p_i$,则 $P(y_i = 0) = 1 - p_i$,则可以把被解释变量 y 看作一个概率。它是关于它的条件均值的一个回归。对于二元选择模型与其扩展的多元选择模型及排序选择模型来说,回归中的分布函数的类型决定了二元选择模型的类型,如表 5-12 所示。

表 5-12 常用的二元选择模型

u_i^* 的分布函数	分布函数 F	相应的二元选择模型
标准正态分布	$\Phi(x)$	Probit 模型
逻辑分布	$\dfrac{e^x}{1+e^x}$	Logit 模型
极值分布	$1 - \exp(-e^x)$	Extreme 模型

2. 逻辑分析模型

Logistic 回归分析根据因变量取值类别不同，又可以分为 Binary Logistic 回归分析和 Multinomial Logistic 回归分析。Binary Logistic 回归模型中因变量只能取两个值 1 和 0（虚拟因变量），而 Multinomial Logistic 回归模型中因变量可以取多个值。本节将只讨论 Binary Logistic 回归，并简称 Logistic 回归。Logistic 函数的形式为

$$f(x) = \frac{e^x}{1 + e^x}$$

计算公式如下。

设因变量 y 是只取 0、1 两个值的定性变量，以简单线性回归模型为例

$$y = \beta_0 + \beta_1 x + \varepsilon$$

因为 y 只取 0 和 1 两个值，所以因变量 y 的均值为

$$E(y) = \beta_0 + \beta_1 x$$

由于 y 是 0-1 型贝努利随机变量，因此有如下概率分布

$$P(y = 1) = p$$
$$P(y = 0) = 1 - p$$

式中，p 代表自变量为 x 时 $y=1$ 的概率。

根据离散型随机变量期望值的定义，可得

$$E(y) = 1(p) + 0(1 - p) = p$$

进而得到

$$E(y) = p = \beta_0 + \beta_1 x$$

因此，从以上的分析可以看出，当因变量是 0、1 时，因变量均值 $E(y) = \beta_0 + \beta_1 x$ 总是代表给定自变量 $y=1$ 的概率。虽然这是从简单线性回归函数分析而得，但也适合复杂的多元回归函数情况。

因为因变量 y 本身只取 0、1 两个离散值，不适于直接作为回归模型中的因变量，而 $E(y) = p = \beta_0 + \beta_1 x_1 + \beta_2 x_2 + \cdots + \beta_k x_k$ 表示在自变量为 x_i（$i = 1, 2, \cdots, k$）条件下 $y=1$ 的概率，因此，可以用它来代替 y 本身作为因变量，其 Logistic 回归方程为

$$f(p) = \frac{e^p}{1 + e^p} = \frac{e^{(\beta_0 + \beta_1 x_1 + \beta_2 x_2 + \cdots + \beta_k x_k)}}{1 + e^{(\beta_0 + \beta_1 x_1 + \beta_2 x_2 + \cdots + \beta_k x_k)}}$$

从数学上看，函数 $f(p)$ 对 x 的变化在 $f(p) = 0$ 或 $f(p) = 1$ 的附近是不敏感的、缓慢的，且非线性的程度较高。于是要寻求一个 $f(p)$ 的函数 $g(p)$，使得 $g(p)$ 在 $f(p) = 0$ 或 $f(p) = 1$ 附近时变化幅度较大，而函数的形式又不是很复杂。因此，引入 $f(p)$ 的 Logistic 变换（或称为 $f(p)$ 的 Logit 变换），即

$$g(p) = \text{logit}[f(p)] = \ln\left[\frac{f(p)}{1 - f(p)}\right]$$

式中，$\ln\left[\dfrac{f(p)}{1-f(p)}\right]$，$\text{logit}(f(p))$ 是因变量 $y=1$ 的差异比（odds ratio）或似然比（likelihood ratio）的自然对数，称为对数差异比（log odds ratio）、对数似然比（log likelihood ratio）或分对数。

很明显，$g(p)$ 以 $\text{Logit}(f((p))=0$ 为中心对称，在 $f(p)=0$ 和 $f(p)=1$ 的附近变化幅度很大，当 $f(p)$ 从 0 变化到 1 时，$g(p)$ 从 $-\infty$ 变化到 $+\infty$。这就克服了前面 $f(p)$ 函数的不足，而且在 $f(p)$ 对 x_i 不是线性的关系的情况下，通过 Logit 变换可以使得 $g(p)$ 对 x_i 是线性的关系，即

$$g(p) = \ln\left[\dfrac{f(p)}{1-f(p)}\right] = \beta_0 + \beta_1 x_1 + \beta_2 x_2 + \cdots + \beta_k x_k + \varepsilon$$

对于上述模型而言，可以采用最大似然估计法（maximum likelihood estimation，MLE）对其回归参数进行估计。最大似然估计是利用总体的分布密度或概率分布的表达式及其样本所提供信息建立起求未知参数估计量的一种方法。它与用于估计一般线性回归模型参数的普通最小二乘法（OLS）形成对比。OLS 通过使得样本观测数据的残差平方和最小来选择参数，而 MLE 通过最大化对数似然值（log likelihood）来估计参数。最大似然估计法是一种迭代算法，它以一个预测估计值作为参数的初始值，根据算法确定能增大对数似然值的参数的方向和变动。估计了该初始函数后，对残差进行检验并用改进的函数进行重新估计，直到收敛为止（即对数似然不再显著变化）。

设 y 是 $0-1$ 型变量，$x_1, x_2, \cdots, x_k$ 是与 y 相关的确定性变量，n 组观测数据为 $(x_{i1}, x_{i2}, \cdots, x_{i3}; y_i)(i=1,2,\cdots,n)$，其中，$y_1, y_2, \cdots, y_n$ 是取值为 0 或 1 的随机变量，y_i 与 $x_{i1}, x_{i2}, \cdots, x_{ik}$ 的关系为

$$E(y_i) = p_i = \beta_0 + \beta_1 x_{i1} + \beta_2 x_{i2} + \cdots + \beta_k x_{ik}$$

对于 Logistic 回归而言

$$f(p_i) = \dfrac{e^{p_i}}{1+e^{p_i}} = \dfrac{e^{(\beta_0+\beta_1 x_{i1}+\beta_2 x_{i2}+\cdots \beta_k x_{ik})}}{1+e^{(\beta_0+\beta_1 x_{i1}+\beta_2 x_{i2}+\cdots+\beta_k x_{ik})}}$$

y_i 的概率函数为

$$P(y_i) = f(p_i)^{y_i}[1-f(p_i)]^{1-y_i} \quad y_i = 0,1; i=1,2,\cdots,n。$$

于是，$y_1, y_2, \cdots, y_n$ 的似然函数为

$$L = \prod_{i=1}^{n} P(y_i) = \prod_{i=1}^{n} f(p_i)^{y_i}[1-f(p_i)]^{1-y_i}$$

对似然函数取自然对数，得

$$\ln L = \sum_{i=1}^{n}\{y_i \ln f(p_i) + (1-y_i)\ln[1-f(p_i)]\}$$

$$\ln L = \sum_{i=1}^{n}\left[y_i(\beta_0+\beta_1 x_{i1}+\cdots+\beta_k x_{kp}) - \ln(1+e^{(\beta_0+\beta_1 x_{i1}+\cdots+\beta_k x_{kp})})\right]$$

最大似然估计就是选取 $\beta_0, \beta_1, \beta_2, \cdots, \beta_k$ 的估计值 $\hat{\beta}_0, \hat{\beta}_1, \hat{\beta}_2, \cdots, \hat{\beta}_k$，使得

上式值最大。可以通过使用 SPSS 计算而得。

模型参数估计后，必须进行检验。下面解释一些常用的检验统计量。

1. -2 对数似然值（-2 log likelihood，-2LL）

2. 拟合优度（Goodness of Fit）统计量

Logistic 回归的拟合优度统计量计算公式为

$$\sum_{i=1}^{n} \frac{[y_i - f(p_i)]^2}{f(p_i)[1-f(p_i)]}$$

在实际问题中，通常采用如下分类表 5-13（Classification Table for Y）反映拟合效果。

表 5-13 Classification Table for Y

		Predicted（预测值）		
		0	1	Percent Correct（正确分类比例）
Observed（观测值）	0	n_{00}	n_{01}	f_0
	1	n_{10}	n_{11}	f_1
	Overall（总计）			f

式中，n_{ij}（$i=0,1$；$j=0,1$）表示样本中因变量实际观测值为 i，而预测值为 j 的样本数；

$$f_0 = \frac{n_{00}}{n_{00} + n_{01}} \times 100\%$$

$$f_1 = \frac{n_{11}}{n_{10} + n_{11}} \times 100\%$$

$$f = \frac{n_{11} + n_{00}}{n_{00} + n_{01} + n_{11} + n_{10}} \times 100\%$$

3. Cox 和 Snell 的 R^2（Cox & Snell's R-Square）

Cox 和 Snell 的 R^2 是在似然值基础上模仿线性回归模型的 R^2 解释 Logistic 回归模型，一般小于 1。其计算公式为

$$R_{CS}^2 = 1 - \left(\frac{l(0)}{l(\hat{\beta})}\right)^2$$

式中，$l(0)$ 表示初始模型的似然值（likehood），$l(\hat{\beta})$ 表示当前模型的似然值。

4. Nagelkerke 的 R^2（Nagelkerke's R-Square）

为了对 Cox 和 Snell 的 R^2 进一步调整，使得取值范围为 0~1，Nagelkerke 把 Cox 和 Snell 的 R^2 除以它的最大值，即

$$R_N^2 = R_{CS}^2 / \max(R_{CS}^2)$$

式中，$\max(R_{CS}^2) = 1 - [l(0)]^2$。

5. 伪 R^2（Psedo-R-square）

伪 R^2 与线性回归模型的 R^2 相对应，其意义相似，但它小于 1。

6. Hosmer 和 Lemeshow 的拟合优度检验统计量

与一般拟合优度检验不同，Hosmer 和 Lemeshow 的拟合优度检验通常把样本数据根据预测概率分为 10 组，然后根据观测频数和期望频数构造卡方统计量（即 Hosmer 和 Lemeshow 的拟合优度检验统计量，简称 H-L 拟合优度检验统计量），最后根据自由度为 8 的卡方分布计算其 p 值并对 Logistic 模型进行检验。如果该 p 值小于给定的显著性水平 α（如 $\alpha=0.05$），则拒绝因变量的观测值与模型预测值不存在差异的原假设，表明模型的预测值与观测值存在显著差异。如果 p 值大于 α，我们没有充分的理由拒绝原假设，表明在可接受的水平上模型的估计拟合了数据。

7. Wald 统计量

Wald 统计量用于判断一个变量是否应该包含在模型中，其检验步骤如下。

（1）提出假设。

$$H_0: \beta_i = 0 (i = 1, 2, \cdots, k)$$

$$H_1: \beta_i \neq 0$$

（2）构造 Wald 统计量。Wald 是回归系数检验的统计量

$$\text{Wald}_i = \frac{\beta_i^2}{\text{VaR}(\beta_i)}$$

SPSS 软件没有给出 Logistic 回归的标准化回归系数，对于 Logistic 回归来说，回归系数也没有普通线性回归那样的解释，因而计算标准化回归系数并不重要。如果要考虑每个自变量在回归方程中的重要性，不妨直接比较 Wald 统计量的大小（或 Sig 值），Wald 统计量大者（或 Sig 值小者）显著性高，也就更重要。另外，Wald 统计量近似服从于自由度等于参数个数的卡方分布。

（3）做出统计判断。

5.3.3 数据与内容

收集需评价对象的信用状况为被解释变量，多个财务比率指标为解释变量，得到实验数据，如 Excel 文件"5.2 违约回归分析模型"。

利用 Excel、SPSS 中的数据分析工具得出表示各解释变量与企业违约率之间相关关系的线性回归模型，然后利用模型预测企业未来的违约概率。

5.3.4 操作步骤与结果

1. 线性概率模型构建的 Excel 实现步骤及结果

（1）打开"Excel 文件"5.2 违约回归分析模型"；

（2）在工具栏依次单击选择"数据"→"数据分析"→"回归"，弹出"回归分析"对话框，设置如图 5-14 所示。

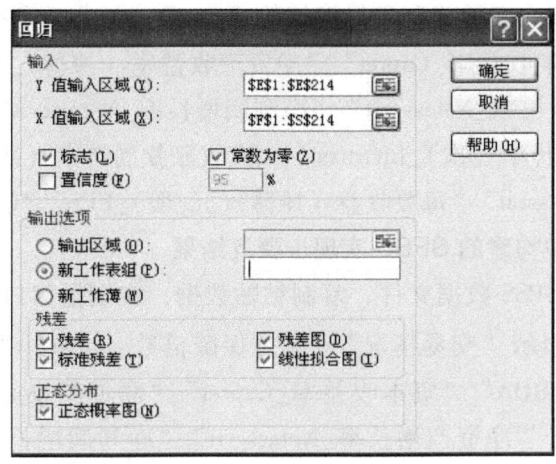

图 5-14 "回归"对话框

（3）单击"确定"按钮，即在新工作表中输出了线性概率模型的参数估计与检验的结果，回归统计、方差分析、参数估计的结果分别如图 5-15 ~ 图 5-17 所示。

	A	B
1	SUMMARY OUTPUT	
4	Multiple R	0.882689
5	R Square	0.77914
6	Adjusted R Squar	0.759687
7	标准误差	0.372466
8	观测值	213

图 5-15 回归统计结果

	A	B	C	D	E	F
		df	SS	MS	F	Significance F
12	回归分析	14	97.39253	6.956609	50.1446	2.9195E-57
13	残差	199	27.60747	0.138731		
14	总计	213	125			

图 5-16 方差分析结果

16		Coefficients	标准误差	t Stat	P-value	Lower 95%	Upper 95%	下限 95.0%	上限 95.0%
17	Intercept	0.0000	#N/A	#N/A	#N/A	#N/A	#N/A	#N/A	#N/A
18	利息保障倍数_Intcvr	0.0000	0.0000	-1.1189	0.2645	-0.0001	0.0000	-0.0001	0.0000
19	销售毛利率_Gincmrt	0.1382	0.1568	0.8818	0.3790	-0.1709	0.4474	-0.1709	0.4474
20	资产净利率_ROA	0.2664	0.3570	0.7462	0.4564	-0.4376	0.9703	-0.4376	0.9703
21	资本收益率_Capret	0.0321	0.0143	2.2438	0.0259	0.0039	0.0604	0.0039	0.0604
22	净资产收益率(摊薄)_ROE	-0.0140	0.0060	-2.3293	0.0208	-0.0258	-0.0021	-0.0258	-0.0021
23	权益乘数_Equmul	0.3801	0.0493	7.7031	0.0000	0.2828	0.4774	0.2828	0.4774
24	净资产增长率_Netassgrrt	0.0071	0.0045	1.5653	0.1191	-0.0018	0.0160	-0.0018	0.0160
25	净利润增长率_Netprfgrrt	-0.0007	0.0007	-1.0091	0.3142	-0.0020	0.0007	-0.0020	0.0007
26	总资产增长率_Totassgrrt	-0.0967	0.1041	-0.9285	0.3543	-0.3021	0.1087	-0.3021	0.1087
27	存货周转率(次)_Invtrtrrat	-0.1483	0.0152	-9.7847	0.0000	-0.1782	-0.1184	-0.1782	-0.1184
28	应收账款周转率(次)_ARTrat	-0.0040	0.0016	-2.5365	0.0120	-0.0071	-0.0009	-0.0071	-0.0009
29	总资产周转率(次)_Totassrat	0.1512	0.0709	2.1318	0.0343	0.0113	0.2910	0.0113	0.2910
30	每股收益(摊薄)(元/股)_EPS	-0.3967	0.0897	-4.4213	0.0000	-0.5737	-0.2198	-0.5737	-0.2198
31	Q值_QVal	0.1739	0.0568	3.0639	0.0025	0.0620	0.2859	0.0620	0.2859

图 5-17 参数估计结果

（4）从回归统计、方差分析的结果可以看出，方程的拟合优度为 0.779 14，调整拟合优度为 0.759 687，比较好；方程 F 检验的 P 值接近于 0，说明方程整体上是显著的。因此可以写出线性概率模型为

$$y_i = -0.000\,02x_{1i} + 0.138\,23x_{2i} + 0.266\,37x_{3i} + 0.032\,15x_{4i} - 0.014\,00x_{5i}$$
$$+ 0.380\,14x_{6i} + 0.007\,07x_{7i} - 0.000\,69x_{8i} - 0.096\,70x_{9i} - 0.148\,31x_{10i}$$
$$- 0.004\,00x_{11i} - 0.151\,18x_{12i} - 0.396\,75x_{13i} + 0.173\,92x_{14i}$$

式中，解释变量 x 依次表示"利息保障倍数_Intcvr""销售毛利率_Gincmrt""资产净利率_ROA""资本收益率_Capret""净资产收益率（摊薄）_ROE""权益乘数_Equmul""净资产增长率_Netassgrrt""净利润增长率_Netprfgrrt""总资产增长率_Totassgrrt""存货周转率（次）_Invtrtrrat""应收账款周转率（次）_ARTrat""总资产周转率（次）_Totassrat""每股收益（摊薄）(元/股)_EPS""Q 值_QVal"。

2. 线性概率模型构建的 SPSS 实现步骤及结果

（1）打开建立 SPSS 数据文件，复制粘贴数据；在变量窗口，定义变量 y，x_1，x_2，…，x_{14}，分别表示"交易情况""利息保障倍数_Intcvr""销售毛利率_Gincmrt""资产净利率_ROA""资本收益率_Capret""净资产收益率（摊薄）_ROE""权益乘数_Equmul""净资产增长率_Netassgrrt""净利润增长率_Netprfgrrt""总资产增长率_Totassgrrt""存货周转率（次）_Invtrtrrat""应收账款周转率（次）_ARTrat""总资产周转率（次）_Totassrat""每股收益（摊薄）(元/股)_EPS""Q 值_QVal"。

（2）从菜单上依次点选"Analyze"→"Regression"→"Linear"命令，打开"Linear Regression"对话框。设置方程变量，选择逐步筛选估计方法。

（3）单击"Linear Regression"对话框下方的"Statistics"按钮，打开"Statistics"对话框。在"Statistics"对话框内，勾选"Model fit"项，则在"Linear Regression"过程完成后会输出"Model Summary"表；勾选回归系数"Regression Coefficients"栏下的估计"Estimates"、置信区间"Confidence intervals"，以及部分相关与偏相关"Part and partial correlations"、共线性诊断"Collinearity diagnostics"，则会输出"Coefficients"表和"Collinearity Diagnostics"表；最后还可勾选残差"Residuals"的奇异值诊断"Casewise diagnostics"项，选中"All cases"，会输出所有样本点的情况。然后，单击"Continue"按钮，回到"Linear Regression：Statistics"主对话框，如图 5-18 所示。

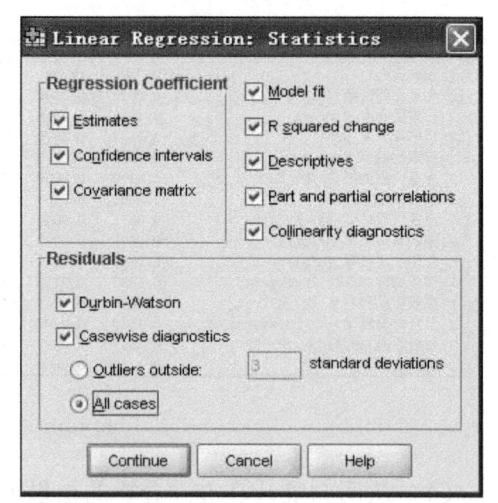

图 5-18　"Linear Regression：Statistics"对话框

（4）单击"Linear Regression"对话框下方"Plots"按钮，打开"Plots"对话框。在"Plots"对话框左下角的标准化残差图栏中（Standardized Residual Plots），勾选"Normal probability plot"，以画出 P-P 图。当然，还可以将左侧框中的变量分别移入右侧 Y 框与 X 框中，以绘制散点图。本例不绘制散点图。然后，单击"Continue"按钮，回到"Linear Regression：Plots"主对话框，如图 5-19 所示。

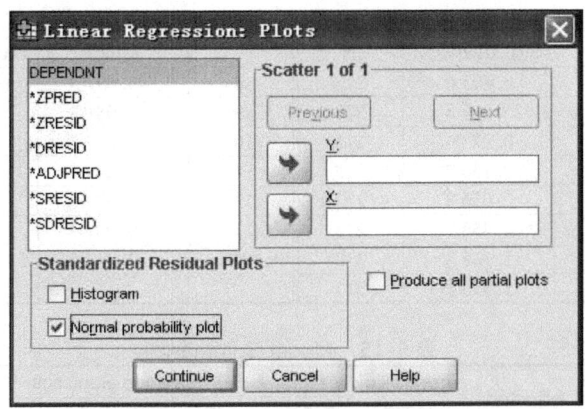

图 5-19　"Linear Regression：Plots"对话框

（5）单击"Linear Pegression"对话框下方的"Save"按钮，打开"Save"对话框，如图 5-20 所示。在"Save"对话框内被选中的项目，都将在数据编辑窗口显示。这里选择未标准化的点预测值"Unstandardized"及其置信度为 95% 的置信区间"Individual"；还可选择残差"Residuals"栏下的"Unstandardized"，即未标准化的残差值。然后，单击"Continue"按钮，回到"Linear Regression"主对话框。

（6）单击"Linear Regression"对话框下方的"Options"按钮，打开"Options"对话框。该对话框只有在筛选自变量方法"Method"框选择逐步回归法"Stepwise"项目后才需打开。临界值可以使用 F 的概率值（Use probability of F），也可以选用 F 值（Use F value）。但要注意，若使用 F 的概率值，则进入（Entry）的概率值要低于剔除（Removal）的概率值；若使用 F 值，则进入（Entry）的值要高于剔除（Removal）的值。然后，单击"Continue"按钮，回到"Linear Regression"主对话框。

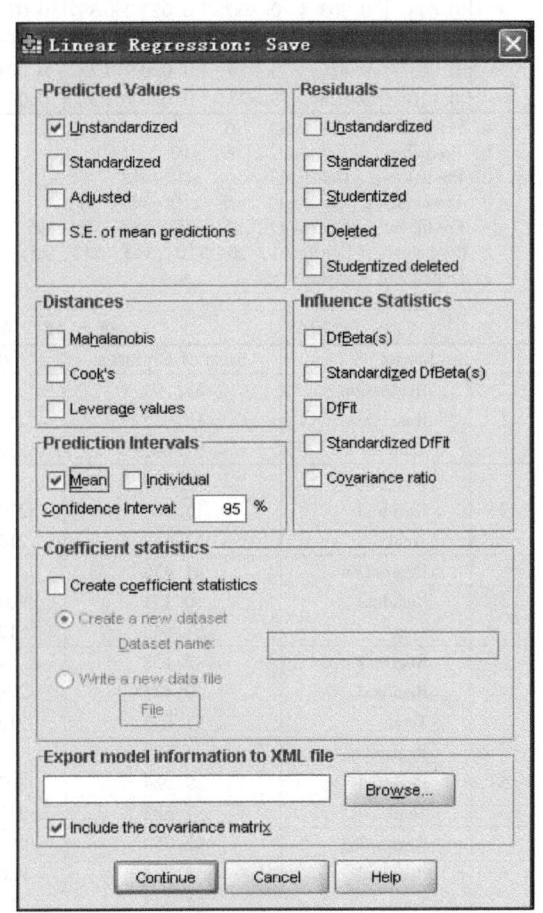

图 5-20　"Linear Pegression：Save"对话框

（7）在"Linear Regression"主对话框中，单击"OK"按钮，完成操作。得到的主要结果如表 5-14 ~ 表 5-17 所示。

表 5-14　Descriptive Statistics

	Mean	Std. Deviation	N		Mean	Std. Deviation	N
y	0.586 9	0.493 6	213	x8	-5.697 3	38.035 4	213
x1	191.671 6	1 425.008 8	213	x9	0.081 3	0.292 5	213
x2	0.246 2	0.223 6	213	x10	7.054 8	6.993 5	213
x3	-0.003 2	0.130 2	213	x11	10.249 7	18.426 5	213
x4	0.199 6	2.056 8	213	x12	0.539 1	0.440 0	213
x5	-0.658 7	4.458 3	213	x13	-0.007 7	0.587 4	213
x6	2.930 2	1.368 3	213	x14	2.268 5	1.782 1	213
x7	0.516 8	5.993 1	213				

表 5-15　Model Summary[g]

Model	R	R-Square	Adjusted R-Square	Std. Error of the Estimate	Change Statistics					Durbin-Watson
					R-Square Change	F Change	df1	df2	Sig. F Change	
1	0.807[a]	0.650	0.649	0.292 495 76	0.650	392.634	1	211	0.000	
2	0.877[b]	0.769	0.767	0.238 129 65	0.119	108.343	1	210	0.000	
3	0.896[c]	0.803	0.800	0.022 060 397	0.034	35.692	1	209	0.000	
4	0.904[d]	0.816	0.813	0.021 354 751	0.013	15.041	1	208	0.000	
5	0.908[e]	0.825	0.820	0.020 914 282	0.008	9.853	1	207	0.002	
6	0.910[f]	0.828	0.823	0.020 767 300	0.003	3.940	1	206	0.048	0.403

a. Predictors: (Constant), x6.
b. Predictors: (Constant), x6, x10.
c. Predictors: (Constant), x6, x10, x13.
d. Predictors: (Constant), x6, x10, x13, x11.
e. Predictors: (Constant), x6, x10, x13, x11, x5.
f. Predictors: (Constant), x6, x10, x13, x11, x5, x14.
g. Dependent Variable: y.

表 5-16　ANOVA[g]

Model		Sum of Squares	df	Mean Square	F	Sig.
1	Regression	33.591	1	33.591	392.634	0.000[a]
	Residual	18.052	211	0.086		
	Total	51.643	212			
2	Regression	39.735	2	19.867	350.361	0.000[b]
	Residual	11.908	210	0.057		
	Total	51.643	212			
3	Regression	41.472	3	13.824	284.058	0.000[c]
	Residual	10.171	209	0.049		
	Total	51.643	212			
4	Regression	42.158	4	10.539	231.116	0.000[d]
	Residual	9.485	208	0.046		
	Total	51.643	212			
5	Regression	42.589	5	8.518	194.733	0.000[e]
	Residual	9.054	207	0.044		
	Total	51.643	212			
6	Regression	42.759	6	7.126	165.240	0.000[f]
	Residual	8.884	206	0.043		
	Total	51.643	212			

a. Predictors: (Constant), x6.
b. Predictors: (Constant), x6, x10.
c. Predictors: (Constant), x6, x10, x13.
d. Predictors: (Constant), x6, x10, x13, x11.
e. Predictors: (Constant), x6, x10, x13, x11, x5.
f. Predictors: (Constant), x6, x10, x13, x11, x5, x14.
g. Dependent Variable: y.

表 5-17 Coefficients[a]

Model		Unstandardized Coefficients		Standardized Coefficients	t	Sig.	95% Confidence Interval for B		Correlations			Collinearity Statistics	
		B	Std. Error	Beta			Lower Bound	Upper Bound	Zero-order	Partial	Part	Tolerance	VIF
1	(Constant)	1.439	0.047		30.327	0.000	1.346	1.533					
	x6	-0.291	0.015	-0.807	-19.815	0.000	-0.320	-0.262	-0.807	-0.807	-0.807	1.000	1.000
2	(Constant)	2.508	0.110		22.865	0.000	2.291	2.724					
	x6	-0.990	0.068	-2.744	-14.512	0.000	-1.124	-0.856	-0.807	-0.708	-0.481	0.031	32.570
	x10	0.139	0.013	1.968	10.409	0.000	0.113	0.165	-0.734	0.583	0.345	0.031	32.570
3	(Constant)	2.316	0.107		21.735	0.000	2.106	2.526					
	x6	-0.899	0.065	-2.492	-13.825	0.000	-1.027	-0.771	-0.807	-0.691	-0.424	0.029	34.470
	x10	0.128	0.012	1.814	10.245	0.000	0.103	0.153	-0.734	0.578	0.315	0.030	33.277
	x13	-0.177	0.030	-0.211	-5.974	0.000	-0.236	-0.119	-0.589	-0.382	-0.183	0.755	1.325
4	(Constant)	2.341	0.103		22.653	0.000	2.137	2.545					
	x6	-0.891	0.063	-2.471	-14.156	0.000	-1.015	-0.767	-0.807	-0.700	-0.421	0.029	34.503
	x10	0.126	0.012	1.784	10.394	0.000	0.102	0.150	-0.734	0.585	0.309	0.030	33.348
	x13	-0.162	0.029	-0.192	-5.571	0.000	-0.219	-0.104	-0.589	-0.360	-0.166	0.740	1.351
	x11	-0.003	0.001	-0.117	-3.878	0.000	-0.005	-0.002	-0.160	-0.260	-0.115	0.976	1.024
5	(Constant)	2.461	0.108		22.748	0.000	2.248	2.675					
	x6	-0.956	0.065	-2.649	-14.706	0.000	-1.084	-0.827	-0.807	-0.715	-0.428	0.026	38.312
	x10	0.137	0.012	1.936	11.067	0.000	0.112	0.161	-0.734	0.610	0.322	0.028	36.119
	x13	-0.148	0.029	-0.176	-5.144	0.000	-0.205	-0.091	-0.589	-0.337	-0.150	0.723	1.383
	x11	-0.003	0.001	-0.117	-3.963	0.000	-0.005	-0.002	-0.160	-0.266	-0.115	0.976	1.024
	x5	0.011	0.003	0.098	3.139	0.002	0.004	0.018	-0.146	0.213	0.091	0.871	1.148
6	(Constant)	2.419	0.109		22.100	0.000	2.204	2.635					
	x6	-0.948	0.065	-2.629	-14.674	0.000	-1.076	-0.821	-0.807	-0.715	-0.424	0.026	38.436
	x10	0.119	0.015	1.692	7.958	0.000	0.090	0.149	-0.734	0.485	0.230	0.018	54.140
	x13	-0.137	0.029	-0.164	-4.734	0.000	-0.195	-0.080	-0.589	-0.313	-0.137	0.699	1.430
	x11	-0.003	0.001	-0.116	-3.962	0.000	-0.005	-0.002	-0.160	-0.266	-0.114	0.976	1.025
	x5	0.011	0.003	0.100	3.227	0.001	0.004	0.018	-0.146	0.219	0.093	0.870	1.149
	x14	0.062	0.031	0.226	1.985	0.048	0.000	0.124	-0.671	0.137	0.057	0.065	15.456

a. Dependent Variable: y.

将所有 150 家 ST 公司与正常公司样本的各项财务指标数据分别代入 y_i 的概率函数，便可计算得到所有样本上市公司的预测概率值 y，根据两组企业的 y 值分布情况，可得到以下判别准则，从而确定评价区域，如表 5-18 所示。

表 5-18　判断准则表

y 预测概率值	上市公司财务状况
$y \geq 1.0$	危机
$0.5 \leq y < 1.0$	预警
$0.2 \leq y < 0.5$	安全
$y < 0.2$	非常安全

3. 逻辑回归分析模型构建的 SPSS 实现步骤及结果

（1）打开"违约回归分析.sav"数据文件。在"Analyze"菜单的"Regression"子菜单中选择"Binary Logistic"命令，进行逻辑回归分析。

（2）在弹出的"Logistic Regression"对话框中，设置逻辑回归分析的被解释变量、解释变量。在"Method"框中选择 SPSS 默认的"Enter"方法，使所选变量全部进入回归方程，如图 5-21 所示。

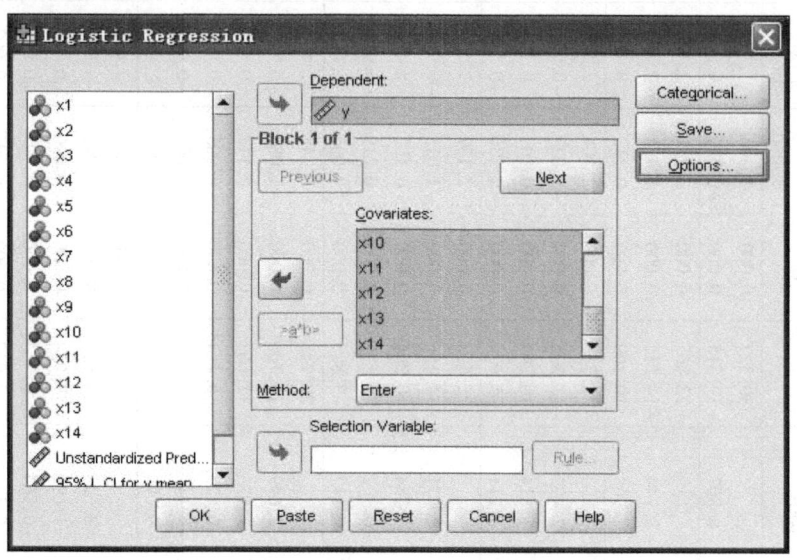

图 5-21　"Logistic Regression"对话框

（3）单击"Logistic Regression"对话框中的"Options"按钮，在弹出的"Logistic Regression：Options"对话框中按需要选择各选项，如图 5-22 所示。单击"Continue"按钮，返回上一个对话框。

"Statistics and Plots"框中的选项用来选择输出那些统计量或统计图表，具体选项如下。

Classification plots（分类图）：通过比较因变量的观测值和预测值之间关系，反映回归模型的拟合效果。

Hosmer-Lemeshow goodness-of-fit（H-L 拟合优度检验统计量）：用以检验整个回归模型的拟合优度。

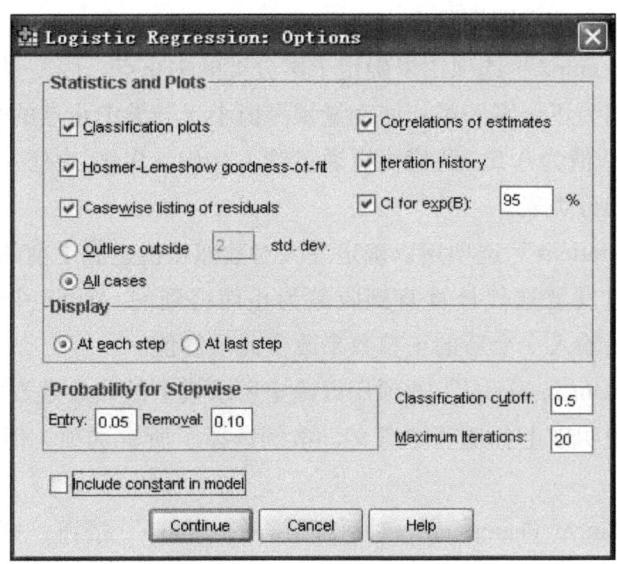

图 5-22 "Logistic Regression: Options" 对话框

Casewise listing of residuals（个案残差列表）：输出标准方差大于某值（Outliers outside * std. Dev.）的个案或者全部个案（All cases）的入选状态，因变量的观测值和预测值及其相应预测概率、残差值。

Correlations of estimates（估计参数的相关性）：输出模型中各估计参数间的相关矩阵。

Iteration history（迭代历史）：输出参数估计迭代过程中的系数及对数似然值。

CI for exp（B）（exp（B）的 N% 置信区间）：选中该选项将会在模型检验的输出结果中列出 exp（B）(各回归系数指数函数值) 的 N%（默认值为95%）置信区间，如果要改变默认值，可以在空白方框内输入 1~99（一般常用的值为 90、95、99）之间的任何一个整数。

"Display" 框用来选择输出计算结果的方式。

At each step：显示 SPSS 每个步骤的计算结果。

At last step：只显示最终计算结果。

"Probability for Stepwise" 框用来设定步长标准，以便逐步控制自变量进入方程或被剔除出方程：

Entry：设置变量进入方程的标准值。如果变量的分数统计概率小于所设置进入方程的标准值，则该变量进入模型，SPSS 默认的显著性水平为 0.05。

Removal：设置变量被剔除出方程的标准值。如果变量的分数统计概率大于所设置被剔除出方程的标准值，则将该变量剔除出方程，SPSS 默认的显著性水平为 0.10。

注意：Entry 值应小于 Remove 值，否则，如果 Entry 值大于 Remove 值，那么自变量一进入方程就会被立即剔除出去。

"Classification cutoff"选项用以确定个案分类的中止点。因变量预测值大于分类中止点的个案设归为正个案一类；因变量预测值小于分类中止点的个案设为负个案。SPSS 设中止点默认值为 0.5，我们可以通过输入 0.01～0.99 中任一数值改变该默认值，从而产生新的分类表。

"Maximum Iterations"选项用以确定最大对数似然值达到之前的迭代次数。最大对数似然值是通过反复迭代计算直到收敛为止而得到的。SPSS 中该项的默认值为 20，我们可以重新输入一个新的正整数来改变此项的值。

"Include constant in model"选项用以确定所求模型的参数是否要包含常数项。

为了更好地说明以上各选项的意义，本例选择了所有选项，但保留各选项中的默认值。

（4）单击"Linear Pegression"对话框下方的"Save"按钮，打开"Save"对话框，勾选"预测概率"，单击"Continue"按钮，返回上一个对话框。然后，单击"OK"按钮，即可得到 SPSS 回归分析的结果。主要结果如表 5-19～表 5-22 所示。

表 5-19　Omnibus Tests of Model Coefficients

		Chi-square	df	Sig.
Step 1	Step	295.281	14	0.000
	Block	295.281	14	0.000
	Model	295.281	14	0.000

表 5-20　Model Summary

Step	-2 Log likelihood	Cox &Snell R Square	Nagelkerke R Square
1	0.000[a]	0.750	1.000

a. Estimation terminated at iteration number 20 because maximum iterations has been reached. Final solution cannot be found.

表 5-21　Hosmer and Lemeshow Test

Step	Chi-square	df	Sig.
1	0.000	5	1.000

表 5-22　Classification Table[a]

Observed		Predicted		
		y		Percentage Correct
		0	1	
Step 1	y　　0	88	0	100.0
	1	0	125	100.0
	Overall Percentage			100.0

a. The cut value is 500.

本文的 Logistic 回归模型选择 0.5 为分割点，即如果通过模型计算出的概率值 P 大于 0.5，则将该公司归入 ST 公司；反之，则将该公司视为正常公司（文中的非 ST

公司)。从结果中可以看出,对于 $y=1$,$y=0$ 来说,预测的准确性 100%。

表 5-23 给出了各个变量对应的系数,以及该变量对应的 Wald 统计量及其相伴概率。

表 5-23 Variables in the Equation

		B	S. E.	Wald	df	Sig.	Exp (B)	95.0% C. I. for EXP (B)	
								Lower	Upper
Step1[a]	x1	0.005	1.497	0.000	1	0.997	1.005	0.053	18.895
	x2	2.231	1.245E4	0.000	1	1.000	9.311	0.000	.
	x3	175.904	3.354E4	0.000	1	0.996	2.477E76	0.000	.
	x4	2.576	1.559E3	0.000	1	0.999	13.146	0.000	.
	x5	1.379	279.392	0.000	1	0.996	3.973	0.000	2.619E238
	x6	110.980	1.877E4	0.000	1	0.995	1.577E48	0.000	.
	x7	0.283	998.453	0.000	1	1.000	1.327	0.000	.
	x8	-0.325	312.024	0.000	1	0.999	0.723	0.000	2.845E265
	x9	-1.415	6.026E3	0.000	1	1.000	0.243	0.000	.
	x10	-56.266	8.645E3	0.000	1	0.995	0.000	0.000	.
	x11	-0.684	226.365	0.000	1	0.998	0.505	0.000	2.425E192
	x12	-5.741	4.376E3	0.000	1	0.999	0.003	0.000	.
	x13	-94.594	9.179E3	0.000	1	0.992	0.000	0.000	.
	x14	6.869	5.547E4	0.000	1	1.000	962.172	0.000	.

a. Variable (s) entered on step 1: x1, x2, x3, x4, x5, x6, x7, x8, x9, x10, x11, x12, x13, x14.

5.4 KMV 模型

5.4.1 目的

利用 Excel Matlab 软件工具建立 KMV 模型,计算公司的违约率并进行公司信用评级评估。

5.4.2 基本原理

1. 基本概念

金融期权(option)是指赋予期权购买者在规定期限内按双方约定的价格(协议价格)或执行价格购买或出售一定数量某种金融资产(标的资产)的权利的合约。

按照期权购买者的权利划分,期权可分为看涨期权和看跌期权。凡是赋予期权购买者购买标的资产的权利合约,就是看涨期权;而赋予期权购买者出售标的资产的权利合约,就是看跌期权。

按照期权买者执行期权的时限划分,期权可以分为欧式期权和美式期权。欧式期权的购买者只能在期权到期日才能执行期权(行使买进或卖出标的资产的权利);而美式期权允许期权购买者在期权到期前的任何时间执行期权。

期权价值等于期权的内在价值加上时间价值。

2. 期权定价模型

假设条件如下：

(1) 对卖空不存在障碍和限制；

(2) 不支付股票红利；

(3) 交易成本与税收为零；

(4) 期权是欧式的；

(5) 短期利率已知而且固定；

(6) 股票价格在连续时间内随机变化；

(7) 股票价格呈对数正态分布；

(8) 期权合约期内股票回报率方差为常数。

在上述的假设条件下，看涨期权的基本布莱克－斯科尔斯定价模型表述如下

$$C = S \cdot N(d_1) - X \cdot e^{-rt} \cdot N(d_2) \tag{5-26}$$

式中

$$d_1 = \frac{\ln(S/X) + (r + 0.5\sigma^2)t}{\sigma\sqrt{t}} \tag{5-27}$$

$$d_2 = d_1 - \sigma\sqrt{t} \tag{5-28}$$

式中，C 为看涨期权的价值；S 为标的资产（股票）的当前价格；X 为期权的执行价格；t 为距期权到期日的时间，以年为单位；r 为期权合约期内的年无风险利率；σ^2 为以连续复利计算的标的资产（股票）年收益对数的方差。$N(d_1)$、$N(d_2)$ 为在正态分布下，随机变量小于 d_1 和 d_2 时的累计概率。

3. 利用 KMV 模型计算违约率的基本思路

1989 年，Kealhofe、McQuown 及 Vasicek 在旧金山创办了一家信用风险评估公司，并用他们名字的首字母命名该公司；2002 年，KMV 公司被穆迪收购。KMV 模型是 KMV 公司开发的一种违约预测模型（信用监控模型，Credit Monitor Mode1），它能够对所有其股权公开交易的主要公司和银行的违约可能性做出预测（并且更新）。

依据默顿理论，对于债权人来说，公司债权可视为以公司资产为基础资产的欧式看涨期权。假设公司只有一种债务，则该期权的协议价格为债务面值，期权的执行期限即为债务到期期限。债务到期时，若公司资产不足以支付债务，则公司股东会违约，将公司资产完全转交债权人；否则公司可以继续运营。于是公司股权的价值可以通过期权定价方法得到。

在 KMV 模型中，衡量违约风险大小的指标是违约距离（default distance，DD）。该值越大，说明公司到期能偿还债务的能力越强，发生违约的可能性越小，该公司信用风险越小；反之，该值越小，说明公司到期偿还债务的能力越弱，有清盘的可

能，该公司信用风险越大，KMV 模型的基本思路如图 5-23 所示。

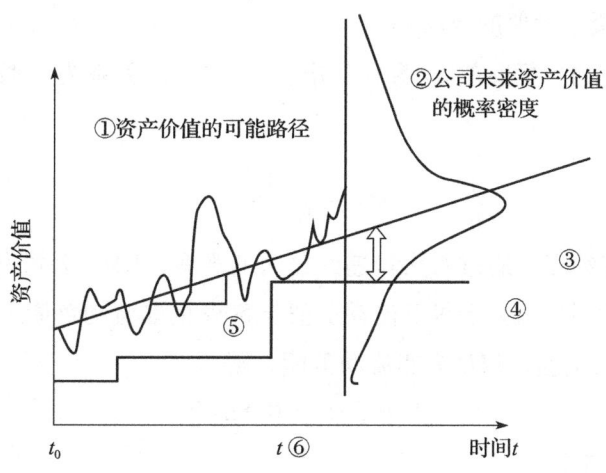

图 5-23 KMV 模型的基本思路

KMV 公司采用了 Black—Scholes—Merton 期权定价模型构建了资产市场价值和股权市值之间的关系。

（1）计算公司资产价值及其波动率。KMV 模型把股东对公司的股权看作一种期权。为了解决企业的资产市值以及资产市值的变动程度这两个变量不可观测的困难，KMV 模型运用了以下两个关系：

1) 企业股权市值与它的资产市值之间的结构性关系；

2) 企业资产市值波动程度和企业股权市值的波动程度之间的关系。

利用 BSM 期权定价公式，可以得到如下表达式

$$V_E = V_A \cdot N(d_1) - X \cdot e^{-rt} \cdot N(d_2) \tag{5-29}$$

式中

$$d_1 = \frac{\ln(V_A/X) + (r + 0.5\sigma_A^2)t}{\sigma_A\sqrt{t}} \tag{5-30}$$

$$d_2 = \frac{\ln(V_A/X) + (r - 0.5\sigma_A^2)t}{\sigma_A\sqrt{t}}$$

$$= d_1 - \sigma_A\sqrt{t} \tag{5-31}$$

V_E、V_A 分别表示公司股权市场价值、公司资产隐含市场价值。

关于公司股权市值，由于我国证券市场目前存在的股权分裂问题导致了非流通股定价困难，从而影响了股权价值的计算，本书参考上市公司股票全流通研究中非流通股的定价，以每股净资产计算非流通股的价格，即

上市公司股权市场价值 V_E = 流通股市场价值 + 非流通股市场价值
　　　　　　　　　　＝ 周平均收盘价格 × 流通股股数 + 每股净资产
　　　　　　　　　　　× 非流通股股数

t 表示剩余时间；

σ_A 表示公司资产价值的波动率。

股权市场价值的日标准差 σ_T 和年标准差 σ_E 之间的关系为（假定年交易天数为 $T = 250$ 天）

$$\sigma_T = \sqrt{\frac{T}{t}}\sigma_t \tag{5-32}$$

X 表示公司违约点。通过对大量违约公司的观察，KMV 公司发现违约发生最频繁的临界点处在公司价值大于等于流动负债与 50% 的非流动负债之和。

设 STD 为流动负债，LTD 为非流动负债，则

$$X = STD + 0.5LTD \tag{5-33}$$

r 为无风险收益率。

由于属于商业秘密，KMV 公司并没有就如何实证得到公司资产与负债之间的这种关系做出解释。

对期权定价模型求微分后，再经过简化可得，公司资产价值的波动率 σ_A 与公司股权价值的波动率 σ_E 满足下面的等式

$$\sigma_E = N(d_1) \times \frac{V_A}{V_E} \times \sigma_A \tag{5-34}$$

由式 5-29、式 5-30、式 5-31 和式 5-34 可以求得公司资产价值 V_A 及其波动率 σ_A。

（2）计算理论违约率 EDF。由于公司资产价值小于公司违约点时，公司股东就会理性地选择违约。因此，有理论违约率估算公式

$$\begin{aligned} EDF = p_t &= Pr(V_A^T \leq X_T | V_A^0 = V_A) \\ &= Pr(\log V_A^T \leq \log X_T | V_A^0 = V_A) \end{aligned} \tag{5-35}$$

对几何布朗过程式微分方程（$dV_A = \mu_A V_A dt + \sigma_A V_A d\varepsilon$），式中 ε 为公司资产价值的随机成分，服从标准正态分布，取对数，可得满足期权定价假设的公司资产价值对数

$$\log V_A^t = \log V_A + \left(\mu_A - \frac{1}{2}\sigma_A^2\right)t + \sigma_A \varepsilon \sqrt{t} \tag{5-36}$$

把式（5-39）代入式（5-38）可得

$$\begin{aligned} p_t &= Pr(V_A^t \leq X_t | V_A^0 = V_A) \\ &= Pr(\log V_A^t \leq \log X_t | V_A^0 = V_A) \\ &= \left[\log V_A + \left(\mu_A - \frac{1}{2}\sigma_A^2\right)t + \sigma_A \varepsilon \sqrt{t} \leq \log X_t\right] \end{aligned} \tag{5-37}$$

移项可得理论违约率 EDF 估计值

$$p_t = \left[\varepsilon < -\frac{\log\frac{V_A}{X_t} + \left(\mu_A - \frac{1}{2}\sigma_A^2\right)t}{\sigma_A\sqrt{t}} \right]$$

$$EDF = p_t = \Phi\left(-\frac{\log\frac{V_A}{X_t} + \left(\mu_A - \frac{1}{2}\sigma_A^2\right)t}{\sigma_A\sqrt{t}}\right) \tag{5-38}$$

$$= \Phi(-d_2)$$

$$= 1 - \Phi(d_2)$$

（3）计算违约距离、违约损失率、预期信用损失率、非预期信用损失率、信用价差。

违约距离等于市场净值（企业资产的市值减去公司的违约点）除以资产价值波动的一个标准差。违约距离 DD 有

$$DD = \frac{\log\frac{V_A}{X_t} + \left(\mu_A - \frac{1}{2}\sigma_A^2\right)t}{\sigma_A\sqrt{t}} \tag{5-39}$$

由上面公式（5-35）、公式（5-36）、公式（5-40）三个公式可知，评估公司违约率需要公司短期负债 STD、非流动负债 LTD、评估期限（一般取 $t=1$ 年）、公司股价与普通股股数、公司股价波动率 σ_E、无风险利率 r。

到期时债权人银行的贷款违约损失率为

$$LGD = \frac{X - V_A}{X} \tag{5-40}$$

我们就可以根据违约率 PD 与违约损失率 LGD 的乘积，对公司的信用质量进行评级。

预期信用损失率

$$RECL = E(PD \times LGD) = \frac{1}{N}\sum_{i=1}^{N} PD_i \times LGD_i \tag{5-41}$$

非预期信用损失率

$$RUCL = D(PD_i \times LGD_i) \tag{5-42}$$

T 期平均收益率为

$$y_T = -\frac{\ln(B_0/D)}{T} = -\frac{\ln\left(\frac{De^{-r_fT} - P_0}{D}\right)}{T}$$

$$= -\frac{1}{T}\ln\left(e^{-r_fT} - \frac{P_0}{D}\right)$$

$$= -\frac{1}{T}\ln\left(e^{-r_fT} - \frac{V_0N(-d_1) - De^{-r_fT}N(d_2)}{D}\right)$$

$$= -\frac{1}{T}\ln e^{-r_f T}\left(1 - \frac{V_0 N(-d_1)/e^{-r_f T} - DN(d_2)}{D}\right)$$

$$= -\frac{1}{T}\left\{\ln e^{-r_f T} + \ln\left(1 - \frac{V_0 N(-d_1)}{De^{-r_f T}} + N(d_2)\right)\right\} \quad (5\text{-}43)$$

$$= r_f - \frac{1}{T}\ln\left(1 + N(d_2) - \frac{V_0 N(-d_1)}{De^{-r_f T}}\right)$$

则信用价差为

$$CS_T = y_T - r_f$$

$$= r_f - \frac{1}{T}\ln\left(1 + N(d_2) - \frac{V_0 N(-d_1)}{De^{-r_f T}}\right) - r_f \quad (5\text{-}44)$$

$$= -\frac{1}{T}\ln\left(1 + N(d_2) - \frac{V_0 N(-d_1)}{De^{-r_f T}}\right)$$

（4）构建映射函数。画散点图，添加趋势线，在不同的六种拟合函数模型中，根据拟合优度最大，选择得到违约距离与实际违约频率的映射函数。

（5）使用映射函数，将违约距离映射成预期违约率。

5.4.3 数据与内容

下载浦发银行（600000）的某年度财务报表数据、年内日交易数据、周无风险收益率，违约距离与违约率对应的历史数据如表 5-24 所示。

表 5-24 违约距离与违约率对应的历史数据

违约距离 DD	公司数量	违约公司数量	违约频率	违约距离 DD	公司数量	违约公司数量	违约频率
0.5	2 000	42	0.021 00	5.5	17 000	14	0.000 82
1	3 500	35	0.010 00	6	18 500	13	0.000 70
1.5	5 000	46	0.009 20	6.5	20 000	11	0.000 55
2	6 500	32	0.004 92	7	21 500	9	0.000 42
2.5	8 000	24	0.003 00	7.5	23 000	8	0.000 35
3	9 500	21	0.002 21	8	24 500	7	0.000 29
3.5	11 000	20	0.001 82	8.5	26 000	6	0.000 23
4	12 500	19	0.001 52	9	27 500	4	0.000 15
4.5	14 000	16	0.001 14	9.5	29 000	5	0.000 17
5	15 500	15	0.000 97	10	30 500	3	0.000 10

5.4.4 Excel 操作步骤与结果

（1）利用原始数据，计算规划求解模型参数值。打开 Excel 文件 "5.4 DEF KMV model"。

1）在 Excel 工作表"股票收益波动率"的单元格 F9 中，输入公式"=LN

(E9/E8)",下拉复制至单元格 F9：F106，利用浦发银行（600000）股票 2009 年度的日收盘价计算出日对数收益率，再利用" = AVERAGE(F8：F106)"，计算平均日收益率；利用" = STDEV(F8：F106)"，计算日对数收益率的标准差；然后，输入公式" = 250^0.5 * F3"，把日对数收益率的标准差换算成年对数收益率的标准差；

2）在 Excel 工作表"无风险收益率"中，利用周无风险收益率，输入公式" = AVERAGE(B2:B72)"，计算周平均无风险收益率，再利用公式" = F2 * 51"，计算年平均无风险收益率；

3）在 Excel 工作表"股权市场价值"中，输入公式" = AVERAGE(P2:P100)"，计算平均股权市场价值；

(2) 建立规划求解模型，计算公司资产价值及其波动率。

1）在"KMV 模型"工作表中，建立规划求解计算表式；

2）在单元格 C6 中，输入" = 股票收益率波动率计算！F4"；

3）在单元格 C8 中，输入" = 财务指标数据！CI14/10^8"；

4）在单元格 C9 中，输入" = 无风险利率！F3"；

5）在单元格 C11 中，输入" = 股票收益率波动率计算！G2"；

6）在单元格 C13 中，输入" = (LN(C5/C8) + (C9 + 0.5 * C7^2) * (C10))/(C7 * SQRT(C10))"；

7）在单元格 C14 中，输入" = C13 - C7 * SQRT(C10)"；

8）在单元格 C15 中，输入" = C5 * NORMSDIST(C13) - C8 * EXP(- C9 * C10) * NORMSDIST(C14)"；

9）在单元格 D6 中，输入" = 股票收益率波动率计算！F4"；

10）在单元格 D15 中，输入" = 股权市场价值！T2/10^8"；

11）在单元格 E6 中，输入" = C6 - D6"；

12）在单元格 E15 中，输入" = C15 - D15"；

13）在单元格 F6 中，输入" = E6^2 + E15^2"；

14）根据试算经验，输入资产价值及其波动率的初始值为 12 690、0.02；

15）选择"数据→规划求解"命令，弹出"规划求解参数"对话框，设置误差平方和为目标单元格，求最小化；设置资产价值、资产价值变动率为可变单元格，如图 5-24 所示；

16）单击"求解"按钮，可得求解情况与输出设置对话框。勾选"保存规划求解结果""运算结果报告"，如图 5-25 所示；

17）单击"确定"按钮，即得运算结果报告和最优解，如图 5-26 所示。

图 5-24 "规划求解参数"对话框

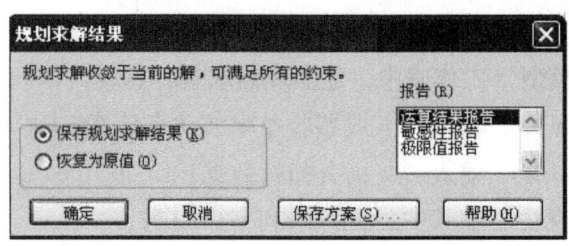

图 5-25 "规划求解结果"对话框

(3) 计算违约距离、理论违约率。

1) 在单元格 C18 中,输入 "=(LN(C5/C8)+(C12-C7^2/2)*C10)/(C7*SQRT(C10))";

2) 在单元格 C19 中,输入 "=NORMSDIST(-C18)"。

(4) 建立影射关系,确定预期违约率。画散点图,添加趋势线,得到违约距离与实际违约频率的映射函数。

(5) 在 Excel 工作表"预期违约率影射函数"中,选中违约距离与实际违约频率的

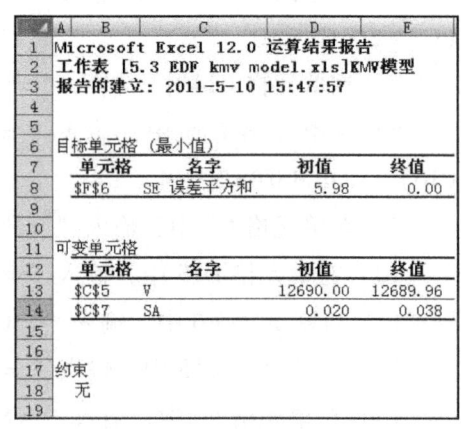

图 5-26 运算结果报告和最优解

数据区域,画出违约距离与实际违约频率的散点图,选中散点,右击"添加趋势线",分别设置指数趋势线、二次多项式趋势线输出,如图 5-27 所示。

1) 单击"确定"按钮,得到两条违约距离与实际违约频率的映射函数曲线,如图 5-28 所示。

从曲线拟合效果及拟合优度看,指数曲线拟合程度较好。其影射方程为

$$预期违约率 = 0.014 * EXP(-0.5 * 违约距离)$$

2) 在单元格 B19 中,输入 "=0.014*EXP(-0.5*C18)",计算得到预期

违约率。

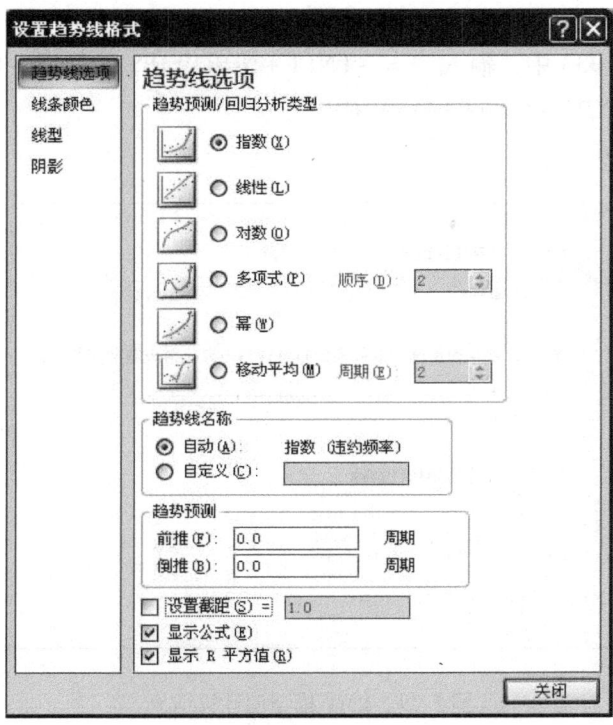

图 5-27 "设置趋势线格式"对话框

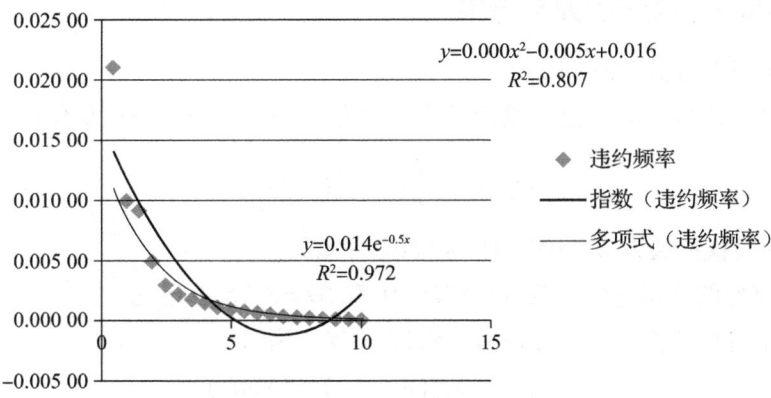

图 5-28 两条违约距离与实际违约频率的映射函数曲线

（6）计算违约损失率、单位资产的预期损失与非预期损失、预期信用损失率、非预期信用损失率、T 期平均收益率、信用价差。

1）在单元格 B29 中，输入 "=ABS((C8-C5)/C8)"；

2）在单元格 B30 中，输入 "=B25*B29"；

3）在单元格 B31 中，输入 "=C7^0.5"；

4）在单元格 B32 中，输入 "=ABS（B25*B29）"；

5）在单元格 B33 中，输入 "=C7^0.5"；

6) 在单元格 B33 中，输入 "= C9 – LN(1 + NORMSDIST(C14) – C5 * NORMSDIST(–C13)/(C8 * EXP(–C9 * C10)))"；

7) 在单元格 B33 中，输入 "= –LN(1 + NORMSDIST(C14) – C5 * NORMSDIST(–C13)/(C8 * EXP(–C9 * C10)))/C10"。

结果如图 5-29 所示。

	A	B	C	D
16				
17	第2步，计算违约距离、理论违约率EDF			
18	违约距离	DD	2.09	
19	理论违约率EDF	EDF	0.01833	
20				
21				
22	第3步，使用映射函数或经验分布将违约距离映射成预期违约率。			
23				
24	映射函数为	y=0.014*exp(-0.5x)		
25	预期违约率=	0.0049		
26				
27				
28	第4步，计算信用风险指标			
29	风险头寸=	10000		
30	违约损失率=	0.001004		
31	单位资产预期损失=	0.04942		
32	单位资产非预期损失=	1959.942		
33	预期信用损失率=	0.00000		
34	非预期信用损失率=	0.196		
35	T期平均收益率=	(0.595)		
36	信用价差=	-0.6774		

图 5-29 KMV 模型的计算结果

5.4.5 Matlab 操作步骤与结果

利用 Matlab 计算过程如下：

（1）基本参数计算。公司股价日波动率为 1.89%，公司股权价值的年波动率为

$$\sigma_T = \sqrt{\frac{T}{t}} \sigma_t = 29.96\%$$

公司的股权价值为 $E = 101\,745\,342\,607.5$ 元。

KMV 模型的公司违约点为 $X = STD + 0.5LTD = 3.75$ 万亿元。

（2）使用数值技术优化方程组。KMV 方程组为

$$\begin{cases} V_E = xEN(d_1) - Xe^{-rt}N(d_2) \\ \sigma_E = xN(d_1)\sigma_A \\ d_1 = \dfrac{\ln\left(\dfrac{xE}{X}\right) + (r + 0.5\sigma_A^2)t}{\sigma_A\sqrt{t}} \\ d_2 = d_1 - \sigma_A\sqrt{t} \end{cases}$$

式中，E 为公司股权价值；σ_E 为公司股权价值的波动率；x 和 σ_A 是两个未知变量。

利用 fsolve 函数求解 KMV 方程组，KMV 方程组中的两个未知变量 V_A 和 σ_A 可从 KMV 方程组中求出。

由于两个未知变量 V_A 和 σ_A 的数量级相差巨大，V_A 数量级为千万、亿等，而 σ_A 的取值范围一般为 [0，10]，fsolve 函数需要使用迭代方法进行方程组计算。为准确求解方程组，必须将 V_A 标准化，即将 V_A 根据负债 X 进行标准化，引入参数 EtX（为 E/X），便于 fsolve 函数迭代求解（若不变化将出现程序失败或计算结果误差巨大的情况）。

引入参数 EtX，上式简化为

$$\begin{cases} 1 = x \cdot N(d_1) - e^{-rt} N(d_2)/EtX \\ \sigma_E = x \cdot N(d_1) \sigma_A \\ d_1 = \dfrac{\ln(x \cdot EtX) + (r + 0.5\sigma_A^2)t}{\sigma_A \sqrt{t}} \\ d_2 = d_1 - \sigma_A \sqrt{t} \end{cases}$$

计算出 X 和 σ_A，根据 $V_A = X * E$ 可以计算出公司资产的市场价值。

1) KMV 方程组计算函数的 M 文件为 KMVfun.m。函数语法为

$$F = KMVfun(EtoX, r, T, Equaity\ Theta, x)$$

输入参数如下所示。

EtoX：E/X，公司的股权价值比公司负债的市场价值；

r：无风险利率；

T：预测周期；

Equity Theta：公司股权价值的波动率；

x：公司资产的市场价值 $V_A = X * E$ 比例。

输出参数为

$$F = 方程组的函数值$$

程序代码如下

```
function F = KMVfun(EtoX,r,T,EquityTheta,x)
d1 = (log(x(1)* EtoX) + (r + 0.5* x(2)^2)* T)/(x(2)* sqrt(T));
d2 = d1 - x(2)* sqrt(T);
% 方程组以列向量的方式给出,得到
F = [x(1)* normcdf(d1) - exp(-r* T)* normcdf(d2)/EtoX - 1;
    normcdf(d1)* x(1)* x(2) - EquityTheta];
```

2) KMV 方程组求解函数的 M 的文件为 KMVOptSearch.m。函数语法为

$$[Va, AssetTheta] = KMVOptSearch(E, X, r, T, EquityTheta)$$

输入参数如下所示。

E：公司的股权价值；

X：公司负债的市场价值；

r：无风险利率；

T：预测周期；

EquityTheta：公司的股权价值波动率。

输出参数如下所示。

Va：公司资产的市场价值；

AssetTheta：公司资产价值的波动率。

程序代码如下

```
function[Va,AssetTheta] = KMVOptSearch(E,X,r,T,EquityTheta)
EtoX = E/X;
% 搜索初始点,% 估计到解的数量级在两位数以内,得到
x0 = [1,1];
% 调用 fsolve 函数求解方程组,得到
VaThetaX = fsolve(@ (x)KMVfun(EtoX,r,T,EquityTheta,x),x0);
% 还原市值,得到
Va = VaThetaX(1)* E;
AssetTheta = VaThetaX(2);
```

3）程序测试计算。程序测试计算的 M 文件 KMVcompute.m.，得到

公司的股权价值 $E = 101\,745\,342\,607.461$ 元；

公司负债的市场价值 $X = STD + 0.5LTD = 375\,000\,000$ 元；

无风险利率 $r = 8.2\%$；

预测周期 $T = 1$ 年；

公司的股权价值波动率 EquityTheta $= 0.299\,6$。

程序代码如下：

```
r = 0.08;
% 无风险利率
T = 1;
% 输入月数
STD = 2 430 000 000 000;
% 短期债务
LTD = 2 640 000 000 000;
% 长期债务
DP = STD + 0.5 * LTD;
% 计算违约点
X = DP;
% 债务的市场价值,可以修改
PriceTheta = 0.299 6;
% theta:volatility
% Price Theta:volatility of stock value
EquityTheta = PriceTheta* sqrt(12);
% EquityTheta = volatility of Theta value
E = 101 745 342 607;
```

```
[Va,AssetTheta] = KMVOptSearch(E,X,r,T,EquityTheta);
% AssetTheta:volatility of asset
% E:Equit maket value
% Va:Value of asset
% to compute the Va andAssetTheta
DD = (Va - DP)/(Va* AssetTheta);
% 计算违约距离
EDF = normcdf( - DD);
% 计算违约率
```

计算结果如图 5-30 所示。

5.4.6　结果分析

规划求解得出公司的资产价值为 1 268.995 872 710 47亿元，资产价值的波动率为0.038 4。理论违约率 EDF 为 0.018 331 64（违约概率比较低），违约距离 DD 为 2.089。通过以上计算可以看出，Excel 所得的结果与 Matlab 所得的结果大致相同，但 Matlab 的计算结果更为精确一些。

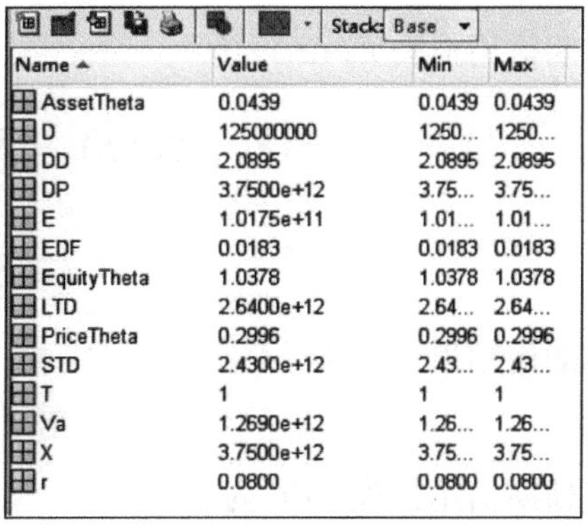

Name	Value	Min	Max
AssetTheta	0.0439	0.0439	0.0439
D	125000000	1250...	1250...
DD	2.0895	2.0895	2.0895
DP	3.7500e+12	3.75...	3.75...
E	1.0175e+11	1.01...	1.01...
EDF	0.0183	0.0183	0.0183
EquityTheta	1.0378	1.0378	1.0378
LTD	2.6400e+12	2.64...	2.64...
PriceTheta	0.2996	0.2996	0.2996
STD	2.4300e+12	2.43...	2.43...
T	1	1	1
Va	1.2690e+12	1.26...	1.26...
X	3.7500e+12	3.75...	3.75...
r	0.0800	0.0800	0.0800

图 5-30　KMV 模型的 Matlab 计算结果

实证表明，KMV 模型不仅能够在上市公司被 ST 的前四年识别出上市公司整体上的信用状况变化趋势，而且在上市公司被 ST 的前两年对上市公司个体具有较强的信用风险判别能力。此外，当违约点等于流动负债情况时，KMV 模型对上市公司信用风险具有最强的识别能力；其他两种情况下违约点模型的识别能力非常接近。根据上述结论，在中国证券市场完全可以利用 KMV 模型来及时识别上市公司的信用风险，为投资者、债权人、监管机构等相关人员和部门提供较为可靠的信用风险评价信息，为及时发现从而规避或者消除信用风险提供有益的策略参考。另外，由于股票价格信息除了反映公司的历史状况，更为重要的是包含了市场对公司未来发展前景的预期。因此，投资者还可以参考模型的信用风险评价结果，选择低风险高收益的投资组合，最大限度地化解信用风险和保障资金的安全，实现收益最大化。

5.5　信用风险损失计算

5.5.1　目的

通过本次实验，掌握信用资产组合的信用风险损失指标的计算方法。

5.5.2 基本原理

信用损失 CL 是指信用风险所引起的损失。

$$CL = \sum_{i=1}^{n} \eta_i \times CE_i \times LGD_i$$

$$\eta_i = \begin{cases} 1, & \text{当第 } i \text{ 种信用资产发生信誉风险时；} \\ 0, & \text{当第 } i \text{ 种信用资产没有发生信誉风险时。} \end{cases}$$

预期信用损失 $E(CL)$ 为

$$E(CL) = \sum_{i=1}^{n} CE_i \times E(\eta_i) \times LGD_i$$

$$= \sum_{i=1}^{n} CE_i \times PD_i \times LGD_i$$

预期信用损失率为

$$REL_i = PD_i \times LGD_i$$

非预期信用损失 UCL 为

$$UCL = D(CL)$$

$$= D\left(\sum_{i=1}^{n} \eta_i \times CE_i \times LGD_i\right)$$

$$= \frac{\sum_{i=1}^{m}(CL_i - ECL)^2 f_i}{\sum_{i=1}^{m} f_i}$$

$$= \sum_{i=1}^{m}(CL_i - ECL)^2 p_i$$

非预期信用损失率为

$$RUL_i = D(\eta_i \times LGD_i)$$

当违约损失率固定时，则非预期信用损失率为

$$RUL_i = D(\eta_i) \times LGD_i$$

当违约损失率变化时，则非预期信用损失率为

$$RUL_i = D(\eta_i \times LGD_i)$$
$$= \sqrt{PD_i(1-PD_i)E(LGD_i)^2 + PD_i^2 D^2(LGD_i)}$$

计算方法有以下两种。

(1) 非预期损失的标准差法：非预期损失就等于信用风险损失的标准差。

(2) 非预期损失的 VaR 法：即利用风险价值减去预期损失得到三倍的非预期损失。

5.5.3 数据与内容

实验数据为五种信用资产的信用风险数据，如表 5-25 所示。

要求计算该信用资产组合的预期损失、预期损失率、非预期损失、非预期损失率。

表 5-25　五种信用资产的信用风险数据

序号	信用暴露	违约损失率	违约率
1	50	60.0%	0.1%
2	60	55.0%	0.3%
3	21	43.0%	0.5%
4	34	81.0%	0.6%
5	65	64.0%	0.9%

5.5.4 操作步骤与结果

（1）列出 Excel 计算表；在单元格 D14 中，输入"=B14*C14"，并往下复制至 D15:D18，计算违约损失；

（2）在单元格 F20 中，输入"=SUMPRODUCT(D14:D18，E14:E18)"，计算预期损失；

（3）在单元格 F14 中，输入"=(D14-$F$20)^2"，并往下复制至 F15:F18，计算损失离差平方；

（4）在单元格 F21 中，输入"=SUMPRODUCT(F14:F18，E14:E18)"，计算违约损失方差；

（5）在单元格 F22 中，输入"=F21^0.5"，计算非预期损失；

（6）在单元格 G14 中输入"=C14*E14"，并往下复制至 G15:G18，计算预期损失率=违约率*违约损失率；

（7）在单元格 H14 中输入"=E14*(1-E14)*C14"，并往下复制至 H15:H18，计算非预期损失率=违约率*(1-违约率)*违约损失率。

信用组合风险损失计算结果如图 5-31 所示。

	A	B	C	D	E	F	G	H
10								
11		预期损失、预期损失率、非预期损失、非预期损失率的计算过程：						
12							预期损失率=	非预期损失率=
13	序号	信用暴露	违约损失率	违约损失	违约率	违约损失离差平方	违约率*违约损失	违约率*(1-违约率)*违约损失率
14	1	50	60.0%	30	0.1%	857.7	0.0600%	0.00060
15	2	60	55.0%	33	0.3%	1042.4	0.1650%	0.00165
16	3	21	43.0%	9	0.5%	69.2	0.2150%	0.00214
17	4	34	81.0%	28	0.6%	719.6	0.4860%	0.00483
18	5	65	64.0%	42	0.9%	1671.7	0.5760%	0.00571
19								
20					组合预期损失=	0.7138		
21					组合违约损失方差=	23.7		
22					组合违约损失标准差=	4.8676		

图 5-31　信用组合风险损失计算

5.6　应收账款信用政策决策模型

5.6.1　目的

通过本次实验，掌握企业信用政策决策计算分析原理。

5.6.2 基本原理

应收账款信用政策的制定是企业财务政策的一个重要组成部分。应收账款的信用政策主要包括信用标准、信用条件和收账政策。合理确定企业的信用政策,直接影响企业的利益。

1. 信用标准决策模型

信用标准是企业同意向客户提供商业信用而提出的基本要求,通常以预期的坏账损失率作为判别标准。如果企业的信用标准较为严格,只对信誉好、坏账损失率很低的客户给予赊销,则会减少坏账损失,减少应收账款的机会成本,但这可能不利于企业扩大销售,甚至会减少销售。如果企业的信用标准较为宽松,虽然会增加销售量,但也会增加坏账损失和应收账款的机会成本。因此,企业应根据具体情况制定合理的信用标准。主要计算公式如下

信用标准变化对利润的影响 = 由于标准变化增加或减少的销售额 × 销售利润率

信用标准变化对应收账款机会成本的影响 = 增加或减少的销售额的平均收款期/360 × 由于标准变化增加或减少的销售额 × 变动成本率 × 应收账款的机会成本率(其中,变动成本率 = 变动成本/销售额)

信用标准变化对坏账损失的影响 = 由于标准变化增加或减少的销售额 × 增加或减少的销售额的坏账损失率

信用标准变化带来的增量利润 = 信用标准变化对利润的影响 − 信用标准变化对应收账款机会成本的影响 − 信用标准变化对坏账损失的影响

2. 信用条件决策模型

信用条件是指企业要求客户支付赊销款项的条件,包括信用期限、折扣期限和现金折扣。信用期限是企业为客户规定的最长付款时间,折扣期限是企业为客户规定的可享受现金折扣的付款时间,现金折扣是客户在折扣期限内付款时企业提供给客户的优惠。例如,账单中的"3/15,n/30"就是一项信用条件,它规定如果在发票开出后 15 天内付款,可享受 3% 的折扣,如果这笔款项在 30 天内付清,则不享受折扣。这里,30 天为信用期限,15 天为折扣期限,3% 为现金折扣。企业提供比较优惠的信用条件,可以增加销售量,但也会增加应收账款的机会成本、坏账损失的现金折扣成本等。主要计算公式如下

信用条件变化对利润的影响 = 由于信用条件变化增加或减少的销售额 × 销售利润率

信用条件变化对应收账款机会成本的影响 = [(新方案的平均收款期 − 目前的平均收款期)/360 × 目前条件下的销售额 + 新方案的平均收款期/360 × 由于信用条件变化增加或减少的销售额] × 变动成本率 × 应收账款的机会成本率

信用条件变化对现金折扣成本的影响=(目前条件下的销售额+由于信用条件变化增加或减少的销售额)×需付现金折扣的销售额占总销售额的百分比×现金折扣率

信用条件变化对坏账损失的影响=由于信用条件变化增加或减少的销售额×增加或减少的销售额的坏账损失率

信用条件变化带来的增量利润=信用条件变化对利润的影响－信用条件变化对应收账款机会成本的影响－信用条件变化对现金折扣成本的影响－信用条件变化对坏账损失的影响

3. 收账政策决策模型

收账政策是指违反信用条件时，企业采取的收账策略。如果企业采用较积极的收账政策，可能会减少应收账款占用的资金，减少坏账损失，但要增加收账费用；如果采用较消极的收账政策，可能会增加应收账款占用的资金，增加坏账损失，则会减少收账费用。因此，企业应根据具体情况制定合适的收账政策。主要计算公式如下

应收账款的平均占用额=年销售收入/360×应收账款平均收款期

坏账损失=年销售收入×坏账损失率

建议收账政策所节约的机会成本=应收账款的平均占用额×变动成本率×应收账款的机会成本率

建议计划减少的坏账损失=目前收账政策的坏账损失－建议收账政策的坏账损失

建议收账政策所增加的收账费用=建议收账政策的年收账费用－目前收账政策的年收账费用

建议收账政策可获得的净收益=建议收账政策所节约的机会成本+建议计划减少的坏账损失－建议收账政策所增加的收账费用

4. 应收账款信用政策的综合决策模型

信用政策中每一项内容的变化都会影响企业的利益，因此，需要将这些因素综合起来考虑，以制定合适的信用政策。其主要计算公式如下所述。

（1）信用政策变化对利润的影响。

$$利润增减量 = 新方案销售额增减量 \times 销售利润率$$

（2）信用政策变化对应收账款机会成本的影响。

$$机会成本增减量 = \left[\frac{新方案平均收账期 - 原方案平均收账期}{360} \times 原方案销售额 + \frac{新方案平均收账期}{360} \times 新方案增减销售额 \right] \times 变动成本率 \times 应收账款机会成本率$$

（3）信用政策变化对坏账损失的影响。

坏账损失增减量=新方案增减销售额×新方案平均坏账损失率－原方案增减销

售额×原方案平均坏账损失率

（4）信用政策变化对现金折扣成本的影响。

现金折扣成本增减量＝新方案销售额×新方案的现金折扣率×新方案需付现金折扣的销售额占销售额的百分比－原方案销售额×原方案的现金折扣率×原方案需付现金折扣的销售额占总销售额的百分比

（5）信用政策变化对收账管理成本的影响。

收账管理成本增减量＝新方案销售额×新方案收账管理成本率－原方案销售额×原方案收账管理成本率

5.6.3 数据及内容

实验数据及内容见下面相关例题。

5.6.4 操作步骤与结果

1. 信用标准决策模型

【例5-1】 某企业目前的经营情况和信用标准如图5-32所示，企业现提出两个信用标准方案，有关数据如图5-32所示。那么，企业应采用哪个方案？

	A	B	C
1			
2	目前经营情况及信用标准		
3	项　目	数　据	
4	销售收入（元）	150000	
5	变动成本率	60%	
6	利润（元）	30000	
7	销售利润率	25%	
8	信用标准（预期坏账损失率限制）	10%	
9	平均坏账损失率	5%	
10	信用条件	30天付清	
11	平均收款期（天）	45	
12	应收账款的机会成本率	15%	
13	新的信用标准方案有关数据		
14	项　目	方案A	方案B
15	信用标准	5%	15%
16	由于标准变化增加或减少的销售额（元）	-9000	10000
17	增加或减少的平均收款期（天）	65	80
18	增加或减少的销售额的平均坏账损失率	8%	13%
19	分析区域		
20	项　目	方案A	方案B
21	信用标准变化对利润的影响（元）	-2250	2500
22	信用标准变化对应收账款机会成本的影响（元）	-146	200
23	信用标准变化对坏账损失的影响（元）	-720	1300
24	信用标准变化带来的增量利润（元）	-1384	1000
25	结论：	应采用方案B	

图5-32　信用标准决策模型

在单元格B21中输入公式"＝B16＊$B$7"，在单元格B22中输入公式"＝B17/360＊B16＊$B$5＊$B$12"，在单元格B23中输入公式"＝B16＊B18"，在单元格B24中输入公式"＝B21－B22－B23"，得到方案A的有关计算结果。然后选取单元格区域B21:B24，将其复制到单元格区域C21:C24中，得到方案B的有关计算结果。最后在单元格B25中输入公式"＝IF(AND(B24＞0，C24＞0)，IF(B24＞

C24,"应采用方案 A","应采用方案 B"),IF(B24 >0,"应采用方案 A",IF(C24 >0,"应采用方案 B","仍采用目前的信用标准")))",此公式的含义为,若两个方案的增量利润均为正值,则选择增量利润最大的方案;若两个方案的增量利润一正一负,则选取增量利润为正值的方案;若两个方案的增量利润均为负值,则仍采取目前的信用标准。

结果表明,企业应采取方案 B,可使企业利润比目前增加 1 000 元。

2. 信用条件决策模型

【例 5-2】 某企业拟改变信用条件,现在两个可供选择的信用条件方案,其有关资料如图 5-33 所示。那么,企业应采用哪个方案?

	A	B	C
1	信用条件决策模型		
2	目前的基本情况		
3	项目	数据	
4	销售额(元)	150000	
5	变动成本率	60%	
6	利润(元)	30000	
7	销售利润率	25%	
8	信用标准(预期坏账损失率限制)	10%	
9	平均坏账损失率	6%	
10	信用条件	30天付清	
11	平均收款期(天)	45	
12	应收账款的机会成本率	15%	
13	新的信用条件方案有关数据		
14	项目	方案A	方案B
15	信用条件	45天内付清,无现金折扣	"2/10, n/30"
16	由于信用条件变化增加或减少的销售额(元)	20000	30000
17	增加销售额的平均坏账损失率	11%	10%
18	需付现金折扣的销售额占总销售额的百分比	0%	50%
19	现金折扣率	0%	2%
20	平均收款期(天)	60	20
21	分析区域		
22	项目	方案A	方案B
23	信用条件变化对利润的影响(元)	5000	7500
24	信用条件变化对应收账款机会成本的影响(元)	863	-788
25	信用条件变化对现金折扣成本的影响(元)	0	1800
26	信用条件变化对坏账损失的影响(元)	2200	3000
27	信用条件变化带来的增量利润(元)	1938	3488
28	结论:	应采用方案B	

图 5-33 信用条件决策模型

这样,在单元格 B23 中输入公式"=B16*$B$7",在单元格 B24 中输入公式"=((B20 -$B$11)/360 *$B$4 + B20/360 * B16) *$B$5 *$B$12",在单元格 B25 中输入公式"=($B$4 + B16)* B18 * B19",在单元格 B26 中输入公式"=B16 * B17",在单元格 B27 中输入公式"=B23 - B24 - B25 - B26",得到方案 A 的有关计算结果。然后选取单元格区域 B23:B27,将其复制到单元格区域 C23:C27 中,得到方案 B 的有关计算结果。最后在单元格 B28 中输入公式"=IF(AND(B27 >0,C27 >0),IF(B27 > C27,"应采用方案 A","应采用方案 B"),IF(B27 >0,"应采用方案 A",IF(C27 >0,"应采用方案 B","仍采用目前的信用条件")))",此公式的含义为,若两个方案的增量利润均为正值,则选择增量利润最大的方案;若两个方案的增量利润一正一负,则选取增量利润为正值的方案;若两个方案的增量利润均为负值,则仍采取目前的信用条件。

结果表明，企业应采取方案 B，可使企业利润比目前增加 3 488 元。

3. 收账政策决策模型

【例 5-3】 某企业在不同收账政策下的有关资料如图 5-34 所示。那么，企业是否应该采用建议的收账政策？

在单元格 B14 中输入公式"=$B$4/360*B10"，并复制到单元格 C14；在单元格 C15 中输入公式"=(B14-C14)*B5*B6"；在单元格 B16 中输入公式"=$B$4*B11"，并复制到单元格 C16；在单元格 C17 中输入公式"=B16-C16"；在单元格 C18 中输入公式"=C9-B9"；在单元格 C19 中输入公式"=C15+C17-C18"；在单元格 B20 中输入公式"=IF(C19>0,"采用建议收账政策","维持目前收账政策")"。

图 5-34 收账政策决策模型

结果表明，企业应采用建议收账政策。

4. 应收账款信用政策的综合决策模型

【例 5-4】 某企业现有的信用政策以及要改变信用政策的两个可供选择的方案如图 5-35 所示，试选择最优方案。

决策步骤如下：

（1）首先计算方案 A 的各项增量指标。各单元格的计算公式如下：

单元格 C15 "=(C5-$B$5)*C6"

单元格 C16 "=((C9-$B$9)/360*$B$5+C9/360*(C5-$B$5))*C13*C12"

单元格 C17 "=C5*C8-$B$5*$B$8"

单元格 C18 "=C5*C11*C10-$B$5*$B$11*$B$10"

单元格 C19 "=C5*C7-$B$5*$B$7"

单元格 C20 "=C15-C16-C17-C18-C19"

图 5-35 应收账款信用政策的综合决策模型

（2）将单元格 C15:C20 复制到单元格 D15:D20 中，得到方案 B 的各项增量指标。

(3) 在单元格 B21 中输入"= IF(AND(C20 > 0, D20 > 0), IF(C20 > D20, "采用方案 A", "采用方案 B"), IF(C20 > 0, "采用方案 A", IF(D20 > 0, "采用方案 B", "采用目前信用政策")))"。

计算结果如图 5-35 所示，企业应采用方案 A 的信用政策。

5.7 Credits Metrics 模型：损失分布法

5.7.1 目的

掌握并能够熟练应用信用度量（Credit Metrics）模型计算的原理与方法。

5.7.2 原理

信用度量（Credit Metrics）模型的计算基础是，在一个既定的期限内（通常是一年）估计一项贷款或者债券资产组合未来价值变动的分布。资产组合价值的变化与信用评级转移、债务人信用质量变化以及违约时间长短有关。

该模型的风险衡量框架主要有两个组成部分：①单一金融工具信用风险的风险价值；②资产组合的风险价值，其中包括了资产组合的风险分散效应。

这个框架有两个辅助函数。通过"相关系数"可以导出净资产回收的相关性，可以用这个相关性来计算信用评级转移的联合概率；通过"风险"可以计算诸如互换之类衍生证券的远期风险。

1. 单一金融工具信用风险的风险价值

（1）确定借款公司当期的信用等级转换概率。基于标准普尔、穆迪公司、KMV 公司或其他公司的债券或贷款分析家所收集的公开交易债券或贷款的历史数据，得到各个信用等级下的历史信用等级转换矩阵。根据借款公司的当前信用等级，找到历史信用等级转换矩阵中相应的信用等级所在行，就可以确定某借款公司在未来一段时间后信用等级发生各种改变情况的概率。

（2）确定借款公司所借贷款未来的价值分布。信用等级的上升和下降会影响贷款的剩余现金流量的信用风险价差，从而会影响贷款的市场价值。根据现金流贴现原理，借款公司所借贷款在一年后的价值根据下式（5-45）确定

$$V = R + \sum_{i=1}^{n-1} \frac{R}{(1+r_i+s_i)^i} + \frac{R+F}{(1+r_n+s_n)^n} \tag{5-45}$$

其中，R 为固定收益证券的年利息，F 为贷款金额，n 为贷款剩余年限，r_i 为预期的第 i 年远期零息票国库券的利率（无风险利率），远期零利率可以通过现在国库券的收益曲线计算出来。s_i 为特定信用等级贷款的第 i 年度信用风险价差，可以通过公司债券市场相应的债券利率与国债市场的国债利率之差计算出来。

(3) 计算贷款的 VaR 值。贷款的价值有着一个相对固定的上部和一个长的下部，也就是贷款在未来一段时间后的价值分布不一定服从正态分布的假定，因而根据 Credit Metrics 模型度量 VaR 值有两种方法，即基于正态分布的 VaR 值和基于实际分布的 VaR 值。

下面先说明基于贷款未来价值的正态分布计算原理。

首先，计算第 i 笔贷款价值的均值 μ_i。p_{ij}，$j=1, 2, \cdots, m$ 为第 i 笔贷款在第 j 个信用等级的转移概率，V_{ij} 为第 i 笔贷款在第 j 个信用等级的贷款价值

$$\mu_i = \sum_{j=1}^{m} p_{ij} V_{ij} \tag{5-46}$$

接着，计算贷款价值的标准差

$$\sigma_i = \sqrt{\sum_{j=1}^{n} p_{ij} (V_{ij} - \mu_i)^2} \tag{5-47}$$

最后，利用方差 – 协方差法，计算出这笔贷款的绝对 VaR 值与相对 VaR 值，即

$$\mathrm{VaR}_A = V_0 (\Phi^{-1}(c) \sigma \sqrt{\Delta t} - \mu \cdot \Delta t)$$
$$\mathrm{VaR}_R = V_0 \cdot \Phi^{-1}(c) \sigma \sqrt{\Delta t}$$

其中，$\Phi^{-1}(c)$ 为置信水平 c 下正态分布的分位数。

基于贷款未来价值的实际分布计算 VaR，则要根据借款公司信用等级转换概率以及各个信用等级下对应的贷款价值，描绘出贷款价值的实际分布状态。然后，根据贷款价值实际分布图中的各个分位点，利用风险价值的定义，采用线性插值方法，或者拟合出经验分布函数，估计出最近的临界点，确定在某一置信水平下贷款价值的最大变动幅度。

Credit Metric 模型计算 VaR 主要有三个步骤，如图 5-36 所示。

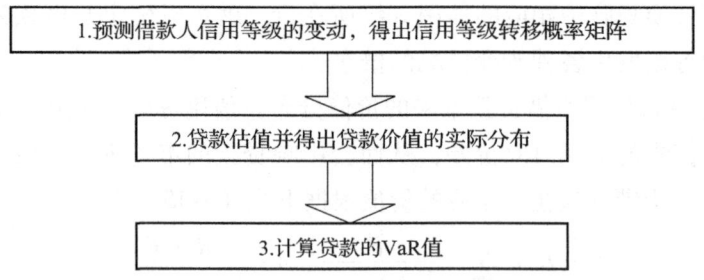

图 5-36　Credit Metrics 模型计算 VaR 的步骤

2. 债券组合风险价值计算的方差 – 协方差法

基本假设为，资产组合中所有证券的投资回报率满足正态分布，从而资产组合作为正态变量的线性组合也满足正态分布。则债券组合风险价值计算的方差 – 协方差法为：

$$\text{VaR}_R^P = P_P \cdot \Phi^{-1}(c) \cdot \sigma_P \sqrt{\Delta t} \tag{5-48}$$

$$\text{VaR}_A^P = P_P(\Phi^{-1}(c) \cdot \sigma_P \sqrt{\Delta t} - \mu_P \Delta t) \tag{5-49}$$

5.7.3 数据与内容

假设一个投资组合包含三只债券，分别由公司 1、公司 2 和公司 3 发行，其初始评级分别是 BBB 级、A 级和 CCC 级。投资组合的具体构成如下：

（1）公司 1 发行的债券 1，初始信用评级为 BBB，面值为 100，票面利率为 6%，期限还有五年，优先等级为优先无担保，共持有 40 000 张；

（2）公司 2 发行的债券 2，初始信用评级为 A，面值为 100，票面利率为 5%，期限为三年，优先等级为优先无担保，共持有 20 000 张；

（3）公司 3 发行的债券 3，初始信用评级为 CCC，面值为 100，票面利率为 10%，期限为两年，优先等级为优先无担保，共持有 10 000 张。

已知 A 级、BBB 级和 CCC 级债券的投资比重分别为：0.4、0.4、0.2。相关系数矩阵如表 5-26 所示。

要求，计算单一债券及三个债券组合的信用风险价值。计算步骤为：

（1）要确定信用等级转换矩阵；

（2）要确定不同期末评级的远期利率即收益率曲线，以及违约回收率；

表 5-26 相关系数矩阵

	A	BBB	CCC
A	1	0.6	0.3
BBB	0.6	1	0.5
CCC	0.3	0.5	1

（3）计算因信用评级变化而引起债券价值波动的均值与标准差；

（4）计算风险价值。

5.7.4 步骤

（1）确定信用评级转换矩阵。采用穆迪或者标准普尔公司的信用评级转移矩阵，如表 5-27 所示。

表 5-27 信用评级转移矩阵

年末评级	初始评级						
	AAA	AA	A	BBB	BB	B	CCC
AAA	90.81	0.7	0.09	0.02	0.03	0	0.12
AA	8.33	90.65	2.27	0.33	0.14	0.11	0.2
A	0.68	7.79	91.05	5.95	0.67	0.24	0.22
BBB	0.06	0.64	5.52	86.93	7.73	0.43	1.3
BB	0.12	0.06	0.74	5.3	80.53	6.48	2.38
B	0	0.14	0.26	1.17	8.84	83.46	11.24
CCC	0	0.02	0.01	0.12	1	4.07	64.86
default	0	0	0.06	0.18	1.06	5.2	19.79

(2) 确定不同期末评级的远期利率即收益率曲线，以及违约回收率，如表 5-28 所示。

表 5-28　每一个信用评级不同时点的一年期远期利率　　　　　　　　（%）

评级	年限				
	1	2	3	4	5
AAA	3.6	4.17	4.73	5.12	5.6
AA	3.65	4.22	4.78	5.17	5.7
A	3.72	4.32	4.93	5.32	6.1
BBB	4.1	4.67	5.25	5.63	6.3
BB	5.55	6.02	6.78	7.27	8
B	6.05	7.02	8.03	8.52	9.5
CCC	15.05	15.02	14.03	13.52	15
default	—	—	—	—	

对于 default 而言，按优先级给出清偿率，即违约回收率，如表 5-29 所示。

表 5-29　违约回收率

优先级	违约回收率	
	均值（%）	标准差（%）
优先担保债券	53.8	26.86
优先无担保债券	51.13	25.45
优先次级债券	38.52	23.81
次级债券	32.74	20.18
低等次级债券	17.09	10.9

注：按优先级给出的回收率（面值的百分比，即"平价"）。

(3) 计算信用评级为 BBB 的债券的价值。

利用债券估值公式 $P = R + \sum_{i=1}^{n-1} \frac{R}{(1+r_i+s_i)} + \frac{R+F}{(1+r_n+s_n)^n}$，求得债券价值。

如初始评级 BBB 一年后 AAA 评级时，债券价值为 C12 = \$E\$7 + \$E\$7/(1 + 远期利率!B4/100) + \$E\$7/(1 + 远期利率!C4/100)^远期利率!\$C\$3 + \$E\$7/(1 + 远期利率!D4/100)^远期利率!\$D\$3 + (\$E\$7 + 100)/(1 + 远期利率!E4/100)^远期利率!\$E\$3。

同理，计算一年后评级为 AA、A、BBB、BB、B、CCC 时的贷款价值。

出现违约的时候，债券价值为 C19 = LGD!B5 * 100/100。

(4) 计算转移概率。

利用已知的转移矩阵，求得转移概率，D12 = 转移矩阵!E6/100。

(5) 计算债券单位价值的加权平均值，C24 = SUMPRODUCT(C12:C19, D12:D19)。

(6) 计算离差^2，在单元格 E12 输入"=(C12 - \$C\$24)^2"，往下复制；再计算离差^2 * 转移概率，在单元格 F12 输入"= E12 * D12"，往下复制。

（7）计算价值变化，一年后评级的变化与保持 BBB 级的债券价值变化，在单元格 G12 输入“ =C12 -$C $15”，往下复制。

（8）对离差^2 * 转移概率求和，计算该债券价值的方差，C26 = SUM（F12:F19），如图 5-37 所示。

（9）计算该债券价值的标准差，C27 = C26^0.5，如图 5-37 所示。

初始评级	一年后评级	价值V	转移概率	离差^2	离差^2*转移概率	价值变化
BBB	AAA	109.35	0.02%	5.21	0.0010	1.82
BBB	AA	109.17	0.33%	4.42	0.0146	1.64
BBB	A	108.64	5.95%	2.48	0.1473	1.11
BBB	BBB	107.53	86.93%	0.21	0.1852	0.00
BBB	BB	102.01	5.30%	25.63	1.3586	-5.52
BBB	B	98.09	1.17%	80.70	0.9442	-9.45
BBB	CCC	83.63	0.12%	549.60	0.6595	-23.91
BBB	default	51.13	0.18%	3129.21	5.6326	-56.40
3、计算因信用评级变化而引起债券价值波动的均值与标准差						
计算债券价值的描述统计指标:						
贷款未来价值	单张平均值=	107.0694				
	总平均值=	4282775				
	单张方差=	8.9431				
	总方差=	14308956522				
	单张标准差=	2.9905				
	总标准差=	119620				
	风险价值=	742.84				

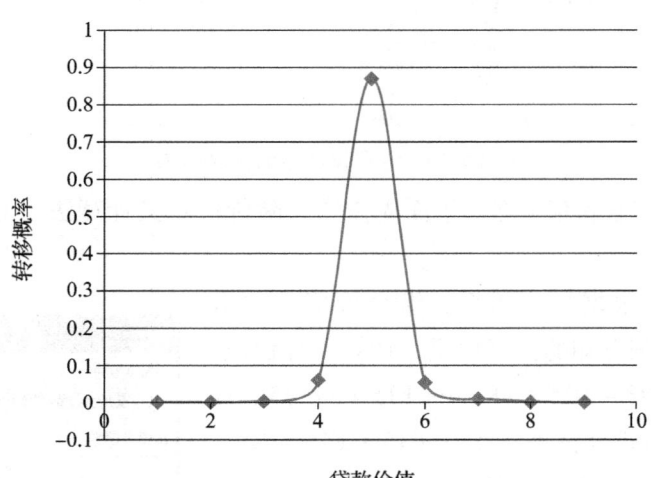

图 5-37　BBB 级债券的计算结果

将图 5-37 中的数据转化为图形，BBB 级债券一年期远期价值变动的分布如图 5-38 所示。

图 5-38　BBB 级一年期债券远期价值变动的分布图

计算 BBB 级债券的风险价值。分布的图形中有一个长长的“向下的尾部”，与 99% 置信区间相对应，其分布的第一个百分位数值为 -9.45。如果假定该分布服从正态分布，99% 置信区间内的信用风险为 -7.87。两者之间的差异，主要是源于债券价值的分布与正态分布假设之间并不完全吻合。

（10）用同样的方法，计算出 A 级和 CCC 级债券价值及其均值、标准差，如图 5-39所示。

初始评级	一年后评级	价值V	转移概率	离差^2	离差^2*转移概率	价值变化
A	AAA	102.08	0.09%	0.43	0.0004	1.39
A	AA	101.95	2.27%	0.27	0.0062	1.25
A	A	101.55	91.05%	0.02	0.0144	0.86
A	BBB	100.69	5.52%	0.53	0.0295	0.00
A	BB	96.77	0.74%	21.68	0.1604	-3.92
A	B	93.75	0.26%	58.85	0.1530	-6.94
A	CCC	80.64	0.01%	431.95	0.0432	-20.05
A	default	51.13	0.06%	2529.62	1.5178	-49.56
3、计算因信用评级变化而引起债券价值波动的均值与标准差						
计算债券价值的描述统计指标：						
贷款未来价值	平均值=	101.4253				
	方差=	1.9249				
	标准差=	1.3874				
	风险价值=	326.4695				

图 5-39　A 级债券的计算结果

初始评级	一年后评级	价值V	转移概率	离差^2	离差^2*转移概率	价值变化
CCC	AAA	121.02	0.12%	766.96	0.9204	-2.06
CCC	AA	124.48	0.20%	970.22	1.9404	1.40
CCC	A	124.04	0.22%	943.39	2.0755	0.96
CCC	BBB	123.08	1.30%	885.20	11.5076	0.00
CCC	BB	118.72	2.38%	644.74	15.3448	-4.36
CCC	B	115.41	11.24%	487.59	54.8052	-7.67
CCC	CCC	100.44	64.86%	50.57	32.7969	-22.64
CCC	default	51.13	19.79%	1780.67	352.3950	-71.95
3、计算因信用评级变化而引起债券价值波动的均值与标准差						
计算债券价值的描述统计指标：						
贷款未来价值	平均值=	93.3280				
	方差=	471.7857				
	标准差=	21.7206				
	风险价值=	4702.9715				

图 5-40　CCC 级债券的计算结果

（11）计算组合价值分布。下面先按照风险价值定义计算法，说明债券组合风险价值的计算。

在题目中，根据排列组合，组合价值一共有 512 种情况。根据已知的投资比重，计算组合价值，H15 = B15 * $K $3 + D15 * $K $4 + F15 * $K $5。计算该组合价值的联合概率，I15 = C15 * E15 * G15。同理，往下复制至 H526、I526。参见“1-4 组合价值分布 Excel 计算表”。

（12）按照组合价值大小对计算的组合概率进行排序，参见“表 1-5 求组合风险价值”，如图 5-41所示。

图 5-41　“排序”对话框

（13）按照定义法用实际分布计算风险价值。

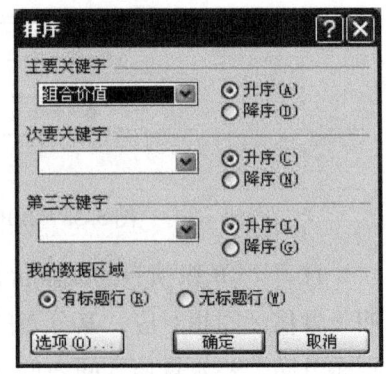

根据排序之后的联合概率，求得累积概率，C3 = B3，C4 = C3 + B4，再往下复制至 C515。

在 H6 输入 "= VLOOKUP(H5，A4:B515，2)"，即得按照定义法用实际分布计算的债券组合风险价值，如图 5-42 所示。

下面说明利用方差 – 协方差法计算债券组合的风险价值的方法。

（14）计算债券组合的预期价值，H24 = SUMPRODUCT(H14:J14，H15:J15)。

置信水平	99%
显著性水平	1%
组合风险价值	109.4696

图 5-42　用实际分布计算的债券组合风险价值

（15）计算债券组合的方差 – 协方差矩阵，利用已知的相关系数矩阵以及投资比重矩阵，输入表 5-30 中的公式，计算得到组合的方差 – 协方差矩阵结果。

表 5-30　债券组合的方差 – 协方差矩阵计算公式

	A	BBB	CCC
A	= H17 * H20 * H17	= I17 * I20 * H17	= J17 * J20 * H17
BBB	= H17 * H21 * I17	= I17 * I21 * I17	= J17 * J21 * I17
CCC	= H17 * H22 * J17	= I17 * I22 * J17	= J17 * J22 * J17

（16）计算组合的方差，H29 = MMULT(MMULT(H14:J14，H26:J28)，TRANSPOSE(H14:J14))；计算组合的标准差，H30 = H29^0.5。

（17）计算组合风险价值，H31 = 2.33 * H30 * H24。

5.7.5　结果

债券组合的风险价值计算结果如图 5-43 所示。

按照正态分布计算风险价值			
置信水平	99%		
显著性水平	1%		
	A	BBB	CCC
投资比重	0.4	0.4	0.2
预期价值	101.43	107.07	93.33
方差	1.92	8.94	471.79
标准差	1.39	2.99	21.72
相关系数矩阵	A	BBB	CCC
A	1	0.6	0.3
BBB	0.6	1	0.5
CCC	0.3	0.5	1
组合预期价值	102.0635		
	A	BBB	CCC
组合方差-协方差矩阵 A	1.9249	2.4895	9.0407
组合方差-协方差矩阵 BBB	2.4895	8.9431	32.4778
组合方差-协方差矩阵 CCC	9.0407	32.4778	471.7857
组合方差=	28.0499		
组合标准差=	5.2962		
组合风险价值=	1259.48		

图 5-43　债券组合的风险价值计算结果

5.8 Credits Metrics 模型：蒙特卡罗模拟法

5.8.1 目的

掌握利用蒙特卡罗模拟法，计算组合风险价值。

5.8.2 原理

1. 单一金融工具信用风险的风险价值

（1）要确定信用评级转移矩阵；

（2）要确定不同期末评级的远期利率即收益率曲线，选择固定收益定价模型估值；

（3）计算因信用评级变化而引起债券价值波动的均值与标准差；

（4）计算风险价值。

2. 债券组合的信用风险价值

（1）如果三只债券的发行人之间的违约相关系数为0，那么可以轻易计算出信用联合转移概率。

（2）三只债券信用评级变动之间的相关系数并不为0，则需要根据相关性系数，在 Excel 上采用模拟的方法来计算信用风险 VaR。

1）用 Excel 随机数发生器生成服从标准正态分布的随机数，来模拟三个债务人资产收益率的变动状况。

2）用 Cholesky 分解法来分解资产组合相关性矩阵。所谓 Cholesky 分解就是将一个对称矩阵分解为两个矩阵。

3）得出相关的三维贷款资产收益率矩阵。

4）模拟评级。

5）远期价值估算。

6）计算组合风险价值 VaR。

5.8.3 数据与内容

数据同第 5.7 节，要求利用蒙特卡罗模拟法，计算组合风险价值。

5.8.4 步骤

第一种情况，信用评级变动之间的相关系数并不为0。

1. 确定阈值

首先，根据初始的转移矩阵计算出各个评级的转移概率。然后确定各个评级的代码，令评级 AAA 的代码为1，评级 AA 的代码为2，评级 A 的代码为3，评级 BBB

的代码为 4，评级 BB 的代码为 5，评级 B 的代码为 6，评级 CCC 的代码为 7，评级 Default 的代码为 8。

再确定转移临界值。确定方法：如果年末评级的代码小于初始评级的代码，则返回（1 - 转移概率）的标准正态分布的区间点；如果年末评级的代码大于等于初始评级的代码，则返回转移概率的标准正态分布的区间点。则 E11 = IF（C11 <$D$9，NORMSINV(1 – D11)，NORMSINV(D11)），同理可计算其他转移概率对应的转移临界值，如图 5-44 所示。

			初始评级					
			A	A	BBB	BBB	CCC	CCC
		代码	3	3	4	4	7	7
			转移概率	转移临界值	转移概率	转移临界值	转移概率	转移临界值
年末评级	AAA	1	0.09%	3.1214	0.02%	3.5401	0.12%	3.0357
	AA	2	2.27%	2.0009	0.33%	2.7164	0.20%	2.8782
	A	3	91.05%	1.3438	5.95%	1.5590	0.22%	2.8480
	BBB	4	5.52%	-1.5964	86.93%	1.1231	1.30%	2.2262
	BB	5	0.74%	-2.4372	5.30%	-1.6164	2.38%	1.9809
	B	6	0.26%	-2.7944	1.17%	-2.2668	11.24%	1.2139
	CCC	7	0.01%	-3.7190	0.12%	-3.0357	64.86%	0.3815
	default	8	0.06%	-3.2389	0.18%	-2.9112	19.79%	-0.8491

图 5-44　确定转移临界值

2. 相关性矩阵的 cholesky 分解

现在假定资产回报率之间的相关系数是可知的，用 P 来表示。在我们的例子中假设公司 1 和公司 2 的相关系数 P 为 0.3，公司 2 与公司 3 资产收益的相关系数 P 为 0.2，资产组合相关性矩阵如表 5-31 所示。

表 5-31　资产组合相关性矩阵

	公司 1	公司 2	公司 3
公司 1	1	0.3	0.1
公司 2	0.3	1	0.2
公司 3	0.1	0.2	1

（1）用 Excel 随机数发生器生成服从标准正态分布的随机数，来模拟三个债务人资产收益率的变动状况。

（2）用 Cholesky 分解法，分解资产组合相关性矩阵。所谓 Cholesky 分解就是将一个对称矩阵分解为两个半角矩阵。其矩阵表达式为

$$V = C \times CT$$

$$\begin{pmatrix} a_1 & a_4 & a_5 \\ a_4 & a_2 & a_6 \\ a_5 & a_6 & a_3 \end{pmatrix} = \begin{pmatrix} b_1 & 0 & 0 \\ b_4 & b_2 & 0 \\ b_5 & b_6 & b_3 \end{pmatrix} \begin{pmatrix} b_1 & b_4 & b_5 \\ 0 & b_2 & b_6 \\ 0 & 0 & b_3 \end{pmatrix}$$

式中，CT 是 C 的转置矩阵，且 C 为下三角矩阵。这里的相关性矩阵 V 为已知。可以利用相关系数分析工具计算出股价相关性代替资产相关性，也可以利用多因素模型计算相关性。根据资产相关性矩阵 V，我们可以利用一个用 VBA 定义的函数来求

解，Cholesky 分解法的程序源代码如下：

```
FunctionCholesky(r As Range) As Variant
Dim vA As Variant
Dim d As Double
Dim i As Long, j As Long, k As Long, n As Long
vA = r
n = r.Rows.Count
If n < > r.Columns.Count Then
    Cholesky = CVErr(xlErrRef)
    Exit Function
End If
ReDim vR(1 To n, 1 To n) As Variant
For j = 1 To n
    d = 0#
    For k = 1 To j - 1
        d = d + vR(j, k) * vR(j, k)
    Next k
    vR(j, j) = vA(j, j) - d
    If vR(j, j) <= 0 Then
        Cholesky = CVErr(xlErrNum)
        Exit Function
    End If
    vR(j, j) = Sqr(vR(j, j))
    For i = j + 1 To n
        d = 0#
        For k = 1 To j - 1
            d = d + vR(i, k) * vR(j, k)
        Next k
        vR(i, j) = (vA(i, j) - d) / vR(j, j)
    Next i
Next j
Cholesky = vR
End Function
```

将程序代码输入命令编辑器内，这样就完成了 Cholesy 自定义函数的加载过程。然后选定数据结果的输出区域（A101:C104）。键入公式" = Cholesky(B78:D80)"，然后按"Ctrl + Shift + Enter"组合键完成便可，相关性矩阵的 Cholesky 分解如图 5-45 所示。

	A	B	C	D	E	F	G	H
1	蒙特卡罗模拟法求解风险价值							
2								
3		债券组合的相关系数矩阵						
4			公司1	公司2	公司3			
5		公司1	1	0.6	0.3			
6		公司2	0.6	1	0.5			
7		公司3	0.3	0.5	1			
8								
9		相关系数矩阵的cholesky分解矩阵				相关系数矩阵的cholesky分解矩阵的转置矩阵		
10			C			CT		
11		1.00000	0.00000	0.00000		1.0000	0.6000	0.3000
12		0.60000	0.80000	0.00000		0.0000	0.8000	0.4000
13		0.30000	0.40000	0.86603		0.0000	0.0000	0.8660

图 5-45　相关性矩阵的 Cholesky 分解

3. 生成三维贷款资产收益率矩阵

应用随机发生数器，在分布中选择正态，输出区域为 \$B\$17:\$D\$116，输出三维标准正态分布随机变量。然后选定区域 F17:H116，输入"＝MMULT(B17:D116, F10:H12)"，与 CT 相乘得出具有给定相关关系矩阵的三维贷款资产收益率矩阵，如图 5-46 所示。

15	2、生成三维标准正态分布随机变量			3、与CT相乘得出相关的三维贷款资产收益率矩阵		
16	模拟标准正态分布随机变量Z (N*3)			模拟贷款资产收益率矩阵X (N*3)		
17	公司1	公司2	公司3	公司1	公司2	公司3
111	0.025132	0.6244	2.135548	0.0251	0.5146	2.1067
112	1.101455	0.380254	0.162158	1.1015	0.9651	0.6230
113	1.155834	0.45922	0.892808	1.1558	1.0609	1.3036
114	-1.73693	-0.94401	0.400066	-1.7369	-1.7974	-0.5522
115	-1.13534	0.805369	0.091352	-1.1353	-0.0369	0.0607
116	0.50042	0.744831	-0.84899	0.5004	0.8961	-0.2872
117	0.016562	0.143891	0.713594	0.0166	0.1251	0.6805
118						

图 5-46　三维贷款资产收益率矩阵

4. 模拟评级

根据先前确定的阀值得出评级阀值序列，其中评级为 Default 时，阀值均为 −10，如图 5-47 所示。

然后，根据评级阀值序列和与 CT 相乘得出相关的三维贷款资产收益率矩阵，计算出模拟评级。计算公式分别为 K17＝VLOOKUP(F17, \$K\$3:\$L\$10, 2)；L17＝VLOOKUP(G17, \$M\$3:\$N\$10, 2)；M17＝VLOOKUP(H17, \$O\$3:\$P\$11, 2)；然后以此类推，一直到 K116、L116、M116，如图 5-48 所示。

公司1	评级	公司2	评级	公司3	评级
-10	default	-10	default	-10	default
-3.719	CCC	-3.036	CCC	-0.85	CCC
-3.239	B	-2.911	B	0.38	B
-2.794	BB	-2.267	BB	1.21	BB
-2.437	BBB	-1.616	BBB	1.98	BBB
-1.596	A	1.123	A	2.23	A
1.344	AA	1.559	AA	2.85	AA
2.001	AAA	2.716	AAA	2.88	AAA

图 5-47　评级阀值序列

16			
107	A	BBB	B
108	A	BBB	CCC
109	A	BBB	CCC
110	A	BBB	CCC
111	A	BBB	BBB
112	A	BBB	B
113	A	BBB	BB
114	BBB	BB	CCC
115	A	BBB	CCC
116	A	BBB	CCC
117	A	BBB	B

图 5-48　模拟评级结果

5. 远期价值估算

（1）计算公司 1 价值，输入"＝'2−2 债券 BBB 价值'!\$E\$5＋'2−2 债券 BBB 价值'!\$E\$5/(1＋VLOOKUP(K17, '2−0 远期利率'!\$A\$4:\$E\$10, 2, FALSE))＋'2−2 债券 BBB 价值'!\$E\$5/(1＋VLOOKUP(K17, '2−0 远期利率'!\$A\$4:\$E\$10, 2, FALSE))^2＋'2−2 债券 BBB 价值'!\$E\$5/(1＋VLOOKUP(K17, '2−0 远期利率'!\$A\$4:\$E\$10, 3, FALSE))^'2−0 远期利率'!\$D\$3＋(100＋'2−2 债券 BBB 价值'!\$E\$5)/(1＋VLOOKUP(K17, '2−0 远期利率'!\$A\$4:\$E\$10,

4，FALSE))^'2 - 0 远期利率'!$E$3"。

（2）计算公司 2 价值，输入 " = '2 - 3 债券 A 价值'!$E$5 + '2 - 3 债券 A 价值'!$E$5/(1 + VLOOKUP(L17，'2 - 0 远期利率'!$A$4:$E$10，2，FALSE)) + '2 - 3 债券 A 价值'!$E$5/(1 + VLOOKUP(L17，'2 - 0 远期利率'!$A$4:$E$10，2，FALSE))^2 + (100 + '2 - 3 债券 A 价值'!$E$5)/(1 + VLOOKUP(L17，'2 - 0 远期利率'!$A$4:$E$10，3，FALSE))^'2 - 0 远期利率'!$D$3"。

（3）计算公司 3 价值，输入 " = '2 - 4 债券 CCC 价值'!$E$5 + '2 - 4 债券 CCC 价值'!$E$5/(1 + VLOOKUP(M17，'2 - 0 远期利率'!$A$4:$E$10，2，FALSE)) + (100 + '2 - 4 债券 CCC 价值'!E2)/(1 + VLOOKUP(M17，'2 - 0 远期利率'!$A$4:$E$10，2，FALSE))^2"，远期价值估算结果如图 5-49 所示。

1）模拟服从 Beta 分布的回收率随机数；Credit Metrics 假定清偿率服从 Beta 分布。在计算债券实际违约情况下的远期价值时，应该根据给定的均值与标准差，输入 " = BETAINV(RAND()，0.51，0.25)"，模拟服从 Beta 分布的随机数。

2）在 S17 中输入 IF(L17 = "default"，100 * Q17，P17)，确定公司 2 的价值；T17 中输入 IF(M17 = "default"，100 * R17，Q17)，确定公司 3 的价值；然后根据相关公式计算出不同组合的公司价值。最后计算出组合价值和组合价值变化，如图 5-50 所示。

公司1	公司2	公司3-1
7.666075	5.508638	#N/A
7.666075	5.508638	#N/A
7.666075	5.508638	#N/A
7.666075	5.508638	11.05007
7.704966	5.508638	11.01125
7.704966	5.717718	11.01125
7.666075	5.508638	13.85758
7.666075	5.776383	13.63161
7.666075	5.508638	13.98854
7.666075	5.508638	32.95095
7.666075	5.508638	14.67345
7.666075	5.508638	31.24042
7.666075	5.717718	13.51409

图 5-49　远期价值估算结果

15				模拟服从			
16	远期价值估算			Beta分布			
17	公司1	公司2	公司3-1	的回收率	公司2-2	公司3-2	组合价值	组合价值变化
108	7.66608	5.508638	11.01125	0.988004	5.508638	11.01125	24.1860	-285.3351
109	7.66608	5.508638	11.01125	0.984169	5.508638	11.01125	24.1860	-285.3351
110	7.66608	5.508638	11.01125	0.822082	5.508638	11.01125	24.1860	-285.3351
111	7.66608	5.508638	15.80546	0.646514	5.508638	15.80546	28.9802	-280.5409
112	7.66608	5.508638	13.43041	0.975157	5.508638	13.43041	26.6051	-282.9159
113	7.66608	5.508638	13.85758	0.603706	5.508638	13.85758	27.0323	-282.4887
114	7.50953	5.004545	11.01125	0.644844	5.004545	11.01125	23.5253	-285.9957
115	7.66608	5.508638	11.01125	0.601402	5.508638	11.01125	24.1860	-285.3351
116	7.66608	5.508638	11.01125	0.958751	5.508638	11.01125	24.1860	-285.3351
117	7.66608	5.508638	13.43041	0.865283	5.508638	13.43041	26.6051	-282.9159

图 5-50　组合价值和组合价值变化

3）计算组合风险价值 VaR。假设置信水平为 95%，先计算出数据个数，然后计算置信水平对应的最坏顺序位置，置信水平对应的最坏顺序数 = 数据个数 * (1 - 置信水平)。置信水平对应的最坏顺序位置 = CEILING（置信水平对应的最坏顺序数，1)。该最坏顺序位置的收益 = SMALL（价值，置信水平对应的最坏顺序位置）。风险价值就等于该最坏顺序位置的收益。计算公式、结果如图 5-51、图 5-52 所示。

第二种情况，如果三只债券的发行人之间的违约相关系数为 0，那么我们可以轻易地计算出信用联合转移概率。例如，公司 1、公司 2 和公司 3 停留在原定评级里的联合概率等于三只债券停留在当前级的概率之积，即 86.93% × 91.05% × 64.86%。后续计算同上。

图 5-51　组合风险价值 VaR 计算公式　　图 5-52　组合风险价值 VaR 计算结果

5.8.5　结果

计算债券组合的信用风险价值时得出，在 95% 的置信水平下，置信水平对应的最坏顺序为 5，该位置的最坏收益为 -286.00，即组合风险价值为 -286.00。

5.9　Credit Risk + 模型

5.9.1　目的

掌握 Credit Risk + 模型计算原理，并能熟练利用该模型计算固定收益证券组合的信用风险价值。

5.9.2　原理

（1）计算 30 笔贷款在各自组段级的违约率和预期损失分布。设给定期间内的平均违约数 $\lambda = 3$，给定期间内违约数服从泊松分布

$$P(n \text{ 个债务人违约}) = \frac{\lambda^n e^{-\lambda}}{n!} \tag{5-50}$$

（2）通过两种贷款可能的组合计算违约概率，再加总损失

$$P_n(n_1, n_2, \cdots, n_m) = \prod_{i=1}^{m} \frac{\lambda_i^{n_i} e^{-\lambda_i}}{n_i!} \tag{5-51}$$

$$n = n_1 + 2n_2 + \cdots + mn_m \tag{5-52}$$

$$nL = n_1 L_1 + n_2 L_2 + \cdots + n_m L_m \tag{5-53}$$

$$P(\text{损失} = nL) = \sum_{(n_1, n_2, \cdots, n_m) \in G} P_n(n_1, n_2, \cdots, n_m) \tag{5-54}$$

$$EL_n = nL \times P(\text{损失} = nL) \tag{5-55}$$

（3）整理统计总损失的频数，计算总损失的违约率与累计违约率，以及风险价值等风险损失指标。

5.9.3 数据与内容

将风险暴露的分段值设定为 $L = 2$ 万元，共有两个风险暴露的组段，分别记为 v_1、v_2，即把风险暴露数量接近于 2 万元的所有贷款归到第一个组段 v_1，把风险暴露接近于 4 万元的所有贷款归到第二个组段 v_2。各有 15 笔。利用 Credit Risk + 模型计算该贷款组合的信用风险价值。

5.9.4 步骤

（1）计算 30 笔贷款在各自组段级的违约率和预期损失分布。利用泊松分布计算贷款在各自组段级的违约率。其中 A11 为贷款违约数，贷款违约数为 0～30。B2 为给定期间内的平均违约数 λ，$\lambda = 3$。在 B11 输入"= POISSON（A11，$B$2，FALSE）"，计算违约贷款的概率；在 C11 输入"= POISSON（A11，$B$2，TRUE）"，计算违约贷款的累计概率；在 D11 输入"=$B$3 * A11"，计算处于第一组 v_1 的总损失；在 E11 输入"=$B$4 * A11"，计算处于第二组 v_2 的总损失。往下复制至 B41、C41、D41、E41。

计算处于第一组 v_1 的预期总损失，H12 = SUMPRODUCT（B11:B41，D11:D41）。假定置信水平为 99%，那么 99% 置信水平下 VaR = LOOKUP（H13，C11:C41，D12:D41），违约率和预期损失分布计算如图 5-53 所示，处于第一组 v_1 的预期总损失如图 5-54 所示。

9	违约概率列表				
10	违约贷款数n	概率	累计概率	处于第一组v1的总损失	处于第二组v2的总损失
31	20	0.0000000	1.0000000	40	80
32	21	0.0000000	1.0000000	42	84
33	22	0.0000000	1.0000000	44	88
34	23	0.0000000	1.0000000	46	92
35	24	0.0000000	1.0000000	48	96
36	25	0.0000000	1.0000000	50	100
37	26	0.0000000	1.0000000	52	104
38	27	0.0000000	1.0000000	54	108
39	28	0.0000000	1.0000000	56	112
40	29	0.0000000	1.0000000	58	116
41	30	0.0000000	1.0000000	60	120
42					

图 5-53 违约率和预期损失分布计算

（2）计算通过两种贷款可能的组合的违约概率与总损失。首先，对两种贷款可能的组合进行罗列，共 255 种可能。然后在 C4 输入 A4 * 第 1 步!$B$3 + B4 * 第 1 步!$B$4，即贷款违约数与分组值的乘积计算出违约总和。

10	违约贷款数n	
11	0	处于第一组v1的预期损失
12	1	预期损失=	6
13	2	置信水平取值=	99%
14	3	99%置信水平下VaR=	16

图 5-54 处于第一组 v_1 的预期总损失

在 D4 输入 = VLOOKUP（A4，第 1 步!$A$10:$B$26，2）* VLOOKUP（B4，第 1 步!$A$10:$B$26，2），计算出联合违约概率 TP，如图 5-55 所示。

（3）整理统计总损失的频数，计算总损失的违约率与累计违约率、风险价值。首先，输入接受值序列，利用直方图，统计总损失频数；然后，按照总损失频数排序，去掉频数等于0的总损失接受值，剩下的就是这个贷款组合的可能总损失值。

在H5输入＝SUMIF(第2步!$C $3:$D $259，F5，第2步!$D $3:$D $259)，计算总损失违约率。

在I6输入H5；在I7输入H6＋I5；以此类推，计算总损失累计概率，总损失频数、违约率、累计违约率（部分）如图5-56所示。

	A	B	C	D	E
1					
2					
3	n1	n2	TL	联合违约概率TP	
247	15	3	42	0.00000	
248	15	4	46	0.00000	
249	15	5	50	0.00000	
250	15	6	54	0.00000	
251	15	7	58	0.00000	
252	15	8	62	0.00000	
253	15	9	66	0.00000	
254	15	10	70	0.00000	
255	15	11	74	0.00000	
256	15	12	78	0.00000	
257	15	13	82	0.00000	
258	15	14	86	0.00000	
259	15	15	90	0.00000	
260					

图5-55 联合违约概率TP

4	总损失TL2n=n1+n2	频数	违约率P（损失=2n）	累计违约率
5	0	1	0.0024788	0.0024788
36	62	8	0.0000040	0.9999963
37	64	7	0.0000019	0.9999982
38	66	7	0.0000009	0.9999991
39	68	6	0.0000004	0.9999995
40	70	6	0.0000002	0.9999997
41	72	5	0.0000001	0.9999997
42	74	5	0.0000000	0.9999997
43	76	3	0.0000000	0.9999997
44	78	4	0.0000000	0.9999998
45	80	3	0.0000000	0.9999998
46	82	3	0.0000000	0.9999998
47	84	2	0.0000000	0.9999998
48	86	2	0.0000000	0.9999998
49	88	1	0.0000000	0.9999998
50	90	1	0.0000000	0.9999998
51				

图5-56 总损失频数、违约率、累计违约率（部分）

最后，在L5输入“＝SUMPRODUCT(F5:F50，H5:H50)”，计算预期损失。假定置信水平为99%，然后在L7输入“＝LOOKUP(L6，I5:I50，F5:F50)”，计算99%置信水平下的VaR；计算出非预期损失即经济资本，即“＝L7－L5”，30笔贷款组合的损失描述如图5-57所示。

	K	L
4		
5	预期损失=	18
6	置信水平取值=	99%
7	VaR=	36
8	损失即经济资本=	18

图5-57 30笔贷款组合的损失描述

5.9.5 结果

该实验是计算一家银行30笔贷款组合的信用风险。利用Credit Risk＋模型，计算得到30笔贷款组合的预期损失为18，非预期损失即经济资本为18，在99%的置信水平下，VaR为36。

第6章 市场风险管理

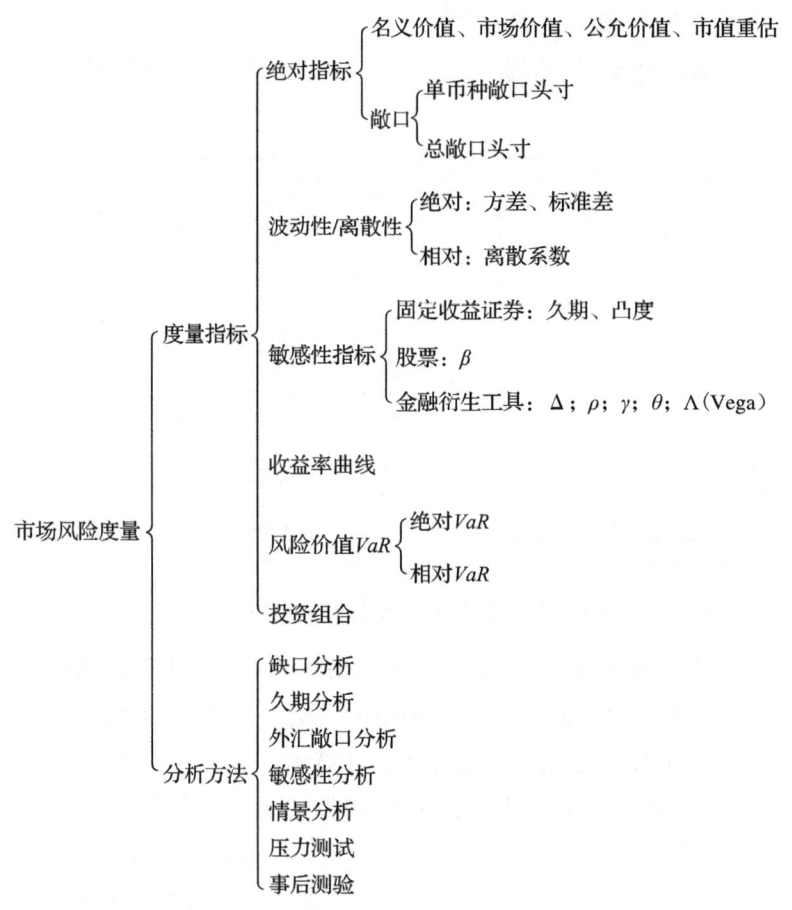

6.1 久期与凸度的计算及应用

6.1.1 目的

通过本次实验,掌握久期的计算与管理的 Excel 实现方法。

6.1.2 基本原理[一]

1. 久期的定义

债券久期的概念最早是由麦考利提出的,是指完全收回债券在不同时期发生的利息和本金的加权平均期限。它反映了债券价格对利率变化的敏感性,反映了债券的利率风险大小;在预测到利率变化方向、幅度时,久期可用于对债券价格的变化进行预测,也可以用于选择债券投资的风险管理策略。

债券的久期也可以称为债券的有效期限或麦考利久期,其计算公式为

$$D = \frac{1}{P_0} \cdot \sum_{t=1}^{n} \left[\frac{C_t}{(1+K)^t} \cdot t \right] \tag{6-1}$$

式中　D——债券的有效期限;

C_t——债券各期的现金流(利息或本金);

K——债券的到期收益率;

t——任何有现金流的期数;

P_0——债券的现值,由下式计算。

$$P_0 = \sum_{t=1}^{n} \frac{C_t}{(1+K)^t} \tag{6-2}$$

债券的久期可以根据上面的公式 6-1、式 6-2 直接计算或借助于 PV 函数和 NPV 等函数计算,也可以直接利用 Excel 的 DURATION 函数计算。DURATION 函数的功能是返回面值为 100 元的定期付息有价证券的麦考利久期。语法结构为

= DURATION(settlement,maturity,coupon,yld,frequenct,basis)

式中　settlement——债券的交易日期。债券的交易日期是债券发行后投资者购买债券的日期。日期有多种输入方式,如带引号的文本串(例如"1998/01/30")、系列数(例如,如果使用 1900 日期系统则 35825 表示 1998 年 1 月 30 日)或其他公式或函数的结果(例如 DATEVALUE("1998/1/30"));

　　　　maturity——债券的到期日。到期日是债券有效期截止时的日期;

　　　　rate——债券的年票面利率;

　　　　yld——债券的年收益率或市场利率;

　　　　redemption——面值 100 元的债券的清偿价值;

　　　　frequency——年付息次数。如果按年支付,frequency = 1;按半年期支付,frequency = 2;按季支付,frequency = 4;

[一] 韩良智. Excel 在投资理财中的应用 [M]. 北京:电子工业出版社,2005.

basis——日计数基准类型，分别如表 6-1 所示。

2. 久修正的久期

债券修正的久期是指债券的麦考利久期与 1 加上到期收益率或市场利率之和的比，它可以更方便地对债券价格进行预测及进行债券投资组合的管理。修正的久期计算公式为

表 6-1　DURATION 函数的 basis 参数类型

Basis	日计数基准
0 或省略	US（NASD）30/360
1	实际天数/实际天数
2	实际天数/360
3	实际天数/365
4	欧洲 30/360

$$\text{修正的久期} = \text{麦考利久期}/(1+\text{到期收益率})$$

债券修正的久期可以根据上面的公式计算，也可以直接利用 Excel 的 MDURATION 函数计算。

MDURATION 函数的功能是返回面值为 100 元的有价证券的麦考利修正期限。其公式为

$$= \text{MDURATION}(settlement, maturity, coupon, yld, frequency, basis)$$

式中各参数的含义参见前述的 DURATION 函数。

债券久期的一个重要作用就是可用来反映债券价格变动和收益率变动之间的关系，从而可对债券的价格进行预测。下面分两种情况对此加以说明。

3. 债券价格变化的一阶近似估计

债券价格的变化量与债券到期收益率变化之间的一阶近似估计关系式如下

$$\frac{\Delta P}{P_0} = -D_m \cdot \Delta y \tag{6-3}$$

式中　ΔP——债券价格的改变量；

　　P_0——债券最初的价格；

　　D_m——债券修正的久期；

　　y——债券的年到期收益率；

　　Δy——债券到期收益率的改变量。

债券价格的变化量与债券到期收益率变化之间的近似公式是在假定债券的价格变动率与到期收益率变动量之间具有线性关系的条件下得出的，它表明如果到期收益率增加 1%，则债券价格将下降 DM%；反之，如果到期收益率下降 1%，则债券价格将升高 DM%。

4. 债券价格变化的二阶准确估计

实际上，债券的价格和到期收益率的变化之间并不具有严格的线性关系，为了反映两者之间的精确关系，需要引入凸度这个参数，其计算公式为

$$V = \frac{1}{2} \cdot \frac{\sum_{t=1}^{n} \frac{C_t}{(1+y)^t} \cdot t \cdot (t+1)}{P_0} \cdot \frac{1}{(1+y)^2} \tag{6-4}$$

式中　V——凸度；

　　　n——期限；

　　　C_t——第 t 年的现金流；

　　　P_0——债券的最初价格（现值）。

凸度反映了债券现金流的集中程度，现金流越集中，凸度越小，反之越大。借助于凸度，可以得出债券价格的变化量与债券到期收益率变化之间的精确关系如下：

$$\frac{\Delta P}{P_0} = -D_m \cdot \Delta y + V \cdot (\Delta y)^2 \tag{6-5}$$

式（6-5）中各符号的含义如前所述。

6.1.3　数据与内容

某债券变化前的基本数据如表6-2所示。

要求：

（1）建立动态分析框架，计算该债券变化前后的久期、凸度；

表6-2　某债券变化前的基本参数

面值（元）	1 000
票面利率（%）	10%
债券期限（年）	5
年付息次数	2
到期收益率（%）	8%

（2）分别利用一阶、二阶近似估计变化后该债券的价格；

（3）计算并绘图不同期限债券的麦考利久期。

6.1.4　操作步骤与结果

1. 计算该债券变化前后的久期

（1）建设模型结构，如图6-1所示。

（2）在"开发工具"菜单中选择"插入"子菜单，执行"窗体"命令，在弹出的"窗体工具栏"中单击"微调项"按钮，在单元格 D4 的位置上插入一个票面利率微调项控件，然后在插入的控件上单

债券敏感性的度量与动态分析	
变化前债券的基本参数	变化后债券的基本参数
面值（元）　　　　1000	票面利率变化
票面利率（%）　　10%	9.8%
债券期限（年）　　5	
年付息次数　　　　2	预计到期收益率变化
到期收益率（%）　8%	16.0%
变化前后的该债券久期计算结果	
变化前的麦考利久期（年）	变化后的麦考利久期
4.10	3.935
变化前的修正久期（年）	变化后的修正久期
3.94	3.644

图6-1　变化前后债券久期的计算

击鼠标右键，在弹出的快捷菜单中选择"设置控件格式"命令，在弹出的"设置控件格式"对话框中单击"控制"选项卡，其中的最小值、最大值和步长分别保持默认值 0、30 000 和 1 不变，将控件的单元格链接设为"$D$4"，并在单元格 C4 中输入票面利率与微调项控件联系的公式"=D4/1 000"，以便使微调项控件每变动一次调整 0.1%。

（3）按上述相同的方法在单元格 D7 的位置插入一个到期收益率的微调项控件，其单元格链接设为$D$7，并在单元格 C7 中输入票面利率与微调项控件联系的公式"=D7/1 000"，以便使微调项控件每变动一次调整 0.1%。

（4）在单元格 A11 中输入公式"= DURATION（"2000/1/1"，2000 + B5&"/1/1"，B4，B7，B6）"，计算债券的麦考利久期。

这里，采用了文本运算符"&"来建立可变的日期。由于没有给定具体的日期，因此 settlement 参数设置为 2000 年 1 月 1 日，而 maturity 参数设置为 20××年 1 月 1 日。这种设置对计算结果没有任何影响。

（5）在单元格 C11 中输入公式"= DURATION（"2000/1/1"，2000 + B5&"/1/1"，C4，C7，C6）"，计算债券票面利率和到期收益率变化后的麦考利久期。

（6）在单元格 A13 中输入公式"= MDURATION（"2000/1/1"，2000 + B5&"/1/1"，B4，B7，B6）"；在单元格 C13 中输入公式"= MDURATION（"2000/1/1"，2000 + B5&"/1/1"，C4，C7，B6）"，计算债券的修正久期及票面利率和到期收益率变化后的修正久期，如图 6-1 所示。

2. 计算该债券变化前后的凸度

（1）在单元格区域 B20:K20 中输入"= $B$3 * $B$4/2"，在单元格 F19 中输入"= $B$3 * $B$4 + B3"，计算变化前的每年现金流。

（2）在单元格区域 B21:K21 中输入"= B21:F19/（1 + $B$7/2）^B19"，变化前的年现金流现值。在单元格 U21 中输入公式"= SUM（B21:K21）"，计算变化前年现金流现值总和。

（3）同理，可以计算变化后的每年现金流及其现值。

（4）在单元格 A17、C17 中，输入"= 1/2 * SUMPRODUCT（B21:K21，B19:K19，B19:K19 + 1）/U21 *（1/（1 + B7/B6）^2）"；"= 1/2 * SUMPRODUCT（B23:K23，B19:K19，B19:K19 + 1）/U23 *（1/（1 + C7/B6）^2）"；分别计算变化前后的债券凸度，如图 6-2 所示。

变化前的凸度		变化后的凸度		
38.74		34.093		
年数	0.5	1	1.5	2
半年期数	1	2	3	4
变化前的年现金流	50.00	50.00	50.00	50.00
变化前的年现金流现值	48.08	46.23	44.45	42.74
变化后的年现金流	49.00	49.00	49.00	49.00
变化后的年现金流现值	45.37	42.01	38.90	36.02

图 6-2 变化前后的债券凸度计算

3. 近似估计变化后该债券的价格

（1）在单元格 B26 中，输入"= C7 - B7"，计算到期收益率变化幅度。

（2）在单元格 B27 中，输入"= - A13 * B26"，计算债券价格变化率的一阶近似估计值，在单元格 D27 中，输入"= B3 *（1 + B27）"，计算一阶近似估计的预计债券价格。

（3）在单元格 B28 中，输入"= - A13 * B26 + A17 * B26^2"，计算债券价格变化率的二阶近似估计值，在单元格 D28 中，输入"= B3 *（1 + B28）"，计算二阶近似估计的预计债券价格，如图 6-3 所示。

4. 计算并绘图不同期限债券的麦考利久期

（1）在单元格区域 B30:U30 中输入债券期限序列数字 1，2，…，20。

（2）在单元格 B31 中输入下面的公式，并将其复制到单元格区域 C31:U31，

债券价格变化预测			
到期收益率的变化量=	8%		
债券价格变化率的一阶近似估计	−31.5%	一阶近似估计的预计债券价格=	684.97
债券价格变化率的二阶近似估计	−6.7%	二阶近似估计的预计债券价格=	932.908

图 6-3　近似估计的预计债券价格

计算不同期限下定期付息债券的麦考利久期公式为"= DURATION（"2000/1/1"，2000 + B30&"/1/1"，$C$4，$C$7，$B$6）"。

（3）在单元格 B32 中输入下面的公式，并将其复制到单元格区域 C32:U32，计算不同期限下零息债券的麦考利久期公式为"= DURATION（"2000/1/1"，2000 + B30&"/1/1"，0，$C$7，$B$6）"，不同期限下债券的麦考利久期计算如图 6-4 所示。

	A	B	C	D	E
30	期限（年）	1	2	3	4
31	定期付息债券	0.98	1.86	2.64	3.33
32	零息债券	1	2	3	4

图 6-4　不同期限下债券的麦考利久期计算

（4）选取单元格区域 B29:U32，单击工具栏上的"插入"-"图表"按钮，选取"XY 散点图"，绘制得到不同期限下定期付息债券和零息债券的麦考利久期图，如图 6-5 所示。

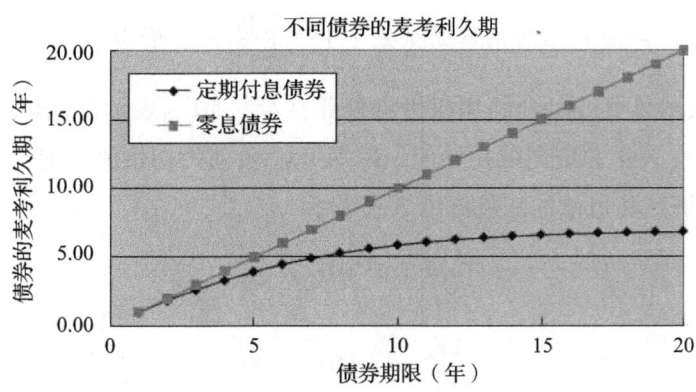

图 6-5　不同期限下定期付息债券和零息债券的麦考利久期图

这样，输入债券的基本数据后，通过单击票面利率的微调项控件的上下箭头和单击到期收益率的微设项控件的上下箭头，即可观察债券的麦考利久期、修正的久期，以及票面利率和到期收益率变化后的债券久期，还可通过图表观察不同期限下债券的麦考利久期的变化情况。

由图 6-5 的计算和图示结果可以看出，零息债券的麦考利久期等于债券的期限，而定期付息债券的麦考利久期小于债券的期限。债券的久期随着债券期限的延长而增大。

6.2 资产负债组合的久期分析与免疫管理

6.2.1 目的

通过本次实验，掌握资产负债组合的久期分析方法，以及资产负债免疫组合的构建方法。

6.2.2 基本原理

1. 久期缺口分析

久期缺口分析（Duration Analysis）也称为持续期分析或期限弹性分析，是衡量利率变动对银行经济价值影响的一种方法。它是对各时段的缺口赋予相应的敏感性权重，得到加权缺口，然后对所有时段的加权缺口进行汇总，以此估算某一给定的小幅（通常小于1%）利率变动可能会对银行经济价值产生的影响（用经济价值变动的百分比表示）。各个时段的敏感性权重通常是由假定的利率变动乘以该时段头寸的假定平均久期来确定的。

利率变动会对资产负债产生影响。为此，我们使用有效久期缺口来比较总资产和总负债的平均有效久期，从而分析利率变动对银行利率风险的综合作用。

$$久期缺口 = 资产组合的修正久期 - \left(\frac{总负债}{总资产} \times 负债组合的修正久期\right) \quad (6-6)$$

设 MD_{AP} 表示总资产组合的加权平均修正久期，MD_{LP} 表示总负债组合的加权平均修正久期，V_A 表示总资产的初始值，V_L 表示总负债的初始值。则当市场利率发生变动时，公司资产和负债的变化可由下式表示

$$\frac{\Delta V_A}{V_A} = -MD_{AP} \cdot \Delta y \quad (6-7)$$

$$\frac{\Delta V_L}{V_L} = -MD_{LP} \cdot \Delta y \quad (6-8)$$

上述两式表明，当市场利率 y 变动时，银行资产价值和负债价值的变动方向与市场利率的变动方向相反，而且银行资产与负债的久期越长，资产与负债价值变动的幅度越大，即利率风险越大。

当久期缺口为正时，资产平均久期大于负债平均久期与资产负债系数的乘积。如果利率下降，资产和负债的价值都会增加，但资产价值增加的幅度比负债大，银行市场价值将增加。反之，银行市场价值下降。久期缺口的绝对值越大，银行市场价值对利率变动越敏感，银行面临的利率风险越大。表 6-3 总结了不同久期缺口情况下利率变动对银行市场价值的影响。

表6-3 不同久期缺口下利率变动与银行市场价值

久期缺口	利率变动	资产价值变动	资产负债价值变动关系	负债价值变动	银行市场价值变动
正值	上升	减少	>	减少	减少
	下降	增加	>	增加	增加
负值	上升	减少	<	减少	增加
	下降	增加	<	增加	减少
零	上升	减少	=	减少	不变
	下降	增加	=	增加	不变

2. 债券投资组合管理的免疫策略

免疫策略是对债券投资组合进行管理的策略之一，是指债券组合管理者不积极寻求交易的可能性而企图战胜市场的一种消极策略。它的基本假设是，债券市场是半强型有效的市场，债券的现时价格能准确地反映所有能公开获得的信息。免疫策略能够保护债券组合避免遭受利率风险变动造成的损失。管理者通过选择麦考利久期等于其负债（现金流出）的到期期限的债券组合，利用价格风险和再投资风险相互抵消的特点，可以保证一定时期后获得固定的现金流。

债券投资组合的麦考利久期等于组合内各种债券麦考利久期的加权平均值，即

$$D_P = \sum_{i=1}^{n} w_i D_i \tag{6-9}$$

式中　D_P——债券投资组合的麦考利久期；

　　　w_i——债券 i 在债券投资组合中的比例；

　　　D_i——债券 i 的麦考利久期；

　　　n——债券组合中债券的种数。

建立免疫债券投资组合的目标是找到一个麦考利久期等于其负债（现金流出）的到期期限的债券组合，其核心问题是确定债券投资组合中各种债券的投资比重。利用 Excel 的规划求解工具可以很方便地解决这类问题。

6.2.3 数据与内容

某基金管理公司已建立一个养老基金，其债务是每年向受益人支付 600 万元，永不终止。基金管理者计划建立一个债券组合来满足这个要求，所有债券的到期收益率均为 15%。如果债券组合由债券 A 和债券 B 组成，债券 A 的票面利率 10%、期限 5 年、每年付息一次；债券 B 的票面利率 8%、期限 20 年、每年付息一次。要计算使债券资产对利率变化完全免疫，每种债券的持有比例、持有量为多少？

6.2.4 操作步骤与结果

模型结构与操作结果如图 6-6 所示。

操作步骤如下：

	A	B	C	D	E	F
1						
2	债务数据		债券资产基本数据			
3	年支付额（万元）	600	债券	债券A	债券B	
4	到期收益率	15%	票面利率	10%	8%	
5			期限（年）	5	20	
6			每年付息次数	1	1	
7			到期收益率	15%	15%	
8						
9	计算过程及结果					
10	负债债务			债券资产组合		
11	现值（万元）	4000.00		债券A	债券B	组合
12	麦考利久期（年）	7.67	麦考利久期（年）	4.08	7.85	7.67
13			投资比例	4.8%	95.2%	100.0%
14			投资金额	192.56	3807.44	4000.00
15						
16	久期缺口=	0.00				

图 6-6　模型结构与操作结果

（1）在单元格 B11 中输入公式 "=B3/B4"，计算债务的现值。在单元格 B12 中输入公式 "=(1+B4)/B4"，计算债务的麦考利久期。

（2）在单元格 D12 中输入公式 "=DURATION（"2000/1/1"，2000+D5&"/1/1"，D4，D7，D6）"，并将其复制到单元格 E12，计算债券 A 和债券 B 的麦考利久期。

（3）在单元格 F12 中输入公式 "=SUMPRODUCT(D12:E12，D13:E13)"，计算债券组合的久期。

（4）在单元格 F13 中输入公式 "=SUM(D13:E13)"。

（5）单击"工具"菜单中的"规划求解"命令，打开"规划求解参数"对话框，在"设置目标单元格"中输入"$F$13"；"等于"选择"值为1"；"可变单元格"中输入"$D$13:$E$13"，在"约束"中添加以下的约束条件："$F$12=$B$12" "$D$13:$E$13>=0"，然后单击"求解"按钮，则可得最终计算结果如图 5-27 所示。可见，债券组合中，债券 A 的比例为 4.81%，债券 B 的比例为 95.19%。

（6）在单元格 B16 中，输入 "=F12－(B11/F14*B12)"，计算可得久期缺口等于 0。

选择这样的债券组合进行投资，即可以满足无限期地每年向养老金的受益人支付 600 万元的需求。

6.3　风险价值计算的方差－协方差法

6.3.1　目的

通过本次实验，掌握计算风险价值的方差－协方差法。

6.3.2　基本原理

1. 风险价值的定义

风险价值（Value at Risk，VaR）是指在一定的持有期内，在给定的置信水平

下，利率、汇率等市场风险因素发生变化，给公司造成的潜在最大损失。可以表示为

$$Prob(\Delta P < -VaR) = 1 - c \tag{6-10}$$

其中，$Prob$ 表示概率测度，$\Delta P = P(t + \Delta t) - P(t)$ 表示组合在未来持有期 Δt 内的损失（为负值），$P(t)$ 表示组合在当前时刻 t 的价值（下文常记为 P_0），c 为置信水平，VaR 为置信水平 c 下组合的风险价值（取正值）。

2. 相对风险价值与绝对风险价值

组合价值的确定方式主要有两种，一是以组合的初始值为基点考察持有期内组合的价值变化，即

$$\Delta P_A = P - P_0 = P_0 \frac{P - P_0}{P_0} = P_0 R \tag{6-11}$$

利用式（6-11）求得的 VaR 称为绝对 VaR，记为 VaR_A。

二是以持有期内组合的预期收益为基点考察持有期内组合的价值变化，即

$$\Delta P_R = P - E(P) = P_0 \left(\frac{P - P_0}{P_0} - \frac{E(P) - P_0}{P_0} \right) = P_0(R - \mu) \tag{6-12}$$

此时利用（6-12）式求得的 VaR 称为相对 VaR，记为 VaR_R。

在实际计算中，最常用的是正态分布，在这里介绍正态分布下的 VaR 计算。简单起见，我们先假设持有期 $\Delta t = 1$，即求日 VaR。

在置信度 c 下日绝对 VaR

$$VaR_A = P_0 (\Phi^{-1}(c) \cdot \sigma - \mu) \tag{6-13}$$

其中，$\Phi^{-1}(c)$ 表示标准正态分布下对应于置信度 c 的分位数。注意这里的预期收益率为负，如果取值为正，其中的符号为加号。

同理，可求出置信度 c 下的日相对 VaR，即

$$VaR_R = P_0 \cdot \Phi^{-1}(c) \cdot \sigma$$

由日绝对 VaR 计算式和日相对 VaR 计算式可得到置信度 c 下该组合 Δt 日的绝对 VaR 和相对 VaR，分别为

$$VaR_A = P_0 (\Phi^{-1}(c) \sigma \sqrt{\Delta t} - \mu \cdot \Delta t) \tag{6-14}$$

$$VaR_R = P_0 \cdot \Phi^{-1}(c) \sigma \sqrt{\Delta t} \tag{6-15}$$

3. 投资组合的分散风险价值与非分散风险价值

对于投资组合而言，其风险价值可分为分散风险价值和非分散风险价值，精于风险管理的技术人员需要同时计算这两种风险价值。

分散风险价值是指当投资组合中各种风险资产收益率之间的相关系数小于 1 的情况下所计算出的风险价值。在这种情况下，组合投资具有分散风险的作用，从而投资组合的风险要比进行单项投资的风险更小。计算分散风险价值的目的是为了确定投资比例，以便在分配投资资源时，在极大化收益的同时使承受的风险

极小化。

非分散风险价值是指当投资组合中各种风险资产收益率之间的相关系数等于1或接近于1的情况下所计算出的风险价值。在这种情况下，由于各种资产的收益率之间具有完全正相关的关系，因此组合投资不能分散风险，从而投资组合的风险并不会比单项投资的风险更低。计算非分散风险价值的目的在于量化市场出现的极端情况，例如一旦股市出现崩盘，所有的股票价格都会大幅下跌，因而各种资产的价格分布之间的相关性接近于1，此时投资组合的损失将会达到最大程度。

假定组成投资组合的各风险资产的收益率均服从正态分布，从而投资组合的收益率也服从正态分布，同时假定投资组合收益率分布的均值为零，则在给定置信水平为 α 的情况下，可得投资组合的非分散风险价值的计算公式为

$$VaR_{undx} = w_0 \cdot |Z| \cdot \sigma_{undx} = w_0 \cdot |Z| \cdot \sum_{i=1}^{n} x_i \cdot \sigma_i \tag{6-16}$$

投资组合的分散风险价值的计算公式为

$$VaR_{dx} = w_0 \cdot |Z| \cdot \sigma_{dx} = w_0 \cdot |Z| \cdot \sqrt{\sum_{i=1}^{n} \sum_{j=1}^{n} x_i \cdot \sigma_{ij} \cdot x_j} \tag{6-17}$$

式中　VaR_{undx}——投资组合的非分散风险价值；

　　　VaR_{dx}——投资组合的分散风险价值；

　　　σ_{undx}——投资组合的非分散标准差；

　　　σ_{dx}——投资组合的分散标准差；

　　　w_0——投资的总资本；

　　　Z——标准正态分布的抽样分位数；

　　　X_i——资产 i 的投资比例；

　　　σ_{ij}——资产 i 与资产 j 之间的斜方差；

　　　σ_i——资产 i 的标准差；

　　　n——投资组合中资产的个数。

4. 投资组合的边际 VaR、增量 VaR 和成分 VaR

设资产组合 $w = (w_1, w_2, \cdots, w_n)^T$，所谓边际 VaR 是指资产组合中资产 i 的头寸变化而导致的组合 VaR 的变化，即

$$M - VaR_i = \frac{\partial VaR(w)}{\partial w_i} \tag{6-18}$$

假设资产组合的 n 维收益率向量 R 服从 n 维正态分布 $N(\mu, \Sigma)$，得到资产组合 w 的置信水平 c 下的相对 VaR，即

$$VaR(w) = \Phi^{-1}(c) \sqrt{w^T \Sigma w} \sqrt{\Delta t} = \alpha \sigma_p \sqrt{\Delta t}$$

式中，上式中各符号的含义与前文相同。于是，由式（6-18）得

$$M-\text{VaR}_i = \frac{\partial \text{VaR}(w)}{\partial w_i} = \varphi^{-1}(c)\left(\frac{\text{Cov}(R_i,R)}{\sigma}\right)\sqrt{\Delta t} = \beta_i \cdot \text{VaR}(w) \quad (6\text{-}19)$$

假设在原来资产组合 $w = (w_1, w_2, \cdots, w_n)^T$ 的基础上，新增加另一个资产组合 $dw = (dw_1, dw_2, \cdots, dw_n)^T$，我们把调整后的资产组合的 VaR 记为 $\text{VaR}(w + dw)$。资产组合 dw 中的各个分量 dw_i 可以取正值，表示买该项资产；可以取 0，表示没有调整该项资产；当然也可以取负值，表示卖出该项资产。于是，新增加的 dw 所带来的 VaR，即增量 VaR 为

$$I - \text{VaR}(dw) = \text{VaR}(w + dw) - \text{VaR}(w)$$

第 i 种资产的增量 VaR 为

$$I - \text{VaR}(dw_i) \approx \beta_i \cdot dw_1 \cdot \text{VaR} \quad (6\text{-}20)$$

如果资产组合 $w = (w_1, w_2, \cdots, w_n)^T$ 中资产 i 的 VaR（记为 $C - \text{VaR}_i$）满足

$$\text{VaR}(w) = \sum_{i=1}^n C - \text{VaR}_i \quad (6\text{-}21)$$

则称 $C - \text{VaR}_i$ 为组合中资产 i 的成分 VaR。

当资产组合的 n 维收益率向量 R 服从 n 维正态分布 $N(\mu, \Sigma)$ 时，有

$$\text{VaR}(w) = \sum_{i=1}^n w_i \frac{\partial \text{VaR}(w)}{\partial w_i} = \Delta\text{VaR}(w)^T \cdot w$$

从而资产 i 的成分 VaR 为

$$C - \text{VaR}_i = w_i \frac{\partial \text{VaR}(w)}{\partial w_1} = w_i \cdot M - \text{VaR}_i = w_i \cdot \beta_i \cdot \text{VaR} \quad (6\text{-}22)$$

5. 方差 – 协方差法

风险价值通常是由银行的内部市场风险度量模型来估算。目前，常用的风险价值模型技术主要有三种：方差 – 协方差法（Variance-CoVariance Method）、历史模拟法（Historical Simulation Method）和蒙特卡罗法（Monte Carlo Simulation Method）。

方差 – 协方差法的基本假设是：资产组合中所有资产的投资回报率满足正态分布，从而资产组合收益率作为正态变量的线性组合也满足正态分布。因此，方差 – 协方差法下的风险价值 VaR 计算如下：

单一资产的风险价值计算为

$$\text{VaR}_A = P_0(\Phi^{-1}(c) \cdot \sigma \cdot \sqrt{\Delta t} - \mu \cdot \Delta t) \quad (6\text{-}23)$$

$$\text{VaR}_R = P_0 \cdot \Phi^{-1}(c) \cdot \sigma \cdot \sqrt{\Delta t} \quad (6\text{-}24)$$

资产组合的风险价值计算为

$$\text{VaR}_{PA} = P_{0P}(\Phi^{-1}(c) \cdot \sigma_P \cdot \sqrt{\Delta t} - E(r_P) \cdot \Delta t) \quad (6\text{-}25)$$

$$\text{VaR}_{PR} = P_{0P} \cdot \Phi^{-1}(c) \cdot \sigma_P \cdot \sqrt{\Delta t} \quad (6\text{-}26)$$

假定资产组合 p 包括 N 种证券，各证券在 t 时刻末的投资回报率为 $R_{i,t}$，各证券

在资产组合中所占的比重为 $w_{i,t}$，则资产组合 p 的投资回报率为

$$R_{p,t} = \sum_{i=1}^{N} w_{i,t} R_{i,t} \qquad (6\text{-}27)$$

资产组合的收益期望值

$$E(R_P) = \mu_P = \sum_{i=1}^{N} w_i \mu_i \qquad (6\text{-}28)$$

资产组合的方差

$$\text{VaR}(R_P) = \sigma_P^2 = \sum_{i=1}^{N}\sum_{j=1}^{N} w_i w_j \sigma_{ij} \qquad (6\text{-}29)$$

资产组合方差用矩阵方式计算较为方便。如果设协方差矩阵 S 表达式为

$$S = \begin{pmatrix} \sigma_{11} & \sigma_{12} & \cdots & \sigma_{1N} \\ \sigma_{21} & \sigma_{22} & \cdots & \sigma_{2N} \\ \vdots & \vdots & \ddots & \vdots \\ \sigma_{N1} & \sigma_{N2} & \cdots & \sigma_{NN} \end{pmatrix}$$

投资组合比重矩阵为 $W = (w_1 \quad w_2 \quad \cdots \quad w_N)$，则有

$$W^T = \begin{pmatrix} w_1 \\ w_2 \\ \vdots \\ w_N \end{pmatrix}$$

$$\text{VaR}(R_P) = WSW^T \qquad (6\text{-}30)$$

$$\sigma_P = \sqrt{\text{VaR}(R_P)} = \sqrt{WSW^T} \qquad (6\text{-}31)$$

资产组合的 VaR 度量，中心问题就是对协方差矩阵的估算。协方差矩阵的估算方法有两种，第一种方法是利用各个证券回报率的历史数据来估算，公式为

$$\sigma_{ij} = \text{Cov}(i,j) = \frac{1}{T-1}\sum_{t=1}^{T}(x_{t,i}-\mu_i)(x_{t,j}-\mu_j) = \sigma_i \sigma_j \rho_{ij} \qquad (6\text{-}32)$$

式中，T 为时间尺度，x_t，i 代表第 i 种证券在 t 时刻末的投资收益率。

容易看出，协方差矩阵要通过估算 C_N^2 次 σ_{ij} 得到。

如果资产组合的证券种类 N 不多，则计算量还在可承受的范围内；而如果资产组合中的证券种类极多，则协方差矩阵的估算就十分困难。此时，简化协方差矩阵就变得十分重要，可用来简化协方差矩阵的方法有两种：一种是威廉·夏普在资产组合理论中提出的对角线模型；另一种是因子模型。

估算协方差矩阵的第二种方法是期权隐含参数法。其基本原理是，基于期权包含大量的关于基础资产价格的风险，利用期权数据计算隐含标准差。

方差-协方差法的估算流程如图 6-7 所示。

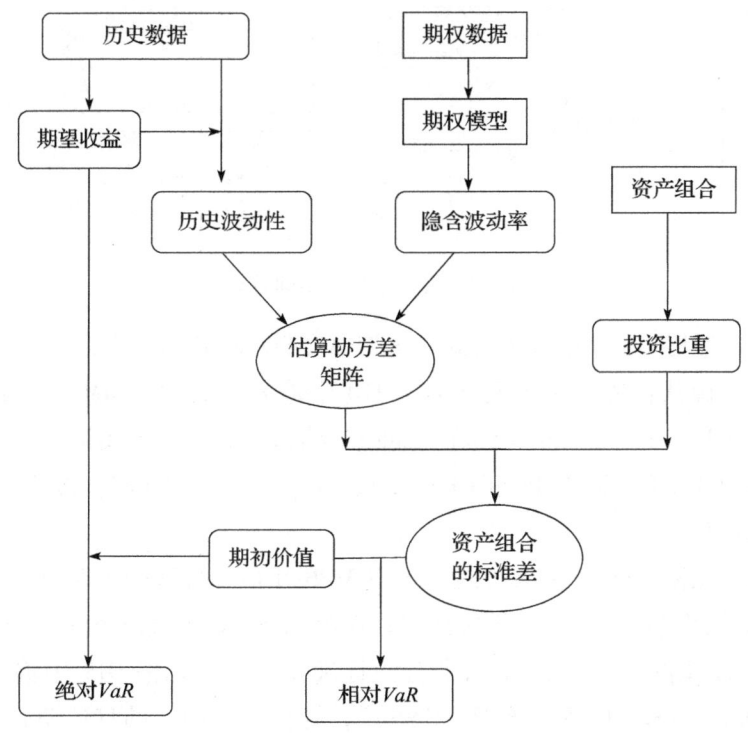

图 6-7　方差–协方差法的估算流程

6.3.3　数据与内容

某投资组合中有 M、N、Q 三种风险资产,已知该投资组合的投资额为 2 000 万元,三种资产的期望收益率、标准差、投资比例,以及相关系数矩阵的有关资料如表 6-4、表 6-5 所示。试在 95% 的置信水平下,计算该投资组合的风险价值及其边际风险价值。

表 6-4　三种资产的期望收益率、标准差、投资比例

资产	期望收益率	标准差	投资比例
M	10%	15%	20%
N	12%	90%	35%
Q	15%	12%	45%

表 6-5　相关系数矩阵

资产	M	N	Q
M	1	0.35	-0.65
N	0.35	1	0.45
Q	-0.65	0.45	1

6.3.4　操作步骤与结果

如图 6-8 所示,模板结构与中间计算的步骤如下所示。

(1) 在单元格 H3 中输入公式 "=C10*$D$3*D3",在单元格 I3 中输入公式 "=D10*$D$4*D3",在单元格 J3 中输入公式 "=E10*$D$5*D3"。然后选取单元格区域 H3:J3,将其向下一直填充复制到单元格区域 H5:J5,得到协方差矩阵。

	A	B	C	D	E	F	G	H	I	J
1			已知数据					中间计算参数——协方差矩阵		
2		资产	期望收益率	标准差	投资比例		资产	M	N	Q
3		M	10%	15%	20%		M	2.25%	4.73%	-1.17%
4		N	12%	90%	35%		N	4.73%	81.00%	4.86%
5		Q	15%	12%	45%		Q	-1.17%	4.86%	1.44%
6		投资组合总投资额（万元）			2000					
7		置信水平			95%		中间计算参数——投资比例矩阵的转置：			
8		相关系数						0.2000	0.3500	0.4500
9		资产	M	N	Q		中间计算参数——MMULT(TRANSPOSE(E3:E5),H3:J5)			
10		M	1	0.35	-0.65			0.0158	0.3148	0.0212
11		N	0.35	1	0.45		中间计算参数——组合方差			
12		Q	-0.65	0.45	1		0.1229			

图 6-8 模板结构与中间计算

（2）在单元格 G8:I8 中输入公式"= TRANSPOSE(E3:E5)"，按"Ctrl + Shift + Enter"组合键确认计算；在单元格 G10:I10 中输入公式"= MMULT(TRANSPOSE(E3:E5)，H3:J5)"，按"Ctrl + Shift + Enter"确认计算；在单元格 G12 中输入公式"= MMULT(MMULT(TRANSPOSE(E3:E5)，H3:J5)，E3:E5)"，按"Ctrl + Shift + Enter"确认计算。

（3）在单元格 D18 中输入公式"= SUMPRODUCT($D$3:$D$5，$E$3:$E$5)"，计算投资组合的 1 日非分散标准差；在单元格 E18 中输入公式"=$D$18*$E$17^0.5"，计算投资组合的 10 日非分散标准差；在单元格 D19 中输入公式"= SUMPRODUCT($C$3:$C$5，$E$3:$E$5)"，计算资产组合的日预期收益率；在单元格 E19 中输入公式"= D19*E17"，计算资产组合 10 日预期收益率；在单元格 D20 中输入公式"=$D$6*ABS(NORMSINV(1-$D$7))*$D$18"，计算 1 日非分散相对风险价值（万元）；在单元格 E20 中输入公式"=$D$6*ABS(NORMSINV(1-$D$7))*$D$18*$E$17^0.5"，计算 10 日非分散相对风险价值（万元）；在单元格 D21 中输入公式"=$D$6*(ABS(NORMSINV(1-$D$7))*$D$18-D19)"，计算 1 日非分散绝对风险价值（万元）；在单元格 E21 中输入公式"=$D$6*(ABS(NORMSINV(1-$D$7))*$D$18*E17^0.5-D19*E17)"，计算 10 日非分散绝对风险价值（万元），如图 6-9 所示。

	A	B	C	D	E
16			非分散的风险价值计算		
17			计算期（日）	1	10
18			非分散标准差=	39.90%	126.17%
19			资产组合预期收益率=	14.10%	141.00%
20			非分散相对风险价值（万元）=	1312.59	4150.78
21			非分散绝对风险价值（万元）=	1030.59	1330.78
22					
23					
24			分散的相对风险价值计算		
25			计算期（日）	1	10
26			分散标准差=	35.05%	110.84%
27			资产组合预期收益率=	14.10%	141.00%
28			分散相对风险价值（万元）=	1153.08	3646.37
29			分散绝对风险价值（万元）=	871.08	826.37

图 6-9 投资组合风险价值的计算

（4）在单元格 D26 中输入公式"= SQRT($G$12)"，计算投资组合的 1 日分散标准差；在单元格 E26 中输入公式"=$D$26*$E$25^0.5"，计算投资组合的 10 日分散标准差；在单元格 D27 中输入公式"= SUMPRODUCT($C$3:$C$5，$D$3:$D$5)"，计算资产组合的 1 日预期收益率；在单元格 E27 中输入公式"= D27*E25"，计算资产组合 10 日预期收益率；在单元格 D28 中输入公式"=$D$6*ABS(NORMSINV(1-$D$7))*$D$26"，计算 1 日分散相对风险价值（万元）；在单元格 E28 中输入公式"=$D$6*ABS(NORMSINV(1-$D$7))*$D$26*$E$25^

0.5)",计算 10 日分散相对风险价值(万元);在单元格 D29 中输入公式" = $D$6 * (ABS(NORMSINV(1 – $D$7)) * $D$26 – $D$27)",计算 1 日分散绝对风险价值(万元);在单元格 E29 中输入公式" = $D$6 * (ABS(NORMSINV(1 – $D$7)) * $D$26 * $E$25^0.5 – D27 * E25)",计算 10 日分散绝对风险价值(万元),如图 6-9 所示。

(5)复制上述 Excel 工作表"风险价值初始值计算",命名为"风险价值动态分析"。在其单元格 E3 中输入"21%",模板自动计算投资组合的相应的风险价值,如图 6-10 所示。

	计算结果			资产M投资增加1%时的边际风险价值	
	非分散的风险价值计算				
计算期(日)		1	10	1	10
非分散标准差=		40.05%	126.65%		
资产组合预期收益率=		14.10%	141.00%		
非分散相对风险价值(万元)		1317.53	4166.39	4.93	15.60
非分散绝对风险价值(万元)		1035.53	1346.39	4.93	15.60
	分散的相对风险价值计算			资产M投资增加1%时的边际风险价值	
计算期(日)		1	10	1	10
分散标准差=		35.10%	110.98%		
资产组合预期收益率=		14.10%	141.00%		
分散相对风险价值(万元)=		1154.57	3651.08	1.49	4.71
分散绝对风险价值(万元)=		872.57	831.08	1.49	4.71

图 6-10 风险价值动态分析

(6)在单元格 F20 中输入公式" = D20 – 风险价值初始值计算!D20",计算出资产 M 投资增加 1%时的 1 日边际非分散相对风险价值(万元);在单元格 G20 中输入公式" = E20 – 风险价值初始值计算!E20",计算出资产 M 投资增加 1%时的 10 日边际非分散相对风险价值(万元);同理计算出资产 M 投资增加 1%时的 1 日边际非分散相对风险价值(万元)、10 日边际非分散相对风险价值(万元),如图 10-9 所示。

6.4 风险价值计算的历史模拟法

6.4.1 目的

通过本次实验,练习掌握风险价值计算的历史模拟法。

6.4.2 基本原理

历史数据模拟法是运用当前资产组合中各证券的权重和各证券的历史数据重新构造资产组合的历史序列,从而得到重新构造资产组合收益率的时间序列,然后根据定义计算风险价值。用公式表示为

$$P_{p,t} = \sum_{i=1}^{n} w_{i,t} P_{i,t} \tag{6-33}$$

$$R_{P,t} = \sum_{i=1}^{N} w_{i,t} R_{i,t}, \quad t = 1, 2, \cdots, T \tag{6-34}$$

在实际操作中，通常是通过构造资产组合价值的历史数据序列换算成资产组合收益率 $R_{i,t}$ 的时间序列。这样，就得到现在的资产组合在历史上的假定收益分布，根据收益分布与风险价值的定义可求得 VaR 值，具体计算步骤如下所示。

（1）利用公式 $P_{p,t} = \sum_{i=1}^{n} w_{i,t} P_{i,t}$ 计算组合的价格；

（2）根据 $\Delta P_t = P_t - P_{t-1}$ 计算组合的每日收益；

（3）对组合的每日收益从小到大排序；

（4）按照风险价值的定义式，计算置信水平对应的最坏收益顺序数 m：

（5）因为风险价值有 $P(\Delta P < -VaR) = 1 - c = \frac{m}{n}$，所以置信水平对应的最坏收益顺序数

$$m = n \times (1 - c)$$

（6）根据置信水平对应的最坏收益顺序数 m 确定对应的最坏收益，即风险价值。

6.4.3 数据与内容

某投资者用 20 万元投资于 600030、600050、600000 三只股票，投资比例分别为 25%、40% 和 35%。这三种股票在过去一年内（200 个交易日）每日的收盘价如图 6-11 所示（由于数据较多，仅显示了一部分数据。股票每日的收盘价可从有关网站上下载），股价已做复权处理。

假设资产对数收益服从正态分布，试确定：①在 95% 的置信水平下，该投资组合的风险价值；②在 98% 的置信水平下，该投资组合的风险价值。

	A	B	C	D
1	历史数据模拟法			
2				
3		股票投资比例		
3	股票代码	600030	600050	600000
4	投资比例	25%	40%	35%
5	总投资额（元）		200000	
6		股票收盘价历史数据		
7	日期	股票600030	股票600050	股票600000
8	4-Jan-07	27.7	4.95	5.63
9	5-Jan-07	27.45	4.71	5.07
10	8-Jan-07	27.8	4.77	5.08
11	9-Jan-07	29.48	4.93	5.18
12	10-Jan-07	32.43	4.85	5.1
13	11-Jan-07	32.59	4.76	4.93
14	12-Jan-07	33.69	4.49	4.73
15	15-Jan-07	36.22	4.7	4.99
16	16-Jan-07	36.57	4.7	4.94
17	17-Jan-07	32.91	4.64	4.88
18	18-Jan-07	33.72	4.54	4.76
19	19-Jan-07	33.77	4.63	4.85
20	22-Jan-07	34.67	4.95	5.02
21	23-Jan-07	34.66	4.85	5.12
205	20-Nov-07	95.92	10.7	6.89
206	21-Nov-07	93.2	10.59	7.17
207	22-Nov-07	87.24	10.65	7.14
208	23-Nov-07	88.5	10.18	7.48

图 6-11 股票交易数据

6.4.4 操作步骤与结果

（1）在单元格 E8 中输入公式"= SUMPRODUCT($B$4:$D$4, B8:D8)"，并将其往下一直填充复制到单元格 E208，得到每天的投资组合收盘价。

（2）在单元格 F9 中输入公式"= LN(E9/E8)"，并将其往下一直填充复制到单元格 F208，得到每天的投资组合对数收益。

（3）在单元格 I3 中输入公式"= AVERAGE(E8:E208)"，计算投资组合价格的均值。

（4）在单元格 I4 中输入公式"= AVERAGE(F9:F208)"，计算投资组合日对数收益率的均值。

（5）在单元格 I5 中输入公式"= C5/E208"，计算按第 200 天投资组合收盘价格购买的投资组合单位。

（6）在单元格 I8 中输入公式"= EXP(I4) * E208 * I5 − C5"，计算投资组合的收益。

（7）在单元格 H10 中输入公式"= "置信水平为"&F3 * 100&"%时的风险价值""，输入置信水平为 95% 时的计算表格标题。

（8）在单元格 I11 中输入公式"= COUNTA(F9:F208)"。

（9）在单元格 I12 中输入公式"= I11 * (1 − F3)"。

（10）在单元格 I13 中输入公式"= CEILING(I12, 1)"。

（11）在单元格 H14 中输入公式"= "第"&I13&"个最坏的收益率""；填入项目标题。

（12）在单元格 I14 中输入公式"= SMALL(F9:F208, I13)"，寻找第 10 个最坏的收益率。

（13）在单元格 I15 中输入公式"= ABS(EXP(I14) * E208 * I5 − C5)"，计算置信水平为 95% 时的风险价值。

（14）同理，可以计算出置信水平为 98% 时的风险价值。

风险价值计算的历史数据模拟法计算结果如图 6-12 所示。

	A	B	C	D	E	F	G	H	I
1	历史数据模拟法								
2		股票投资比例			置信水平			计算结果	
3	股票代码	600030	600050	600000	置信水平1	95%		投资组合价格的均值	20.02
4	投资比例	25%	40%	35%	置信水平2	98%		投资组合日对数收益率的均值	0.49%
5	总投资额（元）		200000						
6		股票收盘价历史数据			计算过程			按第200天投资组合收盘价格购买的投资组合单位	6940.8
7	日期	股票600030	股票600050	股票600000	投资组合价格	对数收益率			
8	4-Jan-07	27.7	4.95	5.63	10.88			投资组合的收益（元）	976.76
9	5-Jan-07	27.45	4.71	5.07	10.52	−3.31%			
10	8-Jan-07	27.8	4.77	5.08	10.64	1.09%		置信水平为95%时的风险价值	
11	9-Jan-07	29.48	4.93	5.18	11.16	4.76%		数据个数	200
12	10-Jan-07	32.43	4.85	5.1	11.83	5.90%		置信水平对应的最坏顺序数	10
13	11-Jan-07	32.59	4.76	4.93	11.78	−0.47%		置信水平对应的最坏顺序位置	10
14	12-Jan-07	33.69	4.49	4.73	11.87	0.82%		第10个最坏的收益率	−0.05
15	15-Jan-07	36.22	4.7	4.99	12.68	6.58%		风险价值（元）	9706.8
16	16-Jan-07	36.57	4.7	4.94	12.75	0.55%			
17	17-Jan-07	32.91	4.64	4.88	11.79	−7.83%		置信水平为98%时的风险价值	
18	18-Jan-07	33.72	4.54	4.76	11.91	1.02%		置信水平对应的最坏顺序数	4
19	19-Jan-07	33.77	4.63	4.85	11.99	0.67%		置信水平对应的最坏顺序位置	4
20	22-Jan-07	34.67	4.95	5.02	12.40	3.38%		第10个最坏的收益率	−0.07
21	23-Jan-07	34.66	4.85	5.12	12.40	−0.06%		风险价值（元）	13143.2
22	24-Jan-07	37.76	4.83	5.04	13.14	5.79%			
23	25-Jan-07	38.39	4.59	4.79	13.11	−0.20%			
24	26-Jan-07	39.36	4.55	4.85	13.36	1.87%			

图 6-12　风险价值计算的历史数据模拟法

在上述计算中，使用了 SMALL 函数。SMALL 函数的功能是返回数据集中第 k 个最小值。使用此函数可以返回数据集中特定位置上的数值。公式为

$$= \text{SMALL}(\text{array}, k)$$

式中　array——需要找到第 k 个最小值的数组或数字型数据区域；

　　　k——返回的数据在数组或数据区域里的位置（从小到大）。

如果 array 为空，函数 SMALL 返回错误值"#NUM!"。如果 $k \leqslant 0$ 或 k 超过了数据点个数，函数 SMALL 返回错误值"#NUM!"。

如果 n 为数组中的数据点个数，则 SMALL(array, 1) 等于最小值，SMALL(array, n) 等于最大值。

6.5　股票 β 系数的计算

6.5.1　目的

通过本次实验，练习掌握股票、股票组合的 β 系数计算方法。

6.5.2　基本原理

β 系数是反映个别股票相对于市场平均风险程度而言的风险程度大小的系数，主要用于衡量股票的系统性风险或市场风险。β 系数越高的股票其市场风险越大。β 系数等于 1 的股票，其风险程度等于股票市场的平均风险，可称为平均风险程度的股票；β 系数大于 1 的股票，其风险程度高于股票市场的平均风险；反之，β 系数小于 1 的股票，其风险程度低于股票市场的平均风险。

1. 资本资产定价模型

资本资产定价模型描述了个别证券或证券投资组合的收益与风险之间的关系，它是资本市场理论的核心，其基本公式如下所示

$$R_i = R_F + \beta_i(R_m - R_F) \tag{6-35}$$

式中　R_i——证券 i 的期望收益率；

　　　R_F——无风险利率；

　　　R_m——证券市场投资组合的期望收益率；

　　　β_i——证券 i 的风险系数或 β 系数。

对于多种证券构成的投资组合而言，其资本资产定价模型的数学公式为

$$R_P = R_F + \beta_P(R_m - R_F) \tag{6-36}$$

式中　R_P——证券投资组合的期望收益率；

　　　R_F——无风险利率；

　　　R_m——证券市场投资组合的平均收益率；

　　　β_p——证券投资组合的风险系数或 β 系数。

β_p 的计算公式为

$$\beta_P = \sum_{i=1}^{n} w_i \beta_i \qquad (6-37)$$

式中　n——证券投资组合中证券的种数；

　　　w_i——第 i 种证券的投资额占证券投资组合总投资额的比重。

2. 统计计算法

β 系数的计算式为

$$\beta_i = \frac{\mathrm{Cov}(r_i, r_m)}{\mathrm{VaR}(r_m)} \qquad (6-38)$$

式中，协方差、方差的计算公式为

$$\mathrm{Cov}(r_i, r_m) = E[(r_i - Er_i)(r_m - Er_m)] = E(r_i \cdot r_m) - Er_i \cdot Er_m \qquad (6-39)$$

$$\mathrm{VaR}(r_m) = \frac{1}{T-1} \sum_{t=1}^{T} (r_{mt} - \overline{r_m})^2 \qquad (6-40)$$

另外，

$$\alpha_i = \overline{R_i} - \beta_i \cdot \overline{R_m} \qquad (6-41)$$

3. 单因素模型

β 系数可以根据一定时期内个别股票的收益率，以及股票市场指数收益率的历史数据采用回归分析的方法确定。以股票市场指数收益率为横坐标，以个别股票的收益率为纵坐标，根据一定时期内个别股票的收益率，以及股票市场指数收益率的历史数据，通过回归分析可以绘制出一条直线，使所有的数据点距离这条直接的平方和最小，这条线称为特征线，描述这条直线的数学公式称为单因素模型或市场模型，其表达式为

$$\overline{R_i} = \alpha_i + \beta_i \overline{R_m} + \varepsilon_i \qquad (6-42)$$

式中　$\overline{R_i}$——i 股票的期望收益率；

　　　α_i——回归直线的截距；

　　　β_i——回归直线的斜率，即 i 股票的 β 系数。这里的 β 系数即可以根据历史数据采用统计分析的公式计算，也可以直接利用 Excel 所提供的有关函数计算；

　　　$\overline{R_m}$——股票投资市场组合的期望收益率；

　　　ε_i——随机误差。

6.5.3　数据与内容

在上海证券交易所上市的 A 公司股票在过去 18 个月中每月月末的收盘价和同期上证综合指数每月末收盘价如 Excel 文件"6.5 股票 beta 系数的估计"所示，其

中该股票的价格已做复权处理。要求计算该公司股票特征线回归方程中的 α 系数、β 系数和相关系数,并根据历史数据绘制 A 股票的特征线。

6.5.4 操作步骤与结果

计算、绘图与回归分析的具体步骤如下所示。

(1) 在单元格 D4 中输入公式"=(B4-B3)/B3",计算市场平均月收益率。

(2) 在单元格 E4 中输入公式"=(C4-C3)/C3",计算 A 股票的月收益率。

(3) 选中单元格区域 D4:E4,向下填充复制到单元格区域 D20:E20,计算各月的市场和 A 股票的月收益率。

(4) 在单元格 B22 中输入公式"=INTERCEPT(E4:E20,D4:D20)",计算截距 α 系数。在单元格 B23 中输入公式"=SLOPE(E4:E20,D4:D20)",计算 β 系数。在单元格 B24 中输入公式"=INDEX(LINEST(E4:E20,D4:D20,TRUE),3,1)",计算 A 股票的月收益率与市场平均月收益率之间的相关系数平方值即拟合优度。在单元格 D24 中输入公式"=SQRT(B24)",计算相关系数,beta 系数计算结果如图 6-13 所示。

	A	B	C	D	E
1		已知数据:		收益率计算	
2	月份	上证综合收盘指数	A股票收盘价(元/股)	市场平均月收益率	A股票的月收益率
3	1	1560	6.69		
4	2	1511	6.87	-3.14%	2.69%
5	3	1490	6.80	-1.39%	-1.02%
6	4	1521	6.95	2.08%	2.21%
7	5	1576	7.35	3.62%	5.76%
8	6	1486	7.20	-5.71%	-2.04%
9	7	1476	7.90	-0.67%	9.72%
10	8	1596	7.75	8.13%	-1.90%
11	9	1367	7.23	-14.35%	-6.71%
12	10	1348	6.74	-1.39%	-6.78%
13	11	1899	7.80	40.88%	15.73%
14	12	1496	7.68	-21.22%	-1.54%
15	13	1590	8.28	6.28%	7.81%
16	14	1675	8.90	5.35%	7.49%
17	15	1741	9.22	3.94%	3.60%
18	16	1595	7.88	-8.39%	-14.53%
19	17	1556	7.79	-2.45%	-1.14%
20	18	1438	7.25	-7.58%	-6.93%
21	计算结果:				
22	α 系数	0.0064			
23	β 系数	0.3990			
24	相关系数平方	0.4888	相关系数	0.699174172	

图 6-13　beta 系数计算结果

(5) 选取单元格区域 D4:E20,单击工具栏上的"插入""图表"按钮,在"图表类型"中选"XY 散点图",在"子图表类型"中选"散点图"。打开"系列"选项卡对话框,在系列 1 的名称栏中输入"A 股票的月收益率",然后,在"图表标题"栏中输入"A 股票与上证综合指数月收益率之间的关系",在"数值(X)轴"栏中输入"上证综合指数月收益率",在"数值(Y)轴"栏中输入"A 股票的月收益率"。确认以上操作即得散点图,A 股票的特征线如图 6-14 所示。

(6) 对准数据点单击鼠标左键选中,单击右键,在弹出的快捷菜单中选择"添加趋势线"项,打开"添加趋势线"对话框,其中,在"类型"选项卡对话框中选

"线性",在"选项"选项卡对话框中选择"显示公式"和"显示R平方值",单击"确定"按钮。

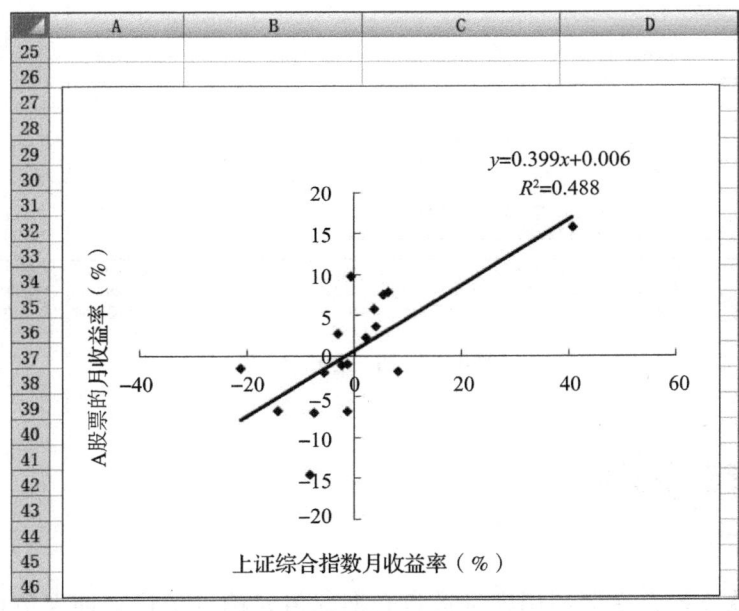

图 6-14 A 股票的特征线

根据需要还可以再对图形做出必要的调整,这样,A 股票的特征线即绘制完毕,如图 6-14 所示。

(7) 回归估计。单击"数据"→"数据分析"命令,打开"数据分析"工具框,选择"回归"工具,即打开"回归"对话框,设置如图 6-15 所示。

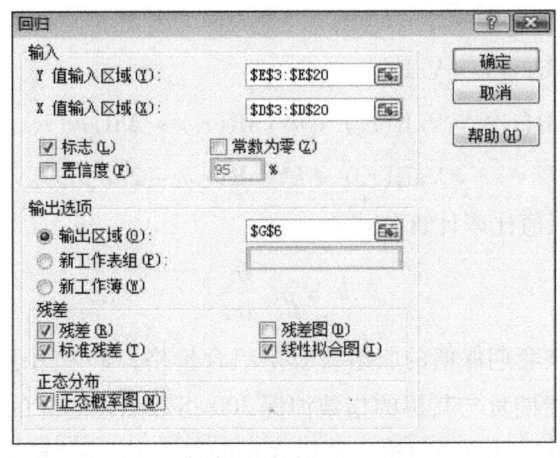

图 6-15 "回归"对话框

(8) 单击"确定"按钮,进行估计得到回归分析结果,主要结果如图 6-16 所示。

	G	H	I	J	K	L	M	N	O
4									
5									
6	SUMMARY OUTPUT								
7									
8	回归统计								
9	Multiple R	0.699174172							
10	R Square	0.488844523							
11	Adjusted R Square	0.454767491							
12	标准误差	0.054473446							
13	观测值	17							
14									
15	方差分析								
16		df	SS	MS	F	Significance F			
17	回归分析	1	0.042567554	0.042567554	14.34527882	0.001788299			
18	残差	15	0.044510345	0.002967356					
19	总计	16	0.087077899						
20									
21		Coefficients	标准误差	t Stat	P-value	Lower 95%	Upper 95%	下限 95.0%	上限 95.0%
22	Intercept	0.006362535	0.013214056	0.481497507	0.637111939	-0.021802559	0.034527629	-0.021802559	0.034527629
23	市场平均月收益率	0.399002173	0.105346658	3.787516181	0.001788299	0.174461087	0.623543259	0.174461087	0.623543259

图 6-16　回归分析结果

6.6　期货套期保值

6.6.1　目的

通过本次实验，掌握利用期货进行套期保值时确定最优套期保值比率的基本方法。

6.6.2　基本原理[一]

1. 套期保值比率的最小方差计算

设 $\mathrm{VaR}(r_h)$ 为套期保值组合收益率的方差，其计算公式可推导如下

$$r_h = r_s - h \cdot r_f$$
$$\mathrm{VaR}(r_h) = \mathrm{VaR}(r_s - h \cdot r_f)$$
$$\mathrm{VaR}(r_h) = \mathrm{VaR}(r_S) + h^2 \mathrm{VaR}(r_f) - 2h\mathrm{Cov}(r_S, r_f)$$
$$= \mathrm{VaR}(r_S) + h^2 \mathrm{VaR}(r_f) - 2h\sigma_S \sigma_f \rho_{Sf} \quad (6\text{-}43)$$

最小方差套期保值比率计算公式为

$$h = \rho_{SF} \frac{\sigma_S}{\sigma_F} \quad (6\text{-}44)$$

式（6-44）中 S 为被套期保值的股票或股票组合价格，F 为用于套期保值的股指期货价格，ρ_{SF} 表示股指期货与其标的指数沪深 300 指数点位之间的相关系数，σ_S 分别表示套期保值组合中股票或股票组合价格变化的标准差，σ_F 表示套期保值组合中股指期货价格的标准差。

[一] [1] 万奥宇. 沪深 300 股指期货套期保值实证研究 [J]. 金融经济. 2013(24).
　　　[2] 高辉，等. 沪深 300 股指套期保值及投资组合实证研究 [J]. 管理科学. 2007. 20(2)：80-90.

式 6-44 可以是利用全部历史数据静态计算，也可以做动态计算。为了在方差 – 协方差矩阵中体现出时间动态，人们采用了很多方法，这里主要介绍移动平均法、指数平滑法、GARCH 模型和基于 PE 分布的强估计方法。

2. 套期保值比率的回归模型估计

OLS 线性回归模型是通过回归模型构建现货价格与期货价格间的线性关系，并以此估计最小方差套期保值比率。这是目前计算最优套期保值比率最常用的一种方法。Witt（1987）提出了如下回归方程

$$\Delta \ln S_t = a + b \Delta \ln F_t + \varepsilon \tag{6-45}$$

式中，$\Delta \ln S_t$ 和 $\Delta \ln F_t$ 为 t 时刻现货价格和期货价格的收益率，a 为回归函数的截距项，b 为 $\Delta \ln F_t$ 的回归方程系数，即套期保值比率。因为

$$b = \frac{\sum (r_s - \overline{r_s})(r_F - \overline{r_F})}{\sum (r_F - \overline{r_F})^2} = \frac{\text{cov}(r_S, r_F)}{\text{VaR}(r_F)} = h \tag{6-46}$$

3. 套期保值比率的自回归模型与双变量向量自回归模型估计

利用 OLS 进行最小风险套期保值比率的计算会受到残差项序列相关性的影响。为了消除残差项的序列相关性并增加模型的信息量，可以利用双变量向量自回归模型 B-VaR（Bivariate-VaR Model）进行最优套期保值比率的计算。

B-VaR 模型为

$$\begin{cases} \Delta \ln S_t = a_S + \sum_{i=1}^{m} c_{Si} \Delta \ln S_{t-i} + \sum_{j=1}^{n} d_{Sj} \Delta \ln F_{t-j} + \varepsilon_{St} \\ \Delta \ln F_t = a_F + \sum_{i=1}^{m} c_{Fi} \Delta \ln S_{t-i} + \sum_{j=1}^{n} d_{Fj} \Delta \ln F_{t-j} + \varepsilon_{Ft} \end{cases} \tag{6-47}$$

式中，ε_{St}，ε_{Ft} 是独立同分布的随机误差。

也可以合并为下面的自回归模型，估计最优套期保值比率。

$$\Delta \ln S_t = a + b \Delta \ln F_t + \sum_{i=1}^{m} c_i \Delta \ln S_{t-i} + \sum_{j=1}^{n} d_j \Delta \ln F_{t-j} + \varepsilon_t \tag{6-48}$$

式中，b 为 $\Delta \ln F_t$ 的回归方程系数，即套期保值比率；m、n 是最优滞后值。

4. 套期保值比率的误差修正模型估计

B-VaR 模型虽然解决了 OLS 模型中的残差项自相关问题，但它也忽略了期货价格与现货价格之间的协整关系对套期保值比率的影响。如果非平稳时间序列经过一阶差分后就变成平稳的，即原始序列是一阶单整序列；如果两个非平稳序列之间存在一个平稳的线性组合，则两个序列之间就具有协整关系；如果两个序列之间存在协整关系，那么它们之间存在长期均衡关系。在短期内也许会出现失衡，这就是均衡误差。利用这个误差可以把短期行为和它的长期值联系起来。如果两个时间序列是协整的，那么一定存在一个误差修正表达式。于是提出了存在协整关系时，期货

价格与现货价格的误差修正模型。在此基础上，提出了估计最小风险套期保值比率的误差修正模型 ECM（Error Correction Model），这一模型同时考虑了现货价格和期货价格的非平稳性、长期均衡关系以及短期动态关系。估计模型为

$$\Delta \ln S_t = a + b \Delta \ln F_t + \sum_{i=1}^{m} c_i \Delta \ln S_{t-i} + \sum_{j=1}^{n} d_j \Delta \ln F_{t-j} + e_j Z_{t-1} + \varepsilon_t \quad (6\text{-}49)$$

式中，$Z_{t-1} = F_{t-1} - S_{t-1}$。

6.6.3 数据与内容

实验数据为 Excel 文件 "6.6 股指期货套期保值" 中的数据，要求利用以下方法计算最优套期保值比率。

（1）静态计算；

（2）以 15 日为计算期，阻尼系数为 0.3，分别用移动平均、指数平滑进行动态计算；

（3）回归模型估计；

（4）双变量向量自回归模型估计；

（5）误差修正模型估计（略）。

6.6.4 操作步骤与结果

1. 最小方差套期保值比率的静态计算

（1）打开 Excel 文件 "6.6 股指期货套期保值"，建立数据表计算结构，最小方差套期保值比率的静态计算如图 6-17 所示；

	C	D	E	F	G	H	I	J	K
1	基金与股指期货的套期保值				收益率计算				
2	交易日期	R160101单位净值	合约代码	今日结算价	R160101收益率	RF收益率		计算结果	
3	2007-01-04	2.0635	IF0702	2231.1				静态计算：	
4	2007-01-05	2.0517	IF0702	2218.4	−0.0057	−0.0057		R160101的标准差=	0.0440
5	2007-01-08	2.0455	IF0702	2311.5	−0.0030	0.0411		RF的标准差=	0.0414
6	2007-01-09	2.1172	IF0702	2542.1	0.0345	0.0951		相关系数=	0.2716
7	2007-01-11	2.1723	IF0702	2527.2	0.0257	−0.0059		最小方差套期保值比率=	0.2888

图 6-17 最小方差套期保值比率的静态计算

（2）在单元格 G4 中输入计算公式 "=LN(D4)−LN(D3)"，计算 R160101 的日对数收益率；

（3）在单元格 H4 中输入计算公式 "=LN(F4)−LN(F3)"，计算股指期货的日对数收益率；

（4）选中单元格 G4、H4，往下复制到 G483、H483；

（5）在单元格 K4 中输入计算公式 "=STDEV(G4:G483)"，计算 R160101 的日对数收益率的标准差；

（6）在单元格 K5 中输入计算公式 "=STDEV(H4:H483)"，计算股指期货日对

数收益率的标准差；

（7）在单元格 K6 中输入计算公式"=CORREL(G4:G483，H4:H483)"，计算 R160101 与股指期货的相关系数；

（8）在单元格 K7 中输入计算公式"=K6*K4/K5"，计算最小方差套期保值比率，如图 6-17 所示。

2. 最小方差套期保值比率的移动平均动态计算

（1）在 Excel 计算表中建立数据结构，最小方差套期保值比率的移动平均动态计算如图 6-18 所示；

	A	C	D	E	F	G	H	I	J	K	L	M	N
1	基金与股指期值			收益率计算		移动平均计算结果：				指数平滑计算结果			
2	交易日期	合约代码	今日结算价	R160101收益率	RF收益率	R160101的标准差	RF的标准差	相关系数	最小方差套期保值比率	R160101的标准差	RF的标准差	相关系数	最小方差套期保值比率
3	2007-01-04	IF0702	2231.1							已知：			
4	2007-01-05	IF0702	2218.4	-0.0057	-0.0057					平滑系数=	0.3000		
5	2007-01-08	IF0702	2311.5	-0.0030	0.0411								
15	2007-01-26	IF0702	2592.8	0.0030	-0.0195								
16	2007-01-29	IF0702	2624.1	-0.0033	0.0120								
17	2007-01-30	IF0702	2624.5	-0.8609	0.0002								
18	2007-02-01	IF0703	2375.4	-0.0055	-0.0997	0.2265	0.0701	0.0989	0.3196	0.2265	0.0701	0.0989	0.3196
19	2007-02-02	IF0703	2147.5	-0.0037	-0.1009	0.2265	0.0752	0.0748	0.2254	0.2265	0.0701	0.0989	0.3196
20	2007-02-05	IF0703	2154.6	-0.0031	0.0033	0.2265	0.0742	0.0686	0.2094	0.2265	0.0716	0.0917	0.2899
21	2007-02-06	IF0703	2326.3	0.0107	0.0767	0.2260	0.0726	0.0553	0.1721	0.2265	0.0724	0.0848	0.2652
22	2007-02-07	IF0703	2276.9	0.0106	-0.0215	0.2256	0.0727	0.0512	0.1588	0.2263	0.0724	0.0759	0.2371
23	2007-02-08	IF0703	2371.2	0.0034	0.0406	0.2257	0.0732	0.0673	0.2075	0.2261	0.0725	0.0685	0.2135
24	2007-02-09	IF0703	2362.4	-0.0132	-0.0037	0.2241	0.0686	0.0241	0.0787	0.2260	0.0727	0.0681	0.2117

图 6-18 最小方差套期保值比率的移动平均动态计算

（2）在单元格 G18 中输入计算公式"=STDEV(E4:E18)"，计算 R160101 的日对数收益率的标准差；

（3）在单元格 H18 中输入计算公式"=STDEV(F4:F18)"，计算股指期货日对数收益率的标准差；

（4）在单元格 I18 中输入计算公式"=CORREL(E4:E18，F4:F18)"，计算 R160101 与股指期货的相关系数；

（5）在单元格 J18 中输入计算公式"=I18*G18/H18"，计算最小方差套期保值比率；

（6）选中单元格区域 G18:J18，往下复制到 G483:J483，就得到移动平均计算的动态最小方差套期保值比率序列，如图 6-18 所示。

3. 最小方差套期保值比率的指数平滑动态计算

（1）在 Excel 计算表中建立数据结构如图 6-18 所示；

（2）在单元格 K18 中输入计算公式"=G18"，在单元格 L18 中输入计算公式"=H18"，在单元格 M18 中输入计算公式"=I18"；在单元格 N18 中输入计算公式"=M18*K18/L18"，计算最小方差套期保值比率；

（3）在单元格 K19 中输入计算公式"=G18*$L$4+K18*(1-$L$4)"，在单元格 L19 中输入计算公式"=H18*$L$4+L18*(1-$L$4)"，在单元格 M19 中输入计算公式"=I18*$L$4+M18*(1-$L$4)"；在单元格 N19 中输入计算公式

"=M19*K19/L19",计算最小方差套期保值比率;

(4)选中单元格区域 K19:N19,往下复制到 K483:N483,就得到指数平滑计算的动态最小方差套期保值比率序列,如图 6-18 所示。

4. 最优套期保值比率的自回归模型计算

(1)建立 Eveiws 工作文件"table 6-6",设置"Workfile Create"对话框,如图 6-19 所示;建立新对象(New Dbject),如图 6-20 所示。

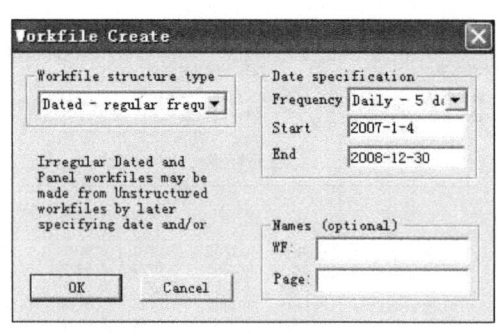

图 6-19 设置"Workfile Create"对话框

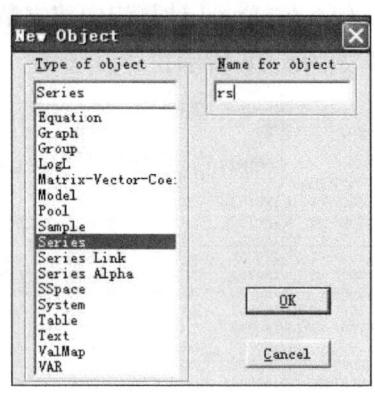

图 6-20 建立新对象

在数据编辑窗口复制粘贴数据,即得 rs 序列;

(2)同理,建立 rf 序列;

(3)同时打开 rs、rf 序列;

(4)在主菜单中单击选择"Quick | Estimate Equation",弹出"新建对象"对话框;

(5)在方程设定框中输入"rs c rf rs(-1)rs(-2)rf(-1)rf(-2)",设置对话框,选择 OLS 估计方法,设定样本区间,在默认情况下,Eveiws 用当前工作文件的样本区间来填充"Sample"对话框,如图 6-21 所示;

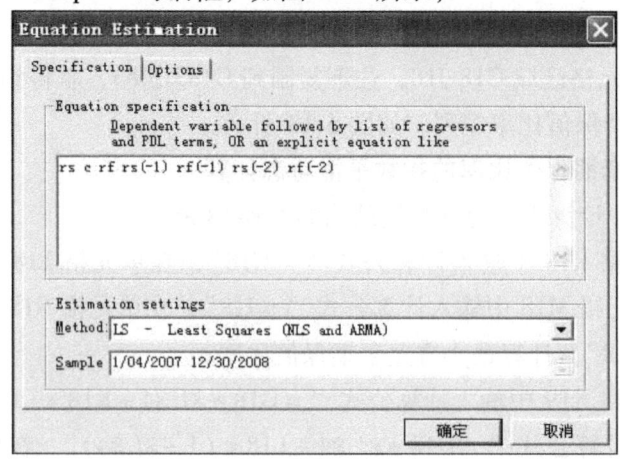

图 6-21 "Equation Estimation"对话框

（6）单击“确定”按钮，Eveiws 就会显示出方程估计的结果，结果如图 6-22 所示。

EViews - [Equation: UNTITLED Workfile: TABLE6-6\U

File Edit Object View Proc Quick Options Window Help

View | Proc | Object | Print | Name | Freeze | Estimate | Forecast | Stats | Resids

Dependent Variable: RS
Method: Least Squares
Date: 05/21/11 Time: 13:16
Sample (adjusted): 1/08/2007 11/05/2008
Included observations: 478 after adjustments

Variable	Coefficient	Std. Error	t-Statistic	Prob.
C	-0.001943	0.001952	-0.995422	0.3200
RF	0.299521	0.047770	6.270121	0.0000
RS(-1)	-0.016826	0.046217	-0.364077	0.7160
RF(-1)	-0.029621	0.049182	-0.602274	0.5473
RS(-2)	-0.045590	0.046544	-0.979503	0.3278
RF(-2)	0.034610	0.049029	0.705915	0.4806

R-squared	0.077680	Mean dependent var	-0.001971
Adjusted R-squared	0.067909	S.D. dependent var	0.044106
S.E. of regression	0.042582	Akaike info criterion	-3.462303
Sum squared resid	0.855838	Schwarz criterion	-3.409965
Log likelihood	833.4904	F-statistic	7.950564
Durbin-Watson stat	2.008518	Prob(F-statistic)	0.000000

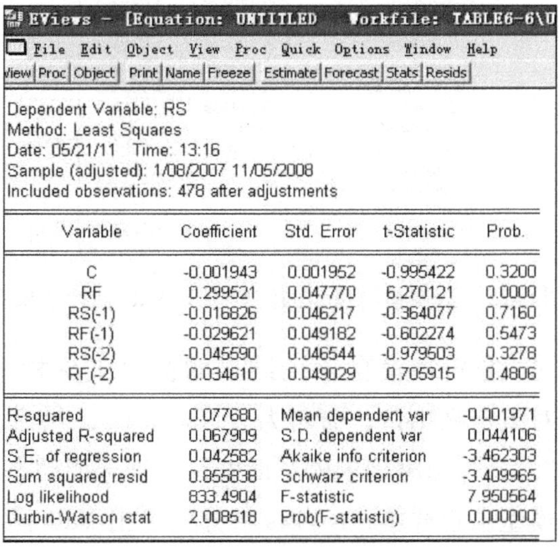

图 6-22　Eveiws 的方程估计结果

5. 最优套期保值比率的双变量向量自回归模型 B-VaR 计算

（1）在估计向量自回归模型之前，需要生成一个 VaR 对象。在 Eveiws 主菜单中选择 Quick | Estimate VaR 选项，就会弹出 VaR 模型定义对话框；

（2）设置对话框，估计模型。在 VaR type 选项中选择“Unrestristed VaR”，在内生变量框中输入“rs rf”，在滞后项数框中输入滞后对“1 2”，表示用 VaR 模型中所有内生变量的一阶至二阶的滞后变量作为模型右端的变量。外生变量框中不输入，如图 6-23 所示；

（3）然后单击“确定”按钮计算，输出结果如图 6-24、图 6-25 所示；

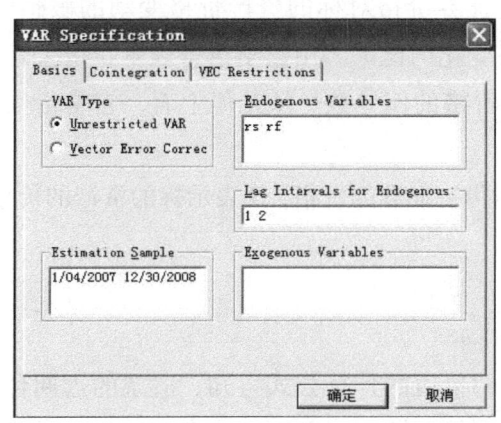

图 6-23　“VaR Specification”对话框

File Edit Object View Proc Quick Options W

View | Proc | Object | Print | Name | Freeze | Estimate | Stats | Impulse

Vector Autoregression Estimates
Date: 05/21/11 Time: 13:28
Sample (adjusted): 1/08/2007 11/05/2008
Included observations: 478 after adjustments
Standard errors in ( ) & t-statistics in [ ]

	RS	RF
RS(-1)	0.015308	0.100449
	(0.04774)	(0.04415)
	[0.32064]	[2.27496]
RS(-2)	-0.007034	0.121964
	(0.04796)	(0.04436)
	[-0.14666]	[2.74949]
RF(-1)	-0.028664	0.004549
	(0.05113)	(0.04729)
	[-0.56062]	[0.09620]
RF(-2)	0.011433	-0.076960
	(0.05083)	(0.04701)
	[0.22493]	[-1.63710]

图 6-24　双变量向量自回归模型B-VaR估计结果 1

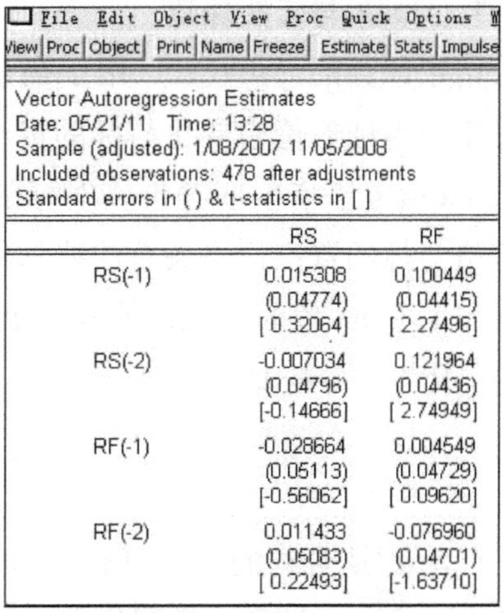

```
R-squared                              -0.001133    0.029674
Adj. R-squared                         -0.007470    0.023532
Sum sq. resids                          0.928971    0.794600
S.E. equation                           0.044270    0.040944
F-statistic                            -0.178879    4.831824
Log likelihood                        813.8935    851.2345
Akaike AIC                             -3.388676   -3.544914
Schwarz SC                             -3.353783   -3.510022
Mean dependent                         -0.001971   -0.000502
S.D. dependent                          0.044106    0.041434

Determinant resid covariance (dof adj.)    3.03E-06
Determinant resid covariance               2.98E-06
Log likelihood                            1684.224
Akaike information criterion              -7.013488
Schwarz criterion                         -6.943704
```

图 6-25　双变量向量自回归模型 B-VaR 估计结果 2

（4）模型模拟。先在 VaR 模型估计结果的窗口工具栏中选择 "Proc | Make Model"，将出现模型对象定义出口，命名为 "Model01"，然后，单击模型对象定义窗口中的 solve 功能键，会弹出模型求解对话框，分别选择动态模型求解、静态模型求解，并输入相应的模型求解样本，Eveiws 将分别给出 VaR 模型的动态、静态求解结果。

6.7　期权价格敏感性指标计算及其保值组合构建

6.7.1　目的

通过本次实验，掌握衍生品价格的敏感性指标的计算方法，以及套期保值组合构造原理。

6.7.2　基本原理

1. Delta 与套期保值

衍生证券的 Delta（Δ）用于衡量衍生证券价格对标的资产价格变动的敏感度，它等于衍生证券价格变化与标的资产价格变化的比率。用数学语言表示，衍生证券的 Delta 值等于衍生证券价格对标的资产价格的偏导数。从几何上看，它是衍生证券价格与标的资产价格关系曲线的斜率。

（1）Delta 值的定义计算式。令 f 表示衍生证券的价格，S 表示标的资产的价格，Δ 表示衍生证券的 Delta，则

$$\Delta = \frac{\partial f}{\partial S} \tag{6-50}$$

（2）远期合约的 Delta 值。从远期合约价值的计算公式可知，股票的远期合约的 Δ 恒等于1。这意味着我们可用一股股票的远期合约空头（或多头）为一股股票多头（或空头）保值，且在合约有效期内，无须再调整合约的数量。

(3) 期货合约的 Delta 值。根据期货定价公式，我们也可算出各种期货合约的 Δ 值。无收益资产和支付已知现金收益资产的期货合约的 Δ 值为

$$\Delta = e^{-r(T-t)} \quad (6\text{-}51)$$

支付已知收益率（q）资产期货合约的 Δ 值为

$$\Delta = e^{-(r-q)(T-t)} \quad (6\text{-}52)$$

对于标的资产本身来说，其 Δ 值等于 1。

(4) 期权的 Delta 值。根据布莱克-斯科尔斯无收益资产期权定价公式，我们可以算出无收益资产欧式看涨期权的 Delta 值为

$$\Delta = N(d_1) \quad (6\text{-}53)$$

无收益资产欧式看跌期权的 Delta 值为

$$\Delta = -N(-d_1) = N(d_1) - 1 \quad (6\text{-}54)$$

其中 d_1 的定义与布莱克-斯科尔斯无收益资产期权定价公式中相同。

对于支付已知红利率 q（连续复利）的股价指数的欧式看涨期权来说，其 Δ 值为

$$\Delta = e^{-r(T-t)} N(d_1) \quad (6\text{-}55)$$

对于支付已知红利率 q 股价指数的欧式看跌期权来说，其 Δ 值为

$$\Delta = e^{-r(T-t)} [N(d_1) - 1] \quad (6\text{-}56)$$

对于欧式外汇看涨期权而言，其 Δ 值为

$$\Delta = e^{-r_f(T-t)} N(d_1) \quad (6\text{-}57)$$

对于欧式外汇看跌期权而言，其 Δ 值为

$$\Delta = e^{-r_f(T-t)} [N(d_1) - 1] \quad (6\text{-}58)$$

对于欧式期货看涨期权而言，其 Δ 值为

$$\Delta = e^{-r(T-t)} N(d_1) \quad (6\text{-}59)$$

对于欧式期货看跌期权而言，其 Δ 值为

$$\Delta = e^{-r(T-t)} [N(d_1) - 1] \quad (6\text{-}60)$$

上述 d_1 的定义要根据定价公式进行相应的调整。

(5) 证券组合的 Delta 值与 Delta 中性状态。当证券组合中含有标的资产和该标的资产的各种衍生证券时，该证券组合的 Δ 值就等于组合中各种证券或衍生证券 Δ 值的加权总和

$$\Delta = \sum_{i=1}^{n} w_i \Delta_i \quad (6\text{-}61)$$

其中，w_i 表示第 i 种证券或衍生证券的数量比重，Δ_i 表示第 i 种证券或衍生证券的 Δ 值。

由于标的资产和衍生证券可取多头或空头，因此其 Δ 值可正可负，这样，若组合内标的资产和衍生证券数量配合适当地说，整个组合的 Δ 值就可能等于 0。我们

称 Δ 值为 0 的证券组合处于 Delta 中性状态。

当证券组合处于 Δ 中性状态时，组合的价值在一个短时间内就不受标的资产价格的影响，从而实现了瞬时套期保值，因此我们将使证券组合的 Δ 值等于 0 的套期保值法称为 Δ 中性保值法。

应该注意的是，投资者的保值组合维持在 Δ 中性状态只能维持一个相当短暂的时间。随着 S、$T-t$、r 和 σ 的变化，Δ 值也在不断变化，因此需要定期调整保值头寸以便使保值组合重新处于 Δ 中性状态，这种调整称为再均衡（Rebalancing），而这些步骤调整需要较高的手续费，因此套期保值者应在成本与可容忍的风险之间进行权衡。

2. Theta 与套期保值

衍生证券的 Theta（Θ）用于衡量衍生证券价格对时间变化的敏感度，它等于衍生证券价格对时间 t 的偏导数。即

$$\Theta = \frac{\partial f}{\partial t} \tag{6-62}$$

对于无收益资产的欧式和美式看涨期权而言

$$\Theta = -\frac{S \cdot N'(d_1) \cdot \sigma}{2\sqrt{T-t}} - r \cdot X \cdot e^{-r(T-t)} \cdot N(d_2)$$

根据累积标准正态分布函数的特性

$$N'(x) = \frac{1}{\sqrt{2\pi}} e^{-0.5x^2}$$

因此，有

$$\Theta = -\frac{S \cdot \sigma \cdot e^{0.5d_1^2}}{2\sqrt{2\pi(T-t)}} - r \cdot X \cdot e^{-r(T-t)} \cdot N(d_2) \tag{6-63}$$

对于无收益资产的欧式看跌期权而言

$$\Theta = -\frac{S \cdot \sigma \cdot e^{0.5d_1^2}}{2\sqrt{2\pi(T-t)}} + r \cdot X \cdot e^{-r(T-t)} \cdot [1 - N(d_2)] \tag{6-64}$$

对于支付已知收益率 q 的股价指数看涨期权而言

$$\Theta = -\frac{S \cdot \sigma \cdot e^{0.5d_1^2 - q(T-t)}}{2\sqrt{2\pi(T-t)}} + q \cdot S \cdot N(d_1) \cdot e^{-q(T-t)}$$
$$- r \cdot X \cdot e^{-r(T-t)} \cdot [1 - N(d_2)] \tag{6-65}$$

对于支付已知收益率 q 的股价指数看跌期权而言

$$\Theta = -\frac{S \cdot \sigma \cdot e^{0.5d_1^2 - q(T-t)}}{2\sqrt{2\pi(T-t)}} - q \cdot S \cdot e^{-q(T-t)} \cdot [1 - N(d_1)]$$
$$+ r \cdot X \cdot e^{-r(T-t)} \cdot [1 - N(d_2)] \tag{6-66}$$

将 q 换作 r_f，上述最后两个式就是外汇看涨期权和欧式外汇看跌期权 Theta 的公式。将 q 换作 r，S 换作 F，可得期货看涨期权和欧式期货看跌期权的 Theta 公式。

当越来越临近到期日时，期权的时间价值越来越小，因此，期权的 Theta 几乎总是负的。

期权的 Theta 值同时受 S、$T-t$、r 和 σ 的影响。无收益资产看涨期权的 Θ 的值与标的资产价格的关系曲线为 V 字形。当 S 很小时，Θ 近似为 0，当 S 在 X 附近时，Θ 很小。当 S 升高时，Θ 趋近于 $-rXe^{-r(T-t)}$。

无收益资产看涨期权 Θ 值与 $(T-t)$ 的关系跟 $(S-X)$ 有很大关系。对于实值期权、虚值期权而言，它们之间的关系曲线为 V 字形，实值期权在虚值期权的下方；平价期权则同方向变化。

Theta 值与套期保值没有直接的关系，但它与 Delta 及下文的 Gamma 值有较大关系。

3. Gamma 与套期保值

（1）Gamma 的计算及特征。衍生证券的 Gamma（γ）用于衡量该证券的 Delta 值对标的资产价格变化的敏感度，它等于衍生证券价格对标的资产价格的二阶偏导数，也等于衍生证券的 Delta 对标的资产价格的一阶偏导数。由于看涨期权与看跌期权的 Δ 之间只相差一个常数，因此两者的 Γ 值总是相等的。Gamma（γ）为

$$\gamma = \frac{\partial^2 f}{\partial S^2} = \frac{\partial \Delta}{\partial S} \tag{6-67}$$

对于标的资产及远期和期货合约来说，Gamma 值均为零。

根据布莱克－斯科尔斯无收益资产期权定价公式，我们可以算出无收益资产欧式看涨期权和欧式看跌期权的 γ 值为

$$\gamma = \frac{e^{-0.5d_1^2}}{S\sigma\sqrt{2\pi(T-t)}} \tag{6-68}$$

无收益资产期权的 γ 值总为正值，但它会随着 S、$T-t$、r 和 σ 的变化而变化。

当 S 在 X 附近时，γ 值最大，即 Δ 值对 S 最敏感。对于平价期权（$S=X$）来说，期权有效期很短时，Gamma 值将非常大，即 Δ 值对 S 非常敏感，Gamma 值与有效期长短反方向变化。对于实值期权（$S<X$）、虚值期权（$S>X$）来说，二者关系曲线都是先上升后下降。

对于支付已知连续收益率 q 的股价指数的欧式期权而言

$$\gamma = \frac{e^{-0.5d_1^2 - q(T-t)}}{S\sigma\sqrt{2\pi(T-t)}} \tag{6-69}$$

用 r_f 替代上式的 q，我们就可得到欧式外汇期权的 Gamma 计算公式；用 r 替换 q，用 F 替换 S，我们就可得欧式期货期权的 Gamma 计算公式。

（2）证券组合的 Gamma 值与 Gamma 套期保值。当证券组合中含有标的资产和该标的资产的各种衍生证券时，该证券组合的 γ 值就等于组合内各种资产或衍生证券 γ 值的加权总和

$$\gamma = \sum_{i=1}^{n} w_i \gamma_i \tag{6-70}$$

式中，w_i 表示第 i 种证券（或衍生证券）的数量比重，γ_i 表示第 i 种证券（或衍生证券）的 γ 值。

由于标的资产远期和期货的 γ 值均为零，因此，证券组合的 γ 值实际上等于该组合内各种期权的数量与其 γ 值乘积的总和。由于期权多头的 γ 值总是正的，而期权空头的 γ 值总是负的，因此，若期权多头和空头数量配合适当的话，该组合的 γ 值就等于零。我们称 γ 值为零的证券组合处于 Gamma 中性状态。

证券组合的 γ 值可用于衡量 Δ 中性保值法的保值误差。这是因为期权的 Δ 值仅仅衡量标的资产价格 S 微小变动时期权价格的变动量，而期权价格与标的资产价格的关系曲线是一条曲线，因此，当 S 变动量较大时，用 Δ 估计出的期权价格的变动量与期权价格的实际变动量就会有偏差。这种误差的大小取决于期权价格与标的资产价格之间关系曲线的曲度。γ 值越大，该曲度就越大，Δ 中性保值误差就越大。

为了消除 Δ 中性保值的误差，我们应使保值组合的 γ 中性化。为此，应不断地根据原保值组合的 γ 值，买进或卖出适当数量标的资产的期权，以保持新组合 γ 中性，同时调整标的资产或期货合约的头寸，以保证新组合 Δ 中性。

由于证券组合的 γ 值会随时间的变化而变化，因此，随时间流逝，我们要不断调整期权头寸和标的资产或期货头寸，才能保持保值组合处于 γ 中性和 Δ 中性状态。

（3）Delta、Theta 和 Gamma 之间的关系。无收益资产的衍生证券价格 f 必须满足布莱克－斯科尔斯微分方程，即

$$\frac{\partial f}{\partial t} + rS\frac{\partial f}{\partial S} + \frac{1}{2}\sigma^2 S^2 \frac{\partial^2 f}{\partial S^2} = rf$$

因此，根据 Δ、Θ、γ 的定义有

$$\Theta + rS\Delta + \frac{1}{2}\sigma^2 S^2 \lambda = rf \tag{6-71}$$

该公式对无收益资产的单个衍生证券和多个衍生证券组合都适用。

对于处于 Δ 中性状态的组合来说

$$\Theta + \frac{1}{2}\sigma^2 S^2 \gamma = rf \tag{6-72}$$

这意味着，对于 Δ 中性组合来说，若 Θ 为负值并且很大时，γ 将会为正值并且也很大。

对于处于 Δ 中性和 γ 中性状态的组合来说

$$\Theta = rf \tag{6-73}$$

这意味着，Δ 中性和 γ 中性组合的价值将随时间以无风险连续复利率的速度增长。

关于 Delta、Theta 和 Gamma 三者之间的符号关系如表 6-6 所示。

从表中可以看出，Gamma 的符号总是与 Theta 的符号相反。

表 6-6 Delta、Theta 和 Gamma 三者之间的符号关系

	Delta	Theta	Gamma
多头看涨期权	+	−	+
多头看跌期权	−	−	+
空头看涨期权	−	+	−
空头看跌期权	+	+	−

4. Vega 与套期保值

衍生证券的 Vega（Λ）用于衡量该证券的价值对标的资产价格波动率的敏感度，它等于衍生证券价格对标的资产价格波动率（σ）的偏导数，即

$$\Lambda = \frac{\partial f}{\partial \sigma} \tag{6-74}$$

标的资产远期和期货合约的 Vega 值等于零。

对于无收益资产的欧式看涨期权和看跌期权而言

$$\Lambda = \frac{S\sqrt{T-t} \cdot e^{-0.5d_1^2}}{\sqrt{2\pi}} \tag{6-75}$$

对于支付已知连续收益率 q 的资产的欧式看涨期权和看跌期权而言

$$\Lambda = \frac{S\sqrt{T-t} \cdot e^{-0.5d_1^2 - q(T-t)}}{\sqrt{2\pi}} \tag{6-76}$$

如果用 r_f 替换上式的 q，上式就是欧式外汇期权的 Λ 值计算公式；如果用 r 替换 q，用 F 替换 S，上式就是欧式期货期权的 Λ 值计算公式。

应该注意的是，上述 Λ 值都是根据布莱克－斯科尔斯期权定价公式（6-23）和式（6-24）算出的，而这两个公式都假定 σ 为常数。因此，上述这些公式都隐含着这样的前提：波动率为常数情况下的期权价格与波动率为变量情况下的期权价格是相等的。显然，这仅仅是一个近似的假定。

从上述公式可以看出，Λ 值总是正的，但其大小取决于 S、$T-t$、r 和 σ。其中 Λ 值与 S 的关系与 Γ 的关系很相似，呈现倒 V 字形。

证券组合的 Λ 值等于该组合中各证券的数量与各证券的 Λ 值乘积的总和。证券组合的 Λ 值越大，说明其价值对波动率的变化越敏感。

由于证券组合的 Λ 值只取决于期权的 Λ 值。因此我们可以通过持有某种期权的多头或空头来改变证券组合的 Λ 值。只要期权的头寸适量，新组合的 Λ 值就可以等于零，我们称此时证券组合处于 Λ 中性状态。

遗憾的是，当我们调整期权头寸使证券组合处于 Λ 中性状态时，新期权头寸会同时改变证券组合的 Γ 值，因此，若套期保值者要使证券组合同时达到 Γ 中性和 Λ 中性，至少要使用同一标的资产的两种期权。

我们令 Γ_p 和 Λ_p 分别代表原证券组合的 Γ 值和 Λ 值，Γ_1 和 Γ_2 分别代表期权 1 和期权 2 的 Γ 值，Λ_1 和 Λ_2 分别代表期权 1 和期权 2 的 Λ 值，w_1 和 w_2 分别代表为使新组合处于 Γ 中性和 Λ 中性需要的期权 1 和 2 的数量，w_1 和 w_2 可用下述联立方程求得

$$\Gamma_p + \Gamma_1 w_1 + \Gamma_2 w_2 = 0 \quad (6-77)$$

$$\Lambda_p + \Lambda_1 w_1 + \Lambda_2 w_2 = 0 \quad (6-78)$$

5. RHO 与套期保值

衍生证券的 RHO(ρ) 用于衡量衍生证券价格对利率变化的敏感度,它等于衍生证券价格对利率的偏导数

$$\rho = \frac{\partial f}{\partial r} \quad (6-79)$$

标的资产的 ρ 值为 0。

期货价格的 ρ 值为

$$\rho = (T-t)F \quad (6-80)$$

对于无收益资产看涨期权而言

$$\rho = X(T-t)e^{-r(T-t)}N(d_2) \quad (6-81)$$

对于无收益资产欧式看跌期权而言

$$\rho = X(T-t)e^{-r(T-t)}[N(d_2)-1] \quad (6-82)$$

我们只要对 d_2 的定义做适当调整,则上述公式也适用于支付连续收益率的股价指数和期货的欧式看涨期权和看跌期权。

对于外汇期权来说,由于存在两种利率:r 和 r_f,因此就有两种 ρ 值,即对应国内利率的 ρ 值和对应国外利率的 ρ 值。对应国内利率的 ρ 值的计算公式如上所述,对应国外利率的欧式外汇看涨期权的 ρ 值的计算公式为

$$\rho = -S(T-t)e^{-r_f(T-t)}N(d_1) \quad (6-83)$$

对应国外利率的欧式外汇看跌期权的 ρ 值为

$$\rho = S(T-t)e^{-r_f(T-t)}[1-N(d_1)] \quad (6-84)$$

同理,我们可以通过改变期权或期货头寸来使证券组合处于 ρ 值中性状态。

期权价格的敏感性分析指标计算公式可以归纳为表 6-7。

表 6-7 期权价格的敏感性分析指标计算公式

敏感性指标	期权价值的敏感性因素	标的资产的远期、期货	无收益资产的欧式看涨期权	无收益资产的欧式看跌期权
Delta(Δ)	标的资产	$1,\ \Delta = e^{-r(T-t)}$	$N(d_1)$	$N(d_1)-1$
Gamma(γ)	Delta 对标的资产价格	0	$\gamma = \dfrac{e^{-0.5d_1^2}}{S\sigma\sqrt{2\pi(T-t)}}$	$\Gamma = \dfrac{e^{-0.5d_1^2}}{S\sigma\sqrt{2\pi(T-t)}}$
Theta(Θ)	时间	$S'(t)-rKe^{-r(T-t)}$	$-\dfrac{S\sigma N'(d_1)}{2\sqrt{T-t}}-rXe^{-r(T-t)}N(d_2)$	$-\dfrac{S\cdot\sigma\cdot e^{0.5d_1^2}}{2\sqrt{2\pi(T-t)}}+r\cdot X\cdot e^{-r(T-t)}\cdot[1-N(d_2)]$
Vega(Λ)	标的资产价格波动率	0	$\dfrac{S\sqrt{T-t}\cdot e^{-0.5d_1^2}}{\sqrt{2\pi}}$	$\dfrac{S\sqrt{T-t}\cdot e^{-0.5d_1^2}}{\sqrt{2\pi}}$
Rho(ρ)	利率	$(T-t)F$	$X(T-t)e^{-r(T-t)}N(d_2)$	$X(T-t)e^{-r(T-t)}[N(d_2)-1]$
相互关系		——	$\Theta + rS\Delta + \dfrac{1}{2}\sigma^2 S^2 \Gamma = rc$	

6.7.3 实验数据与内容

已知基础工具（可以是股价、外汇、股价指数、期货）的当前值为10，协议价格为10，无风险利率为5%，波动率为30%，期限为0.5年，要求计算该期权的敏感性分析指标，并做分析。

6.7.4 操作步骤与结果

1. Δ(Delta)的计算与分析

（1）如图6-26所示建立计算表格，输入指标名称及其取值；

（2）利用开发工具→插入→数值调节按钮（窗体控件），在C4中插入滚动条，如图6-27设置控件格式；

图6-26 建立计算表格

图6-27 设置控件格式

（3）在B4中，输入"=IF(D4=1,"股票",IF(D4=2,"外汇",IF(D4=3,"股价指数","期货")))"；

（4）利用开发工具→插入→数值调节按钮（窗体控件），在C10中插入滚动条，如图6-28设置控件格式；

（5）在B10中，输入"=IF(D4=1,"0",IF(D4=2,D10/1000,IF(D4=3,D10/1000,B7)))"；

（6）如图6-29所示，设置好欧式看涨期权的Δ(Delta)的计算表与模拟运算表；

图6-28 设置控件格式

（7）在B14中输入"=EXP(-B10*B9)*NORMSDIST((LN(B5/B6)+(B7-B10+B8^2/2)*B9)/(B8*B9^0.5))"，计算已知条件下的欧式看涨期权的Δ(Delta)；

（8）双变量模拟运算。选中B14:O24单元格区域，在"数据"主菜单下的"数据工具"选项组中，单击"假设分析"按钮，选择"数据表"命令选项。打开"数据表"对话框，设置"输入引用行的单元格"为$B$9，表示不同的期权期限，

设置"输入引用列的单元格"为$B$5,表示不同的标的资产价格;

	期权期限								
输出									
欧式看涨的Δ	0.5886	0.1	0.2	0.3	0.4	0.5	0.6	0.7	0.8	0.9
	2	0.0000	0.0000	0.0000	0.0000	0.0000	0.0000	0.0000	0.0000	0.0000
	4	0.0000	0.0000	0.0000	0.0000	0.0000	0.0001	0.0004	0.0009	0.0018
	6	0.0000	0.0001	0.0017	0.0064	0.0145	0.0254	0.0383	0.0526	0.0675
	8	0.0122	0.0641	0.1181	0.1646	0.2038	0.2373	0.2663	0.2917	0.3143
	10	0.5399	0.5563	0.5688	0.5794	0.5886	0.5969	0.6045	0.6115	0.6181
标的资产价格	12	0.9784	0.9333	0.9003	0.8772	0.8607	0.8485	0.8392	0.8322	0.8267
	14	0.9999	0.9960	0.9868	0.9758	0.9649	0.9548	0.9458	0.9379	0.9309
	16	1.0000	0.9999	0.9988	0.9963	0.9926	0.9883	0.9837	0.9791	0.9745
	18	1.0000	1.0000	0.9999	0.9995	0.9986	0.9972	0.9954	0.9933	0.9910
	20	1.0000	1.0000	1.0000	0.9998	0.9994	0.9988	0.9979	0.9969	0.9969

注:这是模拟运算表,表中蓝字表示根据相应的标的资产当前价格和期权期限计算出来的看涨期权的Delta。

图 6-29 欧式看涨期权的 Δ(Delta) 的计算表与模拟运算表

(9) 单击"确定"按钮,即可一次性求出不同的期权期限与标的资产价格组合下的欧式看涨期权的 Δ(Delta);

(10) 绘制在期权期限为 0.6 时,不同标的资产价格对应的欧式看涨期权的 Δ(Delta), 如图 6-30 所示;

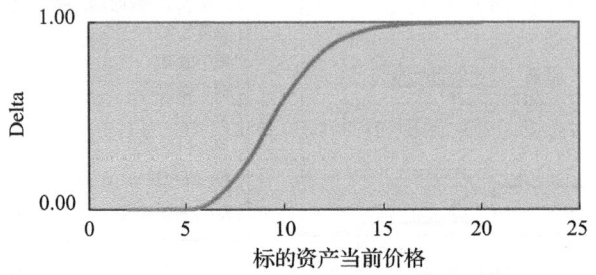

图 6-30 不同标的资产价格对应的欧式看涨期权的 Δ(Delta)

(11) 绘制在标的价格分别取值为 8、10、12 时,不同期权期限对应的欧式看涨期权的 Δ(Delta) 如图 6-31 所示;

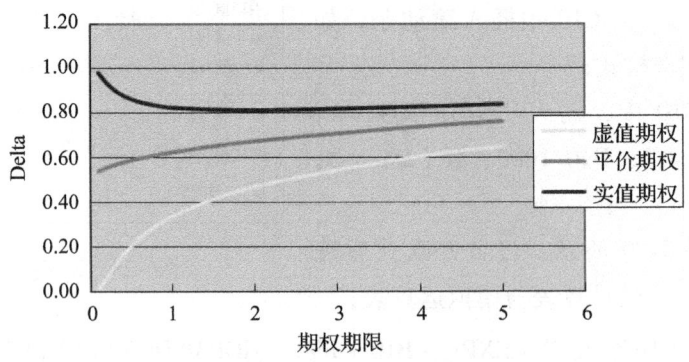

图 6-31 不同期权期限对应的欧式看涨期权的 Δ(Delta)

(12) 同理,在 B27 中输入" = B14 - EXP(- B10 * B9)",可以计算出欧式看跌期权的 Δ(Delta),并进行不同期权期限、标的资产价格组合对应的欧式看跌期权的 Δ(Delta),如图 6-32 ~ 图 6-34 所示。

		0.1	0.2	0.3	0.4	0.5	0.6	0.7
27	欧式看跌的Δ −0.4114							
28	2	−1.0000	−1.0000	−1.0000	−1.0000	−1.0000	−1.0000	−1.0000
29	4	−1.0000	−1.0000	−1.0000	−1.0000	−1.0000	−0.9999	−0.9996
30	6	−1.0000	−0.9999	−0.9983	−0.9936	−0.9855	−0.9746	−0.9617
31	8	−0.9878	−0.9359	−0.8819	−0.8354	−0.7962	−0.7627	−0.7337
32	10	−0.4601	−0.4437	−0.4312	−0.4206	−0.4114	−0.4031	−0.3955
33	12	−0.0216	−0.0667	−0.0997	−0.1228	−0.1393	−0.1515	−0.1608
34	14	−0.0001	−0.0040	−0.0132	−0.0242	−0.0351	−0.0452	−0.0542
35	16	0.0000	−0.0001	−0.0012	−0.0037	−0.0074	−0.0117	−0.0163
36	18	0.0000	0.0000	−0.0001	−0.0005	−0.0014	−0.0028	−0.0046
37	20	0.0000	0.0000	0.0000	−0.0001	−0.0002	−0.0006	−0.0012

图 6-32　欧式看跌期权的 Δ(Delta) 的计算表与模拟运算表

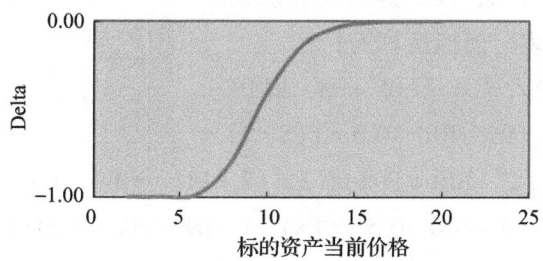

图 6-33　不同标的资产价格组合对应的欧式看跌期权的 Δ(Delta)

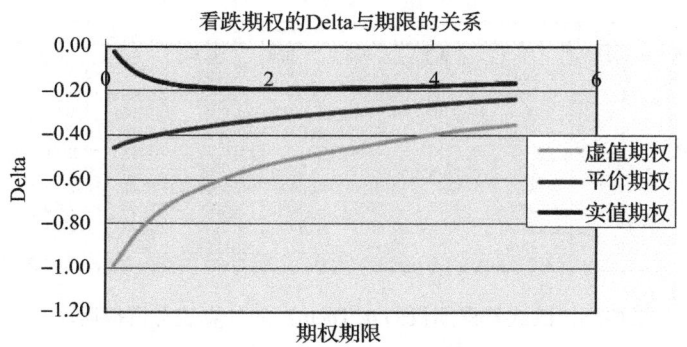

图 6-34　不同期权期限对应的欧式看跌期权的 Δ(Delta)

2. θ(Theta) 的计算与分析

（1）如图 6-35 所示建立计算表格，输入指标名称及其取值；

（2）利用开发工具→插入→数值调节按钮（窗体控件），在 C4 中插入滚动条，如图 6-36 所示；

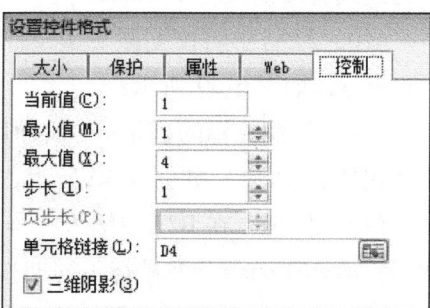

图 6-35　建立计算表格　　　　　图 6-36　设置控件格式

(3) 在 B4 中,输入" = IF(D4 = 1,"股票",IF(D4 = 2,"外汇",IF(D4 = 3,"股价指数""期货")))";

(4) 利用开发工具→插入→数值调节按钮(窗体控件),在 C10 中插入滚动条,如图 6-37 所示;

(5) 在 B10 中,输入" = IF(D4 = 1,"0",IF(D4 = 2,D10/1000,IF(D4 = 3,D10/1000,B7)))";

(6) 如图 6-38 所示,设置好欧式看涨期权的 θ(Theta) 的计算表与模拟运算表;

(7) 在 B14 中输入" = − (B5 * B8 * EXP(− 0.5 * ((LN(B5/B6) + (B7 − B10 + 0.5 * (B8)^2) * B9)/(B8 *)B9)^0.5))^2 − B10 * B9))/(2 * (2 * PI() * B9)^0.5) + B10 * B5 * NORMSDIST((LN(B5/B6) + (B7 − B10 + 0.5 * (B8)^2) * B9)/(B8 * (B9)^0.5)) * EXP(− B10 * B9) − B7 * B6 * EXP(− B7 * B9) * NORMSDIST))LN(B5/B6) + (B7 − B10 − 0.5 * (B8)^2) * B9)/(B8 *)B9)^0.5))",计算已知条件下的欧式看涨期权的 θ(Theta);

图 6-37 设置控件格式

图 6-38 欧式看涨期权的 θ(Theta) 的计算表与模拟运算表

(8) 双变量模拟运算。选中 B14:O24 单元格区域,在"数据"主菜单下的"数据工具"选项组中,单击"假设分析"按钮,选择"数据表"命令选项。打开"数据表"对话框,设置"输入引用行的单元格"为$B$9,表示不同的期权期限,设置"输入引用列的单元格"为$B$5,表示不同的标的资产价格;

(9) 单击"确定"按钮,即可一次性求出不同的期权期限与标的资产价格组合下的欧式看涨期权的 θ(Theta);

(10) 绘制在期权期限为 0.6 时,不同标的资产价格对应的欧式看涨期权的 θ(Theta),如图 6-39 所示;

(11) 绘制在标的价格分别取值为 8、10、12 时,不同期权期限对应的欧式看涨期权的 θ(Theta) 如图 6-40 所示;

(12) 同理,在 B27 中输入" = B14 − EXP(− B10 * B9)",可以计算出欧式看跌期权的 θ(Theta),并进行不同期权期限、标的资产价格组合对应的欧式看跌期权的 θ(Theta),如图 6-41 ~ 图 6-43 所示。

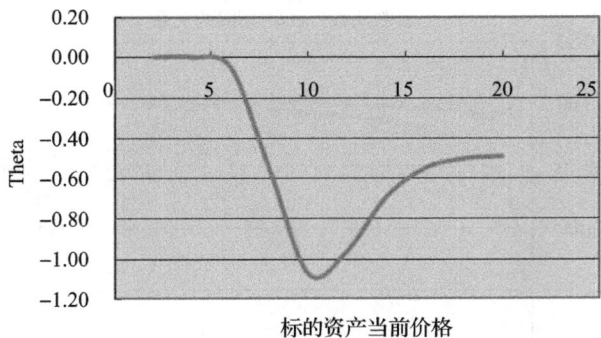

图 6-39　不同标的资产价格对应的欧式看涨期权的 θ(Theta)

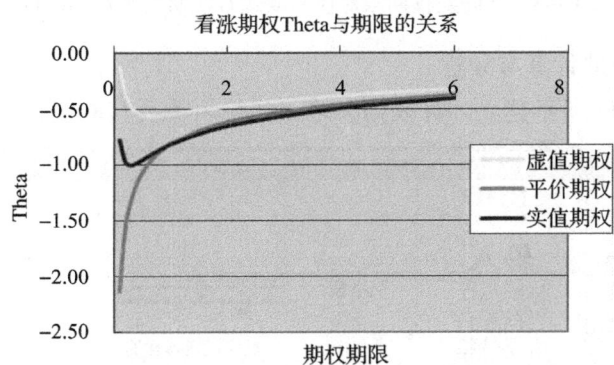

图 6-40　不同期权期限对应的欧式看涨期权的 θ(Theta)

27	欧式看跌的Θ	-0.5838	0.1	0.2	0.3	0.4	0.5	0.6	0.7	0.8	0.9	1
28		2	0.4975	0.4950	0.4926	0.4901	0.4877	0.4852	0.4828	0.4804	0.4780	0.4756
29		4	0.4975	0.4950	0.4926	0.4901	0.4876	0.4849	0.4818	0.4782	0.4741	0.4694
30		6	0.4975	0.4940	0.4833	0.4629	0.4369	0.4094	0.3828	0.3583	0.3361	0.3164
31		8	0.3729	0.1344	0.0155	-0.0399	-0.0656	-0.0768	-0.0802	-0.0796	-0.0767	-0.0725
32		10	-1.6352	-1.0787	-0.8318	-0.6844	-0.5838	-0.5095	-0.4519	-0.4054	-0.3670	-0.3345
33		12	-0.2806	-0.4783	-0.5108	-0.4974	-0.4712	-0.4423	-0.4143	-0.3880	-0.3639	-0.3418
34		14	-0.0033	-0.0531	-0.1200	-0.1707	-0.2034	-0.2230	-0.2336	-0.2383	-0.2390	-0.2372
35		16	0.0000	-0.0027	-0.0165	-0.0389	-0.0628	-0.0843	-0.1022	-0.1165	-0.1274	-0.1356
36		18	0.0000	-0.0001	-0.0017	-0.0069	-0.0159	-0.0269	-0.0386	-0.0499	-0.0602	-0.0694
37		20	0.0000	0.0000	-0.0001	-0.0011	-0.0036	-0.0078	-0.0133	-0.0197	-0.0265	-0.0332

图 6-41　欧式看跌期权的 θ(Theta) 的计算表与模拟运算表

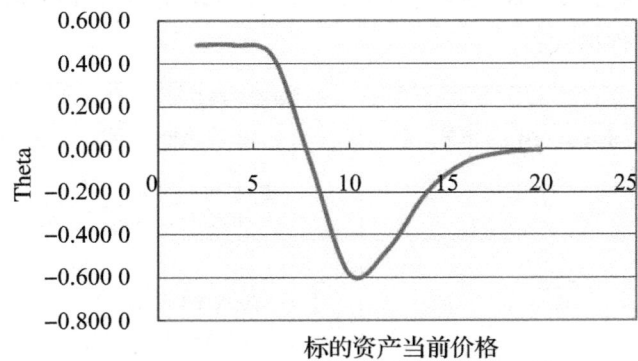

图 6-42　不同标的资产价格组合对应的欧式看跌期权的 θ(Theta)

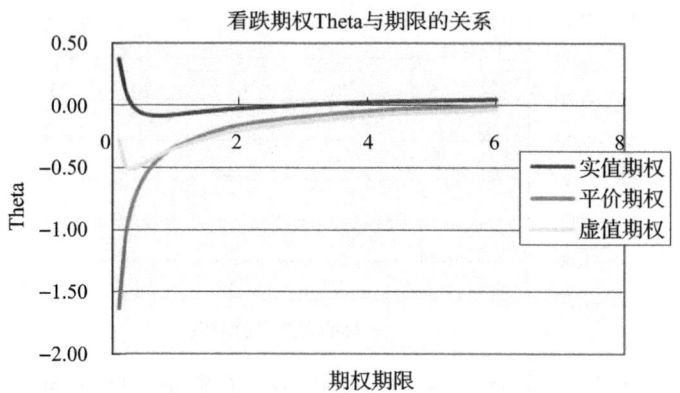

图 6-43　不同期权期限对应的欧式看跌期权的 θ(Theta)

3. ρ（RHO）的计算与分析

（1）如图 6-44 所示建立计算表格，输入指标名称及其取值；

图 6-44　建立计算表格

（2）利用开发工具→插入→数值调节按钮（窗体控件），在 C4 中插入滚动条，如图 6-45 设置控件格式；

（3）在 B4 中，输入"= IF(D4 = 1,"股票", IF(D4 = 2,"外汇", IF(D4 = 3,"股价指数","期货"))))"；

（4）利用开发工具→插入→数值调节按钮（窗体控件），在 C10 中插入滚动条，如图 6-46 设置控件格式；

图 6-45　设置控件格式

图 6-46　设置控件格式

(5) 在 B10 中，输入" = IF(D4 = 1，"0"：，IF(D4 = 2，D10/1000，IF(D4 = 3，D10/1000，B7)))"；

(6) 如图 6-47 所示，设置好欧式看涨期权的 ρ(RHO) 的计算表与模拟运算表；

输出		0.1	0.2	0.3	0.4	0.5	0.6	0.7	0.8
欧式涨的 ρ	2.4612	0.1	0.2	0.3	0.4	0.5	0.6	0.7	0.8
	2	0.0000	0.0000	0.0000	0.0000	0.0000	0.0000	0.0000	0.0000
	4	0.0000	0.0000	0.0000	0.0000	0.0000	0.0002	0.0009	0.0026
	6	0.0000	0.0001	0.0029	0.0144	0.0404	0.0840	0.1462	0.2264
	8	0.0094	0.0968	0.2621	0.4780	0.7273	0.9999	1.2894	1.5915
	10	0.4996	0.9959	1.4884	1.9769	2.4612	2.9413	3.4172	3.8889
标的资产价格	12	0.9682	1.8100	2.5663	3.2713	3.9412	4.5849	5.2077	5.8130
	14	0.9948	1.9683	2.8967	3.7749	4.6082	5.4033	6.1658	6.9004
	16	0.9950	1.9797	2.9493	3.8956	4.8133	5.7010	6.5591	7.3892
	18	0.9950	1.9801	2.9548	3.9171	4.8634	5.7906	6.6968	7.5809
	20	0.9950	1.9801	2.9553	3.9203	4.8740	5.8147	6.7406	7.6503

注：这是模拟运算表，表中蓝字表示根据相应的标的资产当前价格和期权期限计算出来的看涨期权的 rho。

图 6-47 欧式看涨期权的 ρ(RHO) 的计算表与模拟运算表

(7) 在 B14 中输入" = B6 ∗ B9 ∗ EXP(− B7 ∗ B9) ∗ NORMSDIST((LN(B5/B6) + (B7 − B10 − 0.5 ∗ B8^2) ∗ B9)/(B8 ∗ B9^0.5))"，计算已知条件下的欧式看涨期权的 ρ(RHO)；

(8) 双变量模拟运算1。选中 B14:L24 单元格区域，在"数据"主菜单下的"数据工具"选项组中，单击"假设分析"按钮，选择"数据表"命令选项。打开"数据表"对话框，设置"输入引用行的单元格"为$B$9，表示不同的期权期限，设置"输入引用列的单元格"为$B$5，表示不同的标的资产价格；

(9) 单击"确定"按钮，即可一次性求出不同的期权期限与标的资产价格组合下的欧式看涨期权的 ρ(RHO)；

(10) 绘制在期权期限为0.6时，不同标的资产价格对应的欧式看涨期权的 ρ(RHO)，如图 6-48 所示；

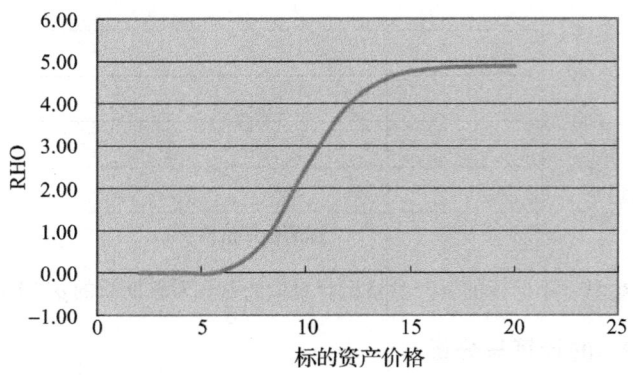

图 6-48 不同标的资产价格对应的欧式看涨期权的 ρ(RHO)

(11) 绘制在标的价格分别取值为8、10、12时，不同期权期限对应的欧式看涨期权的 ρ(RHO) 如图 6-49 所示；

(12) 同理，在 B27 中输入" = B6 ∗ B9 ∗ EXP(− B7 ∗ B9) ∗ (NORMSDIST((LN

（B5/B6）+（B7 - B10 - 0.5 * B8^2） * B9）/）B8 * B9^0.5））- 1）"，可以计算出欧式看跌期权的 ρ(RHO)，并进行不同期权期限、标的资产价格组合对应的欧式看跌期权的 ρ(RHO)，如图 6-50 ~ 图 6-52 所示。

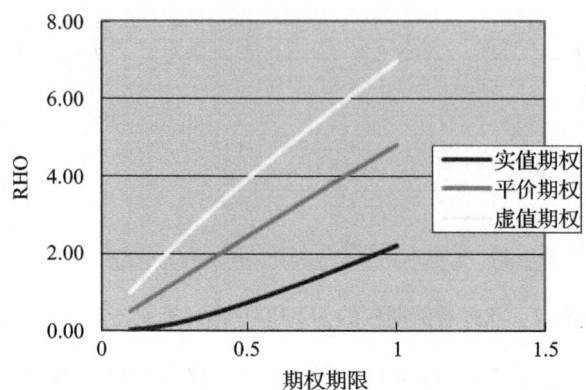

图 6-49　不同期权期限对应的欧式看涨期权的 ρ(RHO)

27	欧式看跌的 ρ	-2.4153	0.1	0.2	0.3	0.4	0.5	0.6	0.7	0.8
28		2	-0.9950	-1.9801	-2.9553	-3.9208	-4.8765	-5.8227	-6.7592	-7.6863
29		4	-0.9950	-1.9801	-2.9553	-3.9208	-4.8765	-5.8224	-6.7583	-7.6837
30		6	-0.9525	-1.9800	-2.9525	-3.9064	-4.8362	-5.7386	-6.6131	-7.4599
31		8	-0.9856	-1.8833	-2.6932	-3.4428	-4.1493	-4.8227	-5.4698	-6.0949
32		10	-0.4954	-0.9842	-1.4669	-1.9439	-2.4153	-2.8813	-3.3420	-3.7974
33	标的资产价格	12	-0.0268	-0.1701	-0.3890	-0.6495	-0.9354	-1.2378	-1.5516	-1.8733
34		14	-0.0002	-0.0118	-0.1459	-0.2684	-0.4194	-0.5934	-0.7859	
35		16	0.0000	-0.0004	-0.0061	-0.0252	-0.0632	-0.1217	-0.2002	-0.2971
36		18	0.0000	0.0000	-0.0005	-0.0037	-0.0131	-0.0321	-0.0625	-0.1054
37		20	0.0000	0.0000	0.0000	-0.0005	-0.0025	-0.0080	-0.0186	-0.0360

图 6-50　欧式看跌期权的 ρ(RHO) 的计算表与模拟运算表

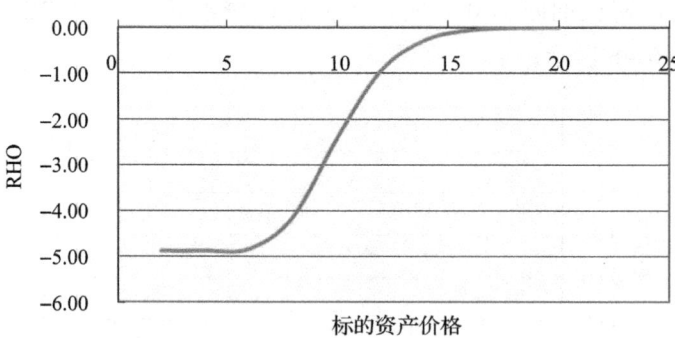

图 6-51　不同标的资产价格组合对应的欧式看跌期权的 ρ(RHO)

4. Λ(Vega) 的计算与分析

（1）如图 6-53 所示建立计算表格，输入指标名称及其取值；

（2）利用开发工具→插入→数值调节按钮（窗体控件），在 C4 中插入滚动条，如图 6-54 所示；

（3）在 B4 中，输入 " = IF(D4 = 1, "股票", IF(D4 = 2, "外汇", IF(D4 = 3, "股价指数", "期货"）））"；

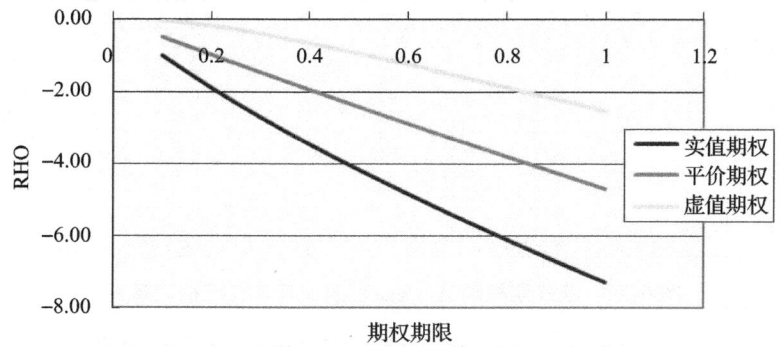

图 6-52　不同期权期限对应的欧式看跌期权的 ρ(RHO)

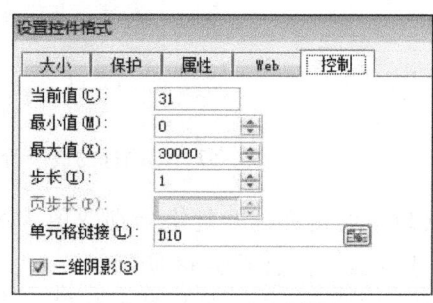

图 6-53　建立计算表格

（4）利用开发工具→插入→数值调节按钮（窗体控件），在 C10 中插入滚动条，如图 6-55 所示；

图 6-54　设置控件格式　　　　图 6-55　设置控件格式

（5）在 B10 中，输入"= IF(D4 = 1,"0", IF(D4 = 2, D10/1000, IF(D4 = 3, D10/1000, B7)))"；

（6）如图 6-56 所示，设置好欧式期权的 Λ(Vega) 的计算表与模拟运算表；

（7）在 B14 中输入"= B5 * B9 * EXP(- 0.5 * ((LN(B5/B6) + (B7 - B10 + 0.5 * B8^2) * B9)/(B8 * B9^0.5))^2 - B10 * B9)/(2 * PI())^0.5"，计算已知条件下的欧式期权的 Λ(Vega)；

	输出										
欧式期权的 Λ	1.9453	0.1	0.2	0.3	0.4	0.5	0.6	0.7	0.8	0.9	1
	2	0.0000	0.0000	0.0000	0.0000	0.0000	0.0000	0.0000	0.0000	0.0000	0.0000
	4	0.0000	0.0000	0.0000	0.0000	0.0000	0.0010	0.0036	0.0095	0.0203	0.0376
	6	0.0000	0.0006	0.0097	0.0429	0.1102	0.2133	0.3497	0.5151	0.7052	0.9159
	8	0.0253	0.2006	0.4747	0.7930	1.1327	1.4830	1.8388	2.1968	2.5554	2.9133
	10	0.3969	0.7899	1.1790	1.5641	1.9453	2.3227	2.6963	3.0661	3.4321	3.7943
标的资产价格	12	0.0620	0.3106	0.6306	0.9758	1.3310	1.6902	2.0502	2.4095	2.7672	3.1227
	14	0.0007	0.0334	0.1422	0.3186	0.5427	0.7991	1.0775	1.3709	1.6747	1.9855
	16	0.0000	0.0017	0.0192	0.0709	0.1628	0.2927	0.4550	0.6442	0.8551	1.0835
	18	0.0000	0.0001	0.0019	0.0125	0.0405	0.0917	0.1682	0.2694	0.3937	0.5387
	20	0.0000	0.0000	0.0002	0.0019	0.0090	0.0261	0.0573	0.1049	0.1701	0.2530
注：这是模拟运算表，表中蓝字表示根据相应的标的资产当前价格和期权期限计算出来的看涨期权的Vega。											

图 6-56 欧式期权的 Λ(Vega) 的计算表与模拟运算表

（8）双变量模拟运算 1。选中 B14:L24 单元格区域，在"数据"主菜单下的"数据工具"选项组中，单击"假设分析"按钮，选择"数据表"命令选项。打开"数据表"对话框，设置"输入引用行的单元格"为$B$9，表示不同的期权期限，设置"输入引用列的单元格"为$B$5，表示不同的标的资产价格；

（9）单击"确定"按钮，即可一次性求出不同的期权期限与标的资产价格组合下的欧式期权的 Λ(Vega)；

（10）绘制在期权期限为 0.6 时，不同标的资产价格对应的欧式期权的 Λ(Vega)，如图 6-57 所示；

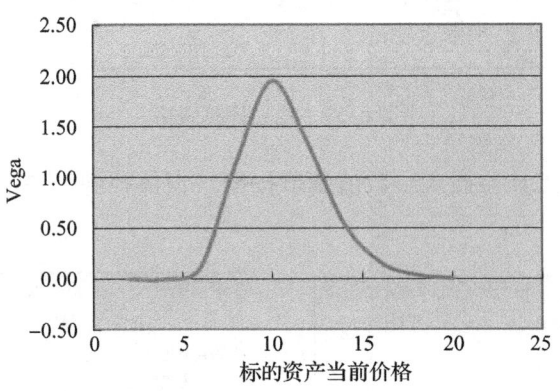

图 6-57 不同标的资产价格对应的欧式期权的 Λ(Vega)

（11）绘制在标的价格分别取值为 8、10、12 时，不同期权期限对应的欧式期权的 Λ(Vega)，如图 6-58 所示。

5. γ(Gamma) 的计算与分析

（1）如图 6-59 所示建立计算表格，输入指标名称及其取值；

（2）利用开发工具→插入→数值调节按钮（窗体控件），在 C4 中插入滚动条，如图 6-60 所示；

（3）在 B4 中，输入 "=IF(D4=1,"股票",IF(D4=2,"外汇",IF(D4=3,"股价指数","期货")))"；

（4）利用开发工具→插入→数值调节按钮（窗体控件），在 C10 中插入滚动条，如图 6-61 所示；

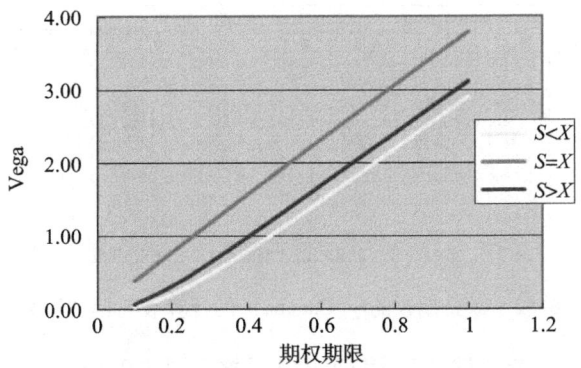

图 6-58　不同期权期限对应的欧式期权的 Λ(Vega)

图 6-59　建立计算表格

图 6-60　设置控件格式　　　　　图 6-61　设置控件格式

(5) 在 B10 中，输入"= IF(D4 = 1，"0"，IF(D4 = 2，D10/1000，IF(D4 = 3，D10/1000，B7)))"；

(6) 如图 6-62 所示，设置好欧式期权的 γ(Gamma) 的计算表与模拟运算表；

(7) 在 B14 中输入"= EXP(- 0.5 * ((LN(B5/B6) + (B7 - B10 + 0.5 * B8^2) * B9)/(B8 * B9^0.5))^2 - B10 * B9)/(B5 * B8 *)2 * PI() * B9)^0.5)"，计算已知条件下的欧式期权的 γ(Gamma)；

(8) 双变量模拟运算 1。选中 B14:O24 单元格区域，在"数据"主菜单下的"数据工具"选项组中，单击"假设分析"按钮，选择"数据表"命令选项。打开

13	输出				标的资产当前价格						
14	欧式期权的 γ	0.1834	0.1	0.2	0.3	0.4	0.5	0.6	0.7	0.8	0.9	1
15		2	0.0000	0.0000	0.0000	0.0000	0.0000	0.0000	0.0000	0.0000	0.0000	0.0000
16		4	0.0000	0.0000	0.0000	0.0000	0.0001	0.0005	0.0013	0.0028	0.0049	0.0078
17		6	0.0000	0.0006	0.0054	0.0157	0.0289	0.0425	0.0553	0.0667	0.0765	0.0848
18		8	0.0416	0.1168	0.1505	0.1633	0.1669	0.1662	0.1635	0.1599	0.1559	0.1517
19	标的资产价格	10	0.4184	0.2944	0.2392	0.2061	0.1834	0.1666	0.1535	0.1428	0.1340	0.1265
20		12	0.0454	0.0804	0.0888	0.0893	0.0871	0.0842	0.0810	0.0779	0.0750	0.0723
21		14	0.0004	0.0063	0.0147	0.0214	0.0261	0.0292	0.0313	0.0326	0.0334	0.0338
22		16	0.0000	0.0002	0.0015	0.0036	0.0060	0.0082	0.0101	0.0117	0.0130	0.0141
23		18	0.0000	0.0000	0.0001	0.0005	0.0012	0.0020	0.0030	0.0039	0.0047	0.0055
24		20	0.0000	0.0000	0.0000	0.0001	0.0002	0.0005	0.0008	0.0012	0.0017	0.0021
25	注：这是模拟运算表，表中蓝字表示根据相应的标的资产当前价格和期权期限计算出来的看涨期权的Gamma。											

图 6-62 欧式期权的 γ(Gamma) 的计算表与模拟运算表

"数据表"对话框，设置"输入引用行的单元格"为\$B\$9，表示不同的期权期限，设置"输入引用列的单元格"为\$B\$5，表示不同的标的资产价格；

（9）单击"确定"按钮，即可一次性求出不同的期权期限与标的资产价格组合下的欧式期权的 γ(Gamma)；

（10）绘制在期权期限为 0.6 时，不同标的资产价格对应的欧式期权的 γ(Gamma)，如图 6-63 所示；

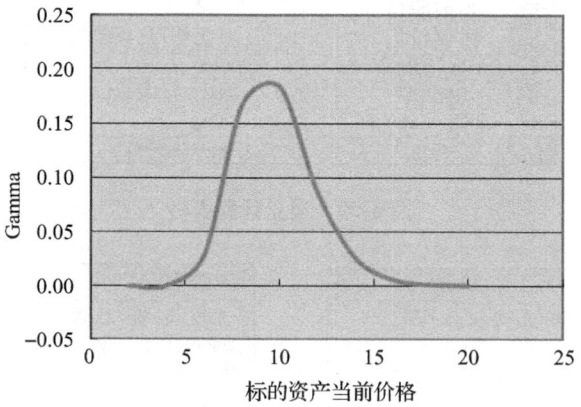

图 6-63 不同标的资产价格对应的欧式期权的 γ(Gamma)

（11）绘制在标的价格分别取值为 8、10、12 时，不同期权期限对应的欧式期权的 γ(Gamma) 如图 6-64 所示。

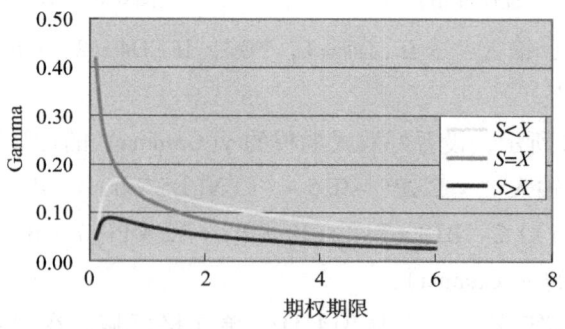

图 6-64 不同期权期限对应的欧式期权的 γ(Gamma)

6.8 期权价值影响因素的敏感性分析

6.8.1 目的

通过本次实验,学会利用布莱克-斯科尔斯期权定价公式对期权价值进行敏感性分析。

6.8.2 基本原理

根据布莱克-斯科尔斯期权定价公式可得不付红利的欧式看涨期权的价格为

$$c = S \cdot \Phi(d_1) - X \cdot e^{-r(T-t)} \cdot \Phi(d_2) \tag{6-85}$$

式中,$d_1 = \dfrac{ln(S/X) + (r+\sigma^2/2)(T-t)}{\sigma\sqrt{T-t}}$,$d_2 = d_1 - \sigma\sqrt{T-t}$;$c$ 表示期权的价格,S、r、T、t 的含义类似于远期合约,X 表示期权的执行价格,σ 表示标的资产价格的波动率,$\Phi(\cdot)$ 表示标准正态分布和概率分布函数。

在影响期权价值的各个因素中,每个因素对期权价值的影响程度是不同的,通过建立布莱克-斯科尔斯期权定价的敏感性分析模型,可以很方便地分析各因素变动对期权价值的影响程度。

6.8.3 实验数据与内容

假设股票价格为35元,期权执行价格为40元,期权剩余期限为0.6年,年收益率标准差为45%,年无风险收益率为8%,要求建立布莱克-斯科尔斯期权定价的敏感性分析模型。

6.8.4 操作步骤与结果

(1)设计模型的结构,如图6-65所示;

(2)在单元格E4位置上插入一个"组合框"控件,此控件的数据源区域为"$Y$2:$Y$3",单元格链接为"$E$4"。并在单元格Y2和Y3中分别输入"看涨期权"和"看跌期权";

(3)在单元格B4中输入公式"=IF(E4=1,"看涨期权","看跌期权")";

(4)建立股票价格调节的"滚动条"控件,方法是:在"视图"菜单的"工具栏"子菜单中单击"窗体"命令,打开"窗体"对话框,单击"滚动条"按钮,然后在单元格E6拖曳出一个矩形"组合框"控件,并调整其大小;再将鼠标移到新建立的"滚动条"控件上,单击鼠标右键,出现快捷菜单,选择"设置控件格式",打开"设置控件格式"对话框,选择"控制"选项卡,在"当前解"栏中输入50,"最小值"栏中输入0,"最大值"栏中输入100,"步长"栏中输入1,"页步长"栏中输入 5，在"单元格链接"栏中输入"$E$6"，然后，单击"确定"按钮，这样就建立了股票价格的"滚动条"控件；

（5）用同样的方法在单元格 E7:E10 中建立其他影响因素的"滚动条"控件；

（6）在单元格 D6:D10 中建立变动百分比与"滚动条"控件的联系，即：选取单元格区域 D6:D10，输入数组公式"= E6:E10/100 – 50%"。这里，各因素的变动范围为 – 50% ~ + 50%，而滚动条控制按钮的值的变化范围为 0 ~ 100，为了使滚动条控制按钮的变化表示为百分数的变化，将控制按钮的值除以 100 后再减去 50%，则每次单击滚动条两端的箭头，单元格 D6:D10 中的变动百分比就变化 1%，每次单击滚动条两端箭头之间的区域，单元格 D6:D10 中的变动百分比就变化 5%，而当滚动条在中间位置时，变动百分比恰好为零；

（7）选取单元格区域 C6:C10，输入各因素变动后数值的计算公式"= B6:B10 * (1 + D6:D10)"（数组公式输入），期权变换与因素调节变动区域如图 6-65 所示；

	A	B	C	D	E
1		布莱克-斯科尔斯期权定价敏感性分析模型			
2					
3		已知数据			
4	期权种类		看跌期权		看跌期权
5	项目	初始值	变动后数值	变动率	调节按钮
6	股票价格（元）	35	38.85	11%	
7	期权执行价格（元）	40	36.40	–9%	
8	期权剩余期限（年）	0.6	0.55	–8%	
9	年收益率标准差	45%	44.10%	–2%	
10	年无风险收益率	8%	7.84%	–2%	
11					
12					

图 6-65　期权变换与因素调节变动区域

（8）设计中间变量计算表格，如图 6-66 中的单元格 A14:E25 区域；

	A	B	C	D	E
13					
14		单因素变动时中间值计算结果			
15	项目	d1	d2	N(d1)或N(-d1)	N(d2)或N(-d2)
16					
17	股票价格变动	0.2283	–0.1203	0.4097	0.5479
18	期权执行价格变动	0.1995	–0.1491	0.4209	0.5593
19	期权到期日变动	–0.1001	–0.4345	0.5399	0.6680
20	年收益率标准差变动	–0.0796	–0.4212	0.5317	0.6632
21	年无风险利率变动	–0.0738	–0.4224	0.5294	0.6636
22		全部因素变动时中间值计算结果			
23	全部因素变动时	0.494715767	0.167067309	0.3104	0.4337
24		全部因素未变动时中间值计算结果			
25	全部因素未变动时	–0.071094756	–0.419663257	0.5283	0.6626

图 6-66　中间变量计算表格

（9）在单元格 B17 中输入公式"= (LN(C6/B7) + (B10 + B9^2/2) * B8)/B9/SQRT(B8)"，在单元格 C17 中输入公式"= B17 – B9 * SQRT(B8)"，计算股票价格变动时 d_1 和 d_2 的数值；

（10）在单元格 B18 中输入公式"= (LN(B6/C7) + (B10 + B9^2/2) * B8)/B9/SWRT(B8)"，在单元格 C18 中输入公式"= B18 – B9 * SQRT(B8)"，计算期权执行价格变动时 d_1 和 d_2 的数值；

（11）在单元格 B19 中输入公式"= (LN(B6/B7) + (B10 + B9^2/2) * C8)/B9/

SQRT(C8)",在单元格 C19 中输入公式" = B19 - B9 * SQT(C8)",计算期权到期日变动时 d_1 和 d_2 的数值;

(12) 在单元格 B20 中输入公式" = (LN(B6/B7) + (10 + C9^2/2) * B8)/C9/SQRT(B8)",在单元格 C20 中输入公式"B20 - C9 * SQRT(B8)",计算股票年收益率标准差变动时 d_1 和 d_2 的数值;

(13) 在单元格 B21 中输入公式" = (LN(B6/B7) + (C10 + B9^2/2) * B8)/B9/SQRT(B8)",在单元格 C21 中输入公式" = B21 - B9 * SQRT(B8)",计算无风险利率变动时 d_1 和 d_2 的数值;

(14) 在单元格 D17 中输入公式"IF($E$4 = 1,NORMSDIST(B17),NORMSDIST(- B17))",并将其向右向下一直填充复制到单元格 E21,计算各因素变动情况下的 $N(d_1)$ 或 $N(-d_1)$、$N(d_2)$ 或 $N(-d_2)$ 的值;

(15) 在单元格 B23 中输入公式" = (LN(C6/C7) + (C10 + C9^2/2) * C8)/C9/SQRT(C8)",在单元格 C23 中输入公式" = B23 - C9 * SQRT(C8)",计算全部因素都变动时 d_1 和 d_2 的数值;

(16) 在单元格 25 中输入公式" = (LN(B6/B7) + (B10 + B9^2/2) * B8)/B9/SQRT(B8)",在单元格 C25 中输入公式" = B25 - B9 * SQRT(B8)",计算全部因素未变动时(即初始值)d_1 和 d_2 的数值;

(17) 选取单元格区域 D21:E21,将其复制到单元格区域 D23:E23 和 D25:E25,计算全部因素都变动和全部因素未变动(即初始值)时 $N(d_1)$、$N(-d_1)$、$N(d_2)$、$N(-d_2)$ 的值;

(18) 选取单元格区域 F6:F10,输入下面的数组公式,计算各因素未变动时的期权价值" = IF($E$4 = 1,B6 * D25 - B7 * EXP(- B10 * B8) * E25, - B6 * D25 + B7 * EXP(- B10 * B8) * E25)",变动分析计算结果如图 6-67 所示;

(19) 在单元格 G6 中输入股票价格变动后的期权价值计算公式" = IF($E$4 = 1,C6 * D17 - B7 * EXP(- B10 * B8) * E17, - C6 * D17 + B7 * EXP(- B10 * B8) * E17)";

(20) 在单元格 G7 中输入期权执行价格变动后的期权价值计算公式" = IF($E$4 = 1,B6 * D18 - B7 * EXP(- B10 * B8) * E18, - C6 * D18 + C7 * EXP(- B10 * B8) * E18)";

图 6-67 变动分析计算结果

(21) 在单元格 G8 中输入期权到期日变动后的期权价值计算公式" = IF($E$4 = 1,B6 * D19 - B7 * EXP(- B10 * C8) * E19, - B6 * D19 + B7 * EXP(- B10 * C8) * E19)";

(22) 在单元格 G9 中输入年收益标准差变动后的期权价值计算公式" = IF($E$4 = 1,B6 * D20 - B7 * EXP(- B10 * B8) * E20, - B6 * D20 + B7 * EXP(- B10 * B8) * E20)";

（23）在单元格 G10 中输入年无风险利率变动后的期权价值计算公式"= IF($E$4 = 1，B6 * D21 - B7 * EXP(- C10 * B8) * E21，- B6 * D21 + B7 * EXP(- C10 * B8) * E21"；

（24）选取单元格区域 H6：H10，输入数组公式"=（G6：G10 - F6：F10）/F6：F10"，计算各因素变动后的期权价值的变动率；

（25）在单元格 F12 中输入多因素未变动时期权价值的计算公式（即初始值）"= IF($E$4 = 1，B6 * D25 - B7 * EXP(- B10 * B8) * E25，- B6 * D25 + B7 * EXP(- B10 * B8) * E25)"；

（26）在单元格 G12 中输入多因素全部变动时期权价值的计算公式"= IF($E$4 = 1，C6 * D23 - C7 * EXP(- C10 * C8) * E23，- C6 * D23 + C7 * EXP(- C10 * C8) * E23"；

（27）在单元格 H12 中输入公式"=（G12 - F12）/F12"，计算全部因素都变动时期权价值的变化率。

这样，布莱克－斯科尔斯期权定价的敏感性分析模型就建立起来了。在输入已知数据后，单击各因素的滚动条两端的箭头，改变其大小，即可观察各个因素的变化对期权价值的影响程度。

如图 6-67 所示，在本实验所给的条件之下，当所有因素的数值均升高 1% 时，它们对看涨期权价值的影响程度由大到小依次为：股票价格、期权的执行价格、年收益率标准差、期权的到期日，以及年无风险利率。其中期权的执行价格对看涨期权的价值产生负的影响，即该因素的数值越低，看涨期权的价值越大；其他四个因素对看涨期权价值产生正的影响，即这些因素的数值越大，看涨期权的价值越大。同理也可以分析各因素变动对看跌期权的影响情况。

6.9 投资组合保险

6.9.1 目的

通过本次实验，掌握投资组合保险的构造管理方法。

6.9.2 基本原理

投资组合保险是指构造这样一种投资组合，它由一份股票和含有一份该股票的看跌期权组成。采用这种投资组合的投资者预期未来的股票价格将会有较大的升幅，期望获得较大的收益，但又担心未来股票价格会下跌遭受损失。采用这种投资组合后，若股票价格上涨，则出售股票可以获得较大的收益，而若股票价格下跌，执行看跌期权可以获得收益，从而弥补股票价格下跌造成的损失，所以其最大的损失是有限的，并能收回不低于看跌期权执行价格的资金。因此，这种投资组合称为保险的投资组合[注]。

1. 存在与股票对应的看跌期权时的投资组合保险

当与股票对应的看跌期权存在的情况下，假设投资者预计某种股票未来的价格可能会上涨，因此，在时点 t 按市价 S_t 购买 n 份股票，投入资金 $n \times S_t$。若该投资者担心一旦股价下跌会遭受损失，而他希望在到期日 T 时能收回的资金至少为 $n \times X$，那么，他可以按价格 P 再购买含有 n 份股票、期限为 T、执行价格为 X 的欧式看跌期权。这样，投资者在期初总共投入的资金共为 $n(S_t + P)$ 元，而期末至少保证可收回资金 $n \times X$ 元，相当于是替自己的投资买了一份保险。但是，这种投资组合保险是有代价的，即购买每份看跌期权的花费 $n \times P$ 元，以及此项花费在无风险资产上投资的机会损失 $p(1+r)$，其中 r 为无风险资产的投资收益率。因此，运用投资组合保险策略应建立在对股票价格的预计和对投资组合的损益进行分析的基础之上。

2. 不存在与股票对应的看跌期权时的投资组合保险——动态投资组合策略

由于市场上不一定存在投资者要求的欧式看跌期权，因此构造上述的投资组合保险有时是不可能的，但利用布莱克－斯科尔斯期权定价模型，可以构造一种动态的投资组合策略来代替看跌期权的功能，即通过动态地调整在股票和无风险资产上的投资组合来模拟看跌期权所得的收益。

依据布莱克－斯科尔斯期权定价模型，以某一股票为标的资产的看跌期权不过是一个在股票上做空头、在无风险资产上做多头的投资组合，该投资组合在上述两个方面的投资随股票价格的变化而不断地进行调整。考虑某个股票上的这样一个看跌期权，其执行期限为 T，执行价格为 X，年无风险利率为 r，股票的年收益对数的标准差为 σ，则在满足条件 $0 < t < T$ 的时刻 t，该看跌期权的价值为

$$P_t = -S_t \cdot N(-d_1) + X \cdot e^{-r(T-t)} \cdot N(-d_2) \tag{6-86}$$

式中，S_t 为 t 时刻的股票价格，$T-t$ 为期权到执行日的剩余时间，而 d_1 和 d_2 分别为

$$d_1 = \frac{\ln\left(\frac{S_t}{X}\right) + \left(r + \frac{\sigma^2}{2}\right)(T-t)}{\sigma \sqrt{T-t}} \tag{6-87}$$

$$d_2 = d_1 - \sigma \sqrt{T-t} \tag{6-88}$$

上面的公式表明，购买一个看跌期权等价于这样一个投资组合：在无风险资产上的投资为 $X \cdot e^{-r(T-t)} \cdot N(-d_2)$，在该股票上的投资为 $-S_t \cdot N(-d_1)$。由于在股票上的投资取负值，表明这样的投资为卖空 $S_t \cdot N(-d_1)$ 金额的股票。由于这样一个投资组合的作用等于买入一个看跌期权，因此，整个投资组合保险应由下列的投资组合构成：

[注] 韩良智. Excel 在投资理财中的应用 [M]. 北京：电子工业出版社，2005.

(1) 买入一份股票, 投资额为 S_t;

(2) 在无风险资产上投资 $X \cdot e^{-r(T-t)} \cdot N(-d_2)$;

(3) 卖空 $-S_t \cdot N(-d_1)$ 金额的股票。

这样, 整个投资组合保险的总投资为

$$S_t + P_t = S_t \cdot N(d_1) + X \cdot e^{-r(T-t)} \cdot N(-d_2) \tag{6-89}$$

而在无风险资产和股票上的投资比率分别为

$$x_t = \frac{X \cdot e^{-r(T-t)} \cdot N(-d_2)}{S_t \cdot N(d_1) + X \cdot e^{-r(T-t)} \cdot N(-d_2)} \tag{6-90}$$

$$y_t = \frac{S_t \cdot N(d_1)}{S_t \cdot N(d_1) + X \cdot e^{-r(T-t)} \cdot N(-d_2)} = 1 - x_t \tag{6-91}$$

式中, x_t——在无风险资产上的投资;

y_t——在股票上的投资。

由于在不同的时刻, 该投资组合对无风险资产和股票的投资比例是随时变化的, 因此就形成了动态的投资策略。

6.9.3 数据与内容

投资组合保险实验的已知数据如表 6-8 所示。

表 6-8 投资组合保险实验的已知数据

投资额(元)	2 000	股票价格对数的标准差	40%
目前的股票价格(元)	45	每股最低投资回报(元)	33
投资期限(月)	6	无风险利率	6%
看跌期权执行价格(元)	40		

要求:

(1) 构造一个具有保险功能的投资组合, 并分析到期日不同的股票价格对投资组合收益的影响;

(2) 如果预测股价变化如表 6-9 所示。

表 6-9 股价变化预测

时间(月末)/到期日情景	0	1	2	3	4	5
预计/到期股票价格(元)	35	40	45	50	55	58

那么, 不存在与股票对应的看跌期权时, 投资者如何动态地构造保险的投资组合?

6.9.4 操作步骤与结果

计算步骤如下:

(1) 在单元格 B10 中输入公式 "=(LN(B9/$D$3)+($D$4+$D$2^2/2)*

($B$4 − B19)/12)/$D$2/SQRT(($B$4 − B19)/12)",计算 d_1;

(2)在单元格 B11 中输入公式"= B10 − $D$2 * SQRT(($B$4 − B19)/12)",计算 d_2;

(3)在单元格 B12 中输入公式"= NORMSDIST(B10)",计算 $N(d_1)$;

(4)在单元格 B13 中输入公式"= NORMSDIST(− B10)",计算 $N(− d_1)$;

(5)在单元格 B14 中输入公式"= NORMSDIST(− B11)",计算 $N(− d_2)$;

(6)在单元格 B15 中输入公式"= B5 * EXP(− B7 * B4) * D5 − B3 * D4",计算看跌期权的价值;

(7)选中单元格区域 B10:B15,将其向右一直填充复制到单元格 G10:G15;中间结算结果如图 6-68 所示;

	A	B	C	D	E	F	G
1		已知数据					
2	投资额(元)	2000	股票价格对数的标准差	40%			
3	目前的股票价格(元)	45	每股最低投资回报(元)	33			
4	投资期限(月)	6	无风险利率	6%			
5	看跌期权执行价格(元)	40					
6							
7	中间计算						
8	时间(月末)/到期日情景	0	1	2	3	4	5
9	预计/到期股票价格(元)	35	40	45	50	55	58
10	d1=	0.4555	0.9710	1.5451	2.2526	3.2710	4.9849
11	d2=	0.1727	0.7128	1.3141	2.0526	3.1077	4.8694
12	N(d1)=	0.6756	0.8342	0.9388	0.9879	0.9995	1.0000
13	N(−d1)=	0.3244	0.1658	0.0612	0.0121	0.0005	0.0000
14	N(−d2)=	0.4315	0.2380	0.0944	0.0201	0.0009	0.0000
15	看跌期权价值(元) =	5.40	2.61	0.91	0.17	0.01	0.00

图 6-68 中间结算结果

(8)在单元格 B21 中输入公式"= CEILING($B$2/($B$3 + B15),1)",计算投资组合保险中同时购买股票和看跌期权的份数;

(9)在单元格 B22 中输入公式"= B21 * $B$3",计算投资组合保险中购买股票的金额;

(10)在单元格 B23 中输入公式"= B21 * B15",计算投资组合保险中购买看跌期权的金额;

(11)在单元格 B24 中输入公式"= $B$3 + B15 * (1 + $D$4)",计算期权到期日盈亏平衡时的股票价格;

(12)在单元格 B25 中输入公式"= IF(B20 < $B$5,$B$21 * $B$5,B20 * B21) − $B$2 − B23 * $D$4",计算期权到期日不同股票价格下投资组合的收益;

(13)在单元格 B26 中输入公式"= $B$2 + B25",计算净投资额;

(14)选中单元格区域 B22:B25,并将其向右一直填充复制到单元格 G22:G25;当与股票对应的看跌期权存在的情况下,投资组合保险的计算结果如图 6-69 所示。

由计算结果可以看出,在忽略交易费用的情况下,投资者计划的 2 000 元投资额中,应利用 1 800 元的资金购买 40 份股票,同时用 215.8 元的资金购买含有 40 份股票的看跌期权。无论一年后股票的价格怎样变化,投资者的最大投资损失都不会超过412.9元,即投资者可以确保收回 2 000 - 412.9 = 1 587.1 元的资金。而当到期日的股票价格大于45元时(与期初相比没有变化),投资者的收益将随着股票价格的升高而增加。

	A	B	C	D	E	F	G
16				计算分析			
17							
18	存在与股票对应的看跌期权时的投资组合保险策略						
19	时间(月末)/到期日情景	0	1	2	3	4	5
20	预计/到期股票价格(元)	35	40	45	50	55	58
21	购买股票和期权的份数=	40	43	44	45	45	45
22	购买股票的投资额(元)=	1800.0	1935.0	1980.0	2025.0	2025.0	2025.0
23	购买期权的投资额(元)=	215.8	112.1	40.1	7.7	0.3	0.0
24	盈亏平衡股票价格(元)=	50.7	47.8	46.0	45.2	45.0	45.0
25	投资组合的收益(元)=	-412.9	-286.7	-22.4	249.5	475.0	610.0
26							
27	不存在与股票对应的看跌期权时的投资组合保险策略						
28	投资组合总值(元)=	2000.0	2179.7	2400.9	2649.7	2911.2	3069.9
29	无风险资产投资比例=	37.42%	18.96%	6.84%	1.32%	0.06%	0.00%
30	股票投资比例=	62.58%	81.04%	93.16%	98.68%	99.94%	100.00%
31	无风险资产投资额(元)=	748.4	413.3	164.2	34.9	1.6	0.0
32	股票投资额(元)=	1251.6	1766.3	2236.8	2614.7	2909.5	3069.9

图 6-69 投资组合保险的计算结果

(15) 选取单元格区域 B20:G20,单击工具栏上的"插入"按钮,选择"图表"中的"XY 散点图"之"折线散点图",绘制完成期权到期日投资组合的收益与股票价格之间的关系曲线,如图 6-70 所示;

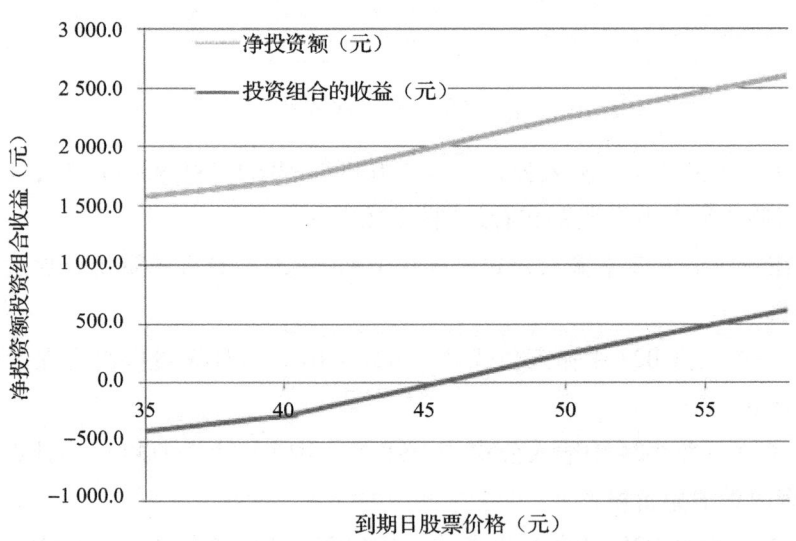

图 6-70 期权到期日投资组合的收益与股票价格之间的关系曲线

(16) 在单元格 C29 中输入公式"= C20/B20 * B33 + EXP($D$4/52) * B32",并将其向右一直填充复制到单元格 G29,得到各月结束(或下月初)的投资组合总值;

(17) 在单元格 B30 中输入公式"= $D$3 * EXP(-$D$4 * ($B$4 - B19)/52) * B14/(B20 * B12 + $D$3 * EXP(-$D$4 * ($B$4 - B19)/52) * B14)",计算无风险资产的投资比例;

（18）在单元格 B31 中输入公式"=1-B30"，计算股票投资比例；
（19）在单元格 B32 中输入公式"=B30*B29"，计算无风险资产的投资金额；
（20）在单元格 B33 中输入公式"=B31*B29"，计算股票投资额；

（21）选取单元格区域 B29:B33，将其向右一直填充复制到单元格区域C29:G33，得到各月月末（或下月月初）时的计算结果，如图 6-69 所示。

计算结果表明，投资者的 2 000 元投资额中，初始状态下应利用 748.4 元投资于无风险资产，利用 1 251.6 元投资于股票；当一月后股票价格上升为 40 元时，投资组合总价值变为 2 179.7 元，在无风险资产上的投资额应调整为 413.3 元，在股票上的投资额应调整为 1 766.3 元；以后随着每月股票价格的变化相应地对投资组合进行调整，即可动态地构造出保险的投资组合。此外，由计算结果还可以看出，当股票价格上升时，投资股票的比例增加，投资无风险资产的比例减少；当股票价格下跌时，投资股票的比例减少，投资无风险资产的比例增加。

6.10 基于扩展 M-V 模型的最优投资组合构建

6.10.1 罗伊法则下的最优投资组合构建

1. 目的

利用 Excel 软件，在不允许卖空、不考虑无风险借贷条件下，直接求解最低风险下的最优投资组合。

2. 原理

有效组合是在任意期望收益水平下由最小化风险决定的，所以需要在某一收益水平 $E(R_p)$ 和一定的限制条件下寻找对应的最小方差，就能找到有效边界上的一个点。在既不允许卖空也不考虑无风险借贷的情况下，限制条件为：投资于每种资产的比例之和为 1，而且每种资产的投资比例大于等于 0。然后，在最小方差组合收益率和最大收益组合收益率之间变动收益水平 $E(R_p)$，重复求解最小方差，就可以描绘出有效集合。利用 Excel 中的规划求解功能，求出在不允许卖空、不考虑无风险借贷条件下，直接求解最低风险下的最优投资组合。

在不允许卖空、不考虑无风险借贷的情况下，经典 M-V 模型扩展的罗伊准则认为，最好的投资组合是使产生的收益率低于某一特定水平的概率最小的投资组合。

目标函数

$$\min_{(w_i)}[prob(R_p < R_l)] = \Phi\left(\frac{R_l - E(R_p)}{\sigma_P^2}\right) \tag{6-92}$$

约束条件

$$\text{s. t.} \begin{cases} R_P = \sum_{i=1}^{n} w_i R_i \\ E(R_P) = \sum_{i=1}^{n} w_i E(R_i) \\ \sigma_p^2(w_i) = \sum_{i=1}^{n} \sum_{j=1}^{n} w_i w_j \sigma_{ij} \\ \sum_{i=1}^{n} w_i = 1 \\ 0 \leqslant w_i \leqslant 1 \end{cases} \quad (6\text{-}93)$$

3. 数据

自选五只股票与股票市场指数的年度内收盘价数据，见第 6.10 节。

4. 步骤

（1）计算五只股票的协方差和相关系数。选中五只股票的日收益率，利用数据分析工具，计算五只股票的协方差和相关系数，五只股票的协方差如图 6-71 所示，五只股票的相关系数如图 6-72 所示。

协方差	保利地产	浙江广厦	中江地产	南京高科	海泰发展
保利地产	0.004 176 024	0.000 321 143	0.000 109 437	2.93E-05	9.840 13E-05
浙江广厦	0.000 321 143	0.004 148 461	−7.998 8E-05	−0.000 18	−0.000 147 376
中江地产	0.000 109 437	−7.998 84E-05	0.003 046 918	0.000 163	0.000 134 826
南京高科	2.926 58E-05	−0.000 180 835	0.000 163 39	0.002 247	0.000 161 303
海泰发展	9.840 13E-05	−0.000 147 376	0.000 134 826	0.000 161	0.002 323 16

图 6-71　五只股票的协方差

相关系数	保利地产	浙江广厦	中江地产	南京高科	海泰发展
保利地产	1				
浙江广厦	0.077 156 68	1			
中江地产	0.030 679 75	−0.022 498 475	1		
南京高科	0.009 552 953	−0.059 223 863	0.062 438 552	1	
海泰发展	0.031 592 189	−0.047 472 621	0.050 676 101	0.070 593	1

图 6-72　五只股票的相关系数

（2）将单元格 I37:M37 作为可变单元格，存放五只股票的投资比例，并在单元格 N37 中输入"=SUM(I37:M37)"，计算投资比例的合计数。

（3）在单元格 I39 中输入"=SUMPRODUCT(I23:I27，I37:M37)"，计算投资组合的期望收益率。I23:I27 为五只股票的期望收益率。

（4）在单元格 I40 中输入"=MMULT(I37:M37，MMULT(I4:M8，TRANSPOSE(I37:M37)))"，计算投资组合的标准差。其中 I37:M37 为五只股票的投资比例，I4:M8 为五只股票的协方差。

（5）在单元格 I41 中输入"=NORMDIST(I38，I39，I40，1)"，使之服从正态分布。

(6) 选择工具菜单中的规划求解命令，打开规划求解参数对话框。在规划求解参数对话框中，在设置目标单元格中输入"$I$39"; "等于"栏选"最小值"; "可变单元格"中输入"$I$37:$M$37"; 在"约束"中添加以下的约束条件"$N$37 = 1", 如图 6-73 所示。

图 6-73 "规划求解参数"对话框

(7) 单击"求解"按钮，选择保存规划求解结果项，单击"确定"按钮，则求解结果显示在工作表上，系统会弹出如图 6-74 所示的规划求解结果。

5. 结果

通过 Excel 规划求解求得在不允许卖空、不考虑无风险借贷情况下的经典 M-V 模型的扩展——罗伊法则条件下的直接规划求解，使产生的收益率低于某一特定水平的概率最小的最优投资组合，如图 6-74 所示。

罗伊法则	保利地产	浙江广厦	中江地产	南京高科	海泰发展
投资比例	0.156 557 557	0.023 596 157	0.418 655 323	0.401 191	0
Rl	0.000 479 419				
Erp	0.000 985 388				
标准差	0.001 070 714				
prob	0.318 265 896				

图 6-74 罗伊法则下投资组合的规划求解结果

6.10.2 卡陶卡法则下的最优投资组合构建

1. 目的

利用 Excel 软件，直接利用规划求解求得最优的投资组合。

2. 实验原理

在不允许卖空、不考虑风险借贷的情况下，卡陶卡准则认为，在收益率小于或等于下边界的概率、不大于某一预先设定值的条件下，使下边界最大。根据卡陶卡准则，规划求解模型如下所示。

目标函数

$$\max_{(w_i)}(R_l) \tag{6-94}$$

约束条件

$$\begin{cases} prob(R_p < R_l) = \Phi\left(\dfrac{R_l - E(R_p)}{\sigma_P^2}\right) \leq \alpha \\ R_P = \sum_{i=1}^{n} w_i R_i \\ \text{s. t.} \begin{cases} E(R_P) = \sum_{i=1}^{n} w_i E(R_i) \\ \sigma_p^2(w_i) = \sum_{i=1}^{n} \sum_{j=1}^{n} w_i w_j \sigma_{ij} \\ \sum_{i=1}^{n} w_i = 1 \\ 0 \leq w_i \leq 1, i = 1, 2, \cdots, n \end{cases} \end{cases} \qquad (6\text{-}95)$$

假设 $\alpha = 0.4$。

3. 数据

自选五只股票与股票市场指数的年度内收盘价数据，见第 6.10 节。

4. 步骤

（1）将单元格 I44:M44 作为可变单元格，存放五只股票的投资比例，并在单元格 N44 中输入"= SUM(I44:M44)"，计算投资比例的合计数。

（2）在单元格 I46 中输入"= SUMPRODUCT(I23:I27，I44:M44)"，计算投资组合的期望收益率。I23:I27 为五只股票的期望收益率。

（3）在单元格 I47 中输入"= MMULT(I44:M44，MMULT(I4:M8，TRANSPOSE(I44:M44)))"，计算投资组合的标准差。其中 I44:M44 为五只股票的投资比例，$I$4:$M$8 为五只股票的协方差。

（4）在单元格 I48 中输入"= NORMDIST(I45，I46，I47，1)"，使之符合正态分布。

（5）选择工具菜单中的规划求解命令，打开"规划求解参数"对话框，在"设置目标单元格"中输入"$I$48"；"等于"栏选"最大值"；"可变单元格"中输入"$I$44:$M$44"。

按照前面实验所述，再设置好"规划求解参数"对话框，如图 6-75 所示。

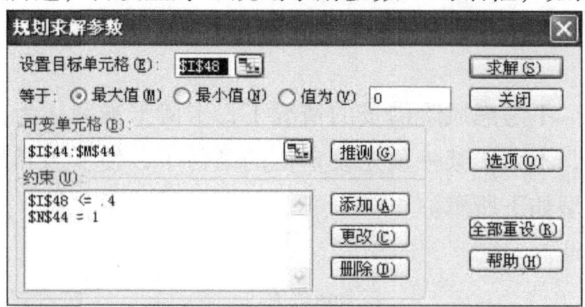

图 6-75 "规划求解参数"对话框

单击"求解"按钮,选择保存规划求解结果项,单击"确定"按钮,则求解结果显示在工作表上,系统会弹出如图 6-76 所示的规划求解结果。

卡陶卡法则	保利地产	浙江广厦	中江地产	南京高科	海泰发展
投资比例	0.362 456 02	0.080 208 352	0.312 832 052	0.244 504	0
Rl	0.000 479 419				
Erp	0.000 848 185				
标准差	0.001 070 415				
pro	0.365 232 18 <	a=0.4			

图 6-76 卡陶卡法则下投资组合的规划求解结果

5. 结果

通过 Excel 规划求解求得在不允许卖空、不考虑无风险借贷的情况下,根据在卡陶卡准则条件下求得最优的投资组合如图 6-76 所示。

6.10.3 特尔泽法则下的最优投资组合构建

1. 目的

利用 Excel 软件,不允许卖空、不考虑风险借贷以及特尔则准则的条件下,直接求解最低风险下的最优投资组合。

2. 原理

特尔泽准则认为,一个合理准则应当是让投资者在一定约束条件下,使其期望收益率最大。这个约束条件就是,收益率小于或等于某一预先设定的边界的概率不大于某一设定的数值。

目标函数

$$\max_{(w_i)}(R_p) \tag{6-96}$$

约束条件

$$\text{s.t.} \begin{cases} prob(R_p < R_l) = \Phi\left(\dfrac{R_l - E(R_p)}{\sigma_P^2}\right) \leqslant \alpha \\ R_P = \sum_{i=1}^{n} w_i R_i \\ E(R_P) = \sum_{i=1}^{n} w_i E(R_i) \\ \sigma_p^2(w_i) = \sum_{i=1}^{n}\sum_{j=1}^{n} w_i w_j \sigma_{ij} \\ \sum_{i=1}^{n} w_i = 1 \\ 0 \leqslant w_i \leqslant 1, i = 1, 2, \cdots, n \end{cases} \tag{6-97}$$

3. 数据

自选五只股票与股票市场指数的年度内收盘价数据，见第 6.10 节。

4. 步骤

选择工具菜单中的"规划求解"命令，打开"规划求解参数"对话框，在"设置目标单元格"中输入"$I$55"；"等于"栏选"最大值"；"可变单元格"中输入"$I$53:$M$53"；

参照前面实验所述方式，再设置好"规划求解参数"对话框，如图 6-77 所示。

图 6-77 "规划求解参数"对话框

5. 结果

单击"求解"按钮，可得最优投资组合的计算结果，如图 6-78 所示。

特尔泽法则	保利地产	浙江广厦	中江地产	南京高科	海泰发展		
投资比例	0	0	1	0	0	1	1
RI	0.000479419						
Erp	0.001255397						
标准差	0.003046918						
Pro	0.399486557	<=		0.4			

图 6-78 特尔泽法则下投资组合的规划求解结果

6.10.4 二次效用函数下的最优投资组合构建

1. 目的

利用 Excel 软件，在不允许卖空、不考虑无风险借贷以及二次效用函数的条件下，直接求解最低风险下的最优投资组合。

2. 原理

目标函数

$$\max_{(w_i)} U = E(R_p(w_i)) - \frac{\sigma_p^2(w_i)}{\lambda} \tag{6-98}$$

约束条件

$$\text{s.t.} \begin{cases} E(R_P) = \sum_{i=1}^{n} w_i E(R_i) \\ \sigma_p^2(w_i) = \sum_{i=1}^{n} \sum_{j=1}^{n} w_i w_j \sigma_{ij} \\ \sum_{i=1}^{n} w_i = 1 \\ 0 \leqslant w_i \leqslant 1, i = 1, 2, \cdots, n \end{cases} \quad (6\text{-}99)$$

假定 $\lambda = 0.4$。

3. 数据

自选五只股票与股票市场指数的年度内收盘价数据，见实验 6.10。

4. 步骤

选择工具菜单中的规划求解命令，打开"规划求解参数"对话框，在"设置目标单元格"中输入"\$I\$65"；"等于"栏选"最大值"；"可变单元格"中输入"\$I\$60:\$M\$60"。按照前面实验所述，再设置好"规划求解参数"对话框，如图6-79所示。

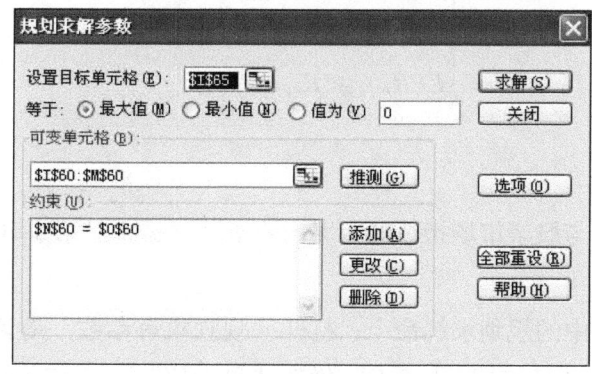

图 6-79 "规划求解参数"对话框

5. 结果

单击"求解"按钮，选择保存规划求解结果项，单击"确定"按钮，则求解结果显示在工作表上，系统会弹出规划求解结果，如图 6-80 所示。

二次效用函数	保利地产	浙江广厦	中江地产	南京高科	海泰发展
投资比例	0.139 678 855	0.146 729 92	0.238 392 676	0.305 13	0.170 068 454
Rl	0.000 479 419				
Erp	0.000 593 571				
标准差	0.000 670 309				
Pro	0.432 387 752				
maxU	−0.001 082 201				

图 6-80 二次效用函数下投资组合的规划求解结果

6.10.5 风险既定收益最大化准则下的最优投资组合构建

1. 目的

利用 Excel 软件，在不允许卖空、不考虑无风险借贷以及在风险既定情况下、收益最大化条件下，直接求解最优投资组合。

2. 原理

目标函数

$$\max_{(w_i)} E(R_P) = \sum_{i=1}^{n} w_i E(R_i) \quad (6\text{-}100)$$

约束条件

$$\text{s.t.} \begin{cases} \sigma_p^2(w_i) = \sum_{i=1}^{n} \sum_{j=1}^{n} w_i w_j \sigma_{ij} = c \\ \sum_{i=1}^{n} w_i = 1 \\ 0 \leqslant w_i \leqslant 1, i = 1, 2, \cdots, n \\ a \leqslant w_k \leqslant b \\ E(R_P) \geqslant R_L \end{cases} \quad (6\text{-}101)$$

假定 $\lambda = 0.4$。

3. 数据

自选五只股票与股票市场指数的年度内收盘价数据，见第 6.10 节。

4. 步骤

选择工具菜单中的规划求解命令，打开"规划求解参数"对话框，在"设置目标单元格"中输入"$I$74"；"等于"栏选"最大值"；"可变单元格"中输入"$I$69:$M$69"。

按照前面实验所述，再设置好"规划求解参数"对话框，如图 6-81 所示。

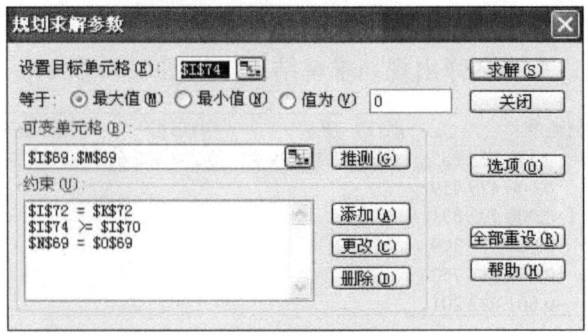

图 6-81 "规划求解参数"对话框

5. 结果

单击"求解"按钮，选择保存规划求解结果项，单击"确定"按钮，则求解结果显示在工作表上，系统会弹出如图 6-82 所示的规划求解结果。

增加约束条件	保利地产		浙江广厦	中江地产	南京高科	海泰发展
投资比例	0		0	1	0	0
Rl	0.000 479 419					
Erp	0.001 255 397					
标准差	0.003 046 918	=	0.003 046 918			
Pro	0.399 486 557					
maxE(Rp)	0.001 255 397					

图 6-82 风险既定收益最大化准则下投资组合的规划求解结果

6.10.6 悲观准则下的最优投资组合构建

1. 目的

利用 Excel 软件，在不允许卖空、不考虑无风险借贷条件下，求解悲观准则下的最优投资组合。

2. 原理

在悲观准则下，当面临各事件的发生概率难以预测时，决策者从最保守的观点出发，对每个方案按最不利的状态发生来考虑问题，然后在最坏的情况下选出最优方案。具体来说，悲观准则是指在投资组合平均收益超过最低水平 R 的约束条件下，极大化其极小收益。悲观准则主要适用于绝对风险厌恶的投资者。

目标函数

$$\max_{R_p, w} R_p \tag{6-102}$$

约束条件

$$\text{s.t.} \begin{cases} \sum_{j=1}^{N} w_j R_{jt} - R_p \geq 0, t = 1, 2, \cdots, T \\ \sum_{j=1}^{N} w_j \overline{R_j} \geq \underline{R} \\ \sum_{j=1}^{n} w_j = 1 \\ w_j \geq 0 \end{cases} \tag{6-103}$$

3. 数据

自选五只股票与股票市场指数的年度内收盘价数据，见第 6.10 节。

4. 步骤

（1）将单元格 L78:P78 作为可变单元格，存放五只股票的投资比例，并在单元格 O78 中输入"=SUM(L78:P78)"，计算投资比例的合计数。

(2) 证券 j 的平均回报计算公式 $\overline{R_j} = \frac{1}{T}\sum_{t=1}^{T} R_{jt}$，在单元格 B472 中输入"= AVERAGE(B2:B471)"，计算该支股票的平均回报，并下拉单元格计算其余数据。

(3) 第 t 期的平均收益计算公式 $R_{pt} = \sum_{j=1}^{N} w_j R_{jt}$，在单元格 G2 中输入"= SUMPRODUCT(B2:F2，$L$78:$P$78)"，计算第一期的平均收益，并下拉单元格计算其余数据。

(4) 在单元格 L79 中输入"= SUMPRODUCT(B472:F472，L78:P78)"，计算投资组合的平均收益。

(5) 在单元格 L80 中输入"= MIN(L2:L469)"，计算最小的平均收益。

(6) 在单元格 O79 中输入自己设置的最低收益 0.001。

(7) 选择工具菜单中的规划求解命令，打开"规划求解参数"对话框。在"规划求解参数"对话框中，"设置目标单元格"中输入"$L$80"；"等于"栏选"最大值"；"可变单元格"中输入"$L$78:$P$78"；在"约束"中添加如图 6-83 所示的约束条件。

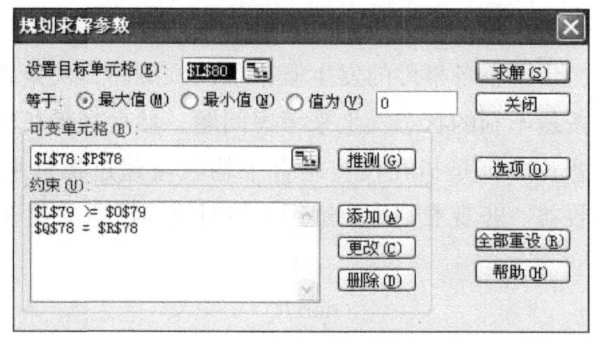

图 6-83 "规划求解参数"对话框

(8) 单击"求解"按钮，选择保存规划求解结果项，单击"确定"按钮，则求解结果显示在工作表上，系统会弹出如图 6-84 所示的规划求解结果。

5. 结果

通过 Excel 规划求解求得在不允许卖空、不考虑无风险借贷条件下，利用悲观准则规划求解得出，最优的投资比例为投资保利地产 0.005 7%，浙江广厦 6.83%，中江地产 46.45%，南京高科 46.67%，最大的最小收益为 -10.50%。

悲观准则	保利地产	浙江广厦	中江地产	南京高科	海泰发展		
投资比例	0.000 571 846	0.068 266 577	0.464 517 271	0.466 644	0	1	1
组合平均收益	0.001		最低收益率	0.001 0			
最小收益	-0.105 018 155						

图 6-84 悲观准则下投资组合的规划求解结果

6.10.7 乐观准则下的最优投资组合构建

1. 目的

自选五只股票年度内收盘价数据，见第 6.10 节。利用 Excel 软件，在不允许卖空、不考虑无风险借贷的条件下，求解乐观准则下的最优投资组合。

2. 原理

持乐观准则的决策者对待风险的态度是从最乐观的态度出发，绝不放弃任何一个可获得最好结果的机会，决策就是在最有利中取最优。乐观主义决策模型主要适用于绝对风险偏好的投资者。乐观主义决策模型的数学表达式为：

$$\max_{w}\left\{\max_{t} w_j R_{jt}, t=1,2,\cdots,T\right\}$$

在不允许卖空、不考虑无风险借贷的条件下，乐观准则可以通过以下线性规划求解。

目标函数

$$\max_{R_p,w} R_p \tag{6-104}$$

约束条件

$$\text{s.t.} \begin{cases} \sum_{j=1}^{N} w_j R_{jt} - R_p \geq 0, t=1,2,\cdots,T \\ \sum_{j=1}^{N} w_j \overline{R_j} \geq \underline{R} \\ \sum_{j=1}^{n} w_j = 1 \\ w_j \geq 0 \end{cases} \tag{6-105}$$

3. 数据

自选五只股票与股票市场指数的年度内收盘价数据，见第 6.10 节。

4. 步骤

（1）将单元格"L84:P84"作为可变单元格，存放五只股票的投资比例，并在单元格 O84 中输入"=SUM(L84:P84)"，计算投资比例的合计数。

（2）证券 j 的平均回报计算公式 $\overline{R_j} = \frac{1}{T}\sum_{t=1}^{T} R_{jt}$，在单元格 B472 中输入"=AVERAGE(B2:B471)"，计算该只股票的平均回报，并下拉单元格计算其余数据。

（3）第 t 期的平均收益计算公式 $R_{pt} = \sum_{j=1}^{N} w_j R_{jt}$，在单元格 G2 中输入"=SUMPRODUCT(B2:F2, \$L\$78:\$P\$78)"，计算第一期的平均收益，并下拉单元格计算其余数据。

（4）在单元格 L85 中输入"=SUMPRODUCT(B472:F472, L84:P84)"，计算投

资组合的平均收益。

（5）在单元格 L86 中输入" = MAX(G2:G471)"，计算最大的平均收益。

（6）在单元格 O85 中输入自己设置的最低收益 0.001。

（7）选择工具菜单中的规划求解命令，打开"规划求解参数"对话框。在"规划求解参数"对话框中，设置目标单元格中输入"$L$86"；"等于"栏选"最大值"；"可变单元格"中输入"$L$84:$P$84"；在"约束"中添加如图 6-85 所示的约束条件。

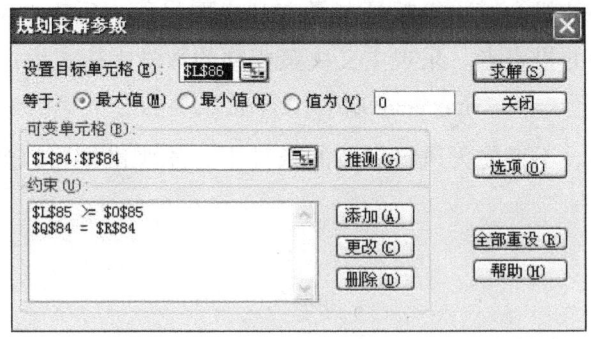

图 6-85　"规划求解参数"对话框

（8）单击"求解"按钮，选择保存规划求解结果项，单击"确定"按钮，则求解结果显示在工作表上，系统会弹出如图 6-86 所示的规划求解结果。

乐观准则	保利地产	浙江广厦	中江地产	南京高科	海泰发展		
投资比例	0.197 875 707	0	0.488 380 43	0.313 744	0	1	1
组合平均收益	0.001 021 709		最低收益率	0.001 0			
最大收益	0.206 417 732						

图 6-86　乐观准则下投资组合的规划求解结果

5. 结果

通过 Excel 规划求解求得在不允许卖空、不考虑无风险借贷条件下，利用乐观准则规划求解得出，最优的投资比例为投资保利地产 19.79%，中江地产 48.84%，南京高科 31.38%；最大的最大收益为 20.64%。

6.10.8　折中准则下的最优投资组合构建

1. 目的

利用 Excel 软件，在不允许卖空、不考虑无风险借贷条件下，求解乐观系数决策模型（折中准则）下的最优投资组合。

2. 原理

当用悲观主义或乐观主义准则来处理投资问题时，有投资者认为太极端了。作为决策者不应该是完全乐观的，同时即使是保守的决策者也不会是完全悲观的，所以这里我们引入乐观系数 α，它表示决策者的乐观程度，$0 \leq \alpha \leq 1$。设最有利状态发生的概率为 α，最不利状态发生的概率为 $1-\alpha$。当 $\alpha=0$ 时，决策者感到完全悲观；当 $\alpha=1$ 时，决策者感到完全乐观。令 $\max_t \sum_{j=1}^{N} w_j R_{jt}$ 为组合的极大收益，$\min_t \sum_{j=1}^{N} w_j R_{jt}$ 为组合的极小收益，其数学表达式为

$$\max_w \{\alpha \max_t \sum_{j=1}^{N} w_j R_{jt} + (1-\alpha) \min_t \sum_{j=1}^{N} w_j R_{jt}, t=1,2,\cdots,T\} \tag{6-106}$$

在不允许卖空的条件下，乐观系数决策组合可通过以下线性规划求解。

目标函数

$$\max_w [\alpha R_{p1} + (1-\alpha)(R_{p2})] \tag{6-107}$$

约束条件

$$\text{s. t.} \begin{cases} \sum_{j=1}^{N} w_j R_{jt} - R_{p1} \leq 0, & t=1,2,\cdots,T \\ \sum_{j=1}^{N} w_j R_{jt} - R_{p2} \geq 0, & t=1,2,\cdots,T \\ \sum_{j=1}^{N} w_j \overline{R_j} \geq \underline{R} \\ \sum_{j=1}^{n} w_j = 1 \\ w_j \geq 0 \end{cases} \tag{6-108}$$

3. 数据

自选五只股票与股票市场指数的年度内收盘价数据，见第 6.10 节。

4. 步骤

（1）将单元格"L90:P90"作为可变单元格，存放五只股票的投资比例，并在单元格 O90 中输入"=SUM(L90:P90)"，计算投资比例的合计数。

（2）证券 j 的平均回报计算公式 $\overline{R_j} = \frac{1}{T} \sum_{t=1}^{T} R_{jt}$，在单元格 B472 中输入"=AVERAGE(B2:B471)"，计算该只股票的平均回报，并下拉单元格计算其余数据。

（3）第 t 期的平均收益计算公式 $R_{pt} = \sum_{j=1}^{N} w_j R_{jt}$，在单元格 G2 中输入"=SUMPRODUCT(B2:F2, \$L\$78:\$P\$78)"，计算第一期的平均收益，并下拉单元格计算其余数据。

（4）在单元格 L91 中输入"=SUMPRODUCT(B472:F472, L90:P90)"，计算投资组合的平均收益。

（5）在单元格 L93 中输入"=0.4*L92+0.6*N92"，计算目标函数。在单元

格 L92 中输入"=MAX(G2:G471)",计算最大收益率。在单元格 N92 中输入"=MIN(G2:G471)",计算最小收益率。

(6) 在单元格 Q91 中输入自己设置的 $\alpha=0.4$。

(7) 选择工具菜单中的规划求解命令,打开"规划求解参数"对话框。在"规划求解参数"对话框中,在"设置目标单元格"中输入"L93";"等于"栏选"最大值";"可变单元格"中输入"$L$90:$P$890";在"约束"中添加如图 6-87 所示的约束条件。

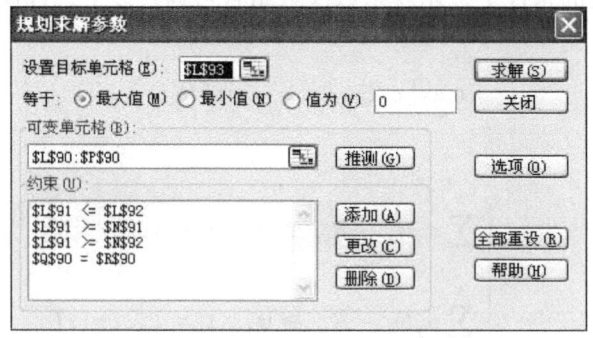

图 6-87 "规划求解参数"对话框

(8) 单击"求解"按钮,选择保存规划求解结果项,单击"确定"按钮,则求解结果显示在工作表上,系统会弹出如图 6-88 所示的规划求解结果。

折中准则	保利地产	浙江广厦	中江地产	南京高科	海泰发展		
投资比例	0.197 875 707	0	0.488 380 43	0.313 744	0	1	1
组合平均收益	0.001 021 709	最低收益率	0.001 0		α	0.400 0	
最大收益	0.206 417 732	最小收益	−0.105 018 15				
目标函数	0.019 556 2						

图 6-88 折中准则下投资组合的规划求解结果

5. 结果

通过 Excel 规划求解求得在不允许卖空、不考虑无风险借贷的条件下,利用乐观系数决策模型规划求解得出,最优的投资比例为投资保利地产 19.79%,中江地产 48.84%,南京高科 31.37%;目标函数的最大收益为 1.96%。

6.10.9 等可能性决策模型下的最优投资组合构建

1. 实验目的

自选五只股票年度内收盘价数据,见第 6.10 节。利用 Excel 软件,在不允许卖空、不考虑无风险借贷条件下,求解等可能性决策模型下的最优投资组合。

2. 原理

投资组合的等可能性决策方法认为,当面临各事件发生概率难以预测,没有确切理由说明某事件比另一事件有更多发生机会时，只能认为各事件发生机会是均等的。这就把不确定型决策化为风险型决策来进行分析，在不允许卖空、不考虑风险借贷的条件下，可建立模型如下所示。

目标函数

$$\max_{w} \sum_{j=1}^{N} w_j \overline{R_j} \tag{6-109}$$

约束条件

$$\text{s. t.} \begin{cases} \sum_{j=1}^{N} w_j \overline{R_j} \geq \underline{R} \\ \sum_{j=1}^{n} w_j = 1 \\ w_j \geq 0 \end{cases} \tag{6-110}$$

在一般情况下，第一个约束条件显得重复，但却是必不可少的，因为它能保证最低收益率大于 $\underline{R}$。由于此模型是将不确定型决策转化为风险型决策，几乎没有考虑投资组合的风险，故它只有在投资者是绝对风险偏好者时才适用。

3. 数据

自选五只股票与股票市场指数的年度内收盘价数据，见第 6.10 节。

4. 步骤

（1）将单元格"L98:P98"作为可变单元格，存放五只股票的投资比例，并在单元格 O98 中输入" =SUM(L98:P98)"，计算投资比例的合计数。

（2）证券 j 的平均回报计算公式 $\overline{R_j} = \frac{1}{T} \sum_{t=1}^{T} R_{jt}$，在单元格 B472 中输入" = AVERAGE(B2:B471)"，计算该只股票的平均回报，并下拉单元格计算其余数据。

（3）第 t 期的平均收益计算公式 $R_{pt} = \sum_{j=1}^{N} w_j R_{jt}$，在单元格 G2 中输入" = SUMPRODUCT(B2:F2，$L$78:$P$78)"，计算第一期的平均收益，并下拉单元格计算其余数据。

（4）在单元格 L99 中输入" = SUMPRODUCT(B472:F472，L98:P98)"，计算投资组合的平均收益。

（5）在单元格 N99 中输入自己设定的最小收益率值 0.001。

（6）选择工具菜单中的规划求解命令，打开"规划求解参数"对话框。在"规划求解参数"对话框中，在"设置目标单元格"中输入"$L$99"；"等于"栏选"最大值"；"可变单元格"中输入"$L$98:$P$98；在"约束"中添加如图 6-89 所示的约束条件。

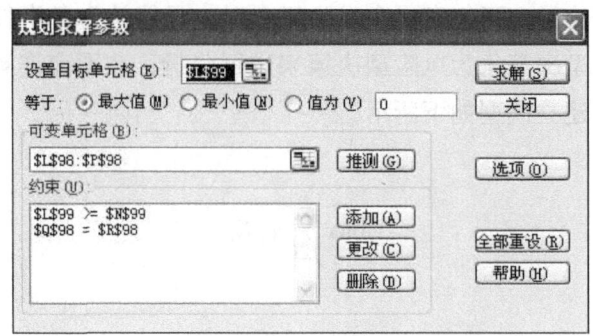

图 6-89 "规划求解参数"对话框

（7）单击"求解"按钮，选择保存规划求解结果项，单击"确定"按钮，则求解结果显示在工作表上，系统会弹出如图 6-90 所示的规划求解结果。

等可能性决策模型	保利地产	浙江广厦	中江地产	南京高科	海泰发展		
投资比例	0	0	1	0	0	1	1
组合平均收益	0.001 255 397	最低收益率	0.001				

图 6-90 等可能决策模型下投资组合的规划求解结果

5. 结果

通过 Excel 规划求解求得在不允许卖空、不考虑无风险借贷条件下，等可能性决策模型规划求解得出，最优的投资比例为投资中江地产 100%，其余皆不投资；组合平均收益的最大收益为 0.1256%。

6.11 基于单因素模型的最优投资组合简化求解

6.11.1 不允许卖空交易的单因素资产组合优化模型

1. 目的

通过本次试验掌握回归分析的基本思想和基本方法，理解最小二乘法的计算步骤，理解模型的设定 F 检验和变量显著性 T 检验，并能够根据检验结果对模型的合理性进行判断，进而能改进模型；理解残差分析的意义和重要性，会对模型的回归残差进行正态性和独立性检验，从而能够判断模型是否符合回归分析的基本假设。

2. 原理

假设不允许卖空交易，单因素资产组合决策模型选择超额收益率对贝塔的比率$\left(即 \dfrac{\overline{R_i} - R_f}{\beta_i}\right)$作为资产合意度排序指标，因为超额收益率对贝塔的比率反映了证券每单位不可分散风险的超额收益，即单位系统风险的超额收益。这个排序说明了资产合意度大小的先后顺序及资产配置的优先顺序，这样将资产从大到小排序后，就可以确定一个阀值，把超额收益率对贝塔的比率大于阀值的资产纳入组合，就构造好了最优投资组合。

这里阀值率 C_i 就是一个特定的数值，所有 $(\overline{R_i} - R_f)/\beta_i$ 值高于这个数值的资产都应该纳入最优投资组合，所有 $(\overline{R_i} - R_f)/\beta_i$ 值低于这个数值的资产都应该被排除出最优投资组合。

最优组合构造的程序为：

（1）对每一项资产，计算 $(\overline{R_i} - R_f)/\beta_i$；

（2）按 $(\overline{R_i} - R_f)/\beta_i$ 比率值的大小从高到低排序；

（3）计算 C_i。

对于包含 i 只股票的组合来说，C_i 的计算公式为

$$C_i = \frac{\sigma_m^2 \sum_{j=1}^{i} \frac{(\overline{R_j} - R_f)\beta_j}{\sigma_{ej}^2}}{1 + \sigma_m^2 \sum_{j=1}^{i} \frac{\beta_j^2}{\sigma_{ej}^2}} \tag{6-111}$$

式（6-111）中，σ_m^2 是市场指数的方差，σ_{ej}^2 是与市场无关的资产运动的方差，它通常称作资产的非系统风险。

式（6-111）等价于

$$C_i = \frac{\beta_{ip}(\overline{R_p} - R_f)}{\beta_i} \tag{6-112}$$

式中，β_{ip} 表示与最优投资组合收益变动 1% 相关联的股票 i 的收益变动。

（4）根据阀值确定准则，确定阀值率 C^*。这里阀值率 C^* 就是一个特定的数值，所有比率值高于这个数值的资产都应该纳入最优投资组合，所有比率值低于这个数值的资产都应该被排除出最优投资组合。

（5）构建最优投资组合。把所有 $(\overline{R_i} - R_f)/\beta_i$ 值高于阀值率 C^* 的资产都应该纳入最优投资组合，把所有 $(\overline{R_i} - R_f)/\beta_i$ 值低于阀值率 C^* 的资产都应该被排除在最优投资组合之外。

（6）计算最优投资组合中每一项资产的最优投资数量 Z_i 和最优投资比例 X_i。

确定了包含在最优投资组合中的资产，剩余的就是计算投资于每种资产的比例。投资于每种资产的比例为

$$w_i = \frac{z_i}{\sum_{\text{included}} z_i} \tag{6-113}$$

式中，

$$z_i = \frac{\beta_i}{\sigma_{ei}^2}\left(\frac{\overline{R_i} - R_f}{\beta_i} - C^*\right) \tag{6-114}$$

3. 数据

选择十只股票，下载它们在 2008 年的收盘价，见第 6.11 节。

4. 步骤

(1) 计算其日对数收益率，再利用 Average 函数计算每一只股票的平均收益率；本次实验选取了这十只股票的平均收益率如表 6-10 所示。

表 6-10　十只股票的平均收益率

	平均收益率
长春经开	-0.007 38
香江控股	-0.007 41
美都控股	-0.007 24
云南城投	-0.006 49
联美控股	-0.005 86
海泰发展	-0.009 75
保利地产	-0.006 29
南京高科	-0.008 27
中江地产	-0.005 79
浙江广厦	4.95E-05

(2) 收集在 2008 年的沪指收盘价，计算股票市场的日对数收益率，再利用 Average 函数计算其平均收益率，利用 VaR 函数计算市场收益率的方差 σ_m^2；得出沪指的平均收益率为 -0.006 44，市场收益率的方差为 0.003 233。

(3) 确定无风险收益率，由锐思数据库下载所得。

(4) 对每一项资产，计算 $(\overline{R}_i - R_f)/\beta_i$；在 F4 输入 "=C4/D4"，计算超额收益对 Beta 的比率。

(5) 按 $(\overline{R}_i - R_f)/\beta_i$ 比率值的大小，对所有资产及中间数据进行从高到低排序；利用 Excel 中的排序工具，对超额收益与 Beta 的比率进行升序排列。

(6) 计算 C_i。对于包含 i 只股票的组合来说，C_i 的计算公式为

$$C_i = \frac{\sigma_m^2 \sum_{j=1}^{i} \frac{(\overline{R}_j - R_f)\beta_j}{\sigma_{ej}^2}}{1 + \sigma_m^2 \sum_{j=1}^{i} \frac{\beta_j^2}{\sigma_{ej}^2}}$$

式中，σ_m^2 是市场指数的方差，σ_{ej}^2 是与市场无关的资产运动的方差，它通常称作资产的非系统风险。

1) 计算 $\dfrac{(\overline{R}_j - R_f)\beta_j}{\sigma_{ej}^2}$。在 G3 中输入 "=C3*D3/E3"；

2) 计算 $\sum_{j=1}^{i} \dfrac{(\overline{R}_j - R_f)\beta_j}{\sigma_{ej}^2}$。在 H4 中输入 "=G4"，在 H5 中输入 "=G5+H4"；

3) 计算 $\dfrac{\beta_j^2}{\sigma_{ej}^2}$。在 I4 中输入 "=D4*D4/E4"；

4）计算 $\sum_{j=1}^{i} \frac{\beta_j^2}{\sigma_{ej}^2}$。在 J4 中输入 "=I4"，J5 中输入 "=I5+J4"；

5）计算 C_i。在 K4 中输入 "=\$C\$2*H4/(1+\$C\$2*J4)"。计算结果如图 6-91-1 和图 6-91-2 所示。

无风险收益率Rf		0.000 1			
市场收益率方差sigma2		10			
类别	收益均值 ER	超额收益 ER-Rf	贝塔 Beta	非系统风险 sigmaei2	超额收益对贝塔比率 (ER-Rf)/beta
长春经开	0.005 788 817	0.005 688 817	1.022 1	0.033	0.005 565 813
香江控股	0.006 489 584	0.006 389 584	1.226 7	0.035	0.005 208 758
美都控股	0.005 862 359	0.005 762 359	1.091 2	0.036	0.005 280 754
云南城投	4.949 58E-05	−5.050 42E-05	0.967	0.035	−5.222 77E-05
联美控股	−0.006 291 49	−0.006 391 495	1.077 5	0.034	−0.005 931 782
海泰发展	−0.007 235 04	−0.007 335 036	1.111 3	0.034	−0.006 600 41
保利地产	−0.007 381 18	−0.007 481 176	1.110 3	0.035	−0.006 737 977
南京高科	−0.007 410 02	−0.007 510 019	1.213 4	0.035	−0.006 189 236
中江地产	−0.008 268 2	−0.008 368 199	1.179 2	0.035	−0.007 096 505
浙江广厦	−0.009 748 78	−0.009 848 777	1.010 3	0.035	−0.009 748 369

图 6-91-1　最优投资组合计算

						不买空的条件下		
(ER-RF)*Beta/sigma-ei2	Σi[(ER-RF)*Beta/sigma-ei2]	Beta2/sigma-ei2	Σi[Beta2/sigma-ei2]	C_i	C^*	z_i	X_i
0.176 198 179	0.176 198 18	31.657 224 55	31.657 224 55	0.005 548 3	0.005 548	0.000 543	100.00%
0.223 945 775	0.400 143 95	42.994 082 57	74.651 307 12	0.005 353	*****		
0.174 663 494	0.574 807 45	33.075 484 44	107.726 791 6	0.005 330 8	*****		
−0.001 395 358	0.573 412 09	26.716 828 57	134.443 620 1	0.004 261 9	*****		
−0.202 553 99	0.370 858 1	34.147 242 65	168.590 862 8	0.002 198 4	*****		
−0.239 747 806	0.131 110 29	36.323 167 35	204.914 030 1	0.000 639 5	*****		
−0.237 324 286	−0.106 213 99	35.221 888 29	240.135 918 4	−0.000 442	*****		
−0.260 361 623	−0.366 575 61	42.066 844 57	282.202 763	−0.001 299	*****		
−0.281 936 564	−0.648 512 18	39.728 932 57	321.931 695 6	−0.002 014	*****		
−0.284 291 995	−0.932 804 17	29.163 031 14	351.094 726 7	−0.002 656	*****		
−0.932 804 173		351.094 726 7				zi-included	0.000 543

图 6-91-2　最优投资组合计算

（7）根据阀值确定准则，确定阀值率 C^*；再确定唯一的 C_i 就是阀值 C^*，使得排位 i 和高于 i 的所有资产的超额收益对贝塔的比率都大于 C_i，且使得排位低于 i 的所有资产的超额收益对贝塔的比率都小于 C_i。

（8）构建最优投资组合。把所有 $(\overline{R_i} - R_f)/\beta_i$ 值高于阀值率 C^* 的资产都应该纳入最优投资组合，把所有 $(\overline{R}_i - R_f)/\beta_i$ 值低于阀值率 C^* 的资产都应该被排除在最优投资组合之外。

（9）计算最优投资组合中每一项资产的最优投资数量 Z_i 和最优投资比例 X_i。投资于每种资产的比例为：

$$w_i = \frac{z_i}{\sum_{included} z_i}$$

式中，

$$z_i = \frac{\beta_i}{\sigma_{ei}^2}\left(\frac{\overline{R}_i - R_f}{\beta_i} - C^*\right)$$

5. 结果

由于长春经开的超额收益对贝塔的比率大于 C_i，故在不允许卖空的情况下，可以对长春经开进行适当的投资。

6.11.2 允许卖空交易的单因素资产组合优化模型

1. 目的

自选 15 只股票与股票市场指数的年度内收盘价数据，利用 Excel 软件，求解在允许卖空的条件下的最优组合。

2. 原理

当允许卖空交易时，用来计算最优投资组合的程序与不允许卖空交易基本相似。但是，在以下几点不同。

（1）阀值的含义与计算程序不同。此时，所有的股票都进入最优投资组合，要么被多头持有，要么被空头持有，并且所有的股票都影响阀值。C_i 计算公式的分子与分母是所有股票的和，即 $i=n$。

$$C_i = \frac{\sigma_m^2 \sum_{j=1}^{n} \frac{(\overline{R}_j - R_f)\beta_j}{\sigma_{ej}^2}}{1 + \sigma_m^2 \sum_{j=1}^{n} \frac{\beta_j^2}{\sigma_{ej}^2}} \tag{6-115}$$

（2）必须计算所有股票的 z_i。正的 z_i 表明股票被多头持有，负的 z_i 表明股票被空头持有。

（3）C^* 的影响已经改变。超额收益对贝塔的比率大于 C^* 的股票被多头持有，超额收益对贝塔的比率小于 C^* 的股票被空头持有。

（4）等比例调整 z_i。在卖空交易标准定义中，假定卖空股票是投资者的一个资金来源，适用的比例调整因子为

$$w_i = \frac{z_i}{\sum_{i=1}^{n} z_i} \tag{6-116}$$

此时，投资比重的限制条件为

$$\sum_{i=1}^{n} w_i = 1 \tag{6-117}$$

在林特纳（Lintner）的卖空交易定义中，卖空交易是投资者的资金应用。但是，投资者从卖空交易所涉资金中获得无风险利率。所以，约束条件为

$$\sum_{i=1}^{n} |w_i| = 1 \tag{6-118}$$

适用的比例调整因子为

$$w_i = \frac{z_i}{\sum_{i=1}^{n} |z_i|} \tag{6-119}$$

3. 数据

实验数据见第 6.11 节。

4. 步骤

（1）阀值的确定。超额收益对贝塔的比率大于 C^* 的股票被多头持有，超额收益对贝塔的比率小于 C^* 的股票被空头持有。

$$C_i = \frac{\sigma_m^2 \sum_{j=1}^{n} \frac{(\overline{R}_j - R_f)\beta_j}{\sigma_{ej}^2}}{1 + \sigma_m^2 \sum_{j=1}^{n} \frac{\beta_j^2}{\sigma_{ej}^2}}$$

在 L20 中输入 "=C2*G20/（1+C2*I20）"，计算出阀值，$C^* = $L18$。

（2）等比例调整最优投资数量 z_i。在卖空交易标准定义中，假定卖空股票是投资者的一个资金来源，适用的比例调整因子为

$$w_i = \frac{z_i}{\sum_{i=1}^{n} z_i}$$

在 M4 中输入 "=D4/E4*（F4-$L$18）"，计算出在标准定义下的卖空的 z_i，而在林纳特定义下的卖空，使用的比例调整因子为

$$w_i = \frac{z_i}{\sum_{i=1}^{n} |z_i|}$$

在 O4 中输入 "=ABS(M4)"，计算出林特纳定义的卖空条件下的 Z_i 的绝对值。

（3）计算最优投资比例 X_i。在 N4 中输入 "=M4/$M$20，在 P4 中输入 "=M4/$O$20"，并且向下复制到 N18 和 P18，分别计算出在标准定义下的最优投资比例和林特纳定义下的最优投资比例，允许卖空交易的单因素资产组合决策模型结果如图 6-92-1 和图 6-92-2 所示。

无风险收益率Rf	0.0001						
市场收益率方差sigma2	10						
类别	收益均值 ER	超额收益 ER-Rf	贝塔 Beta	非系统风险 sigmaei2	超额收益对贝塔比率 (ER-Rf)/beta	(ER-RF)* Beta/sigma-ei2	Σzi[(ER-RF)* Beta/sigma-ei2]	Beta2/sigma-ei2
云南城投	5.12E-05	-4.9E-05	1.2267	0.035	-3.974 43E-05	-0.001 708 77	-0.001 708 769	42.994 082 6
邯郸钢铁	-0.005 78	-0.005 88	1.1104	0.034	-0.005 292 339	-0.191 923 28	-0.193 632 047	36.264 357 6
包钢股份	-0.006 58	-0.006 68	1.2431	0.033	-0.005 372 743	-0.251 590 49	-0.445 222 539	46.827 200 3
长春经开	-0.005 99	-0.006 09	1.0912	0.035	-0.005 584 194	-0.189 977 05	-0.635 199 593	34.020 498 3
海泰发展	-0.006 07	-0.006 17	1.0775	0.034	-0.005 725 86	-0.195 522 32	-0.830 721 912	34.147 242 6
联美控股	-0.006 51	-0.006 61	1.1103	0.035	-0.005 956 878	-0.209 812 48	-1.040 534 395	35.221 888 3
武钢股份	-0.007 42	-0.007 52	1.2342	0.036	-0.006 094 205	-0.257 861	-1.298 395 399	42.312 49
东风汽车	-0.006 37	-0.006 47	1.0321	0.036	-0.006 269 125	-0.185 501 73	-1.48 389 713	29.589 733 6
浙江广厦	-0.007 67	-0.007 77	1.2134	0.035	-0.006 405 134	-0.269 443 76	-1.753 340 891	42.066 844 6
中江地产	-0.007 49	-0.007 59	1.1113	0.036	-0.006 830 577	-0.234 324 4	-1.987 665 288	34.305 213 6
南京高科	-0.006 72	-0.006 82	0.967	0.035	-0.007 051 72	-0.188 399 59	-2.176 064 882	26.716 828 6
保利地产	-0.007 64	-0.007 74	1.0221	0.033	-0.007 574 726	-0.239 794 79	-2.415 859 669	31.657 224 5
宝钢股份	-0.006 8	-0.006 9	0.892	0.035	-0.007 739 492	-0.175 943 87	-2.591 803 54	22.733 257 1
美都控股	-0.008 56	-0.008 66	1.0103	0.035	-0.008 572 215	-0.249 991 77	-2.841 795 307	29.163 031 1
香江控股	-0.010 09	-0.010 19	1.1792	0.034	-0.008 644 362	-0.353 532 18	-3.195 327 485	40.897 430 6
						-3.195 327 48		528.917 324

图6-92-1 允许卖空交易的单因素资产组合决策模型结果

$\Sigma_i[\text{Beta2/sigma-ei2}]$	C_i	C^*	标准定义下的卖空		林特纳定义的卖空	
			Z_i	标准定义下的卖空 X_i	Z_i的绝对值	林特纳定义的卖空 X_i
42.994 082 57	−3.965 2E−05	——	0.21	−512.98%	0.21	34.23%
79.258 440 22	−0.002 439 968	——	0.02	−59.57%	0.02	3.98%
126.085 640 5	−0.003 528 314	——	0.03	−61.32%	0.03	4.09%
160.106 138 8	−0.003 964 889	——	0.01	−34.67%	0.01	2.31%
194.253 381 5	−0.004 274 286	——	0.01	−24.29%	0.01	1.62%
229.475 269 7	−0.004 532 432	——	0.00	−6.44%	0.00	0.43%
271.787 759 7	−0.004 775 483	——	0.00	4.52%	0.00	−0.30%
301.377 493 4	−0.004 922 083	——	−0.01	16.01%	0.01	−1.07%
343.444 337 9	−0.005 103 682	——	−0.01	30.87%	0.01	−2.06%
377.749 551 5	−0.005 260 468	——	−0.02	59.52%	0.02	−3.97%
404.466 380 1	−0.005 378 759	——	−0.03	68.17%	0.03	−4.55%
436.123 604 7	−0.005 538 122	——	−0.05	115.94%	0.05	−7.74%
458.856 861 8	−0.005 647 162	——	−0.04	105.64%	0.04	−7.05%
488.019 892 9	−0.005 821 921	——	−0.07	178.28%	0.07	−11.90%
528.917 323 5	−0.006 040 119	−0.006 04	−0.09	220.31%	0.09	−14.70%
			−0.04	100.00%	0.61	−6.67%

图 6-92-2　允许卖空交易的单因素资产组合决策模型结果

5. 结果

由图 6-92-1 和图 6-92-2 可知，在允许卖空的条件下，该组合不可行。

第7章 操作风险管理

7.1 操作风险价值估计的损失分布法

7.1.1 目的

通过本次实验，掌握操作风险损失估计的损失分布法原理。

7.1.2 基本原理

损失分布法是银行利用操作风险损失数据对单个风险的损失概率分布进行模拟，估计出一定时间内（比如一年）风险的具体分布形式，计算出单个风险的风险价值（VaR），并加总得到总的操作风险计量结果。

同内部衡量法一样，损失分布法首先将全部业务活动划分为若干产品线类别/风险类别组合，不同的是，银行可以根据本行的情况自主划定类别，然后根据损失数据情况和对该类风险的理解与认知，分别估计每个产品线类别/风险类别组合操作风险损失的发生频率和损失幅度的概率分布。具体概率分布的选择对模型计算有着较大的影响，这是损失分布法的一个难点。一般来说，对损失频率通常用泊松分布或负二项分布进行建模，损失幅度一般用具有厚尾特征的分布，如对数正态分布、指数分布、韦伯分布等进行建模。在此基础上估计产品线类别/风险类别组合的损失分布。该产品线类别/风险类别组合的损失分布为损失幅度分布的 N 重卷积，N 是从频率分布得到频率观测值（是一个随机的数）。得到产品线类别/风险类别组合的损失分布后，就可以按照给定的置信水平，求出操作风险的 VaR 值，最后将所有的 VaR 值加总后得到总的操作风险度量结果。

损失分布法从具体的单个风险入手，通过严密的统计方法，最后得到总的风险度量结果，理论上具有较高的准确性。但该方法在实际使用中面临着一些问题和难点，其中，用于建模使用的内部操作风险损失数据不能满足建模的需要，尤其是对于发生频率低、损失大的风险事件数据来说极为缺乏。解决的办法有两种，一种方法是延长模型的持有期，但时间过长，银行的业务品种、管理流程和管理水平都会发生很大的变化，这会导致原有的历史数据可能不再反映银行的风险状况；另一种方法是利用外部数据，这方面得到了巴塞尔委员会的支持和鼓励，西方发达国家已开始着手建立行业的操作风险损失数据库。

7.1.3　数据与内容

实验数据如 Excel 文件"7.1 损失分布法"中的工作表"原始数据"所示，实验内容如下所示。

（1）描述统计"内部欺诈"每年发生的次数，及损失金额对数的发生频数、频率。

（2）假设损失次数服从泊松分布，每次的损失金额对数服从正态分布，模拟产生年度总损失序列值。

（3）计算"内部欺诈"风险的预期损失、非预期损失、风险价值。

7.1.4　操作步骤与结果

（1）筛选出"内部欺诈"的发生时间、损失金额；计算损失金额的对数值。

（2）输入接收区域上限值，利用"直方图"工具绘制内部欺诈发生次数的年度分布表、分布图，结果如图 7-1 和图 7-2 所示。

（3）利用"描述统计"工具，计算内部欺诈损失金额对数的描述统计指标，计算结果如图 7-3 所示。再利用直方图工具，绘制直方图，如图 7-4 所示。

年度	频率	累积 %
2000	5	6.17%
2001	11	19.75%
2002	6	27.16%
2003	12	41.98%
2004	18	64.20%
2005	15	82.72%
2006	11	96.30%
2007	3	100.00%
其他	0	100.00%
平均值=	10.125	
合计=	81	

图 7-1　内部欺诈发生次数的年度分布表

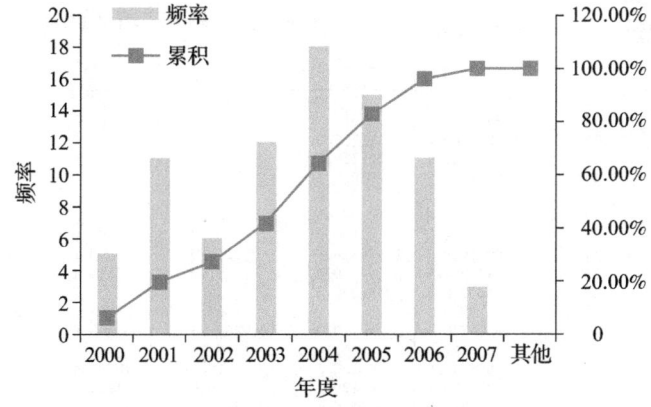

图 7-2　内部欺诈发生次数的年度分布图

(4) 建立损失总额模拟计算表。利用"随机数发生器"工具生成 1 000 个、服从均值为 10.125 的泊松分布的年度损失次数，然后，按损失次数排序。在单元格 D8 中输入公式 "=EXP(NORMINV(RAND()，描述统计!$J$18，描述统计!$J$23))"，然后往右复制到单元格 F8，就产生对应于年度损失次数 3 的三个服从对数正态分布的损失金额；在单元格 C8 中输入公式 "=SUM(D8:AG8)"，即可计算出这三次风险的总损失，得到一个模拟计算结果，同理，可以得到其他 999 个总损失，如图 7-5 所示。

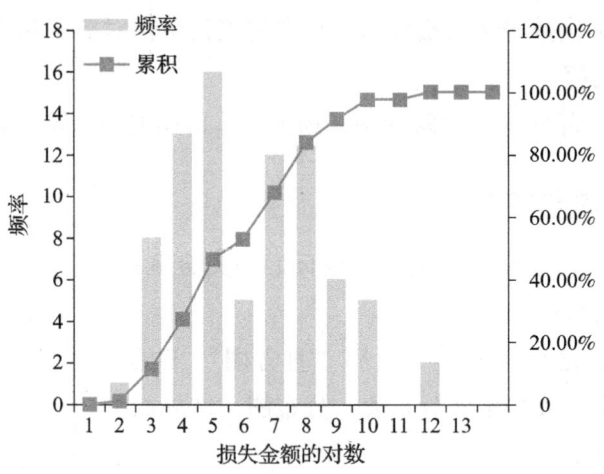

图 7-3 内部欺诈损失金额对数的描述统计指标计算

组别	损失金额对数上限	频率	累积 %
1以下	1	0	0.00%
1~2	2	1	1.23%
2~3	3	8	11.11%
3~4	4	13	27.16%
4~5	5	16	46.91%
5~6	6	5	53.09%
6~7	7	12	67.90%
7~8	8	13	83.95%
8~9	9	6	91.36%
9~10	10	5	97.53%
10~11	11	0	97.53%
11~12	12	2	100.00%
12~13	13	0	100.00%
其他		0	100.00%

图 7-4 内部欺诈损失金额对数的直方图

	A	B	C	D	E	F	G	H
1			损失次数、损失金额的模拟					
2			1. 生成损失次数，按损失次数排序；2. 按损失次数生成损失金额；					
3			3. 求损失和；					
4			损失次数模拟次数=	1000				
5								
6		损失次数模拟	年度总损失模拟值TL	每次损失金额的模拟值L（对数正态分布）				
7	序号	（泊松分布）		1	2	3	4	5
8	362	3	24164.7	24163.0	0.4	1.4		
9	426	3	1312.3	1294.5	1.5	16.3		
991	631	17	29963541.8	50.0	8978.5	23.8	0.1	5.9
992	648	17	18459627.7	1016.3	614.9	34.2	35.7	1235.3
993	802	17	153275869.9	175736.5	21.8	2559.9	0.0	153053779.4
994	838	17	907232.4	517539.3	0.0	6.4	21.1	2.3
995	840	17	5988947.7	2997038.7	1962928.3	0.1	39.6	54.5
996	949	17	1468714.1	3.4	167.3	0.1	0.0	2582.8
997	998	17	113.8	-6.40	8.03	8.86	6.51	14.17
998	321	18	2308654.5	106.9	4006.7	3056.9	7.1	2.9
999	521	18	16084459.0	13474426.3	1119.9	0.1	10317.0	168.2
1000	633	18	1442830.9		31.9	1315155.4	1323.7	149.9
1001	843	18	3560266.0	3466500.3	122.2	2.7	23.8	54.6
1002	924	18	5119049.1	1.2	97.2	6604.2	946261.9	0.2
1003	887	19	896520740.6	0.0	12602606.3	3.6	526.8	856009.6
1004	988	19	117.2	-0.10	3.14	2.89	8.48	4.14
1005	180	20	868743.0	69253.5	13.6	15381.4	0.7	0.3
1006	212	20	1376296.9	186.8	6.0	1230.7	1.2	8.5
1007	615	20	4668793.5	14105.4	4422187.8	37.7	1050.6	209039.8

图 7-5 年度总损失的随机模拟计算

（5）新建 Excel 工作表，利用"描述统计"工具，计算年度总损失的描述统计值。

（6）在单元格 F4 中输入公式"=PERCENTILE（损失模拟！C8:C1007，F3）"，就可计算出内部欺诈的风险价值。

7.2 操作风险经济资本计算的标准法

7.2.1 目的

通过本次实验，练习掌握操作风险经济资本的标准法计算原理。

7.2.2 基本原理

标准法（Standardized Approach）的原理是，将商业银行的所有业务划分为八类产品线，对每一类产品线规定不同的操作风险资本要求系数，并分别求出对应的资本，然后加总八类产品线的资本，即可得到商业银行总体操作风险资本的要求。

根据巴塞尔委员会的要求，在标准法中，八类银行产品线分别为公司金融、交易和销售、零售银行业务、商业银行业务、支付和结算、代理服务、资产管理和零售经纪。

在产品线中，总收入是个广义的指标，代表业务经营规模，因此也大致代表各产品线的操作风险暴露（以 β 值表示）。β 值代表商业银行在特定产品线的操作风险损失经营值与该产品线总收入之间的关系。应注意到，标准法是按各产品线计算总收入，而不是在整个机构层面计算。例如，公司金融指标采用的是公司金融业务产品的总收入。

在标准法中，总资本要求是各产品线监管资本的简单加总，其计算公式如下所示

$$K_{TSA} = \frac{1}{3} \sum_{year1-3} \max\left[\sum GI_{1-8} \times \beta_{1-8}, 0 \right]$$

式中，K_{TSA} 表示标准法计算的资本要求；

GI_{1-8} 表示八类产品线中各产品线过去三年的年均总收入；

β_{1-8} 表示由巴塞尔委员会设定的固定百分数，产品线及对应 β 系数如表 7-1 所示。

表 7-1 产品线及对应 β 系数

产品线	β 值系数（%）	产品线	β 值系数（%）
公司金融	18	支付和结算	18
交易和销售	18	代理业务	15
零售银行业务	12	资产管理	12
商业银行业务	15	零售经纪	12

标准法的计算步骤为：

(1) 计算各产品线过去三年的平均总收入；
(2) 把 Beta 值与产品线过去三年的平均总收入对应相乘，计算单项监管资本；
(3) 汇总单项监管资本，计算总监管资本。

7.2.3 数据与内容

实验数据为 Excel 文件"7.2 操作风险监管资本的标准法计算"的现金流量表，要求利用标准法计算该银行的操作风险监管资本。

7.2.4 操作步骤与结果

(1) 根据过去三年的现金流量表数据，分项目汇总计算各业务线的年度业务收入，如图 7-6 所示；

	A	B	C	D	E
1		业务收入计算表 单位：亿元人民币			
2	业务线	项 目	2010年度	2009年度	2008年度
3	公司金融	分得的股利或利润所收到的现金	3.38	4.17	8.81
4		非常项目产生的现金流量净额	−121.88	−130.72	−29.81
5		发行债券收到的现金	104.57		
6	合计		−13.93	−126.55	−21
31	资产管理	购建固定资产、无形资产和其他长期资产	−41.03	−44.27	−72.26
32					
33		权益性投资所收到的现金	104.57		
34		权益性投资所支付的现金	−70.92	−18.91	−125.41+1 683.41
35		现金及现金等价物净增加额	1 318.89	957.76	
36	合计		1 270.48	896.58	1 485.74
37	零售经纪	其他营业支出	−204.29	−193.41	−219.09
38		支付职工工资及工资性费用	235.1	−218.44	−182.78
39	合计		30.81	−411.85	−401.87
40	其他业务		0	0	0

图 7-6 分项目汇总计算各业务线的年度业务收入

(2) 在单元格 I4 中输入公式"=AVERAGE(C6:E6)"，计算公司金融类业务过去三年的平均总收入；在单元格 J4 中输入公式"=MAX(I4*H4, 0)"，计算公司金融类业务的单项监管资本；同理，可以计算得到其他业务的三年平均总收入、单项监管资本，汇总单项监管资本，计算得到总监管资本，如图 7-7 所示。

产品线	β值系数(%)	三年的平均总收入	单项监管资本
公司金融	18	−53.83	0.00
交易和销售	18	−209.21	0.00
零售银行业务	12	2083.43	250.01
商业银行业务	15	144.50	21.67
支付和结算	18	27.40	4.93
代理业务	15	−105.85	0.00
资产管理	12	896.58	107.59
零售经纪	12	−260.97	0.00
其他业务	18	0	0.00
		总监管资本	384.21

图 7-7 总监管资本的计算

第8章 流动性风险管理

8.1 现金需求的销售百分比法预测

8.1.1 目的

通过本次实验,掌握企业现金需求的销售百分比法预测原理。

8.1.2 基本原理

资金需要量预测是指对企业未来某一时期内的资金需要量进行科学的预计和判断。资金需要量预测是财务预测的重要组成部分,科学预测企业的资金需要量是合理筹划和运用劳动资金,提高经济效益的重要保证。

资金需要量的预测主要有以下三种方法:直接表测法、销售百分比法和资金特性法[一]。

1. 直接表测法

直接表测法是指根据预计资产负债表中的有关数据通过计算得到资金需要量的一种方法,例如

$$流动资金需要量 = 流动资产;$$
$$净营运资金需要量 = 流动资产 - 流动负债。$$

2. 销售百分比法

由于销售额是影响资金需要量的最重要因素,因此,可通过分析资金占用的各个项目与销售收入总额之间的依存关系,按预期销售收入的增长情况来预测资金需要量,这种预测资金需要量的方法称为销售百分比法。

运用销售百分比法预测资金需要量的步骤如下所示。

(1)将资产负债表上的全部项目划分为敏感性项目和非敏感性项目。敏感性项目是指其金额随销售收入自动成正比例增减变动的项目,非敏感性项目是指其金额

[一] 韩良智. Excel 在财务管理与分析中的应用 [M]. 北京:中国水利水电出版社,2008.

不随销售收入自动成正比例增减变动的项目。敏感性资产项目一般包括现金、应收账款、存货，如果企业的生产能力没有剩余，继续增加销售收入就需要增加新的固定资产投资，在这种情况下，固定资产也成为敏感性资产。敏感性负债项目一般包括应付账款、应交税金等。由于长短期借款都是可以人为安排的，不随销售收入自动成比例变动，所以是非敏感性项目。

（2）对于各个敏感性项目来说，计算其基期的金额占基期销售收入的百分比，并分别计算出敏感性资产项目占基期销售收入百分比的合计数和敏感性负债项目占基期销售收入百分比的合计数。

（3）根据计划期的销售收入和销售净利润率，结合计划期支付股利的比率，确定计划期内部留存收益的增加额。

（4）根据销售收入的增长额确定企业计划期需要从外部筹措的资金需求量，计算公式为

$$M = \sum_{i=1}^{n} \Delta \left(\frac{A}{S} \right)_i \cdot (S_1 - S_0) - \sum_{j=1}^{m} \Delta \left(\frac{L}{S} \right)_j \cdot (S_1 - S_0) - S_1 \cdot R \cdot (1 - D) + M_1$$

式中　　M——外部融资需求量；

　　　　D——股利支付率；

　　　　S_0——基期销售额；

$\Delta(A/S)$——敏感资产占基期销售额百分比；

　　　　S_1——计划销售额；

$\Delta(L/S)$——敏感负债占基期销售额百分比；

　　　　R——销售净利率；

　　　　M_1——计划期零星资金需求。

销售百分比法是资金需要量预测方法中比较简单的一种方法，适合于预测较短期的资金需求量，但无法对长期资金需求量进行准确预测。

8.1.3　数据与内容

某公司 2007 年度的销售收入为 4 000 000 元，销售净利率 8%，股利支付率 20%。当年厂房设备的利用率已达饱和状态。该公司 2007 年年末的简略资产负债表如图 8-1 所示。

	A	B	C	D	E	F	G
1							
2	2007年末资产负债表		单位：元		其他已知数据		单位：元
3	项目	金额	项目	金额	项目	2007年	2008年预计值
4	货币资金	40,000	应付账款	200,000	销售收入	4,000,000	4,800,000
5	应收账款	340,000	应交税金	100,000	销售净利率	8%	8%
6	存货	400,000	长期负债	460,000	股利支付率	20%	20%
7	固定资产	600,000	普通股本	800,000	零星资金需求		15,000
8	无形资产	220,000	留存收益	40,000			
9	资产总额	1,600,000	负债及所有者权益总额	1,600,000			

图 8-1　2007 年年末的简略资产负债表

该公司预计 2008 年度的销售收入将增至 4 800 000 元，销售净利率和股利支付率都和上年保持相同。2008 年的零星资金需求量为 15 000 元。预测该公司 2008 年的外部资金需要量。

8.1.4 操作步骤与结果

下面说明在 Excel 上运用销售百分比法预测资金需求量的具体方法，计算步骤如下所示。

（1）首先对有关项目是否敏感进行判断，填入单元格 B12:B16 和单元格 E12:E16 中。

（2）在单元格 C12 中输入公式"=IF(B12＝"是"，B4/$F$4，"无意义")"，然后将其往下一直复制到单元格 C16，并在单元格 C17 中输入公式"=SUM(C12:C16)"。

（3）在单元格 F12 中输入公式"=IF(E12＝"是"，D4/$F$4，"无意义")"，然后将其往下一直复制到单元格 F16，并在单元格 F17 中输入公式"=SUM(F12:F16)"。

（4）在单元格 C18 中输入公式"=C17*(G4－F4)－F17*(G4－F4)－G4*G5*(1－G6)＋G7"，即得该公司 2008 年的外部资金需求量为－76 200 元，如图 8-2 所示。

	A	B	C	D	E	F
10			2008年外部资金需求量计算			
11	资产	是否敏感项目	占基期销售收入百分比	负债及所有者权益	是否敏感项目	占基期销售收入百分比
12	货币资金	是	1.00%	应付账款	是	5.00%
13	应收账款	是	8.50%	应交税金	是	2.50%
14	存货	是	10.00%	长期负债	否	无意义
15	固定资产	是	15.00%	普通股本	否	无意义
16	无形资产	否	无意义	留存收益	否	无意义
17	合计		34.50%	合计		7.50%
18	2008年外部资金需求量（元）		－76,200			

图 8-2　2008 年外部资金需求量

8.2　现金需求的资金特性分析法预测

8.2.1　目的

通过本次实验，掌握企业现金需求的资金特性分析法预测原理。

8.2.2　基本原理

资金特性分析法是指根据资金的变动同产销量之间的相互作用关系，预测未来资金需求量的一种方法。利用这种方法，首先要求把企业的全部资金划分为随产销量成正比例变动的变动资金和不受产销量变动的影响而保持固定不变的固定资金两部分，在此基础之上再进行资金需求量的预测。资金特性分析法具体又分为高低点法和回归分析法[一]。

（1）高低点法。高低点法的基本原理是，在产销量与资金变动的历史数据中，找出产销量最高和最低的两点及其所对应的资金占用，根据这两对历史数据求出直线方程，作为预测资金需求量的模型。其中

直线方程的斜率 =（高点的资金占用量 - 低点的资金占用量）÷
（高点的产销量 - 低点的产销量）

直线方程的截距 = 高点（或低点）的资金占用量 -
斜率 × 高点（或低点）的产销量

（2）回归分析法。回归分析法是指依据全部的历史数据，通过回归分析的方法估计出直线方程作为预测资金需求量的模型来预测资金需求量。

对于回归方程来说

$$y = \alpha + \beta x$$

其参数估计值的计算式为

$$\beta = \frac{\sum_{i=1}^{n}[(x_i - \bar{x})(y_i - \bar{y})]}{\sum_{i=1}^{n}(x_i - \bar{x})^2}$$

$$\alpha = \bar{y} - \beta \bar{x}$$

利用资金特性分析法预测资金需要量，应在事先对历史数据进行相关性检验，且在相关性较高的情况下采用，否则预测值会出现较大的偏差。

8.2.3 数据与内容

某企业产销量和资金占用的有关资料如图 8-3 所示。

2008 年预计销售量为 800 万件，试分别采用高低点法和回归分析法预测 2008 年的资金需求量。

	A	B	C
1			
2	年度	产销量（x万件）	资金占用（y万元）
3	2002	600	450
4	2003	550	425
5	2004	500	410
6	2005	600	500
7	2006	650	475
8	2007	700	550

图 8-3 某企业产销量和资金占用的有关资料

8.2.4 操作步骤与结果

下面说明在 Excel 上运用资金特性分析法预测资金需求量的具体方法。

1. 运用高低点法预测资金需求量

运用高低点法预测资金需求量的步骤如下所示。

（1）在单元格 B21 中输入公式 "=CORREL(C3:C8，B3:B8)"，计算相关系数。

[一] 韩良智. Excel 在财务管理与分析中的应用 [M]. 北京：中国水利水电出版社，2008.1.

由于相关系数等于1，说明自变量和因变量之间具有完全正相关的关系，所以可以用线性方程描述两者之间的关系，即资金需要量（y）= a + b 销售量（x），这里 a、b 为待估计参数。

（2）在单元格 B11 中输入公式"= MAX(B3:B8)"，在单元格 B12 中输入公式"= MIN(B3:B8)"，在单元格 C11 中输入公式"= INDEX(C3:C8，MATCH(B11，B3:B8))"，在单元格 C12 中输入公式"= INDEX（C3：C8，MATCH（B12，B3:B8))"，分别找出产销量的高点和低点及其对应的资金占用。

（3）在单元格 B13 中输入预测方程变量项 b 的计算公式"=（C11 – C12）/（B11 – B12）"。

（4）在单元格 B14 中输入预测方程常数项 a 的计算公式"= C11 – B11 * B13"。

（5）在单元格 C15 中计算 2008 年资金需求量的计算公式"= B14 + B13 * B15"，资金需求量的资金特性分析法预测结果如图 8-4 所示。

则在 2008 年预计产销量为 800 万件的情况下，资金需要量预计为 620 万元。

2. 运用回归分析法预测资金需求量

由于在单元格 B21 中计算得到的相关系数等于 0.903 7，说明自变量和因变量之间具有完全正相关的关系，所以可以直接利用 SLOPE 函数和 INTERCEPT 函数计算一元线性方程的系数。

	A	B	C
9			
10	项目	产销量（x万件）	资金占用（y万元）
11	产销量高点	700	550
12	产销量低点	500	410
13	预测方程变量的系数 b	0.7	
14	预测方程常数项 a	60	
15	2008年预测值	800	620
16	运用回归分析法预测资金需要量		
17	预测方程变量的系数 b	0.66	
18	预测方程常数项 a	72	
19	2008年预测值	800	600
20			
21	相关系数	0.9037	

图 8-4 资金需求量的资金特性分析法预测结果

如图 8-4 所示，计算步骤如下所示。

（1）在单元格 B17 中输入预测方程变量项 b 的计算公式"= SLOPE(C3:C8，B3:B8)"，在单元格 B18 中输入预测方程常数项 a 的计算公式"= INTERCEPT（C3:C8，B3:B8)"。

（2）在单元格 C19 中输入 2008 年资金需要量的计算公式"= B18 + B17 * B19"，全部结果如图 8-4 所示。

则在 2003 年预计产销量为 800 万件的情况下，资金需求量预计为 600 万元。

本例中使用了 CORREL 函数。CORREL 函数的功能是返回单元格区域 array1 和 array2 之间的相关系数。使用相关系数可以确定两种属性之间的关系。公式为

$$= CORRL(array1, array2)$$

式中　array1——第一组数值单元格区域；

　　　array2——第二组数值单元格区域。

有关该函数的极端几点说明如下所示。

1）如果数组或引用参数包含文本、逻辑值或空白单元格，则这些值将被忽略，

但包含零值的单元格将被计算在内。

2）如果 array1 和 array2 的数据点的个数不同，函数 CORREL 返回错误值"#N/A"。如果 array1 或 array2 为空，或者其数值的 s（标准偏差）等于零，函数 COR-REL 返回错误值"#DIV/0"！。

3）相关系数的计算公式为

$$\rho_{x,y} = \frac{\text{Cov}(X,Y)}{\sigma_X \cdot \sigma_Y}$$

式中　x, y——分别是样本平均值 AVERAGE（array1）和 AVERAGE（array2）。

8.3 现金预算

8.3.1 目的

通过本次实验，掌握企业日常业务预算、财务预算的基本原理。

8.3.2 基本原理[⊖]

1. 全面预算的内容体系

全面预算是所有以货币及其他数量形式反映的有关企业未来一段时期内全部经营活动各项目标的行动计划与相应措施的数量说明，具体包括日常业务预算、特种决策预算和财务预算。

日常业务预算是指按经营年度编制的、与企业日常经营活动直接相关的有关经营业务预算的总称，包括销售预算、生产预算、直接材料消耗及采购预算、直接人工成本预算、制造费用预算、产品成本预算、销售及管理费用预算。

特种决策预算是指企业不经常发生的、一次性业务的预算。它所涉及的往往不是经常性的预测和决策事项，而是一般需要投入大量资金并在较长时期内对企业有持续影响的投资决策，故又称为资本支出预算。

财务预算是一系列专门反映企业未来一定预算期内预计财务状况和经营成果以及现金收支等价值指标的各种预算的总称，具体包括现金预算、预计利润表、预计资产负债表等。财务预算是企业全面预算的一个重要组成部分，它作为全面预算体系中的最后环节，可以从价值方面总括地反映经营期内特种决策预算与业务预算的结果，也可称其为总预算。财务预算在全面预算体系中占有举足轻重的地位。财务预算应该在编制日常业务预算和特种决策预算的基础之上汇总编制而成。现金预算的计算框架如图 8-5 所示。

2. 日常业务预算

日常业务预算是编制财务预算的基础。在以销定产的市场经济环境下，企业的

⊖ 韩良智. Excel 在财务管理与分析中的应用 [M]. 北京：中国水利水电出版社，2008.

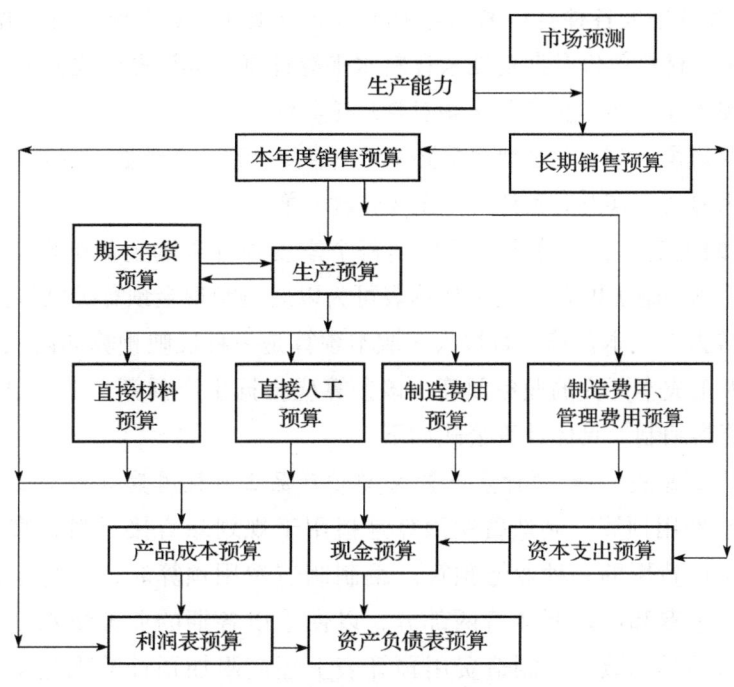

图 8-5 现金预算的计算框架

日常业务预算应以销售预算为起点来编制，即根据市场的需求情况编制销售预算，然后根据销售预算编制生产预算，最后再根据生产预算编制各种料、工、费预算。

（1）销售预算。销售预算是用于规划预算期销售活动的一种业务预算。销售预算是编制全面预算的出发点，也是编制日常业务预算的基础。销售预算表上应包括两部分内容。

1）各个季度及全年的预计销售收入，可根据预计的销售量乘以预计销售单价计算；即

$$预计销售收入 = 预计的销售量 \times 预计销售单价$$

2）附加的预计现金收支计算表，可根据各个季度全部销售额中赊销和现销的比例以及交纳销售税金的情况确定。

附加的预计现金收支计算表可为以后的编制现金预算提供依据。

（2）生产预算。生产预算是为规划预算期生产规模而编制的一种业务预算。生产预算应以销售预算为依据，结合期初期末存货水平进行编制。具体计算公式为

$$预计生产量 = 计划期销售量 + 预计期末存货量 - 期初存货量$$

生产预算既是企业安排生产进程表的基础，也可以为下一步编制成本和费用预算提供依据。

（3）直接材料消耗及采购预算。直接材料消耗及采购预算是为规划预算期直接材料消耗情况及采购活动而编制的。直接材料消耗及采购预算表应包括两部分内容。

1）全年和各季度各种材料消耗与采购总量与预计采购金额，可根据生产预算、材料消耗定额、材料单价及期初期末存料水平等计算，其计算公式如下

某材料当期需要量 ＝ 当期生产量 × 该材料消耗定额

某材料预计采购量 ＝ 该材料当期需要量 ＋ 计划期期末预计存料量 － 计划期期初存料量

某材料预计采购额 ＝ 某材料预计采购量 × 该材料单价

2）附加的现金支出计算表，可根据每个季度预计采购金额中现金支付和赊购的比例分析计算。附加的现金支出计算表可为以后编制现金预算提供依据。

（4）直接人工成本预算。直接人工成本预算是一种反映预算期内人工工时消耗水平并规划人工成本开支的业务预算。该预算应根据生产预算、工时单耗及小时工资率等有关资料编制。具体计算公式如下

直接人工总成本 ＝ 预计生产量 × 单位产品工时耗用量 × 小时工资率

（5）制造费用预算。制造费用预算是指用于规划除直接材料、直接人工以外的其他一切生产费用的一种业务预算。编制制造费用预算时，应将全部制造费用分解成劳动制造费和固定制造费两部分，以便于以各期的业务量水平为基础，规划各费用项目的具体数字。制造费用预算表上还应附加预计的现金支出项目，即从各期的制造费用中剔除折旧费等不属于现金支出的项目，以便为编制现金预算提供依据。

（6）产品成本预算。产品成本预算是反映预算期内各种产品成本水平的一种业务预算，其主要内容是计算产品的单位变动成本和总生产成本。产品成本预算应以前述的各种业务预算为依据编制，还应附加期末存货成本和本期销货成本等有关信息，以便为编制财务预算提供依据。

（7）销售及管理费用预算。销售及管理费用预算是反映预算期内为推销商品和维持一般行政管理工作而发生的各项费用支出计划的一般预算。根据不同的情况，不同的费用项目可分别按业务量水平、费用列支标准等并结合管理控制目标分析确定。该预算表上还应附加现金支出项目，以便为编制财务预算提供依据。

3. 财务预算

财务预算包括现金预算和预计财务报表，预计财务报表是指专门反映企业未来一定预算期内的预计财务状况和经营成果的报表的总称，主要包括预计利润表、预计资产负债表和预计现金流量表等。预计财务报表是在日常业务预算、特种决策预算和现金预算的基础上汇总编制而成的，实践中多数情况下只编制预计利润表和预计资产负债表，通常是先编制预计利润表，然后编制预计资产负债表。

（1）现金预算。现金预算是以日常业务预算和特种决策预算为基础所编制的反映现金收支情况的预算。这里的现金是广义的现金，不仅包括库存现金，还包括银行存款和其他货币资金。

现金预算表中应包含以下内容：现金收入、现金支出、现金收支差额、现金筹

措和使用情况以及期初期末现金余额。现金收入应根据期初现金余额和销售预算中的现金收入项目确定;现金支出应根据预算期的料、工、费等各种预算的有关项目确定;现金收支差额等于各期现金收入和支出相比较后的差额;期末现金余额应在合理的上下限内波动,期末目标现金余额可以按照成本分析模型或鲍曼模型等方法确定。

当现金收支差额低于期末目标现金余额时,代表当期现金不足,企业应进行筹资;反之,当现金收支差额高于期末目标现金余额时,代表当期现金多余,企业应组织还款或进行投资。现金预算一般应按季度反映现金收支的情况,每个季度的期末现金余额就是下个季度的期初现金余额。

(2)预计利润表。预计利润表是以货币为单位、全面综合地反映预算期内经营成果的利润计划。预计利润表应根据各种业务预算和现金预算的有关项目编制。

(3)预计资产负债表。预计资产负债表是以货币单位反映预算期末财务状况的总括性预算。预计资产负债表应根据前述的各项业务预算、现金预算和预计利润表并结合期初资产负债表的有关数据加以调整计算,从而可以得到各个项目的期末预计数。

8.3.3 数据与内容

A 企业生产甲种产品,2010 年的预计价格为 60 元。假定该企业 2010 年末的简略式资产负债表如表 8-1 所示。

表 8-1　A 企业 2010 年年末的简略式资产负债表　（单位:元）

资产	期末数	负债及所有者权益	期末数
库存现金	20 000	应付账款	10 000
应收账款	40 000		
存货——原材料	4 000	实收资本	120 000
产成品	9 000	未分配利润	25 000
固定资产原值	100 000		
减:累计折旧	18 000		
固定资产净值	82 000		
总计	155 000	总计	155 000

2010 年的有关预测资料如下所示。

(1)各季度甲产品预计销售量分别为 4 000 件、6 000 件、8 000 件和 6 000 件;甲产品的现销比例为 60%,其余 40% 在下季度收回;以现金形式支付销售环节税金及附加费为销售收入的 5%。

(2)甲产品 2010 年年初存货量为 400 件,单位变动成本 45 元。每季度存货量分别为下季度预计销售量的 10%,2010 年年末存货量预计为 300 件。存货按加权平均法计价。

(3)直接材料和直接人工的消耗定额及单价如表 8-2 所示。

表 8-2　直接材料和直接人工的消耗定额及单价

项目	直接材料（A 材料）	直接人工
单位甲产品消耗定额	2kg/件	5 小时/件
材料单价	5 元/kg	
小时工资率		5 元/小时

（4）预计材料存货量的付款方式如下：2010 年年末 A1 材料存货量 800kg，预计 2010 年各季度库存量均为下季度生产耗用量的 20%，年末 A1 材料存货量预计为 1 000kg。每季度购买材料只需支付 50% 现金，余款下季度付清。

（5）当期工资全部当期支付。

（6）制造费用分成两个部分：2010 年全年变动性制造费用分配率为单位工时 2 元；每季度固定性制造费用为 20 000 元，其中固定资产折旧为 6 000 元，其余均为各季度均衡发生的付现成本。

（7）销售及管理费用全年合计为 40 000 元，其中，销售人员工资 4 000 元，广告费 10 000 元，包装运输费 6 000 元，保管费 5 000 元，管理人员薪金 7 000 元，福利费 2 000 元，保险费 1 500 元，办公费 4 500 元，均匀支出。

（8）其他现金支出预计如下：2001 年度每季度预交所得税 5 000 元，预分股利 2 000元，第四季度购置设备一台，价值 50 000 元。

（9）该企业最低现金余额要求保持在 20 000 元左右。各季度现金余缺可通过归还短期借款、购买债券或出售债券、取得短期借款解决。

（10）第一季度向银行借款 10 000 元，第二季度向银行借款 10 500 元，第四季度向银行借款 14 100 元，借款年利率 12%。

（11）公司适用的所得税税率为 30%，假设不需要进行纳税调整。

8.3.4　操作步骤与结果

首先创建一个新的 Excel 工作簿，将其命名为"财务预算.xls"，然后在此工作簿上建立财务预算的各项分表。

1. 销售预算

根据有关实验数据资料，可编制 A 企业的销售预算，如图 8-6 所示。

	A	B	C	D	E	F
1						
2	摘要	一季度	二季度	三季度	四季度	全年
3	预计销售量（件）	4000	6000	8000	6000	24000
4	预计销售单价（元/件）	60	60	60	60	60
5	预计销售收入合计（元）	240000	360000	480000	360000	1440000
6	预计现金收支计算表			单位：元		
7	销售环节税金及附加等现金支出	12000	18000	24000	18000	72000
8	期初应收账款	40000				40000
9	一季度销售收入	144000	96000			240000
10	二季度销售收入		216000	144000		360000
11	三季度销售收入			288000	192000	480000
12	四季度销售收入				216000	216000
13	现金收入小计	184000	312000	432000	408000	1336000

图 8-6　销售预算

在工作簿"财务预算.xls"中建立一个名为"销售预算"的工作表，表中各单元格的公式如下所示。

预计销售收入：单元格 B5:F5 "=B3:F3*B4:F4"（注：数组公式输入）。

各季度预计销售环节税金及附加等现金支出：单元格 B7:E7 "=B5:E5*5%"（注：数组公式输入）。

第一季度预期现金收入：上期期末应收账款，单元格 B8 "=40000"；本期现销收入，单元格 B9 "=B5*60%"。

第二季度预期现金收入：上期期末应收账款，单元格 C9 "=B5-B9"；本期现销收入，单元格 C10 "=C5*60%"。

第三季度预期现金收入：上期期末应收账款，单元格 D10 "=C5-C10"；本期现销收入，单元格 D11 "=D5*60%"。

第四季度预期现金收入：上期期末应收账款，单元格 E11 "=D5-D11"；本期现销收入，单元格 E12 "=E5*60%"。

全年合计值的计算：首先在单元格 F7 中输入公式 "=SUM(B7:E7)"，然后选中单元格 F7，利用"复制""粘贴"命令分别复制到单元格 F8:F12。

现金收入小计：在单元格 B13 中输入公式 "=SUM(B8:B12)"，然后向右一直复制到单元格 F13，计算出各季度及全年的现金收入小计。

2. 生产预算

在工作簿"财务预算.xls"中建立一个名为"生产预算"的工作表，如图 8-7 所示，其中单元格 B3:F3 的数据采用工作簿内工作表之间数据的动态链接，即在单元格 B3:F3 中输入公式 "=销售预算!B3:F3"（注：数组公式输入）。其他单元格公式如下所示：

单元格 B4:D4 "=C3:E3*10%"；

单元格 E4 "=300"；

单元格 F4 "=E4"；

单元格 C5:E5 "=B4:D4"；

单元格 B5 "=200"；

单元格 F5 "=B5"；

	A	B	C	D	E	F
1						
2	摘要	一季度	二季度	三季度	四季度	全年
3	预计销售量(件)(见表1)	4000	6000	8000	6000	24000
4	加：预计期末存货量(件)	600	800	600	300	300
5	减：预计期初存货量(件)	400	600	800	600	400
6	预计生产量(件)	4200	6200	7800	5700	23900

图 8-7 生产预算

单元格 B6:F6 "=B3:F3+B4:F4-B5:F5"。

3. 直接材料消耗及采购预算

在工作簿"财务预算.xls"中建立一个名为"直接材料消耗及采购预算"的工作表，如图 8-8 所示。

有关计算公式如下所示：

单元格 B3:F3 "=生产预算!B6:F6"（注：数组公式输入）；

单元格 B4:F4 "=2";

单元格 B5:F5 "=B3:F3*B4:F4"（注：数组公式输入）；

单元格 B6:D6 "=C5:E5*20%"（注：数组公式输入）；

单元格 E6 "=1000";

单元格 F6 "=E6";

单元格 B7 "=800";

单元格 C7:E7 "=B6:D6"（注：数组公式输入）；

单元格 F7 "=B7"。

预计采购量：单元格 B8:F8 "=B5:F5+B6:F6-B7:F7"（注：数组公式输入）；单元格 B9:F9 "=5"。

预计采购成本：单元格 B10:F10 "=B8:F8*B9:F9"（注：数组公式输入）。

第一季度预计现金支出：期初应付账款，单元格 B12 "=10000"；本期采购额，单元格 B13 "=B10*50%"。

第二季度预计现金支出：期初应付账款，单元格 C13 "=B10*50%"；本期采购额，单元格 C14 "=C10*50%"。

第三季度预计现金支出：期初应付账款，单元格 D14 "=C10*50%"；本期采购额，单元格 D15 "=D10*50%"。

第四季度预计现金支出：期初应付账款，单元格 E15 "=D10*50%"；本期采购额，单元格 E16 "=E10*50%"。

全年期初应付账款：单元格 F12 "=B12"。

期末应付账款：单元格 F16 "=E10*50%"。

在单元格 F13 中输入全年合计值公式 "=SUM(B13:E13)"，然后选中此单元格，利用"复制""粘贴"命令分别复制到单元格 F14~F16。

现金支出合计：在单元格 B17 中输入公式 "=SUM(B12:B16)"，然后向右一直复制到单元格 F17。

图 8-8 直接材料消耗及采购预算

4. 直接人工成本预算

在工作簿"财务预算.xls"中建立一个名为"直接人工成本预算"的工作表，如图 8-9 所示。

各单元格计算公式如下所示：

在单元格 B3:F3 中输入公式 "=生产预算!B6:F6"（注：数组公式输入）；

在单元格 B4:F4 中输入数值"5"；

在单元格 B5:F5 中输入直接人工总工时计算公式 "=B3:F3*B4:F4"（注：数

组公式输入);

在单元格 B6:F6 中输入数值"5";

在单元格 B7:F7 中输入人工总成本计算公式"= B5:F5 * B6:F6"(注:数组公式输入)。

5. 制造费用预算

在工作簿"财务预算.xls"中建立一个名为"制造费用预算"的工作表,如图 8-10 所示。

图 8-9 直接人工成本预算

图 8-10 制造费用预算

各单元格计算公式如下所示:

在单元格 B3:F3 中输入公式"= 直接人工成本预算!B5:F5"(注:数组公式输入);

在单元格 B4:F4 中输入"2";

在单元格 B5:E5 中输入变动制造费用"= B3:E3 * B4:E4"(注:数组公式输入);

在单元格 B6:E6 中输入"20000";

在单元格 B7:E7 中输入制造费用合计"= B5:E5 + B6:E6"(注:数组公式输入);

在单元格 B8:E8 中输入"6000";

在单元格 B9:E9 中输入以现金支付的费用"= B7:E7 − B8:E8"(注:数组公式输入)。

在单元格 F5 中输入全年合计值公式"= SUM(B5:E5)",然后选中此单元格,利用"复制""粘贴"命令分别向下复制到单元格 F6 ~ F9。

6. 产品成本预算

在工作簿"财务预算.xls"中建立一个名为"产品成本预算"的工作表,如图 8-11 所示。

图 8-11 产品成本预算

各单元格的计算公式如下所示：

单元格 B4 “ = 直接材料消耗及采购预算！ F4”；

单元格 C4 “ = 直接材料消耗及采购预算！ F9”；

单元格 B5 “ = 直接人工成本预算！ F4”；

单元格 C5 “ = 直接人工成本预算！ F6”；

单元格 B6 “ = 直接人工成本预算！ F4”；

单元格 C6 “ = 制造费用预算！ F14”；

单元格 D4:D6 “ = B4:B6 * C4:C6”（注：数组公式输入）；

单元格 E4:E6 “ = 生产预算！ F6 * 产品成本预算！ D4:D6”（注：数组公式输入）；

单元格 F4:F6 “ = 生产预算！ F4 * 产品成本预算！ D4:D6”（注：数组公式输入）；

单元格 G4:G6 “ = 销售预算！ F3 * 产品成本预算！ D4:D6”（注：数组公式输入）。

在单元格 D7 中输入合计值公式 “ = SUM(D4:D6)”，然后选中此单元格，利用“复制”“粘贴” 命令分别复制到单元格 E7 ~ G7。

7. 销售及管理费用预算

在工作簿“财务预算 . xls” 中建立一个名为“销售及管理费用预算” 的工作表，如图 8-12 所示。

单位：元

费用预算表	
项目	费用
销售费用	
销售人员工资	4000
广告费	10000
包装运输费	6000
保管费	5000
销售费用合计	25000
管理费用	
管理人员薪金	7000
福利费	2000
保险费	1500
办公费	4500
管理费用合计	15000
销售及管理费用合计	40000

现金支出分配表					
季度	第一季度	第二季度	第三季度	第四季度	全年合计
现金支出数	10000	10000	10000	10000	40000

图 8-12　销售及管理费用预算

其中单元格 B5 ~ B8、B11 ~ B14 中根据已知条件填入相应的数值；单元格 B9 的公式为“ = SUM(B5:B8)”，单元格 B15 的公式为“ = SUM(B11:B14)”，单元格 B16 的公式为“ = B9 + B15”，单元格 E5:H5 的公式为“ = B16/4”（注：数组公式输入)，单元格 15 的公式为“ = SUM(E5:H5)”。

8. 现金预算

在工作簿“财务预算 . xls” 中建立一个名为“现金预算” 的工作表，如图 8-13 所示。

各个项目的有关公式如下所示：

单元格 B3 “ =20000”；

	A	B	C	D	E	F
1					单位：元	
2	摘要	第一季度	第二季度	第三季度	第四季度	全年
3	期初现金余额	20000	-11200	-12500	10400	20000
4	经营现金收入	184000	312000	432000	408000	1336000
5	可供使用资金	204000	300800	419500	418400	1356000
6	经营现金支出	225200	323800	397500	310700	1257200
7	直接材料采购	35200	57800	69500	62200	224700
8	直接人工	105000	155000	195000	142500	597500
9	制造费用	56000	76000	92000	71000	295000
10	销售及管理费用	10000	10000	10000	10000	40000
11	流通环节税金	12000	18000	24000	18000	72000
12	所得税	5000	5000	5000	5000	20000
13	预分股利	2000	2000	2000	2000	8000
14	投资现金支出				50000	50000
15	购置设备				50000	50000
16	现金结余或不足	-21200	-23000	22000	57700	48800
17	向银行借款	10000	10500		14100	
18	还本			-10685		-10685
19	付息				-915	-915
20	期末现金余额预计	-11200	-12500	10400	71800	71800
21	最低现金余额	20000	20000	20000	20000	20000
22	融资需求（现金流入）	-31200	-32500	-9600	51800	51800

图 8-13 现金预算

单元格 C3:E3 " = B20:D20"（注：数组公式输入）；

单元格 F3 " = B3"；

单元格 B4:F4 " = 销售预算！B13:F13"（注：数组公式输入）；

单元格 B5:F5 " = B3:F3 + B4:F4"（注：数组公式输入）；

单元格 B6:F6 " = B7:F7 + B8:F8 + B9:F9 + B10:F10 + B11:F11 + B12:F12 + B13:F13"（注：数组公式输入）；

单元格 B7:F7 " = 直接材料消耗及采购预算！B17:F17"（注：数组公式输入）；

单元格 B8:F8 " = 直接人工成本预算！B7:F7"（注：数组公式输入）；

单元格 B9:F9 " = 制造费用预算！B9:F9"（注：数组公式输入）；

单元格 B10:F10 " = 销售及管理费用预算！E5:I5"（注：数组公式输入）；

单元格 B11:F11 " = 销售预算！B7:F7"（注：数组公式输入）；

单元格 B16:F16 " = B5:F5 - B6:F6 - B14:F14"（注：数组公式输入）；

单元格 D19 " = -（B17*12%/2 + C17*12%/4）"；

单元格 B20:E20 " = B16:E16 + B17:E17 + B18:E18 + B19:E19"（注：数组公式输入）；

单元格 F20 " = E20"；

单元格区域 B12:E15 及 B17:E18 中根据已知条件填入数值。

单元格 F12 " = SUM（B12:E12）"，将单元格 F12 的公式分别复制单元格 F13、单元格 F14、单元格 F15 和单元格 F18、单元格 F19 中。

单元格 B22 " = B20 - B21"，往右复制至单元格 F22，即可得到融资需求，负值表示资金缺口大小，需要借入资金；正值表示富余资金金额，可以用于投资理财。

9. 预计利润表

在工作簿"财务预算.xls"中建立一个名为"预计利润表"的工作表，如图 8-14

所示。

其中公式如下所示：

单元格 B3 “=销售预算！F5”；

单元格 B4 “=销售预算！F7”；

单元格 B5 “=产品成本预算！G7”；

单元格 B6 “=制造费用预算！F6”；

单元格 B7 “=销售及管理费用预算！I5”；

单元格 B8 “=-现金预算！F19”；

单元格 B9 “=B3-B4-B5-B6-B7-B8”；

单元格 B10 “=B9*30%”；

单元格 B11 “=B9-B10”。

10. 预计资产负债表

在工作簿“财务预算.xls”中建立一个名为“预计资产负债表”的工作表，如图 8-15 所示。

	A	B
1		单位：元
2	预计利润表	
3	销售收入	1440000
4	减：销售税金及附加	72000
5	变动销售成本	1080000
6	固定制造费用	80000
7	销售及管理费用	40000
8	财务费用	915
9	利润总额	167085
10	减：所得税	50126
11	净利润	116960

图 8-14 预计利润表

	A	B	C	D	E	F
1						单位：元
2	资产	年初数	年末数	负债及所有者权益	年初数	年末数
3	现金	20000	71800	短期借款		23915
4	应收账款	40000	144000	应付账款	10000	25300
5	存货：原材料	4000	5000	未交税金		30126
6	产成品	9000	13500	应付股利		
7	流动资产合计	73000	234300	负债合计	10000	79341
8	固定资产原值	100000	150000	实收资本	120000	120000
9	减：累计折旧	18000	42000	未分配利润	25000	133960
10	固定资产净值	82000	108000	所有者权益合计	145000	253960
11	资产总计	155000	342300	负债及所有者权益合计	155000	333300

图 8-15 预计资产负债表

表中各个项目的年初数均为已知，按上年年末的实际数填写，年末数各项的有关公式说明如下所示。

（1）现金：根据“现金预算”表得到，单元格 C3 “=现金预算！F20”。

（2）应收账款：根据“销售预算”表得到，单元格 C4 “=销售预算！E5*(1-60%)”。

（3）原材料：根据“直接材料消耗及采购预算”表得到，单元格 C5 “=直接材料消耗及采购预算！F6*直接材料消耗及采购预算！F9”。

（4）产成品：根据“生产预算”表和“产品成本预算”表得到，单元格 C6 “=生产预算！F4*产品成本预算！D7”。

（5）流动资产合计：单元格 C7 “=SUM(C3:C6)”。

（6）固定资产原值：根据“现金预算”得到，单元格 C8 “=B8+现金预算！F15”。

（7）累计折旧：根据“预计资产负债表”和“制造费用预算”得到，单元格 C9 “=预计资产负债表！B9+制造费用预算！F8”。

（8）固定资产净值：单元格 C10 "= C8 – C9"。

（9）短期借款：根据"现金预算"表得到，单元格 F3 "= 现金预算！B17 + 现金预算！C17 + 现金预算！E17 + 现金预算！D18"。

（10）应付账款：根据"直接材料消耗及采购预算"表得到，单元格 F4 "= 直接材料消耗及采购预算！E10 * (1 – 50%)"。

（11）未交税金：根据"预计利润表"和"现金预算"表得到，单元格 F5 "= 预计利润表！B10 – 现金预算！F12"。

（12）负债合计：单元格 F7 "= SUM (F3:F6)"。

（13）实收资本：单元格 F8 "= E8"。

（14）未分配利润：根据"预计利润表"和"现金预算"得到，单元格 F9 "= E9 + 预计利润表！B11 – 现金预算！F13"。

（15）所有者权益合计：单元格 F10 "= F8 + F9"。

（16）资产总计：单元格 C11 "= C7 + C10"。

（17）负债及所有者权益合计：单元格 F11 "= F7 + F10"。

8.4 企业资金链断裂的流动性短缺风险度量与综合评价

8.4.1 目的

通过企业的财务报表数据来定量识别和观察单个企业的资金链断裂风险。讨论从财务指标角度识别企业资金链断裂风险的度量方法，希望用财务指标数据的计算来揭示、预警企业资金链断裂风险。

8.4.2 基本原理

企业的资金需求大于资金供应就会形成资金缺口，资金缺口无法弥补就会出现资金链断裂（张金昌，2012）。根据这个定义，资金链断裂风险的识别和度量问题就可以转化为对一个企业资金缺口大小的识别和测量问题。企业资金缺口的大小是由企业资金需求和资金供应的差额决定的。企业的资金需求可分为长期资金需求（形成长期性资产所需要的资金）、经营性资金需求（形成经营活动资金占用所需的资金）和现金支付资金需求三个部分，企业的资金供给也可分为长期性资金供给（包括所有者权益性资金和长期负债资金）、经营性资金供给（包括经营活动企业可以占有他人的资金）和现金供应（主要是短期借款、应付票据融资等资金来源）三个部分。这三种类型的资金需求和资金供应相互平衡之后，如果有缺口，就会形成三种类型的资金缺口，即长期资金缺口、经营性资金缺口和现金支付资金缺口。防止企业出现资金链断裂的有效办法就是弥补或缩小这些资金缺口，使资金缺口消失[⊖]。

⊖ 张金昌，范瑞真，胡天雨. 企业资金链断裂风险度量方法研究[J]. 经济管理，2015.

如果企业的资金缺口不能及时弥补，随着时间的推移，资金缺口就会逐渐扩大，并且长期资金缺口会转变为经营性资金缺口，经营性资金缺口会转变为日常现金支付资金缺口，最终导致企业资金链断裂。从某个时点的角度来看，企业的资金链断裂均可以归因于出现了这三种类型的某一种或多种资金缺口。但当企业的资金链断裂风险暴露之后，随着市场连锁反应和负面声誉的扩散，企业的资金缺口就会迅速扩大，其扩张速度会远远快于企业正常经营环境下产生的资金缺口。为了描述这一动态演进过程，本文引入动态资金缺口的概念。

1. 动态资金缺口的界定

动态资金缺口是在企业资金链断裂风险暴露之后，随着资金链断裂传闻不断扩散，而使企业需要立即偿还的债务数额不断扩大的情况下所形成的资金缺口。这意味着企业的动态资金缺口是企业静态资金缺口的进一步发展，是企业资金链断裂风险暴露（静态资金缺口被证明在短期内难以弥补）之后，企业难以通过负债融资来弥补资金缺口情况下所形成的资金缺口，这种资金缺口随着资金链断裂形势的恶化而不断扩大。

与动态资金缺口不同的是，静态资金缺口是正常经营状况下的资金缺口，是维持企业正常经营所形成的资金缺口，可以通过借债的方式解决。而动态资金缺口则是企业债务在需要偿还的情况下形成的资金缺口，是偿还债务、防止企业破产所需要的资金缺口。企业无法通过借债的方式来解决动态资金缺口，而是需要企业依靠资产的出售来填补，企业出售资产的结果使企业的现金收入增加，但同时在偿还债务之后，也使企业的资产减少。

2. 动态资金缺口的度量

在企业资金链断裂信号暴露之后，企业的经营活动就会受到直接的影响，不但企业的短期债务、经营性债务需要偿还，而且还有可能将企业的长期负债转化为短期债务需要企业立即偿还，在这种情况下，企业的资金缺口就会进一步扩大，防止企业出现资金链断裂所需要筹集的资金数额就会进一步增加。本文逐一讨论这些可能情况下的资金缺口大小。

（1）在经营活动受到影响、经营性负债需要立即偿还情况下的资金缺口。经营活动受资金链断裂风险暴露的影响之后，企业资产的变现能力下降，企业负债偿还的紧迫性增加，一些过去不需要立即偿还的经营性负债也开始变为需要立即偿还的负债，但企业的长期债务还未要求偿还，在这种情况下，企业资金缺口的计算公式为

经营活动受到影响情况下的资金缺口 = 现金缺口 + 需要立即偿还的经营性负债 − 可以立即变成现金的经营性资产

其中，现金缺口 = 货币性资产 − 货币性负债。

（2）经营活动停止情况下的资金缺口。如果资金链断裂风险持续恶化，导致企

业的经营活动停止，这个时候企业的货币性负债和经营性负债均需要立即偿还，在企业非流动负债还没有转变为流动负债的情况下，防止企业出现资金链断裂风险所需要的资金数量为

$$\text{经营活动停止情况下的资金缺口} = \text{现金缺口} + \text{营运负债}$$
$$= \text{流动负债合计} - \text{货币性资产}$$

（3）非流动负债需要立即偿还时的资金缺口。企业经营活动停止之后，一般会触发企业非流动负债需要立即偿还的条件，企业的非流动负债就会转化为立即需要偿还的流动负债，在这种情况下，防止企业出现资金链断裂所需要筹集的资金数量就会变为

$$\text{全部债务需要偿还情况下的资金缺口} = \text{总负债} - \text{货币性资产}$$

（4）企业变卖各项资产之后的资金缺口。在企业全面爆发资金链断裂危机并导致企业停产之后，防止企业出现资金链断裂所需要的资金，就是企业偿还全部负债所需要的资金。在这种情况下，企业可以通过变卖各项资产来偿还债务，企业能否偿还债务则主要取决于企业资产的变现能力，即

$$\text{变卖资产之后的资金缺口} = \text{总负债} - \text{货币性资产} - \text{可变现经营性资产} -$$
$$\text{可变现非流动资产}$$

如果资产变卖之后企业仍然存在资金缺口，这个缺口就是企业资金链断裂给社会（主要是债权人）带来的财富净损失。如果企业出售全部资产偿还债务之后有现金剩余，则说明企业还有市场价值，只是因为资金链断裂风险暴露之后而使这部分价值难以实现，企业变成了资金链断裂风险暴露的牺牲品。

3. 实证检验指标设计

从前述资金链断裂动态演进过程可以看出，企业在资金链断裂风险暴露之后的资金缺口是一个持续发展和扩大的过程，由于这些指标均是绝对值指标，可以作为实践中识别资金链断裂风险大小的计量指标，但它们难以作为实证分析的观察变量，需要对这些指标设计出替代变量。这些替代变量如下所述。

（1）营业收入增长率。企业经营业务是否受到资金链断裂风险的影响，可以通过企业营业收入的变化来观察。如果营业收入下降，企业资金链断裂的风险就会增大。

（2）未分配利润占比。资金链断裂风险暴露、经营活动受到影响之后，企业的产品有可能滞销、产品的销售价格有可能下降，企业的经营成本有可能上升，这些因素的变化均会导致企业盈亏情况的变化。为了揭示这种变化的累积效果，本文使用未分配利润指标。按照设计的计算公式，如果未分配利润占比大于1，说明企业不是累计亏损，而是累计盈利，不存在经营亏损导致企业资金链断裂的可能；如果该指标小于1，则说明存在企业累计亏损并使企业所有者权益下降，导致企业资金链断裂的可能。

（3）资产负债率。企业资金链断裂风险暴露之后，非流动负债有可能转化为流动负债，需要立即偿还，负债需要偿还的规模就是企业的负债总额，而企业可以用来偿还债务的资金则主要来自于企业资产的变卖，用资产负债率揭示这种还债能力比较恰当。

需要强调的是，动态资金缺口是在静态资金缺口出现之后才形成的，进行资金链断裂风险的识别和预警，应该将静态资金缺口指标和动态资金缺口指标结合起来。对于静态资金缺口而言，张金昌、范瑞真（2012）曾经设计了八个指标，实证结果表明，货币性负债偿还满足率、债务偿还保障率、长期资金需求保障率、经营负债偿还满足率对资金链断裂企业具有明显的风险识别和预警能力，而未分配利润占比和总资产增长率对资金链断裂企业缺乏预警能力，但对资金链稳健企业具有很强的识别能力。应收账款回收率、相对存货周转次数对资金链断裂企业几乎没有识别能力。但鉴于我国企业之间账款相互拖欠现象比较普遍，产能过剩和生产不足并存问题突出，本文实证检验仍然保留这两个方面的指标，只是将相对存货周转次数用大家比较常用的存货周转率指标代替。静态风险识别指标中的债务偿还保障率指标（所有者权益与负债总额的比）与动态风险识别中的资产负债率指标（负债总额与资产总额的比）的含义完全一致，即：资产负债率 = 1/(1 + 债务保障率)。为了避免重复，本文只采用资产负债率这个比较常用的指标。这样，从静态和动态相结合的角度进行资金链断裂风险识别和度量的指标如表 8-3 所示。

表 8-3 资金链断裂风险识别和度量的指标

	资金链断裂风险产生原因	识别指标及其计算公式
静态资金缺口	1. 现金收支缺口	货币性负债偿还满足率 = 货币性资产/货币性负债 ×100%
	2. 经营性资金缺口	经营负债偿还满足率 = 经营性负债/经营性资产 ×100%
	3. 长期投融资资金缺口	长期资金需求保障率 = (所有者权益 + 非流动负债)/非流动资产 ×100%
	4. 账款相互拖欠	应收账款周转率 = 当期销售收入/[(期初应收账款余额 + 期末应收账款余额)/2]
	5. 存货周转困难	存货周转率 = 销货成本/[(期初存货余额 + 期末存货余额)/2]
动态资金缺口	6. 经营活动受到影响	营业收入增长率 = 本年营业收入/上年营业收入 ×100% − 1
	7. 经营持续恶化的影响	未分配利润占比 = (未分配利润 + 其余所有者权益合计)/其余所有者权益合计 ×100%
	8. 变卖资产清偿债务	资产负债率 = 总负债/总资产 ×100%

其中，货币性资产，指持有的现金及将以固定或可确定金额的货币收取的资产，包括现金、应收账款和应收票据以及准备持有至到期的债券投资等。这里的现金包括库存现金、银行存款和其他货币资金。

货币性负债是指以货币形态存在的各项负债，包括应付账款，应付票据和长期借款等金额固定的各项负债。

经营性负债项目包括应付票据、应付账款等项目，不包括短期借款、短期融资券、非流动负债等。

经营资产是相对于金融资产来说的。经营资产包括土地、建筑物、机器设备等。存货、应收账款、预付账款等涉及我们日常经营活动的资产，属于经营性资产。

金融资产是经济发展到一定阶段的产物，是人们拥有生产经营资产，分享其收益的所有权证。一般分为固定收益证券、权益证券、衍生证券。在筹资过程中或利用经营活动多余资金进行投资的过程中涉及的资产为金融资产（一般来说这类资产都与利息费用或收入存在直接关联）。交易性金融资产、可供出售金融资产等属于金融资产；长期股权投资属于经营资产。

所有者权益是指企业资产扣除负债后由所有者享有的剩余权益，包括实收资本（或股本）、资本公积、盈余公积和未分配利润。在股份制企业又称为股东权益。所有者权益是企业投资人对企业净资产的所有权。

非流动负债是指偿还期在一年以上或者超过一年的一个营业周期以上的负债。与流动负债相比，非流动负债具有偿还期较长、金额较大的特点。常见的非流动负债主要有长期借款、应付债券、长期应付款等。

非流动性资产是指不能在一年或者超过一年的一个营业周期内变现或者耗用的资产。非流动资产是指流动资产以外的资产，主要包括持有至到期投资、长期应收款、长期股权投资、工程物资、投资性房地产、固定资产、在建工程、无形资产、长期待摊费用、可供出售金融资产等。

销售成本就是利润表中的主营业务成本。

4. 流动性短缺的综合评价

流动性短缺的综合评价利用功效系数法对指标原始值进行预处理，利用专家评价给定权重，再加权平均得到综合评价值。

功效系数法又叫功效函数法，它是根据多目标规划原理，对每一项评价指标确定一个满意值和不允许值，以满意值为上限，以不允许值为下限，计算各指标实现满意值的程度，并以此确定各指标的分数，再经过加权平均进行综合，从而评价被研究对象的综合状况。本实验中以最大值为满意值，以最小值为下限，计算公式为

$$x^* = 0.5 \times 最小值 + 0.5 \times \frac{x - 最小值}{最大值 - 最小值}$$

运用功效系数法进行业绩评价，企业中不同的业绩因素得以综合，包括财务的和非财务的、定向的和非定量的。

8.4.3 数据与内容

1. 数据

选取宝钢股份（600019）2008~2014年年报中的资产负债表、利润表与现金流

量表数据。

2. 内容

（1）计算资金缺口的八个单一指标值。

（2）利用功效系数法，综合评价该公司的流动性短缺情况。

8.4.4 操作步骤与结果分析

（1）按照表 8-3 中的计算公式，输入单元格数据或计算式，可以依次计算得到八个指标的原始计算值，如图 8-16 ~ 图 8-23 所示；

	A	B	C	D	E
1					
2	货币性负债偿还满足率=货币性资产/货币性负债×100%				
3					
4	信息发布日期_Infopubdt	货币性资产	货币性负债	货币性负债偿还满足率	现金缺口
5	2009-03-28	16714046665	47421962363	0.3525	16714046664.99
6	2010-04-01	18514046665	48421962363	0.3823	18514046664.96
7	2011-03-31	19104751482	49640822325	0.3849	19104751481.62
8	2012-03-31	25222532964	48955362864	0.5152	25222532963.67
9	2013-03-30	36062370423	62505188276	0.5770	36062370422.78
10	2014-03-29	32272372676	58563910423	0.5511	32272372675.31
11	2015-03-27	38778059824	60031590640	0.6460	38778059823.27
12					

图 8-16　现金收支缺口的计算

	A	B	C	D
1				
2				
3	经营负债偿还满足率=经营性负债/经营性资产×100%			
4				
5				
6	信息发布日期_Infopubdt	经营性负债	经营性资产	经营负债偿还满足率
7	2009-03-28	23306334997	53816179942	0.4331
8	2010-04-01	24306334997	54616179942	0.4450
9	2011-03-31	25360107515	50768749016	0.4995
10	2012-03-31	25340635667	63648517020	0.3981
11	2013-03-30	23628730643	68516568028	0.3449
12	2014-03-29	26895795527	66459453635	0.4047
13	2015-03-27	25560965332	64770791049	0.3946

图 8-17　经营性资金缺口的计算

	A	B	C	D	E
1					
2					
3					
4	长期资金需求保障率=(所有者权益+非流动负债)/非流动资产×100%				
5					
6	信息发布日期_Infopubdt	所有者权益	非流动性负债	非流动性资产	长期资金需求保障率
7	2009-03-28	92066390527	25141029472	141261692074	0.8297
8	2010-04-01	92066390527	30141029472	141261692074	0.8651
9	2011-03-31	95238073823	29201535339	148476494475	0.8381
10	2012-03-31	1.04856E+11	31546629711	147200719897	0.9266
11	2013-03-30	1.06729E+11	18791583455	151865488550	0.8265
12	2014-03-29	1.11164E+11	16528384595	151134709430	0.8449
13	2015-03-27	1.11337E+11	12101402523	148647839985	0.8304

图 8-18　长期投融资资金缺口的计算

	A	B	C	D	E
1					
2					
3	应收账款周转率=当期销售收入/[(期初应收账款余额+期末应收账款余额)/2]				
4					
5					
6	信息发布日期_Infopubdt	当期销售收入	期初应收账款余额	期末应收账款余额	应收账款周转率
7	2009-03-28	2.00638E+11	——	5469190882	
8	2010-04-01	2.00638E+11	5469190882	5269190882	37.37
9	2011-03-31	1.48525E+11	5269190882	5566287279	27.41
10	2012-03-31	2.02413E+11	5566287279	6728952000	32.93
11	2013-03-30	2.22857E+11	6728952000	6983893119	32.50
12	2014-03-29	1.91512E+11	6983893119	8551131045	24.66
13	2015-03-27	1.90026E+11	8551131045	11274903876	19.17

图 8-19　账款相互拖欠的计算

	A	B	C	D	E
1					
2					
3	存货周转率=销货成本/[(期初存货余额+期末存货余额)/2]				
4					
5	信息发布日期_Infopubdt	销货成本	期初存货余额	期末存货余额	存货周转率
6	2009-03-28	1.93014E+11	——	35644590876	
7	2010-04-01	1.93014E+11	35644590876	35644590876	5.41
8	2011-03-31	1.42118E+11	35644590876	29462171383	4.37
9	2012-03-31	1.86607E+11	29462171383	38027321874	5.53
10	2013-03-30	2.14641E+11	38027321874	37389713387	5.69
11	2014-03-29	1.89467E+11	37389713387	28872423689	5.72
12	2015-03-27	1.83054E+11	28872423689	31086740188	6.11

图 8-20　存货周转困难的计算

	A	B	C	D
1				
2	营业收入增长率=本年营业收入/上年营业收入×100%-1			
3				
4	信息发布日期_Infopubdt	本年营业收入	上年营业收入	营业收入增长率
5	2009-03-28	200638008565		
6	2010-04-01	200638008565	200638008565	0.0000
7	2011-03-31	148525268999	200638008565	-0.2597
8	2012-03-31	202413451160	148525268999	0.3628
9	2013-03-30	222856551230	202413451160	0.1010
10	2014-03-29	191511796587	222856551230	-0.1406
11	2015-03-27	190025966574	191511796587	-0.0078

图 8-21　经营活动受到影响的计算

	A	B	C	D
1				
2				
3	未分配利润占比=(未分配利润+其余所有者权益合计)/其余所有者权益合计×100%			
4				
5	信息发布日期_Infopubdt	未分配利润	其余所有者权益合计	未分配利润占比
6	2009-03-28	20935302004	76902385374	1.2722
7	2010-04-01	20935302004	76902385374	1.2722
8	2011-03-31	22583995111	78635305665	1.2872
9	2012-03-31	29657858913	81664401337	1.3632
10	2013-03-30	30754305445	82715690855	1.3718
11	2014-03-29	34802934026	85156686368	1.4087
12	2015-03-27	36963092713	82994314452	1.4454

图 8-22　经营持续恶化的影响计算

（2）利用功效系数法，对指标做预处理，得到指标分值；再把指标分值与指标权重对应相乘求和，即可得到流动性短缺的综合评价值，如图 8-24 所示。

	A	B	C	D
1				
2				
3	资产负债率=总负债/总资产×100%			
4				
5	信息发布日期_Infopubdt	总负债	总资产	资产负债率
6	2009-03-28	72067822184	1.77642E+11	0.4057
7	2010-04-01	1.02183E+11	2.00021E+11	0.5109
8	2011-03-31	99923481740	2.01143E+11	0.4968
9	2012-03-31	1.04743E+11	2.16065E+11	0.4848
10	2013-03-30	1.1763E+11	2.311E+11	0.5090
11	2014-03-29	1.00916E+11	2.20876E+11	0.4569
12	2015-03-27	1.06747E+11	2.26704E+11	0.4709

图 8-23 变卖资产清偿债务的计算

	A	B	C	D	E	F	G	H	I	J
1		资金链断裂风险识别指标计算								
2										
3		静态资金缺口					动态资金缺口			
4	信息发布日期_Infopubdt	1.现金收支缺口	2.经营性资金缺口	3.长期投融资资金缺口	4.账款相互拖欠	5.存货周转困难	6.经营活动受到影响	7.经营持续恶化的影响	8.变卖资产清偿债务	
5	2009-03-28	0.3525	0.4331	0.8297	0.0000	0.0000	0.0000	1.2722	0.4057	
6	2010-04-01	0.3823	0.4450	0.8651	37.3684	5.4150	0.0000	1.2722	0.5109	
7	2011-03-31	0.3849	0.4995	0.8381	27.4146	4.3657	−0.2597	1.2872	0.4968	
8	2012-03-31	0.5152	0.3981	0.9266	32.9255	5.5299	0.3628	1.3632	0.4848	
9	2013-03-30	0.5770	0.3449	0.8265	32.5033	5.6921	0.1010	1.3718	0.5090	
10	2014-03-29	0.5511	0.4047	0.8449	24.6555	5.7187	−0.1406	1.4087	0.4569	
11	2015-03-27	0.6460	0.3946	0.8304	19.1693	6.1060	−0.0078	1.4454	0.4709	
13	指标权重	0.11	0.2	0.06	0.08	0.15	0.12	0.16	0.12	1
14	利用功效系数法预处理后的指标值									
15	信息发布日期_Infopubdt	1.现金收支缺口	2.经营性资金缺口	3.长期投融资资金缺口	4.账款相互拖欠	5.存货周转困难	6.经营活动受到影响	7.经营持续恶化的影响	8.变卖资产清偿债务	流动性短缺综合评价值
16	2009-03-28									
17	2010-04-01	0.1912	0.4963	0.6060	10.0847	2.4843	0.0787	0.6361	0.7284	1.5347
18	2011-03-31	0.1924	0.6724	0.4711	9.8844	2.1828	−0.1299	0.6436	0.6112	1.4628
19	2012-03-31	0.4330	0.5840	0.5300	0.5400	0.5266	0.4297	0.5480	0.5289	0.5211
20	2013-03-30	0.4906	0.4538	0.5183	0.5400	0.5403	0.3932	0.5514	0.5600	0.5027
21	2014-03-29	0.4665	0.6000	0.5300	0.5400	0.5425	−0.0703	0.5657	0.5401	0.4746
22	2015-03-27	0.5550	0.6000	0.5300	0.5400	0.5750	−0.0039	0.5800	0.5600	0.5018

图 8-24 流动性短缺情况的综合评价

8.5 资产的市场流动性度量与综合评价

8.5.1 目的

通过本实验，学会资产的市场流动性度量指标计算与综合评价的 Excel 实现。

8.5.2 原理

可交易资产的市场微观结构理论通常从宽度、深度与弹性（即及时性）三个角度来度量市场流动性。宽度是指交易价格和市价之间的背离，用买卖报价价差（quoted spread）来衡量。深度（depth）反映的是不会影响现行价格的市场交易量，可以用某一既定时间中有做市商交易订单中的交易量来刻画；也可以通过换手率反映出来。弹性（resiliency）指的是交易引起的价格波动恢复均衡的速度。资产的市场流动性指标的功能揭示如表 8-4 所示。

表 8-4 资产的市场流动性指标的功能揭示

类型	流动性指标或模型	研究重点	类型	流动性指标或模型	研究重点
基于价差的衡量	报价价差	宽度	价格与交易量相结合的价格冲击类指标与模型	Kyle 的净交易量模型，VNET 模型	宽度、深度
	有效价差	宽度		Glosten-Harris 交易成本模型	宽度、深度
	实现价差	宽度		Hasbrouck 冲击反应函数	宽度、深度
	定位价差	宽度		H-F-V 交易成本模型	宽度、深度
	对数价差	宽度		Amihud（2002）非流动性指标	宽度、深度
基于交易量的衡量	报价深度	深度			
	成交深度	深度			
	深度改进率	深度		Amives 普通流动性比率	宽度、深度
	成交率	深度	价格与交易量相结合的流动比率衡量	Martin 指数	宽度、深度
	换手率	深度		Hui-Heubel 流动性指标	宽度、深度
基于时间的衡量	回复速度	即时性		市场调整的 H-H 指标	宽度、深度
	执行时间	即时性		Marsh-Rock 指标	宽度、深度
	交易频率	即时性	基于价格自相关的衡量	方差比率	宽度、深度
	Garbade-Silber 模型	宽度、即时性			

流动性度量的指标体系如图 8-25 所示。

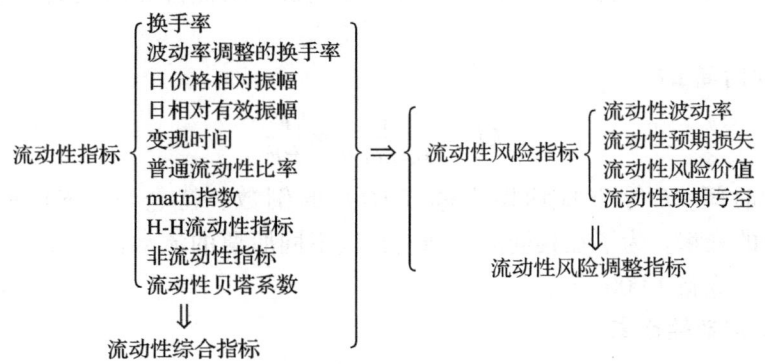

图 8-25 流动性度量的指标体系

相关指标的计算公式如下所示。

1. 日内波动率 VOL

$$VOL_{id} = \frac{P_H - P_L}{P_L}$$

式中，P_H 和 P_L 分别表示股票 i 在 t 日的最高价、最低价。

2. 换手率

$$turnover_{it} = \frac{VOL_{it}}{V_{it}}$$

式中，$turnover$ 表示股票在第 t 月的换手率；VOL 表示股票在第 t 月的成交量（仅指二级市场的流通股指令成交交易股数）；V 表示股票在第 t 月的流通股数量，等于个股流通市值除以收盘价。

3. 五日波动率调整的换手率 TOAV

$$TOAV_{it} = \frac{1}{D_{it}} \sum_{d=1}^{D_{it}} \frac{TO_{id}}{VOL_{id}}$$

式中，$TOAV$ 分别为股票 i 在 t 月的经波动率调整后的换手率，而 TO、VOL、P_H 和 P_L 分别代表股票 i 在 t 日的换手率、日内波动率、最高价和最低价。D 为移动平均天数，是股票 i 在第 t 月内的有效交易天数。

4. 日相对价格振幅 SW

$$SW_t = （当日最高价 - 当日最低价）／ 当日收盘价$$

5. 五日成交量加权移动平均的市场交易价

$$P_t = \sum_{i=1}^{5} \left(P_{t-i+1} \frac{Q_{t-i+1}}{\sum_{i=1}^{5} Q_{t-i+1}} \right)$$

6. 五日相对有效价差 RES

$$RES_{it} = \frac{P_{it}^h - P_{it}^l}{P_{it}^w}$$

式中，P^h、P^l 和 P^w 分别表示股票 i 在 t 日的最高价、最低价和以成交量加权平均的市场交易价。

7. 变现时间 LT

$$LT = \frac{1}{turnover} \times \frac{F}{PF}$$

式中，变现时间 LT 等于日均换手率（TO）的倒数、持仓量（F）和流通市值（PF）倒数的乘积。为了在相同的基础上比较不同股票的流动性，对不同的股票采用了相同的持仓量 1 000 万元。

8. 普通流动性比率

$$L_{com} = \frac{\sum_{t=1}^{n} P_{it} \cdot V_{jt}}{\sum_{t=1}^{n} |\% \Delta P_{it}|}$$

式中，L 表示普通流动性比率，P 为 t 日股票 i 的收盘价，V 为 t 日股票 j 的交易量，$\sum_{t=1}^{n} |\% \Delta P_{it}|$ 分母为一定时间内股票 i 的价格变化绝对比率的总和。

9. Martin 指数

$$M_t = \sum_{t=1}^{n} \frac{|P_{it} - P_{i,t-1}|}{V_{it}}$$

Martin 指数（M_t）假定在交易时间内价格变化是平稳分布的，因此，可用每日价格变化幅度与每日交易量之比来衡量流动性。

10. H-H 流动性指标 L_{HH}

$$L_{HH} = \frac{(P_{max} - P_{min})/P_{min}}{V/(S \cdot P)}$$

式中，L_{HH} 为 Hui-Heubel 流动性比率，P_{max} 为五日内每日股票最高价中的最高值，P_{min} 为五日内每日股票最低价中的最低值，V 为五日内总交易金额，S 为股票流通数量，P 为五日内股票平均收盘价。交易金额单位为千万元。

11. 非流动性指标 *illiq*

$$illiq_t^i = \frac{1}{D_t^i} \sum_{d=1}^{D_t^i} \frac{SW_{td}^i}{V_{td}^i}$$

式中，*illiq* 表示第 i 只股票第 t 月的非流动性指标值，SW 表示第 i 只股票第 t 月的第 d 交易日的价格振幅（（当日最高价 − 当日最低价）/当日开盘价）；V 表示第 i 只股票第 t 月的第 d 交易日的日成交金额（以千万元计），D 是股票 i 在第 t 月内的有效交易天数。

12. 五日移动平均收益率

$$E_t^5(r) = \frac{1}{5} \sum_{i=1}^{5} r_{t-i}$$

13. 五日移动动态波动率

$$\sigma_t^2 = \frac{1}{5} \sum_{i=1}^{5} (r_{t+1-i} - E_t(r))^2$$
$$= \frac{1}{5} \sum_{i=1}^{5} (r_{t+1-i} - \frac{1}{5} \sum_{i=1}^{5} r_{t+1-i})^2$$

14. 日内价格波动幅度

$$\Delta P_t = P_t^{max} - P_t^{min}$$

15. 日内价格波动幅度平均值

$$E_t(\Delta P) = \frac{1}{5} \sum_{i=1}^{5} \Delta P_{t+1-i}$$

16. 日内价格波动幅度的波动率

$$D_t(\Delta P) = \frac{1}{5} \sum_{i=1}^{5} (\Delta P_{t+1-i} - E_t(\Delta P))^2$$

17. 流动性风险调整的风险价值 *La*-VaR

流动性风险调整的风险价值计算公式可以汇总如表 8-5 所示。

表 8-5 流动性风险调整的风险价值计算公式汇总

收益率类型	价差信息	绝对风险价值	相对风险价值
简单收益率	价差固定	√	√
	价差服从正态分布	√	√
	价差分布未知	√	√
	交易量调整	√	√
对数收益率	价差固定	√	√
	价差服从正态分布	√	√
	价差分布未知	√	√
	交易量调整	√	√

(1) 简单收益率 – 价差固定。

1) 流动性风险调整的绝对风险价值。

$$La - \text{VaR} = \text{VaR}(I) = \text{VaR}(M) + \text{VaR}(L) = P(\alpha\sigma - u) + \frac{1}{2}P \cdot S$$

式中，P 表示初始资本或组合价值，σ 为盯市价格的波动率，S 为买卖价差，α 为一定置信水平下的分位数。

2) 流动性风险调整的相对风险价值。

$$La - \text{VaR} = \text{VaR}(I) = \text{VaR}(M) + \text{VaR}(L) = Pa\sigma + \frac{1}{2}P \cdot S$$

(2) 简单收益率 – 价差服从正态分布。

1) 流动性风险调整的绝对风险价值。

$$La - \text{VaR} = \text{VaR}(I) = \text{VaR}(M) + \text{VaR}(L) = P(\alpha\sigma - u) + \frac{1}{2}P(\bar{S} + \alpha\bar{\sigma})$$

2) 流动性风险调整的相对风险价值。

$$La - \text{VaR} = \text{VaR}(I) = \text{VaR}(M) + \text{VaR}(L) = P\alpha\sigma + \frac{1}{2}P\alpha\bar{\sigma}$$

(3) 简单收益率-价差分布未知。

1) 流动性风险调整的绝对风险价值。

$$LA - \text{VaR} = P_t(E(r) - \alpha\theta\sigma) + \frac{1}{2}[P_t(\bar{S} - \alpha'\sigma')]$$

式中，公式右边前半部分测度的是市场风险，后半部分测度的是流动性风险。

式中 $E(r_t)$、σ 为资产回报的两个参数，分别表示对数收益率 r_t 的均值和方差。α 是一定置信水平下的分位数。θ 为一个调整参数，即有 $\theta = 1 + \Phi ln(k/3)$，表示对数收益率分布与正态分布偏离的程度；这里的 Φ 由尾部概率决定，如取 1%；k 是对数收益率分布的峰度；若是正态分布 k 等于 3，此时 θ 等于 1；若 $k > 3$，则 $\theta > 1$，表明存在厚尾现象。$\bar{S}$、σ 分别表示买卖价差的均值和标准差。γ 是一定置信水平下买卖价差实际分布的分位数，γ 值取决于具体的买卖价差的统计分布特征。以下相同。

2) 流动性风险调整的相对风险价值。

$$LA - \text{VaR} = P_t(-\alpha\theta\sigma) + \frac{1}{2}(-\alpha'\sigma'P_t)$$

(4) 对数收益率 – 价差固定。

1) 流动性风险调整的绝对风险价值。

$$La - \text{VaR} = P_t(1 - e^{E(r) - \alpha\sigma}) + \frac{1}{2}P_t\bar{S}$$

2) 流动性风险调整的相对风险价值。

$$La - \text{VaR} = P_t(1 - e^{-\alpha\sigma}) + \frac{1}{2}(P_t S)$$

(5) 对数收益率 - 价差服从正态分布。

1) 流动性风险调整的绝对风险价值。

$$La - \text{VaR} = P_t(1 - e^{E(r) - \alpha\sigma}) + \frac{1}{2}[P_t(\bar{S} - \alpha'\sigma')]$$

2) 流动性风险调整的相对风险价值。

$$La - \text{VaR} = P_t(1 - e^{-\alpha\sigma}) + \frac{1}{2}(-\alpha'\sigma'P_t)$$

(6) 对数收益率 - 价差分布未知。

1) 流动性风险调整的绝对风险价值。

$$La - \text{VaR} = P_t(1 - e^{E(r) - \alpha\theta\sigma}) + \frac{1}{2}[P_t(\bar{S} - \alpha'\sigma')]$$

2) 流动性风险调整的相对风险价值。

$$La - \text{VaR} = P_t(1 - e^{-\alpha\theta\sigma}) + \frac{1}{2}(-\alpha'\sigma'P_t)$$

(7) 简单收益率 - 经交易量调整价差的流动性调整的风险价值。

1) 经交易量调整价差的流动性调整的绝对风险价值。

$$La - \text{VaR} = P_t\left(1 - \left(1 - \frac{1}{2}\overline{S_p}(Q)\right)(u - \alpha\sigma)\right) + \frac{1}{2}[P_t(S_{p_t}(Q) - \overline{S_p}(Q))]$$

式中，$\overline{S_p}(Q)$ 为经过交易量 Q 调整后的平均价差，$S_{p_t}(Q)$ 为时刻 t 经交易量 Q 调整后的价差。

2) H-W 模型：经交易量调整价差的流动性调整的相对风险价值。

$$La - \text{VaR} = P_t\left(1 - \left(1 - \frac{1}{2}\overline{S_p}(Q)\right)(-\alpha\sigma)\right) + \frac{1}{2}[P_t(S_{p_t}(Q) - \overline{S_p}(Q))]$$

(8) 对数收益率 - 经交易量调整价差的流动性调整的风险价值。

1) 经交易量调整价差的流动性调整的绝对风险价值。

$$La - \text{VaR} = P_t\left(1 - \left(1 - \frac{1}{2}\overline{S_p}(Q)\right)e^{u - \alpha\sigma}\right) + \frac{1}{2}[P_t(S_{p_t}(Q) - \overline{S_p}(Q))]$$

2) H-W 模型：经交易量调整价差的流动性调整的相对风险价值。

$$La - \text{VaR} = P_t\left(1 - \left(1 - \frac{1}{2}\overline{S_p}(Q)\right)e^{-\alpha\sigma}\right) + \frac{1}{2}[P_t(S_{p_t}(Q) - \overline{S_p}(Q))]$$

8.5.3 数据与内容

1. 数据

收集浦发银行（600000）2015 年 6 月份的交易数据。

2. 内容

计算浦发银行（600000）股票的 16 个股市流动性指标。

8.5.4 操作步骤与结果分析

先导入数据，再另外建立流动性计算 Excel 计算表，在列中输入相关日期，在行中输入指标名称，按照原理部分介绍的定义计算式，在计算表引用数据单元，进行计算即可得到浦发银行（600000）股票的 16 个股市流动性指标，计算结果如图 8-26、图 8-27 所示。

	A	B	C	D	E	F	G	H	I	J	K
1	指标	1	2		3	4	5		6	7	8
2	日期_Date	日内波动率VOL	换手率TO	VOL/TO	五日波动率调整的换手率TOAV	日相对价格震幅SW	五日成交量加权移动平均的市场交易价	五日相对有效价差RES	变现时间LT	价格绝对变化	五日普通流动性比率
3	2015-06-01	0.0724	0.0192	0.2652		0.0680			0.001558002	1.22	
4	2015-06-02	0.0269	0.0151	0.5612		0.0263			0.001993596	0.47	
5	2015-06-03	0.0291	0.0164	0.5627		0.0285			0.001830622	0.51	
6	2015-06-04	0.0694	0.0316	0.4556		0.0655			0.000910038	1.22	
7	2015-06-05	0.0638	0.0243	0.3806	0.4451	0.0624	18.23	0.0631	0.001197712	1.15	6.34
8	2015-06-17	0.0574	0.0344	0.5992	0.5119	0.0566	18.27	0.0564	0.000856645	1.03	7.58
9	2015-06-18	0.0346	0.0186	0.5393	0.5075	0.0344	18.24	0.0334	0.001622251	0.61	7.55
10	2015-06-19	0.0659	0.0186	0.2827	0.4515	0.0650	18.12	0.0613	0.001685275	1.11	6.74
11	2015-06-23	0.0523	0.0200	0.3812	0.4366	0.0499	17.79	0.0478	0.00157863	0.85	6.48
12	2015-06-24	0.0434	0.0173	0.3979	0.4401	0.0417	17.56	0.0410	0.001798769	0.72	6.60
13	2015-06-25	0.0655	0.0182	0.2781	0.3758	0.0652	17.15	0.0635	0.001762404	1.09	5.42
14	2015-06-26	0.1142	0.0242	0.2124	0.3104	0.1104	16.72	0.1046	0.001395147	1.75	4.44
15	2015-06-29	0.1161	0.0282	0.2427	0.3024	0.1081	16.45	0.1045	0.001195288	1.72	4.32
16	2015-06-30	0.0673	0.0252	0.3741	0.3010	0.0631	16.46	0.0650	0.001256484	1.07	4.37

图 8-26　浦发银行（600000）股票的股市流动性指标计算（1）

	A	L	M	N	O	P	Q	R	S	T	U	V	W
1	指标		9		10		11		12	13	14	15	16
2	日期_Date	价格变化绝对值/V	五日Martin指数	五日内股票平均收盘价	H—H流动性指标 SW/V	SW/V	非流动性指标 illiq	日对数收益率	5日移动平均收益率	5日移动动态波动率	日内价格波动幅度	五日内价格波动幅度平均值	五日内价格波动幅度的波动率
3	2015-06-01	4.26				1.3568					1.2200		
4	2015-06-02	2.09				0.6584		-0.0050			0.4700		
5	2015-06-03	2.09				0.6567		0.0034			0.5100		
6	2015-06-04	2.59				0.7584		0.0400			1.2200		
7	2015-06-05	3.17	14.20	18.15	12912180	0.9254	0.8711	-0.0108	0.0030	0.02158658	1.1500	0.9140	0.3884
8	2015-06-17	2.01	11.94	18.20	7821340	0.6608	0.7199	-0.0126	-0.0013	0.025438821	1.0300	0.8760	0.3591
9	2015-06-18	2.19	12.05	18.18	7388383	0.6912	0.7265	-0.0267	-0.0013	0.025438821	0.6100	0.9040	0.3232
10	2015-06-19	3.99	13.95	18.01	10725055	1.3285	0.8609	-0.0374	-0.0095	0.029715981	1.1100	1.0240	0.2414
11	2015-06-23	2.85	14.22	17.69	15360159	1.0055	0.9103	-0.0029	-0.0181	0.013783542	0.8500	0.9500	0.2223
12	2015-06-24	2.79	13.84	17.45	15350060	0.9564	0.9165	0.0134	-0.0132	0.01988623	0.7200	0.8640	0.2083
13	2015-06-25	4.01	15.84	17.15	13250417	1.3865	1.0736	-0.0318	-0.0171	0.021518586	1.0900	0.8760	0.2215
14	2015-06-26	4.84	18.49	16.78	17239222	1.8733	1.3100	-0.0528	-0.0223	0.026931613	1.7500	1.1040	0.3967
15	2015-06-29	4.09	18.59	16.55	18330006	1.6080	1.3659	0.0038	-0.0141	0.027458704	1.7200	1.2260	0.4834
16	2015-06-30	2.85	18.58	16.54	17503667	1.0168	1.3682	0.0639	-0.0007	0.044943862	1.0700	1.2700	0.4494

图 8-27　浦发银行（600000）股票的股市流动性指标计算（2）

8.6　流动性风险监管指标计算

8.6.1　目的

掌握流动性监管指标计算的软件实现。

8.6.2　原理

流动性风险，是指商业银行无法以合理成本及时获得充足资金，用于偿付到期债务、履行其他支付义务和满足正常业务开展的其他资金需求的风险。流动性风险监管指标包括流动性覆盖率、存贷比和流动性比例。商业银行应当持续达到本办法规定的流动性风险监管指标最低监管标准。

1. 流动性覆盖率的计算

流动性覆盖率旨在确保商业银行具有充足的合格优质流动性资产,能够在银监会规定的流动性压力情境下,通过变现这些资产满足未来至少 30 天的流动性需求。

流动性覆盖率的计算公式为

$$流动性覆盖率 = \frac{合格优质流动性资产}{未来30日内现金净流出量} \times 100\%$$

商业银行的流动性覆盖率应当不低于 100%。

合格优质流动性资产是指在流动性覆盖率所设定的压力情景下,能够通过出售或抵(质)押方式,在无损失或极小损失的情况下,在金融市场快速变现的各类资产。合格优质流动性资产应当具有以下基本特征,并满足相关操作性要求:①属于无变现障碍资产;②风险低,且与高风险资产的相关性低;③易于定价且价值稳定;④在广泛认可、活跃且具有广度、深度和规模的成熟市场中交易,市场波动性低,历史数据表明在压力时期的价格和成交量仍然比较稳定;⑤市场基础设施比较健全,存在多元化的买卖方,市场集中度低;⑥从历史上看,在发生系统性危机时,市场参与者倾向于持有这类资产。

合格优质流动性资产由一级资产和二级资产构成。

(1)一级资产。一级资产按照当前市场价值计入合格优质流动性资产,包括以下几部分。

1)现金;

2)存放于中央银行且在压力情景下可以提取的准备金;

3)由主权实体、中央银行、国际清算银行、国际货币基金组织、欧盟委员会或多边开发银行发行或担保的,可在市场上交易且满足以下条件的证券:①按照银监会的资本监管规定,风险权重为零;②在规模大、具有市场深度、交易活跃且集中度低的市场中交易;③历史记录显示,在市场压力情境下仍为可靠的流动性来源;④最终偿付义务不是由金融机构或其附属机构承担;

4)当银行母国或银行承担流动性风险所在国家(地区)的主权风险权重不为零时,由上述国家的主权实体或中央银行发行的本币债券;

5)当银行母国或银行承担流动性风险所在国家(地区)的主权风险权重不为零时,由上述国家的主权实体或中央银行发行的外币债券,但仅限于流动性覆盖率所设定的压力情境下,银行在其母国或承担流动性风险所在国家(地区)的该外币现金净流出。

(2)二级资产。二级资产由 2A 资产和 2B 资产构成。合格优质流动性资产中二级资产占比不得超过 40%,2B 资产占比不得超过 15%。

2A 资产在当前市场价值基础上按 85% 的折扣系数计入合格优质流动性资产,包括以下几部分。

1）由主权实体、中央银行、公共部门实体或多边开发银行发行或担保的，可在市场上交易且满足以下条件的证券：①按照银监会的资本监管规定，风险权重为 20%；②在规模大、具有市场深度、交易活跃且集中度低的市场中交易；③历史记录显示，在市场压力情境下仍为可靠的流动性来源，在严重的流动性压力时期，该证券在 30 天内价格下跌不超过 10% 或回购交易折扣率上升不超过 10 个百分点。④最终偿付义务不是由金融机构或其附属机构承担。

2）满足以下条件的公司债券和担保债券：①不是由金融机构或其附属机构发行的公司债券；②不是由本行或其附属机构发行的担保债券；③经银监会认可的合格外部信用评级机构给出的长期信用评级至少为 AA−；缺乏长期信用评级时，具有同等的短期信用评级；缺乏外部信用评级时，根据银行内部信用评级得出的违约概率与外部信用评级 AA− 及以上对应的违约概率相同；④在规模大、具有市场深度、交易活跃且集中度低的市场中交易；⑤历史记录显示，在市场压力情境下仍为可靠的流动性来源，在严重的流动性压力时期，该债券在 30 天内价格下跌不超过 10% 或回购交易折扣率上升不超过 10 个百分点。

2B 资产在当前市场价值基础上按 50% 的折扣系数计入合格优质流动性资产，包括满足下列条件的公司债券：①不是由金融机构或其附属机构发行；②经银监会认可的合格外部信用评级机构给出的长期信用评级为 BBB− 至 A+；缺乏长期信用评级时，具有同等的短期信用评级；缺乏外部信用评级时，根据银行内部信用评级得出的违约概率与外部信用评级 BBB− 至 A+ 对应的违约概率相同；③在规模大、具有市场深度、交易活跃且集中度低的市场中交易；④历史记录显示，在市场压力情境下仍为可靠的流动性来源，在严重的流动性压力时期，该债券在 30 天内价格下跌不超过 20% 或回购交易折扣率上升不超过 20 个百分点。

(3) 合格优质流动性资产的计算。

1）合格优质流动性资产 = 一级资产 + 2A 资产 + 2B 资产 − 2B 资产调整项 − 二级资产调整项。

2）合格优质流动性资产 = 一级资产 + 2A 资产 + 2B 资产 − Max{(调整后 2A 资产 + 调整后 2B 资产) − 2/3 × 调整后一级资产，调整后 2B 资产 − 15/85 × (调整后一级资产 + 调整后 2A 资产)，0}。

商业银行应当按照以下公式计算 2B 资产调整项和二级资产调整项。

2B 资产调整项 = Max{调整后 2B 资产 − 15/85 × (调整后一级资产 + 调整后 2A 资产)，调整后 2B 资产 − 15/60 × 调整后一级资产，0}

二级资产调整项 = Max{调整后 2A 资产 + 调整后 2B 资产 − 2B 资产调整项 − 2/3 × 调整后一级资产，0}

未来 30 天现金净流出量是指在流动性覆盖率所设定的压力情景下，未来 30 天的预期现金流出总量与预期现金流入总量的差额。预期现金流出总量是在流动性覆盖率所设定的压力情境下，相关负债和表外项目余额与其预计流失率或提取率的乘积之和。

预期现金流入总量是在流动性覆盖率所设定的压力情境下,表内外相关契约性应收款项余额与其预计流入率的乘积之和。可计入的预期现金流入总量不得超过预期现金流出总量的75%。本办法中预计流失率、提取率、流入率统称为折算率。

现金流出的项目及折算率如表8-6所示。

表8-6 现金流出的项目及折算率

零售存款项目	折算率
活期存款和剩余期限在30天内的定期存款	
(1) 稳定存款	5%
满足有效存款保险计划的附加标准	3%
(2) 欠稳定存款	10%
剩余期限或提款通知期超过30天,且存款人无权在30天内提款或者提前提款导致的罚金显著超过利息损失的定期存款	0%
无抵(质)押批发融资项目	折算率
小企业客户的活期存款和剩余期限在30天内的定期存款	
(1) 稳定存款	5%
满足有效存款保险计划的附加标准	3%
(2) 欠稳定存款	10%
业务关系存款(不包括代理行业务)	25%
由存款保险计划或提供同等保护的公开保证所覆盖的部分	5%
满足有效存款保险计划的附加标准	3%
由非金融机构、主权实体、中央银行、多边开发银行和公共部门实体提供的非业务关系存款	40%
该存款全额被有效存款保险计划或提供同等保护的公开保证覆盖	20%
其他法人客户提供的融资	100%
抵(质)押融资项目	折算率
以一级资产作为抵(质)押品或以中央银行为交易对手	0%
以2A资产作为抵(质)押品	15%
以本国主权实体、多边开发银行或风险权重不高于20%的本国公共部门实体为交易对手,且不是以一级资产和2A资产作为抵(质)押品	25%
以2B资产作为抵(质)押品	50%
其他	100%

(4) 其他项目及折算率如表8-7所示。

表8-7 其他项目及折算率

其他项目	折算率/现金流出
衍生产品交易的净现金流出	100%
融资交易、衍生产品以及其他合约中包含降级触发条款所导致的流动性补充需求	银行评级下调1~3个(含)档次所增加的抵(质)押品要求或者导致的现金流出
衍生产品及其他交易市值变动导致的流动性补充需求	前24个月内出现的30天内抵(质)押品净流出最大值
衍生产品及其他交易中非一级资产抵(质)押品估值变化导致的流动性补充需求	20%
根据合同能被交易对手随时收回的超额非隔离抵(质)押品导致的流动性补充需求	100%
抵(质)押品对外交付义务导致的流动性补充需求	100%
合同允许交易对手以非合格优质流动性资产替换合格优质流动性资产抵(质)押品导致的流动性补充需求	100%

(续)

其他项目	折算率/现金流出
30 天内到期的资产支持证券、担保债券及其他结构性融资工具	100%
30 天内到期的资产支持商业票据、管道工具、证券投资载体和类似融资工具	100%
未来 30 天内交易对手可以行使权力的未提取的不可无条件撤销的信用便利和流动性便利	
（1）提供给零售和小企业客户	5%
（2）提供给非金融机构、主权实体和中央银行、多边开发银行和公共部门实体	
信用便利	10%
流动性便利	30%
（3）提供给受到审慎监管的银行	40%
（4）提供给其他金融机构（包括证券公司、保险公司、受托人、受益人等）	
信用便利	40%
流动性便利	100%
（5）提供给其他法人客户以及管道工具、特殊目的载体等	100%
未来 30 天内其他契约性放款义务	
（1）未来 30 天内对金融机构的契约性放款总额	100%
（2）未来 30 天内对零售客户和非金融机构客户的契约性放款总额超过客户契约性现金流入总额 50% 的部分	100%
未来 30 天内其他契约性现金流出（不含与商业银行运营成本相关的现金流出）	100%
或有融资义务	
（1）无条件可撤销的信用便利和流动性便利	10%
（2）保函、信用证、其他贸易融资工具	2.5%
（3）非契约性义务	2.5%
（4）拥有附属交易商或做市商的发行机构未偿付的超过 30 天的债券	2.5%
（5）以其他客户抵（质）押品覆盖客户空头头寸所致的非契约性负债	50%

抵（质）押借贷（包括逆回购和借入证券）及来自不同交易对手的其他现金流入分述如表 8-8 和表 8-9 所示。

表 8-8　抵（质）押借贷（包括逆回购和借入证券）

由以下资产担保的在 30 天内到期的抵（质）押借贷	折算率	
	抵（质）押品未用于再抵（质）押融资	抵（质）押品用于再抵（质）押融资
一级资产	0%	0%
2A 资产	15%	0%
2B 资产	50%	0%
由其他抵（质）押品担保的保证金贷款	50%	0%
其他抵（质）押品	100%	0%

表 8-9 来自不同交易对手的其他现金流入

来自不同交易对手的其他现金流入	折算率
完全正常履约且 30 天内到期的所有付款（包括利息支付和分期付款）	
（1）来自零售和小企业客户、非金融机构、主权实体、多边开发银行和公共部门实体的现金流入	50%
（2）来自金融机构和中央银行的现金流入	100%
30 天内到期的、未纳入合格优质流动性资产的证券产生的现金流入	100%
存放于其他金融机构的业务关系存款	0%

商业银行从其他机构获得的信用便利、流动性便利和或有融资便利产生的现金流入适用零的折算率，其他项目如表 8-10 所示。

表 8-10 其他项目

其他项目	折算率
衍生产品交易的净现金流入	100%
其他 30 天内到期的契约性现金流入（不含非金融业务收入产生的现金流入）	由银监会视情形确定

2. 净稳定资金比率的计算

让银行运用更加稳定、持久和结构化的融资渠道来提高其在较长时期内应对长期流动性风险的能力，防止银行在市场繁荣、流动性充裕时期过度依赖批发性融资，制定了"净稳定资金比率"。

净稳定资金比率（Net Steady Finance Ratio，NSFR）＝可用的稳定资金/业务所需的稳定资金

净稳定资金比率的标准是大于 100%。

可用的稳定资金是指在持续压力情境下，能确保在一年内都可作为稳定资金来源的权益类和负债类资金，等于银行各类权益和负债账面价值与该类可用稳定资金系数的加权和。

所需的稳定资金等于商业银行各类资产或表外风险暴露项目与相应的稳定资金需求系数乘积之和，稳定资金需求系数是指各类资产或表外风险暴露项目需要由稳定资金支持的价值占比。

这个公式的意义：用于度量银行较长期限内可使用的稳定资金来源，对其表内外资产业务发展的支持能力。

该比率的分子是银行可用的各项稳定资金来源，分母是银行发展各类资产业务所需的稳定资金来源。

分子分母中各类负债和资产项目的系数由监管当局确定，为该比率设定最低监管标准，有助于推动银行使用稳定的资金来源支持其资产业务的发展，降低资产负债的期限错配。

8.6.3 数据与内容

（1）实验数据见实验文件"8.6 流动性风险监管指标计算"。

（2）实验内容为计算流动性覆盖率与净稳定资金比例。

8.6.4 操作步骤与结果分析

1. 流动性覆盖率的计算

把各项目的期末余额与折算率对应相乘，得到该项目的折算后余额；在单元格 E4 中，输入 "=E5+E6+E7-E8+E9-E10+E11-E12+E13-E14+E15-E16=E5+E6+E7-E8+E9-E10+E11-E12+E13-E14+E15-E16"，计算合格优质流动性资产。

计算各分类项目的折算后余额。在单元格 E18 中，输入 "=E19+E38+E43+E50+E55+E61+E64"，计算未来 30 日现金流出；在单元格 E66 中，输入 "=E67+E74+E76+E77"，计算未来 30 日现金流入。

在单元格 E81 中，输入 "=E18-MIN(E66,E18*0.75)"，计算未来 30 日内现金净流出。

在单元格 E82 中，输入 "=E4/E81"，计算得到流动性覆盖率。在单元格 E83 中，输入 "=IF(E82>1,"无风险""有风险")"，得到短期流动性风险度量判断结果，流动性覆盖率（LCR）的计算如图 8-28 所示。

	A	B	C	D	E
1					
2	填报单位		年 月 日		单位：元
3	项目	序号	期末余额	流失/入折算率	折算后余额
67	1.30日内到期的短期资金流入	64			10500
68	银行承兑汇票	65		100%	0
69	拆出资金	66	12000	50%	6000
70	买入返售金融资产	67	5000	90%	4500
71	应收股利	68		50%	0
72	应收利息	69		50%	0
73		70			
74	2.自营业务资金流入	71			0
75	30日内到期信用评级AA-级以下的信用债券	72		75%	0
76	3.未使用的不可撤销金融机构授信额度	73		75%	0
77	4.其他资金流入	74			0
78	集中清算交易在途结算资金	75		50%	0
79	银行间市场非集中清算交易在途结算资金	76		40%	0
80		77			
81	未来30日内现金净流出	78			54700
82	流动性覆盖率（LCR）	79			0.2912
83			短期流动性风险判断		有风险

图 8-28 流动性覆盖率（LCR）的计算

2. 净稳定资金比率的计算

在净稳定资金比率的 Excel 计算表中，在 E、F 列，对各子分类项目余额求和。把 E、F 列的子分类项目总余额与其对应的折算率相乘，得到相应的各子项目的折算后余额。

在单元格 E49 中，输入 "=SUM(G14:G20,G7:G12)"，汇总计算小于一年的可用的稳定资金。

在单元格 E50 中，输入"=SUM(G44:G47,G27:G42,G22:G25)"，汇总计算小于一年的业务所需的资金。

在单元格 F49 中，输入"=SUM(H14:H20,H7:H12)"，汇总计算大于一年的可用的稳定资金。

在单元格 F50 中，输入"=SUM(H44:H47,H27:H42,H22:H25)"，汇总计算大于一年的业务所需的资金。

在单元格 I49 中，输入"=SUM(K7:K12,K14:K20)"，计算折算后的小于一年的可用的稳定资金。

在单元格 I50 中，输入"=SUM(K22:K25,K27:K37,K39:K42,K44:K47)"，计算折算后的小于一年的业务所需的资金。

在单元格 J49 中，输入"=SUM(L7:L12,L14:L20)"，计算折算后的大于一年的可用的稳定资金。

在单元格 J50 中，输入"=SUM(L44:L47,L27:L42,L24:L25)"，计算折算后的大于一年的业务所需的资金。

在单元格 K51 中，输入"=K49/K50"，计算小于一年的净稳定资金比例。

在单元格 L51 中，输入"=L49/L50"，计算大于一年的净稳定资金比例。

在单元格 K52 中，输入"=IF(K51>1,"无风险""有风险")"，计算短期流动性风险情况。

在单元格 L52 中，输入"=IF(L51>1,"无风险""有风险")"，判断长期流动性风险情况，净稳定资金比率的计算如图 8-29 所示。

	A	B	C	D	E	F	G	H	I	J	K	L
1												
2	填报机构					填报日期		年 月 日				
3	序号	项目	A	B	C	D	剩余期限		流出/入折算率		折算后金额	
4			<3个月	3~6个月	6~9个月	9~12个月	<1年小计	>=1年	<1年	>=1年	<1年	>=1年
5												
36	31	10.个人住房抵押贷款				8000	8000		65%	65%	5200	0
37	32	11.零售和小企业贷款					0		85%	100%	0	0
38	33	12.有变现障碍的资产(抵押期大于一年)					0		—	100%	—	0
39	34	13.衍生品净应收款					0		100%	100%	0	0
40	35	14.其他未包括在内的资产					0		100%	100%	0	0
41	36	15.有条件撤销或不可撤销的信用和流动性便利					0		5%	5%	0	0
42	37	16.无条件可撤销的信用和流动性便利					0		0%	0%	0	0
43	38	17.其他或有融资负债					600	700	—	—		
44	39	17.1保函					0		2.5%	2.5%	0	0
45	40	17.2信用证	600				600		2.5%	2.5%	15	0
46	41	17.3其他贸易融资工具					0	700	2.5%	2.5%	0	17.5
47	42	17.4非契约义务					0		2.5%	2.5%	0	0
48	43	III.净稳定资金比例										
49	44	1.可用的稳定资金(汇总计算)					8000	23800			4300	23800
50	45	2.业务所需的资金(汇总计算)					23500	17800			12215	13567.5
51	46	3.净稳定资金比例(=可用的稳定资金/业务所需的资金)									0.3520	1.7542
52								长期流动性风险判断			有风险	无风险

图 8-29 净稳定资金比率的计算

第9章 资本预算

9.1 监管资本的标准法计算

9.1.1 目的

通过本次实验,掌握信用风险、市场风险与操作风险的监管资本标准法计算原理。

9.1.2 基本原理

1. 资本充足率计算流程

资本充足率计算流程如图 9-1 所示。

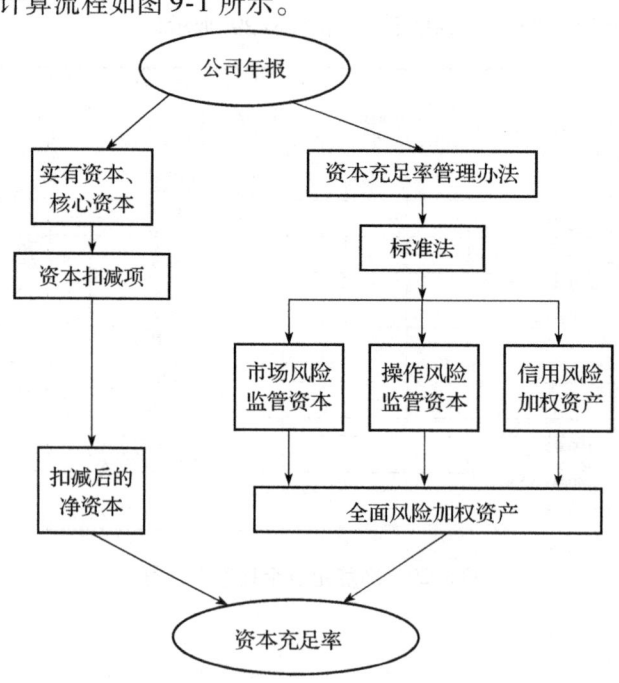

图 9-1 资本充足率计算流程

2. 资本充足率的计算

$$资本充足率 = (资本 - 扣除项)/(信用风险加权资产 + 12.5倍的市场风险资本 + 12.5倍的操作风险资本)$$

$$核心资本充足率 = (核心资本 - 核心资本扣除项)/(信用风险加权资产 + 12.5倍的市场风险资本 + 12.5倍的操作风险资本)$$

3. 资本及其扣除项计算

商业银行资本包括核心资本和附属资本。

核心资本包括实收资本或普通股、资本公积、盈余公积、未分配利润和少数股权。

附属资本包括重估储备、一般准备、优先股、可转换债券和长期次级债务。

商业银行计算资本充足率时，应从资本中扣除以下项目：

（1）商誉；

（2）商业银行对未并表金融机构的资本投资；

（3）商业银行对非自用不动产和企业的资本投资。

商业银行计算核心资本充足率时，应从核心资本中扣除以下项目：

（1）商誉；

（2）商业银行对未并表金融机构资本投资的50%；

（3）商业银行对非自用不动产和企业资本投资的50%。

4. 信用风险加权资产标准计算

$$信用风险加权资产 = 表内资产信用风险加权资产 + 表外资产信用风险加权资产$$

$$表内资产信用风险加权资产 = \sum 表内资产信用风险敞口 \times 对应风险等级的风险权重$$

商业银行应将表外项目的名义本金额乘以信用转换系数，获得等同于表内项目的风险资产，然后根据交易对象的属性确定风险权重，计算表外项目相应的风险加权资产。即

$$表外资产信用风险加权资产 = \sum 表外资产信用风险敞口 \times 信用风险转换系数 \times 对应风险等级的风险权重$$

表内资产信用风险敞口的风险权重如表9-1所示。

表9-1 表内资产信用风险敞口的风险权重

项目	权重
（1）现金类资产	
1）库存现金	0%
2）黄金	0%
3）存放人民银行款项	0%
（2）对中央政府和中央银行的债权	
1）对我国中央政府的债权	0%
2）对中国人民银行的债权	0%

(续)

项目	权重
3）对评级为 AA - 及以上国家和地区政府和中央银行的债权	0%
4）对评级为 AA - 以下国家和地区政府和中央银行的债权	100%
（3）对公用企业的债权（不包括下属的商业性公司）	
1）对评级为 AA - 及以上国家和地区政府投资的公用企业的债权	50%
2）对评级为 AA - 以下国家和地区政府投资的公用企业的债权	100%
3）对我国中央政府投资的公用企业的债权	50%
4）对其他公用企业的债权	100%
（4）对我国金融机构的债权	
1）对我国政策性银行的债权	0%
2）对我国中央政府投资的金融资产管理公司的债权	
A. 金融资产管理公司为收购国有银行不良贷款而定向发行的债券	0%
B. 对金融资产管理公司的其他债权	100%
3）对我国商业银行的债权	
A. 原始期限四个月以内（含四个月）	0%
B. 原始期限四个月以上	20%
（5）对在其他国家或地区注册金融机构的债权	
1）对评级为 AA - 及以上国家或地区注册的商业银行或证券公司的债权	20%
2）对评级为 AA - 以下国家或地区注册的商业银行或证券公司的债权	100%
3）对多边开发银行的债权	0%
4）对其他金融机构的债权	100%
（6）对企业和个人的债权	
1）对个人住房抵押贷款	50%
2）对企业和个人的其他债权	100%
（7）其他资产	100%

表外资产信用风险敞口的信用风险转换系数如表9-2所示。

表9-2 表外资产信用风险敞口的信用风险转换系数

项目	信用转换系数
等同于贷款的授信业务	100%
与某些交易相关的或有负债	50%
与贸易相关的短期或有负债	20%
承诺	
原始期限不足一年的承诺	0%
原始期限超过一年但可随时无条件撤销的承诺	0%
其他承诺	50%
信用风险仍在银行的资产销售与购买协议	100%

5. 市场风险监管资本计算的标准法

（1）利率风险。该风险包括交易账户中的债券（固定利率和浮动利率债券、可转让存款证、不可转换优先股及按照债券交易规则进行交易的可转换债券）、利率及债券衍生工具头寸的风险。利率风险的资本要求包括特定风险和一般市场风险的资本要求两部分。

1）特定风险的资本要求按政府证券、合格证券及其他证券三个等级逐渐增加。

- ◆ 政府证券为   0；
- ◆ 合格证券：
  - ● 剩余期限不超过 6 个月为   0.25%；
  - ● 剩余期限 6~24 个月为   1.00%；
  - ● 剩余期限 24 个月以上为   1.60%；
- ◆ 其他证券为   8.00%。

2）一般市场风险的资本要求由以下三部分组成。
- ◆ 每时段内加权多头和空头头寸可相互对冲的部分所对应的垂直资本要求；
- ◆ 不同时段间加权多头和空头头寸可相互对冲的部分所对应的横向资本要求；
- ◆ 交易账户的加权净多头或净空头头寸所对应的资本要求。

一般市场风险资本要求的计算采用到期日法。时段的划分及其风险权重如表 9-3 所示，时区的划分和匹配的风险权重见表 9-4 所示。

表 9-3 时段的划分及其风险权重

息票利率不小于 3%	息票利率小于 3%	风险权重	假定的收益变化
不长于 1 个月	不长于 1 个月	0.00%	1.00
1~3 个月	1~3 个月	0.20%	1.00
3~6 个月	3~6 个月	0.40%	1.00
6~12 个月	6~12 个月	0.70%	1.00
1~2 年	1.0~1.9 年	1.25%	0.90
2~3 年	1.9~2.8 年	1.75%	0.80
3~4 年	2.8~3.6 年	2.25%	0.75
4~5 年	3.6~4.3 年	2.75%	0.75
5~7 年	4.3~5.7 年	3.25%	0.70
7~10 年	5.7~7.3 年	3.75%	0.65
10~15 年	7.3~9.3 年	4.50%	0.60
15~20 年	9.3~10.6 年	5.25%	0.60
20 年以上	10.6~12 年	6.00%	0.60
	12~20 年	8.00%	0.60
	20 年以上	12.50%	0.60

- ● 各时段的头寸乘以相应的风险权重，计算各时段的加权头寸；
- ● 各时段的加权多、空头头寸可相互对冲的部分乘以 10% 得出垂直资本要求；
- ● 各时段的加权多头头寸和加权空头头寸进行抵消，得出各个时段的加权头寸净额；将在各时区内各时段的加权头寸净额之间的可相互对冲的部分，乘以表 9-2 所列的第一组权重，得出各个时区内的横向资本要求；
- ● 各时区内各时段的加权头寸净额进行抵消，得出各时区加权头寸净额；每两个时区加权头寸净额之间可相互对冲的部分，乘以表 9-2 所列的第二组权重，得出时区间的横向资本要求。

- 各时期加权头寸净额进行抵消,得出整个交易账户的加权净多头或净空头头寸所对应的资本要求。

表9-4 时区的划分和匹配的权重

时区	时段		同一区内	相邻区之间	1~3区
	息票利率不小于3%	息票利率小于3%			
1区	0~1个月	0~1个月	40%	40%	100%
	1~3个月	1~3个月			
	3~6个月	3~6个月			
	6~12个月	6~12个月			
2区	1~2年	1.0~1.9年	30%		
	2~3年	1.9~2.8年			
	3~4年	2.8~3.6年			
3区	4~5年	3.6~4.3年	30%	40%	
	5~7年	4.3~5.7年			
	7~10年	5.7~7.3年			
	10~15年	7.3~9.3年			
	15~20年	9.3~10.6年			
	20年以上	10.6~12年			

3)利率及债券衍生工具。利率衍生工具包括受利率变化影响的衍生工具合约及资产负债表表外工具,如利率期货、远期利率协议、利率掉期及交叉货币掉期合约、利率期权及远期外汇头寸。债券衍生工具包括债券期货和债券期权。

上述衍生工具应转换为基础工具,并按基础工具的特定风险和一般市场风险的方法计算资本要求。利率和货币掉期、远期利率协议、远期外汇合约、利率期货及利率指数期货不必计算特定风险的资本要求;如果期货合约的基础工具是债券或代表债券组合的指数,则应根据发行人的信用风险计算特定风险资本要求。

(2)股票风险。该风险是指交易账户中股票及股票衍生工具头寸的风险。其中股票是指按照股票交易规则进行交易的所有金融工具,包括普通股(不考虑是否具有投票权)、可转换债券和买卖股票的承诺。

股票特定风险的资本要求等于各不同市场中各类股票头寸绝对值之和乘以8%后所得各项数值之和。股票一般市场风险对应的资本要求,等于各不同市场中各类股票净头寸(取绝对值)乘以8%后所得各项数值之和。

股票衍生工具包括股票和股票指数的远期、期货及掉期合约。衍生工具要转换成基础工具,并按基础工具的特定风险和一般市场风险的方法计算资本要求。

(3)外汇风险。该风险是指外汇(包括黄金)及外汇衍生工具头寸的风险。

外汇风险的资本要求等于总净敞口头寸乘以8%。

总净敞口头寸等于以下两项之和。

1)外币资产组合(不包括黄金)的净多头头寸之和(净头寸为多头的所有币种的净头寸之和)与净空头头寸之和(净头寸为空头的所有币种的净头寸之和的绝

对值）中的较大者；

2）黄金的净头寸。外汇衍生工具要转换成基础工具，并按基础工具的方法计算市场风险资本要求。

（4）商品风险。该风险适用于商品、商品远期、商品期货、商品掉期。本办法所称的商品是指在或可以在二级市场买卖的实物产品，如贵金属（不包括黄金）、农产品和矿物（包括石油）等。

商品风险对应的资本要求等于以下两项之和：

1）各项商品净头寸的绝对值之和乘以 15%；

2）各项商品总头寸（多头头寸加上空头头寸的绝对值）之和乘以 3%。

商品衍生工具要转换成名义商品，并按上述方法计算资本要求。

（5）期权风险。

1）简易计算方法。只购买期权的商业银行适用简易的计算方法。

◆ 对于现货多头和看跌期权多头或现货空头和看涨期权多头而言，资本要求等于期权合约对应的基础工具的市场价值乘以特定风险和一般市场风险资本要求比率之和，再减去期权溢价。资本要求最低为零。

◆ 对于看涨期权多头或看跌期权多头而言，资本要求等于基础工具的市场价值乘以该基础工具的特定风险和一般市场风险资本要求比率之和与期权的市场价值两者中的较小者。

◆ 基础工具、特定风险比率和一般市场风险比率对应的资本要求按表 9-5 计算。

表 9-5 特定风险比率与一般市场风险比率

基础工具	特定风险比率	一般市场风险比率
债券：		
政府	0.00%	表 9-3 规定的风险权重，按照剩余期限（固定利率）或下次重定利率日（浮动利率）来计算。
合格（剩余期限）：		
剩余期限为 6 个月或以下	0.25%	
剩余期限为 6~24 个月	1.00%	
剩余期限为 24 个月以上	1.60%	
其他	8.00%	
利率	0.00%	
股票	8.00%	8.00%
外汇	0.00%	8.00%
商品	0.00%	15.00%

2）德尔塔 +（Delta-plus）方法。卖出期权的商业银行适用于德尔塔 +（Delta-plus）方法。

德尔塔 + 方法计算的资本要求由以下三部分组成。

- 德尔塔风险的资本要求。期权基础工具的市值乘以该期权的德尔塔值得到德尔塔加权期权头寸；然后将德尔塔加权头寸加入到基础工具的头寸中计算资本要求。
- 伽马（Gamma）风险的资本要求。

$$伽马效应值 = 0.5 \times gamma \times V_U$$

式中，

基础工具为债券时，V_U = 基础工具市值 × 表 9-3 中相应时段的风险权重；

基础工具为利率时，V_U = 基础工具市值 × 表 9-3 中相应时段的假定的收益变化；

基础工具为股票、股指、外汇与黄金时，V_U = 基础工具市值 × 8%；

基础工具商品期权，V_U = 基础工具市值 × 15%。

同一基础工具每项期权对应的伽马效应值相加得出每一基础工具的净伽马效应值。若基础工具的净伽马效应值为负值，则伽马风险的资本要求总额等于这些净伽马效应值的绝对值之和。

- 维加（Vega）风险的资本要求。

$$基础工具维加风险的资本要求 = |(25\% - 该基础工具波动率) \times 该基础工具的各项期权的维加值之和|$$

维加风险的资本要求总额，等于各项基础工具维加风险的资本要求之和。

操作风险监管资本的标准法计算见第 7.2.2 节。

9.1.3 数据与内容

利用 Excel 文件"9.1 资本充足率的标准法计算"中的实验数据，用标准法计算信用风险加权资产、市场风险监管资本、操作风险监管资本及资本充足率。

9.1.4 操作步骤与结果

（1）利用标准法计算信用风险加权资产。

1）如图 9-2 所示，建立信用风险加权资产的标准法计算表；

2）根据信用风险敞口类型，确定风险权重；

3）在单元格 F3 中输入公式"= B3 * C3"，往下复制至 F14，计算表内资产项目的风险加权资产；

4）在单元格 F18 中输入公式"= B18 * D18 * E18"，往下复制到 F19，计算表外项目的风险加权资产；

5）在单元格 F20 中输入公式"= SUM(F3:F6, F8:F14, F18:F19)"，计算全部的信用风险加权资产；

	A	B	C	D	E	F
1	不考虑抵(质)押品或其他信用增级措施的最大信用风险敞口		表内资产风险权重表	表外项目的信用转换系数	等价表内风险资产项目的风险权重	单项风险加权资产
2	表内项目的信用风险敞口如下所示。					
3	现金及存放同业	37256	0%			0
4	存放中央银行	751344	0%			0
5	拆放同业	386648	20%			77329.6
6	存出发钞基金	32478	0%			0
7	以公允价值计量且其变动计入当期损益的金融资产	63096				
8	其中：					0
9	政府债券	36325	0%			0
10	公共实体及准政府债券	1452	50%			726
11	金融机构债券	21260	20%			4252
12	公司债券	4059	100%			4059
13	客户贷款和垫款净额	2754493	100%			2754493
14	其他资产	61826	100%			61826
15	表内项目相关的信用风险敞口合计	4087141				
16						
17	表外项目相关的信用风险敞口如下所示。					
18	开出保函	423771		50%	100%	211885.5
19	授信承诺和其他信用相关负债	911776		50%	100%	455888
20	表外项目相关的信用风险敞口合计	1335547				
21				信用风险的总风险加权资产		3570459.1

图 9-2 信用风险加权资产的标准法计算表

(2) 计算市场风险监管资本。

1) 新建 Excel 工作表"市场风险监管资本的标准法计算",如图 9-3 所示,计算市场风险监管资本。

	A	B	C	D	E	F	G
1							
2							
3			风险类别		资本要求比重	风险头寸	单项资本要求
4				政府债券	0%	219913	0
5			特定风险	合格证券	剩余期限少于6个月	0.25%	0	0
6					6~24个月	1%	0	0
7	利率风险				24个月以上	1.60%	0	0
8				其他证券		8%	0	0
9			一般市场风险	时段垂直资本				19.1
10				时区横向资本				5.5
11				总资本要求				3.4
12		利率及债券衍生工具	基础工具	基础工具的特定风险	1%	100	1
13				基础工具的一般市场风险		0	
14			特定风险	普通股票		8%	1500	120
15				可转换债券		8%	3000	240
16				买卖股票承诺		8%	10	0.8
17	股票风险		一般市场风险	普通股票		8%	1500	120
18				可转换债券		8%	3000	240
19				买卖股票承诺		8%	10	0.8
20		股票衍生工具	基础工具	基础工具的特定风险			0
21				基础工具的一般市场风险			0
22		总净敞口头寸		总净多头与净空头较大者	8%	30240	2419.2
23	外汇风险			黄金净头寸			0
24		外汇衍生工具	基础工具	基础工具的特定风险			0
25				基础工具的一般市场风险			0
26		各项商品净头寸的绝对值之和			15%	76749	11512.35
27	商品风险	各项商品总头寸(多头头寸、空头头寸的绝对值)之和			3%	0	0
28		商品衍生工具	基础工具	基础工具的特定风险		0	0
29				基础工具的一般市场风险		0	0
30		购买期权	简单计算法	现货多头和看跌期权多头或现货空头和看涨期权多头			0
31				看涨期权多头或看跌期权多头			0
32				期权基础工具的市值		1500	
33	期权风险			德尔塔值=	3		
34		卖出期权	得尔塔+ (Delta-plus) 方法	德尔塔权期权头寸资本要求	8%	4500	360
35				伽马(Gamma)=	2		
36				伽马(Gamma)风险的资本要求			1500
37				维加(vega)风险的资本要求		0	0
38					合计加权市场风险资产		16542.2

图 9-3 市场风险监管资本的标准法计算

2）对于五种市场风险的特定风险而言，输入计算公式"＝资本要求比重＊风险头寸"，计算得到各种市场风险的特定风险资本要求。

3）新建 Excel 计算表"利率风险一般市场风险资本计算"，如图 9-4 所示。

时区	时段	息票加权头寸		时段内可相互对冲的头寸	时段垂直资本要求	各个时段的加权头寸净额	各时段内可相对冲的头寸	同一时区内风险权重	各个时区内的横向资本要求	各时区加权头寸净额	两个时区可相互对冲的头寸	相邻区之间的风险权重	时区间的横向资本要求
		多头头寸	空头头寸										
1区	0～1个月	0.00	0.00	0.00	0.00						4	40%	2
	1～3个月	1.04	0.50	0.05	0.54	0.00	40%	0.0	11				
	3～6个月	3.84	1.56	0.16	2.28								
	6～12个月	2.66	2.66	0.27	8.33								
2区	1～2年	7.75	7.75	0.78	4.25								
	2～3年	16.63	13.65	1.37	2.98	0.68	30%	0.2	4				
	3～4年	12.60	12.60	1.26	0.68								
3区	4～5年	34.65	17.60	1.76	17.05						4	40%	1.7
	5～7年	14.95	14.95	1.50	14.14								
	7～10年	43.13	24.56	2.46	18.56								
	10～15年	36.90	36.90	3.69	32.81	6.19	30%	1.9	190				
	15～20年	52.92	46.73	4.67	6.19								
	20年以上	12.00	12.00	1.20	33.60								
		0.00	0.00	0.00	39.20								
		0.00	0.00	0.00	28.75								
			时段总垂直资本要求＝		19.15		各个时区内的横向资本要求＝		2.1		时区间的总横向资本要求＝		3

图 9-4 利率风险一般市场风险资本计算

4）把各时段的头寸乘以相应的风险权重，计算各时段的加权头寸。

5）把各时段的加权多头头寸、空头头寸可相互对冲的部分乘以 10% 得出单项时段垂直资本要求，汇总得到时段总垂直资本要求。

6）把各时段的加权多头头寸和加权空头头寸进行抵消，得到各个时段的加权头寸净额；将在各时区内各时段的加权头寸净额之间的可相互对冲的部分乘以表 9-4 所列的第一组权重，得出各个时区内的横向资本要求，汇总得到时区内的总横向资本要求。

7）把各时区内各时段的加权头寸净额进行抵消，得出各时区加权头寸净额；每两个时区加权头寸净额之间可相互对冲的部分乘以表 9-4 所列的第二组权重，得出时区间的横向资本要求，汇总得到时区间的总横向资本要求。

8）各时期加权头寸净额进行抵消，得出整个交易账户的加权净多头或净空头头寸所对应的资本要求。

9）把风险头寸与资本要求比例 8% 相乘，得到股票风险的一般市场风险资本要求。

10）把衍生工具要转换成基础工具，并按基础工具的特定风险和一般市场风险的方法计算资本要求。分析计算衍生工具的市场风险资本要求。

（3）按照实验 7-2 中的标准法操作，计算该操作风险实验数据的监管资本。

（4）新建 Excel 计算表"资本计算表"，如图 9-5

	A	B
1	（单位：百万元）	
2		
3	资本计算	
4	实收资本	253794
5	资本公积	76524
6	盈余公积	15448
7	未分配利润	65223
8	少数股权	30227
9	核心资本	441216
10	重估储备	0
11	一般准备	31897
12	长期次级债务	60000
13	其他	16672
14	附属资本	108569
15	资本扣减计算	
16	商誉	1752
17	对未并表金融机构的资本投资	1932
18	对非自用不动产和企业的资本投资	14833
19	资本扣减值	18517
20	核心资本扣减值	10134.5
21	扣减后资本	531268
22	扣减后核心资本	431081.5

图 9-5 资本计算表

所示，计算资本。

1) 在单元格 B9 中输入"=SUM(B4:B8)"，计算核心资本；

2) 在单元格 B14 中输入"=SUM(B10:B13)"，计算附属资本；

3) 在单元格 B19 中输入"=SUM(B16:B18)"，计算资本扣减值；

4) 在单元格 B20 中输入"=B16+0.5*B17+0.5*B18"，计算核心资本扣减值；

5) 在单元格 B21 中输入"=B9+B14-B19"，计算扣减后资本；

6) 在单元格 B22 中输入"=B9-B20"，计算扣减后核心资本。

(5) 新建 Excel 计算表"资本充足率计算表"，如图 9-6 所示，计算资本充足率。

1) 在单元格 B3 中输入"=资本计算表！B21"，计算扣减后的资本；

2) 在单元格 B4 中输入"=信用风险加权资产的标准法计算！F21"，计算信用风险加权资产；

3) 在单元格 B5 中输入"=市场风险监管资本的标准法计算！G38"，计算市场风险监管资本；

	A	B
1		
2		
3	扣减后资本	531268
4	信用风险加权资产	3570459
5	市场风险监管资本	16542.16
6	操作风险监管资本	21608.01
7	资本充足率	14.06%
8	扣减后核心资本	431081.5
9	核心资本充足率	11.41%

图 9-6　资本充足率计算表

4) 在单元格 B6 中输入"=操作风险监管资本的标准法计算！H11"，计算操作风险监管资本；

5) 在单元格 B7 中输入"=B3/(B4+12.5*B5)"，计算资本充足率；

6) 在单元格 B8 中输入"=资本计算表！B22"，计算得到扣减后的核心资本；

7) 在单元格 B9 中输入"=B8/(B4+12.5*B5+12.5*B6)"，计算得到核心资本充足率。

9.2　监管资本的内部评级法计算

9.2.1　目的

通过本次实验，学会利用内部评级法计算信用风险与市场风险的监管资本。

9.2.2　基本原理

1. 利用内部评级法计算每笔债项的信用风险资本要求（K）

内部评级法要求商业银行建立健全的内部评级体系，自行预测违约概率（PD）、违约损失率（LGD）、违约风险暴露（EAD）、期限（M）等信用风险因素，并计算每笔债项的信用风险资本要求（K）。

(1) 公司、主权及商业银行暴露。

1) 非违约风险暴露，其相关性如公式 9-1 所示。

$$\text{相关性}R = 0.12 \times \frac{1-EXP(-50 \times PD)}{1-EXP(-50)} + 0.24 \times \left[1 - \frac{1-EXP(-50 \times PD)}{1-EXP(-50)}\right] \tag{9-1}$$

对于中小公司而言，相关性如公式9-2所示。

$$\text{相关性}R = 0.12 \times \frac{1-EXP(-50 \times PD)}{1-EXP(-50)} +$$

$$0.24 \times \left[1 - \frac{1-EXP(-50 \times PD)}{1-EXP(-50)}\right] - 0.04 \times \frac{1-(S-5)}{45} \tag{9-2}$$

式中，S 为规模，以100万欧元计算，取值区间为 [5, 50]，其反映了不同借款人及单一借款人与整个经济状况的依存度，随 PD 增加而降低，随公司规模增加而提高。

随期限增加而调整幅度增大，随 PD 值上升而调整幅度减小，如公式（9-3）所示。

$$\text{期限调整}b = [0.08451 - 0.05898 \times \log(PD)]^2 \tag{9-3}$$

资本要求 K 为99.9%置信水平下特定风险暴露的非预期损失，如公式（9-4）所示。

$$K = LGD \times \{N[(1-R)^{0.5} \times G(PD) + (R/(1-R))^{0.5} \times G(0.999)] - PD\}$$
$$\times [1 - 1.5b(PD)]^{-1} \times (1 + (M-2.5)b(PD)) \tag{9-4}$$

式中，$N(x)$ 表示均值为0、方差为1的标准正态随机变量小于等于 x 的概率，$G(z)$ 表示在 $N(x)=z$ 条件下的 x 值，如公式（9-5）所示。

$$\text{风险加权资产}(RWA) = K \times 12.50 \times EAD \tag{9-5}$$

2）违约风险暴露，其资本要求和风险加权资产如公式（9-6）和公式（9-7）所示。

$$\text{资本要求}(K) = \max(0, LGD - EL) \tag{9-6}$$

式中，EL 是指商业银行估计的预期损失。

$$\text{风险加权资产}(RWA) = K \times 12.50 \times EAD \tag{9-7}$$

（2）零售暴露。零售暴露的公式在两方面不同：资产相关性假设不同；无期限调整。

零售暴露的资产相关性假设：住房抵押贷款的 R 为0.15；合格循环零售贷款的 R 为0.04；其他零售风险暴露的相关性如公式（9-8）所示。

$$\text{相关性}R = 0.03 \times \frac{1-EXP(-35 \times PD)}{1-EXP(-35)} + 0.16 \times$$

$$\left[1 - \frac{1-EXP(-35 \times PD)}{1-EXP(-35)}\right] \tag{9-8}$$

根据对商业银行内部评级体系依赖程度的不同，内部评级法又分为初级法和高级法两种。初级法要求商业银行运用自身客户信用评级估计每一等级客户违约概率，其他风险要素采用监管当局的估计值；高级法要求商业银行运用自身二维评级体系自行估计违约概率、违约损失率、违约风险暴露、期限。初级法和高级法的区分只适用于非零售暴露。对于零售暴露而言，只要商业银行决定实施内部评级法，就必须自行估计PD和LGD。

2. 利用历史模拟法计算市场风险监管资本

市场风险价值的历史模拟法计算原理见第6.4节。

计算监管资本用的风险价值置信水平采用99%的单尾置信区间；持有期为10个营业日；市场风险要素价格的历史观测期至少为一年；至少每三个月更新一次数据。在此基础上，度量市场风险监管资本的公式如公式（9-9）所示。[一]

$$市场风险监管资本 = (附加因子 + 最低乘数因子) \times VaR \quad (9-9)$$

同时，《新资本协议市场风险补充规定》要求采用内部模型计算市场风险资本的银行，对模型进行事后检验，以检验并提高模型的准确性和可靠性。监管当局应根据事后检验的结果决定是否通过设定附加因子来提高市场风险的监管资本要求。附加因子设定在最低乘数因子（巴塞尔委员会规定为3）之上，取值在0~1之间。如果监管当局对模型的事后检验结果比较满意，模型也满足了监管当局规定的其他定量和定性标准，就可以将附加因子设为0，否则，可以设为0~1之间的一个数，即通过增大VaR值的乘数因子，对内部模型存在缺陷的银行提出更高的监管资本要求。

9.2.3 数据与内容

实验数据为某上市银行持有一笔公司贷款、三只股票组合，其中股票投资比例如表9-6所示。

表9-6 股票投资比例

股票投资比例			
股票代码	600030	600050	600000
投资比例	25%	40%	35%
总投资额（元）	200 000		

2007年的股价数据，见Excel文件"9.2 监管资本的内部评级法计算"中的工作表"市场风险监管资本计算"，其要求如下所示。

（1）利用内部评级法计算信用风险监管资本；

（2）在置信度99%、持有期为1时，利用历史模拟法计算市场风险价值，以附加因子为0.5，计算市场风险监管资本。

9.2.4 操作步骤与结果

1. 利用历史模拟法计算市场风险监管资本

（1）利用历史模拟法计算市场风险价值，操作步骤参见第6.4节。

[一] 中国银行业从业资格认证办公室. 风险管理[M]. 北京：中国金融出版社，2007.

（2）在单元格 I21 中输入公式"=(I18+I19)*I15"，根据市场风险价值计算市场风险监管资本，如图 9-7 所示。

	A	B	C	D	E	F	G	H	I
1									
2	股票投资比例				置信水平			计算结果	
3	股票代码	600030	600050	600000				投资组合价格均值	20.07
4	投资比例	25%	40%	35%	置信水平2	99%		投资组合日对数收益率的均值	0.49%
5	总投资额（元）	200000							
6		股票收盘价历史数据			计算过程			按第200天投资组合收盘价格购	6940.8
7	日期	股票600030	股票600050	股票600000	投资组合价格	对数收益率		买的投资组合单位	
8	4-Jan-07	27.7	4.95	5.63	10.88			投资组合收益（元）	976.76
9	5-Jan-07	27.45	4.71	5.07	10.52	-3.31%			
10	8-Jan-07	27.8	4.77	5.08	10.64	1.09%		置信水平为99%时的风险价值	
11	9-Jan-07	29.48	4.93	5.18	11.16	4.76%		数据个数	200
12	10-Jan-07	32.43	4.85	5.1	11.83	5.90%		置信水平对应的最坏顺序数	2
13	11-Jan-07	32.59	4.76	4.93	11.78	-0.47%		置信水平对应的最坏顺序位置	2
14	12-Jan-07	33.69	4.49	4.73	11.87	0.82%		第二个最坏的收益率	-0.09
15	15-Jan-07	36.22	4.7	4.99	12.68	6.58%		风险价值（元）	17354.7
16	16-Jan-07	36.57	4.7	4.94	12.75	0.55%			
17	17-Jan-07	32.91	4.64	4.88	11.79	-7.83%		已知参数：	
18	18-Jan-07	33.72	4.54	4.76	11.91	1.02%		最低乘数因子=	3
19	19-Jan-07	33.77	4.63	4.85	11.99	0.67%		附加因子=	0.5
20	22-Jan-07	34.67	4.95	5.02	12.40	3.38%		计算市场风险监管资本	
21	23-Jan-07	34.66	4.85	5.12	12.40	-0.06%		市场风险监管资本=	60741.3

图 9-7 利用历史模拟法计算市场风险监管资本

2. 利用内部评级法计算每笔债项的信用风险资本要求（K）

在工作表"信用风险监管资本计算"中，进行以下操作。

（1）在单元格 B10 中输入公式"=IF(B6<500,B6,500)"，确定规模 S；

（2）在单元格 B11 中输入公式"=0.12*(1-EXP(-50*B2))/(1-EXP(-50))+0.24*(1-(1-EXP(-50*B2))/(1-EXP(-50)))"，计算大型公司相关性 R；

（3）在单元格 B12 中输入公式"=0.12*(1-EXP(-50*B2))/(1-EXP(-50))+0.24*(1-(1-EXP(-50*B2))/(1-EXP(-50)))-0.04*(1-(B6-5)/45)"，计算中小型公司相关性 R；

（4）在单元格 B13 中输入公式"=IF(B6>5000,B11,B12)"，确定相关性；

（5）在单元格 B14 中输入公式"=(0.08451-0.05898*LOG(B2))^2"，计算期限调整 b；

（6）在单元格 B15 中输入公式"=(1-B13)^(-0.5)*NORMSINV(B2)+(B13/(1-B13))^0.5*NORMSINV(0.999)"，计算正态分布值；

（7）在单元格 B16 中输入公式"=NORMDIST(B15,0,1,TRUE)"，在单元格 B17 中输入公式"=B3*(B16-B2)*(1-1.5*B14*B2)^(-1)*(1+(B5-2.5)*B14*B2)"，计算监管资本要求 K；

（8）在单元格 B18 中输入公式"=B16*12.5*B14"，计算信用风险加权资产 RWA；

（9）在单元格 B20 中输入公式"=B2*B3"，计算预期损失 EL；

（10）在单元格 B21 中输入公式"=MAX(0,B3-B21)*B4"，计算监管资本要求 K；

(11) 在单元格 B22 中输入公式"=(B21*12.5)*B4",计算信用风险加权资产 RWA,计算结果如图 9-8 所示。

3. 加总计算得到两种风险的总监管资本

在工作表"总监管资本计算"中,进行如下操作。

(1) 在单元格 B3 中输入公式"=公司贷款信用风险监管资本计算!B21",计算信用风险监管资本;

(2) 在单元格 B4 中输入公式"=市场风险监管资本计算!I21",计算市场风险监管资本;

(3) 在单元格 B5 中输入公式"=B3+B4",计算总监管资本,结果如图 9-9 所示。

	A	B
1	公司贷款的基本参数值	
2	违约率PD	0.0600
3	违约损失率LGD	0.3
4	违约风险暴露EAD(100万元)	10000
5	期限M	1
6	年销售额S(100万元)	300
7		
8	信用风险监管资本计算	
9	非违约风险暴露	
10	规模S(100万元)	300
11	大型公司相关性R	0.1260
12	中小型公司相关性R	0.3482
13	相关性R	0.3482
14	期限调整b	0.0245
15	正态分布值	0.3328
16		0.6304
17	监管资本要求K	0.1711
18	信用风险加权资产RWA	21389.0
19		
20	违约风险暴露	
21	预期损失EL	0.0180
22	监管资本要求K	2820
23	信用风险加权资产RWA	352500000

图 9-8 信用风险监管资本计算

	A	B
1		
2	项目	监管资本
3	信用风险监管资本	2820
4	市场风险监管资本	60741
5	总监管资本	63561

图 9-9 总监管资本计算

9.3 银行风险监管指标的计算

9.3.1 目的

学会计算商业银行的风险监管指标。

9.3.2 原理

商业银行的风险监管指标如表 9-7 所示。

表 9-7 商业银行的风险监管指标

序号	指标名称	指标范围及计算公式
1	不良贷款余额	按照贷款五级分类,次级类、可疑类和损失类贷款之和
2	不良贷款率	不良贷款余额/各项贷款余额×100%
3	次级类贷款率	次级类贷款余额/各项贷款余额×100%
4	可疑类贷款率	可疑类贷款余额/各项贷款余额×100%
5	损失类贷款率	损失类贷款余额/各项贷款余额×100%
6	拨备覆盖率	贷款损失准备余额/不良贷款余额×100%
7	流动性比例	流动性资产/流动性负债×100%
8	存贷比	各项贷款余额/各项存款余额×100%
9	人民币超额备付金率	(在人民银行超额准备金存款+库存现金)/人民币各项存款期末余额×100%

(续)

序号	指标名称	指标范围及计算公式
10	净利润	扣除资产减值损失和所得税后的当年累计利润总额
11	资产利润率	净利润/资产平均余额×100%×折年系数
12	资本利润率	净利润/(所有者权益+少数股东权益)平均余额×100%×折年系数
13	净息差	(利息净收入+债券投资利息收入)/生息资产平均余额×100%×折年系数
14	非利息收入占比	(手续费及佣金净收入+其他业务收入+投资的非利息收益)/营业收入×100%
15	成本收入比	(营业支出－营业税金及附加)/营业收入×100%
16	资本净额	按照《商业银行资本管理办法（试行）》和其他相关监管规定计算得出的资本净额
17	一级资本净额	按照《商业银行资本管理办法（试行）》和其他相关监管规定计算得出的一级资本净额
18	核心一级资本净额	按照《商业银行资本管理办法（试行）》和其他相关监管规定计算得出的核心一级资本净额
19	信用风险加权资产	按照《商业银行资本管理办法（试行）》和其他相关监管规定计算得出的表内风险加权资产、表外风险加权资产和交易对手信用风险暴露的风险加权资产之和
20	市场风险加权资产	按照《商业银行资本管理办法（试行）》和其他相关监管规定计算得出的市场风险加权资产
21	操作风险加权资产	按照《商业银行资本管理办法（试行）》和其他相关监管规定计算得出的操作风险加权资产
22	资本充足率	资本净额/(信用风险加权资产+市场风险加权资产+操作风险加权资产+资本底线调整〈仅适用IRB法的银行〉)×100%
23	一级资本充足率	一级资本净额/(信用风险加权资产+市场风险加权资产+操作风险加权资产+资本底线调整〈仅适用IRB法的银行〉)×100%
24	核心一级资本充足率	核心一级资本净额/(信用风险加权资产+市场风险加权资产+操作风险加权资产+资本底线调整〈仅适用IRB法的银行〉)×100%
25	累计外汇敞口头寸比例	累计外汇敞口头寸/资本净额×100%

9.3.3 数据与内容

银行风险监管指标计算模板与已知数据如 Excel 文件"9.3 银行风险监管指标"所示，其需要计算的指标如下所示：

（1）不良贷款余额、不良贷款率、拨备覆盖率；
（2）流动负债、存贷比、人民币超额备付金余额；
（3）核心一级资本充足率、一级资本充足率、资本充足率；
（4）累计外汇敞口头寸比例。

9.3.4 操作步骤与结果分析

参考表 9-7 中列示需要计算指标的定义式，在银行风险监管指标计算模板中，输入需要计算指标的单元格计算式，即可得到指标的计算结果。具体计算结果如表格中数据所示。

参 考 文 献

[1] 韩良智. Excel 在财务管理与分析中的应用 [M]. 北京：中国水利水电出版社，2008.
[2] 韩良智. Excel 在投资理财中的应用 [M]. 北京：电子工业出版社，2005.
[3] 孙立娟. 风险定量分析 [M]. 北京：北京大学出版社，2011.
[4] 王周伟，等. 统计分析与 SPSS 实现 [M]. 北京：北京大学出版社，2016.
[5] 王周伟. 风险管理 [M]. 北京：机械工业出版社，2012.
[6] 郑振龙，陈蓉. 金融工程 [M]. 3 版. 北京：高等教育出版社，2012.
[7] 中国银行业从业人员资格认证办公室. 风险管理 [M]. 北京：中国金融出版社，2015.